本书系2020年国家社科基金重大项目“国家毒品问题治理的实践困境与模式创新研究”（20&ZD196）成果

毒品犯罪

司法适用要点评注

石经海 / 主编

法律出版社
LAW PRESS · CHINA
北京

图书在版编目（CIP）数据

毒品犯罪司法适用要点评注 / 石经海主编 . -- 北京：法律出版社，2024. -- ISBN 978-7-5197-9370-8

Ⅰ. D924.365

中国国家版本馆 CIP 数据核字第 2024JB4526 号

毒品犯罪司法适用要点评注
DUPIN FANZUI SIFA SHIYONG YAODIAN PINGZHU

石经海 主编

责任编辑 王　珊
特约编辑 艾学瀛
装帧设计 鲍龙卉

出版发行 法律出版社
编辑统筹 学术·对外出版分社
责任校对 王　丰　郭艳萍
责任印制 胡晓雅　宋万春
经　　销 新华书店

开本 A5
印张 16.25　**字数** 361 千
版本 2024 年 9 月第 1 版
印次 2024 年 9 月第 1 次印刷
印刷 三河市龙大印装有限公司

地址：北京市丰台区莲花池西里 7 号（100073）
网址：www.lawpress.com.cn
投稿邮箱：info@lawpress.com.cn
举报盗版邮箱：jbwq@lawpress.com.cn

销售电话：010-83938349
客服电话：010-83938350
咨询电话：010-63939796

书号：ISBN 978-7-5197-9370-8　**定价**：79.00 元

凡购买本社图书，如有印装错误，我社负责退换。电话：010-83938349

编写组

主　　编：石经海

副 主 编：陈　娥

编写组成员：石经海　陈　娥　李修远　周　剀　唐　韵　邱胜帆　梁选点

执 笔 人：唐　韵　邱胜帆　梁选点

目录

附 录

前言

为进一步加强毒品案件审判工作，统一和规范毒品犯罪案件的法律适用，2023年6月26日最高人民法院发布了《全国法院毒品案件审判工作会议纪要》（以下简称《昆明会议纪要》）。《昆明会议纪要》在对2008年《全国部分法院审理毒品犯罪案件工作座谈会纪要》（以下简称《大连会议纪要》）及2015年《全国法院毒品犯罪审判工作座谈会纪要》（以下简称《武汉会议纪要》）内容进行系统总结的基础上，从统一执法尺度和解决实践问题的目标出发，聚焦于毒品案件审理中的新问题、新情况，不仅对涉麻精药品行为、代购蹭吸等毒品案件审判中突出的法律适用争议问题作出回应，还对毒品案件死刑适用、涉案财物处置、案件管辖等实体与程序多个方面进行了全面细化与系统完善，编排逻辑严谨清晰，用语表述简洁明了，解释内容详略适当，呈现诸多亮点。《昆明会议纪要》的发布，体现了新时代毒品问题治理司法理念的重大转型，对促进毒品案件定罪量刑裁量标准的规范统一、推动新时代人民法院禁毒工作的持续高质量发展，起到了重要作用。

一、深化毒品案件审判与毒品治理的融合

《昆明会议纪要》紧跟新时代国家治理方略与新时代禁毒工作的重要部署，进一步克服了“唯打击论”“重刑治毒”的禁毒理念，积极结合“防”“治”情况进行定罪量刑，在总体要求及具体规定上深

入体现了“打—防—治”毒品问题综合治理的理念提升。

（一）紧跟从管理到治理的新时代国家治理方略的转变

党的十八大以来，以习近平同志为核心的党中央强调坚持和完善中国特色社会主义制度、推进国家治理体系和治理能力现代化，在社会治理模式上实现了从“国家管理”到“国家治理”的理念飞跃。具体为，强调系统治理，从政府包揽向政府主导、社会共同治理的治理主体转变；坚持依法治理，从管控规制向良法善治的治理工具转变；突出源头治理，从事后打击到前端防范的治理策略转变；注重综合施策，从单一手段向多种手段综合运用的治理方式转变。①在此基础上，新时代禁毒工作也在传续早期禁毒斗争的话语立场与逻辑主线的基础上，更强调“完善毒品治理体系”“坚持多策并举、综合治理”“保持对毒品的‘零容忍’”“打造‘六全’毒品治理体系”的时代要求与目标。对此，《昆明会议纪要》紧跟时代要求，进一步强调将毒品审判工作深度融入毒品治理体系中，在强调对毒品犯罪打击治理的同时，更要求结合毒品犯罪的“防”“治”情况进行依法综合施治，注重毒品问题的“系统治理、依法治理、源头治理、综合施策”。例如，进一步将“各级人民法院要落实好‘打防并举、综合施治方针’”写入总体要求，点明了打击预防并重、标本兼治的治理策略；又如，进一步强调构建参与禁毒综治长效机制的总要求，突出人民法院参与禁毒防治的积极性、主动性、机制性、长效性；

① 参见《中共中央关于全面深化改革若干重大问题的决定》（2013年11月12日中国共产党第十八届中央委员会第三次全体会议通过）。2014年3月5日，习近平总书记在参加十二届全国人大二次会议上海代表团的审议时，针对推进中国（上海）自由贸易试验区建设问题，提出“治理和管理一字之差，体现的是系统治理、依法治理、源头治理、综合施策”。

再如，进一步强调全过程贯彻宽严相济的刑事政策、审慎适用死刑、依法适当地定罪量刑等。

（二）更注重对零容忍禁毒政策的正确理解与多维贯彻

在具体的定罪量刑中，《昆明会议纪要》在正确理解零容忍政策的基础上，进一步克服“唯刑法打击论”“重刑治毒”的治理理念，强调在行为罪与非罪的认定及裁量刑罚的过程中杜绝矫枉过正、片面从严，更注重结合“防”“治”情况与前置法规定，依法适当地开展定罪量刑，充分适用《刑法》第13条“但书”以及《刑法》第37条的规定，通过惩戒、预防、教育以实现毒品问题的“标本兼治”。首先，并非仅用刑法打击毒品违法犯罪，对于情节显著轻微危害不大的行为积极出罪。例如，因治疗疾病需要，在自用合理范围内携带受管制的麻精药品进出境的，不构成犯罪；出于自救、互助目的经营受管制麻精药品的，一般可不作为犯罪。其次，并非一律从严量刑，对于积极悔罪、情节轻微的尽可能从轻处罚。例如，对于不以提炼毒品或非法买卖为目的种植毒品原植物行为，犯罪情节轻微不需要判处刑罚的，可以免予刑事处罚；尽可能兑现自首、立功等所具有的从宽政策；明确对特殊主体和特殊对象贯彻区别对待原则等。最后，并非广泛适用重刑，回归刑罚目的功能进行量刑。一方面，严格控制死刑适用，从替代性措施、罪行要求、证据要求、毒品数量等方面立体化、全方位地对死刑适用进行了规范与限制；另一方面，相对于重刑打击，更加注重从经济上制裁毒品犯罪。

二、全过程贯彻宽严相济刑事政策的要求

以往的会议纪要虽然也强调要全面贯彻宽严相济刑事政策，但

更多地集中体现在刑罚裁量上，实践中对于毒品违法犯罪行为也仍然存在入罪化、刑罚化、重刑化的趋势。对此，《昆明会议纪要》实际上是对宽严相济刑事政策的全方位贯彻，即从定罪到刑罚裁量再到刑罚执行的全过程、全阶段的落实，在突出依法从“严”的同时也依法充分从“宽”。

（一）在定罪量刑上全过程突出打击重点

《昆明会议纪要》在定罪量刑全过程更全面地突出打击重点，依据犯罪性质、具体情节、危害后果、犯罪主体类型、社会态势等因素，从罪名认定、刑罚适用、刑罚执行等方面充分贯彻区别对待原则。

一是结合毒品犯罪新态势，全面地划定了打击的重点范围。《昆明会议纪要》在犯罪类型上，在强调严惩源头性毒品犯罪之外，增加了“加大对新型毒品犯罪、侵害青少年及危害农村地区毒品犯罪的惩处力度”的规定；在犯罪主体上，新增了严惩“操纵、经营涉毒活动的黑恶势力、毒黑交织、枪毒合流的制贩毒团伙”及“涉毒黑恶势力及其‘保护伞’”的规定。如此规定，一方面是从刑法的正当性出发，加大了对涉毒黑恶势力、荼毒青少年等罪行严重、社会危害性大或主观恶性深、人身危险性大的行为人的惩处；另一方面，结合社会态势对刑罚轻重作出调整，[①]针对毒品犯罪由城市向农村地区蔓延新态势、新型毒品犯罪层出不穷等新情况加大惩处力度，以堵塞涉毒犯罪的生长空间。

二是细化构罪标准，限缩代购毒品行为的出罪空间。实践中，对于截留毒品行为、代购蹭吸行为的定性存在较大争议，尤其对于

---

① 参见马克昌:《“宽严相济”刑事政策与刑罚立法的完善》，载《法商研究》2007年第1期。

后者，学界既有观点从是否牟利的角度出发对代购蹭吸行为的罪与非罪展开探讨，[①] 也有观点从代购者是否主导、[②] 共同犯罪认定及侵害法益与否[③] 等方面展开探讨。对此，《昆明会议纪要》对代购毒品行为做了较大幅度的补充修改，进一步加大了对代购毒品行为的惩处力度。具体而言，其在《武汉会议纪要》的基础上肯定了"收取、私自截留部分购毒款、毒品"属于变相加价，进一步限制代购毒品行为的出罪空间，从严把握代购蹭吸行为的出罪情形，进一步体现了对贩卖毒品罪这一源头性犯罪审慎出罪的态度。

三是贯彻区别对待，在刑罚裁量及执行上突出打击重点。在刑罚裁量上，《昆明会议纪要》延续前三个会议纪要的相关规定，在以下几方面均明确提出要做到"区别对待"，突出打击重点：其一，在肯定死刑适用必要性的基础上明确了三类重点打击的毒品犯罪分子，确保死刑只适用于极少数罪行极其严重的犯罪分子；其二，划定了运输毒品罪死刑适用中的四类重点打击对象，强调对受人指使、雇用运输毒品的犯罪分子与组织者、指使者、雇佣者的区别对待；其三，专门针对特定人员参与毒品犯罪问题，强调对病、残、孕等特定人员及其组织者、指挥者、教唆者的区别对待。在刑罚执行上，其在《大连会议纪要》的基础上，新增从严把握对利用自身特殊情况积极实施毒品犯罪者及在非羁押性强制措施、暂予监外执行期间又实施毒品犯罪者采取强制措施与暂予监外执行的适用条件；重申

---

① 参见王逸婷、孙代军：《代购毒品是否构成贩卖毒品罪应以"有偿"为判断标准》，载《人民检察》2022 年第 13 期。

② 参见包涵、陈静：《代购毒品的规范分析与司法认定》，载《中国人民公安大学学报（社会科学版）》2021 年第 3 期。

③ 参见张明楷：《代购毒品行为的刑法学分析》，载《华东政法大学学报》2020 年第 1 期。

严格限制毒品犯罪的缓刑适用和具有严重情节毒犯的减刑假释。

（二）在定罪量刑上全方位落实从宽要求

往届纪要均强调了“依法从宽处理”的要求，但更多地集中在对“罪刑较轻”及“具有法定从轻、减轻处罚情节”案件的刑罚裁量过程中。相较于此，《昆明会议纪要》无论是在罪名认定还是刑罚裁量中均进一步体现了依法充分从宽的要求：一方面，全方位依法加大对非依法应严惩的犯罪类别、非严重情节及其主观恶性、人身危险性不大的犯罪人的从宽力度；另一方面，全方位强调“宽以济严，严以济宽”，贯彻宽与严的互济、互补，反对宽与严的割裂和孤立，[①] 以发挥刑罚预防犯罪的最佳效果。

一是加大《刑法》第13条及第37条的适用，对部分行为惩处轻缓化。相较于前三个纪要，《昆明会议纪要》克服“有行为即构罪”的入罪裁判理念，更注重从犯罪的本质特征出发，对情节轻微的行为予以出罪或免除刑罚处罚。例如，明确带有自救、互助性质经营受管制麻精药品的，一般可不作为犯罪；因治疗疾病需要，在自用合理范围内携带、寄递受管制的麻精药品进出境，不构成犯罪；不以提炼毒品或非法买卖为目的种植毒品原植物行为，犯罪情节轻微不需要判处刑罚的，可以免予刑事处罚。实际上，如上规定明确了涉麻精药品行为的非罪空间，加大了对出于医疗等其他目的非法种植毒品原植物的从宽处罚幅度，是针对近年来司法实践中出现的为治病跨境购买麻精药品、为治病或饲养牲畜而种植毒品原植物等以毒品犯罪定罪处罚，引发情理法理冲突、罪刑难以相适应等热点问

---

① 参见陈兴良：《宽严相济刑事政策研究》，载《法学杂志》2006年第1期。

题的回应，进一步保障了法律的精准度和温度。

二是严格依据构罪标准认定犯罪，更加注重轻罪与重罪的界分。《昆明会议纪要》新增了对互易毒品、涉麻精药品行为的定性标准与证据要求，更加注重对毒品犯罪与非毒品犯罪，严重毒品犯罪与非严重毒品犯罪的界分。第一，明确双方以吸食为目的互易毒品的，不构成贩卖毒品罪，达到数量要求的以非法持有毒品罪论处；第二，明确出于医疗等相关目的生产、进口、销售受管制麻精药品的行为，不以毒品犯罪论处，纠正了“药毒不分”的现象；第三，提示性地点明了非法提供麻醉药品、精神药品罪的适用情形，强调其与走私、贩卖、运输、制造毒品罪的界分。上述规定，实际上是罪刑相适应原则在定罪过程中的体现与贯彻，[①] 即在坚持罪刑法定原则及存疑有利于被告人原则的基础上，结合案件具体情形准确区分法定刑配置不同的毒品犯罪与非毒品犯罪，走私、贩卖、运输、制造毒品罪与其他法定最高刑较低的毒品犯罪，在定罪合理的基础上探寻量刑合理，实现“罪当其罚”。

三是尽可能地兑现自首、立功的从宽政策，加大从宽力度。《昆明会议纪要》在《大连会议纪要》的基础上，结合毒品犯罪的特殊性进一步加大对自首、立功情节的从宽幅度。首先，新增自首情节的从宽规定，明确提出对于自首的被告人“一般应当依法从宽”；加大对积极响应投案自首通告并在通告期限内投案、如实供述的被告人的从宽幅度；肯定“虽不构成自首，但自动投案”的从宽价值。

① 参见石经海、熊亚文：《何以“以刑制罪”：罪、责、刑相适应原则的定罪意义》，载《社会科学战线》2015 年第 2 期。

其次，对于立功情节，明确除协助抓捕其他犯罪嫌疑人外，“到案后规劝其他犯罪嫌疑人投案”“提供线索协助公安机关查获大量案外毒品”是“其他有利于国家和社会的突出表现”，属于立功情形；肯定虽不认定有立功表现，但提供毒品共同犯罪人、上下家基本情况，公安机关据此抓获该人员的从宽价值。如此规定，一方面是从特殊预防的目的出发，给予主观恶性不深、人身危险性较小、悔改表现较好的行为人更大从宽空间，由“打击”走向“教育、感化、挽救”；另一方面是结合毒品犯罪证据线索获取难、案件侦破及抓捕工作难度大的特殊性，通过更大的政策激励，以鼓励犯罪分子帮助或推动案件侦破、嫌疑人抓捕，促进对毒品犯罪的高效、及时、精准打击。

四是完善隐匿身份人员实施侦查案件的相关规定，加大从宽处罚空间。《昆明会议纪要》对2000年《全国法院审理毒品犯罪案件工作座谈会纪要》（以下简称《南宁会议纪要》）与《大连会议纪要》中特情引诱相关问题在救济模式、从宽空间等方面进行了大幅修改。第一，对于犯意引诱，将前述纪要中采取的“量刑减让”的救济模式修正为“非法证据排除”的救济模式，并增加了可能作出“无罪判决”后果的提示性规定。第二，对于数量引诱，将数量引诱的定义从“只有实施较小的毒品犯罪故意……实施了数量较大……”修改为“超出其原本意图实施的毒品犯罪数量”，拓宽了数量引诱的认定空间；加大因数量引诱而跨越“量刑幅度或刑种”的从宽幅度。第三，新增“存在或者不排除存在其他不规范使用隐匿身份人员实施侦查的情形，影响定罪量刑的，应当作出有利于被告人的处理”的原则性规定。可见，《昆明会议纪要》结合特情引诱行为的启动方式、强度、范围及行为人犯罪动机的生成原因、刑事违法程度的高低，基于量刑平衡和刑法伦理的要求，构建了从“非法证据排除”到“量刑减让”的更具梯度性的救济模式，进一步加强了打击犯罪与保障人权之间的平衡。

五是将从重判处的情节明晰化，留给法官更大的从宽轻判空间。主要体现在以下几点：第一，细化死刑适用条件。除前述明确的死刑适用宏观要求之外，《昆明会议纪要》进一步细化列举运输毒品罪中可以不判处死刑的具体情形及已有定罪量刑数量标准的新类型、混合型毒品犯罪适用死刑的条件，缩减死刑适用空间。第二，细化累犯、毒品再犯竞合时的处罚规则。《昆明会议纪要》在《武汉会议纪要》的基础上，进一步从禁止重复评价原则及罪刑均衡出发，区分“因同一犯罪前科同时构成累犯与毒品再犯”“因不同犯罪前科分别构成累犯与毒品再犯”“因不同现行犯罪分别构成累犯和毒品再犯”三种情形，并规定分别适用不同的从重处罚规则，做到“严中有宽”“宽严有度”。

三、进一步限制和减少毒品案件死刑适用

（一）限制和减少死刑适用的总体要求

如何限制和减少毒品案件的死刑适用，是有效减少我国死刑案件数量的重要举措，更是在刑事司法中全面落实国家治理体系和治理能力现代化的必然要求和重要体现。相较于其他非暴力性犯罪而言，毒品犯罪案件死刑适用数量仍保持高位，其死刑存废问题成为我国死刑制度改革探讨中的热点问题，有学者从毒品犯罪并非最严重罪行、毒品犯罪的生成机理及实际治理效果上认为应废除毒品犯

罪死刑适用，[①] 也有学者从毒品犯罪惩治的民众期待与现实国情出发肯定死刑对毒品犯罪的威慑、预防功能。[②] 对此，《昆明会议纪要》延续了《大连会议纪要》《武汉会议纪要》对毒品犯罪案件死刑政策的把握，既从中国毒品犯罪情势及毒品治理需求出发，肯定了死刑对于预防与惩治毒品犯罪的重要作用，又从罪行条件、替代性措施等方面进一步加强死刑适用的司法限制，立体化地贯彻了“严格控制和慎重适用死刑”的政策要求，契合了新时代党和国家“保留死刑，严格适用死刑”的死刑制度改革方向。[③]

总体而言，《昆明会议纪要》进一步整合完善了《大连会议纪要》《武汉会议纪要》对死刑适用总体原则的规定，旗帜鲜明地对毒品犯罪死刑适用作了四重限制。一是强调仅对触犯源头性犯罪，属于累犯、再犯等人身危险性较大的，具有严重情节的这三类毒品犯罪分子适用死刑的对象控制；二是在对象控制的基础上，强调仅对其中罪行极其严重、依法应当判处死刑的才适用死刑的情节控制；三是强调“全面、准确地贯彻宽严相济刑事政策，体现区别对待，做到罚当其罪”的政策性考量；四是强调对“毒品数量、犯罪性质、情节……人身危险性等因素”进行综合考量，重申《刑法》第 48 条“死刑只适用于罪行极其严重的犯罪分子”的实质性的总体标准控制。除此之外，《昆明会议纪要》系统整合《大连会议纪要》与《武

① 参见何荣功：《当前我国毒品犯罪死刑限制与废除的主要障碍与对策》，载《法治研究》2013 年第 6 期。

② 参见莫洪宪：《中国毒品犯罪死刑的概况及其控制》，载《政法论丛》2014 年第 6 期。

③ 参见《中国代表团在人权理事会第 48 届会议对“死刑问题”决议草案（A/HRC/48/L.17/Rev.1）采取行动前的解释性发言》，载中华人民共和国常驻联合国日内瓦办事处和瑞士其他国际组织代表团网站，http://www.china-un.ch/zgylhg/202110/t20211010_9592492.htm。

汉会议纪要》中死刑适用的具体要求，并结合近年司法审判实践经验，有针对性地对一般情形、共同犯罪、上下家犯罪、运输毒品罪、制造毒品罪、非传统毒品犯罪等几类行为的死刑适用问题从证据要求、替代性措施、罪行要求等不同方面进行了更为系统、更为全面的规定。

（二）限制和减少死刑适用的具体举措

在具体举措上，《昆明会议纪要》在如下几个方面加强了对死刑适用的限制：

一是对死刑适用中“不唯数量论”作了更具体、更规范的要求。《昆明会议纪要》在死刑适用的一般规定中首次明确提出应当坚持“毒品数量＋其他情节”的标准，并结合毒品数量与情节轻重划定了“接近实际掌握的死刑适用数量标准，具有累犯……法定从重处罚情节的，可以判处被告人死刑”“刚超过实际掌握的死刑适用数量标准，具有多次……情节的，可以判处被告人死刑”“达到实际掌握的死刑适用数量标准，具有下列情形之一的，可以不判处被告人死刑”“达到实际掌握的死刑适用数量标准，同时具有法定、酌定从严和从宽处罚情节的……审慎决定是否适用死刑”等死刑适用的多重标准，进一步体现了“数量＋情节”的梯度性。

二是坚持死刑适用证据审查判断认定的最高标准和最严要求。在往届纪要的基础上，《昆明会议纪要》更严格地把握毒品犯罪死刑适用的证据要求。如将“全案未查获毒品的”从“判处死刑立即执行要特别慎重”改为“一般不判处被告人死刑”，明确“主要犯罪事实中未查获毒品的，判处被告人死刑应当特别慎重”；贯彻存疑有利于被告人原则的要求，对于可以不判处死刑的情形认定，将“因特情引诱”改为“确系或者不排除因受隐匿身份人员引诱”；明确没有证据证明被告人曾制出毒品的，不得判处被告人死刑；强调在决定行为人是否适用死刑时，运用推定认定主观明知的，要着重审查行为人反证的合理性等。

三是从内容及替代措施上新增不适用或限制死刑适用的规定。主要包括：第一，全面列举运输毒品罪中不适用死刑的具体情形，新增“与雇用者同行运输毒品，处于被支配地位；或者确因急迫生活困难而运输毒品等情形之一的……也可以不判处死刑”的情形。第二，新增制造毒品行为死刑适用的具体条件，在肯定已经制造出粗制毒品或者半成品的以既遂论处的基础上，新增“仅查获毒品半成品……不得判处被告人死刑”“已制出的毒品成品数量未达到实际掌握的死刑适用数量标准，或者仅制出粗制毒品的，判处被告人死刑应当慎重”的限制性规定。第三，增设死缓限制减刑的适用，对实施毒品犯罪应当被判处死刑，但因证据、政策等原因留有余地判处死缓的，考虑适用限制减刑以代替死刑适用。

四是进一步严格死刑适用的具体要求以限制死刑适用。主要体现在：放宽“特情引诱”不适用死刑的要求；提高共同犯罪判处死刑的数量标准，将“涉案毒品数量刚超过实际掌握的死刑数量标准”修改为“涉案毒品数量超过实际掌握的死刑适用数量标准，但未达到数量巨大”；提高对在案被告人适用死刑的罪行要求，增设“在案被告人罪行最为严重”的限制规定；降低“不能排除受人指使、雇用运输毒品的被告人”不适用死刑的条件，删去了《武汉会议纪要》中“尚不属数量巨大的”的限制；限制制造毒品犯罪可以判处死刑适用要求，在已经制成毒品达到实际掌握的死刑数量标准的要求上增加“又无法定、酌定从宽处罚情节”；严格非传统毒品犯罪的死刑适用要求，上调氯胺酮死刑适用数量标准，从犯罪性质、毒品数量等方面细化限制了已有定罪量刑数量标准的新类型毒品犯罪死刑适用条件。

综上可见，《昆明会议纪要》对死刑适用限制和控制呈现举措立体化、用语梯度化、内容重点化的特点。在具体的限制举措上，既有对死刑实质性的总体标准控制（《刑法》第48条“死刑只适用于罪行极其严重的犯罪分子”），又有对量刑情节的理解和适用控制（一定程度上的不唯数量论，对自首、立功、累犯、再犯、特定人员犯罪的专门规定），还有针对共同犯罪，贩卖、运输、制造毒品犯罪，非传统毒品犯罪基于宽严相济政策的分类控制，另有主观明知和限制减刑的配合要求或控制。在死刑适用与否的具体表述上，更是采取了“审慎决定”“一般不判处”“判处被告人死刑应当特别慎重”“可以不判处”“可以考虑不判处”“不得判处”等更具偏向性、层次性、梯度性的用语，有所指向地给予司法工作人员选择是否适用死刑的裁量空间。

四、更加注重基于刑罚目的功能进行量刑

（一）刑罚效果基于刑罚目的功能的总体要求

往届纪要均强调了对刑罚目的功能的追求，注重“更加有效地遏制毒品犯罪的目的”“确保刑罚执行效果”。在此基础之上，《昆明会议纪要》进一步体现了定罪量刑不是为了定罪量刑而定罪量刑，而是为了实现刑罚的目的功能的本质追求，在量刑上更加注重从刑罚的目的根据及功能任务出发，强调既关注基于报应的一般社会正

义和基于效果的一般预防，也重视基于有效改造犯罪人和有利于犯罪人重归社会的特殊预防。[①]

进一步而言，《昆明会议纪要》对定罪量刑的目标定位可以体现在如下两方面。一是更加注重对毒品犯罪的经济制裁力度。虽然前三个会议纪要中都明确了"注重从经济上制裁犯罪分子"的规定，但更多的都是原则性、抽象性的规定，对涉案财物处置的规定也较为粗略。对此，《昆明会议纪要》全面强化对毒品犯罪经济制裁的实体及程序规范要求，对毒品犯罪"涉案财物处理、财产刑适用问题"进行了专门规定，系统性地规定了毒品犯罪财产刑的适用、涉案财物的认定、特别没收的适用等经济制裁问题。实际上，毒品犯罪作为典型的经济犯罪，不同于自由刑强调对犯罪人的直接惩罚以实现"报应与预防"，对行为人经济的制裁是从毒品犯罪生成机理的角度出发，根源性地截断贪利型犯罪的犯罪动机与诱因，使犯罪人得利目标落空，从而间接起到惩罚、威慑与预防功能，其既是科学预防与深度惩治毒品犯罪的核心与关键，又是"经济犯罪、经济解决"刑事经济制裁功能的现实要求。[②]二是更加强调刑罚打击与犯罪预防、矫治相结合。实际上，上述提及的《昆明会议纪要》对宽严相济的全过程追求，正是对报应与预防双重目的充分考量的重要体现之一。即在定罪量刑上更强调从刑罚惩罚犯罪与预防犯罪的目的考量出发，加强与行政处罚、犯罪预防、行为人矫治相衔接，对于情节显著轻微、社会危害性不大或者悔罪态度较好的行为人，予以无罪或最大

① 参见石经海:《量刑的个别化原理》，法律出版社 2021 年版，第 158 页。

② 参见［日］川出敏裕、金光旭:《刑事政策》，钱叶六等译，中国政法大学出版社 2016 年版，第 73 页。

限度的从宽处罚。但对于罪行严重的，也强调积极发挥刑罚的报应与预防功能，从严惩处乃至判处死刑，以实现通过刑罚控制犯罪现象、惩罚与报应犯罪行为、威慑潜在犯罪人、教育改造犯罪人并实现帮助犯罪人复归社会的治理效果。

（二）基于刑罚目的功能开展量刑的具体举措

在具体举措上，《昆明会议纪要》通过规范财产刑裁量要求、扩大涉案财物处置范围来进一步加大对毒品犯罪的经济制裁力度；通过严格假释减刑条件、增设死缓限制减刑的规定，在罪刑均衡、人权保障的基础上充分发挥刑罚对毒品犯罪的威慑、预防和惩治目的。

一是新增财产刑认定需与主刑匹配的裁量要求。司法实践中，对于毒品犯罪财产刑的适用存在标准缺失、判处不统一、财产刑判处缺乏梯度性等诸多罪刑不均现象。对此，《昆明会议纪要》的财产刑与主刑相匹配的裁量要求，实际上是对《刑法》第 52 条、第 61 条规定的自然延伸与直观体现，既基于刑罚裁量的法律依据，也提供了具备实践可操作性的参照标准，有利于更好地构建以实现精准量刑为导向的财产刑裁量罪刑梯度，在财产刑判处上实现罪刑均衡，更好地达到加强经济制裁、消除贪利性动因的目的。

二是加强财产刑、涉案财物裁量的程序规范要求。《昆明会议纪要》强调加强对财产刑、涉案财物相关证据材料的收集，新增“全面收集证明被告人财产状况……相关证据材料”“更加注重审查证明涉案财物及……证据”等规定。同时，还进一步明确了“在裁判文书中写明对涉案财物及其孳息的具体处理情况”的程序性要求。如此规定，是从毒品犯罪涉案财物“侦审执”联动的角度出发，对司法实践中涉案财物查证不到位、查控任意性较大、协同处置不顺畅、

“挂而不判”等涉案财物处置前端失范问题作出回应，[1]以杜绝因未全面审查毒品犯罪人的财产状况而导致财产刑执行难，[2]防止因侦控重点聚焦于毒品定罪量刑事实忽略涉案财物审查而造成非刑罚处置措施失效、涉案财物追缴难，预防毒品犯罪财产性判项漏判或不判、判决模糊等问题。

三是将违法所得的范围明确扩宽到间接所得。《昆明会议纪要》吸收相关法律规定，明确应当追缴用毒品犯罪涉案财物投资、置业所形成的财产及其收益，并新增对于毒品犯罪涉案财物与其他合法财产共同用于投资、置业所形成的混合财产，追缴与涉案财物对应的份额及其收益的规定。如此规定扩大了《刑法》第 64 条中违法所得的内涵，即使涉案财物的形态发生了转变，也要没收衍生利益，全面贯彻了“任何人不因不法行为获利”的法理要求，更进一步斩断毒品犯罪人“坐牢一阵子，幸福一辈子”“牺牲我一人，幸福一家人”的贪利动因，更好地遏制了实施毒品犯罪的经济目的。

四是对接等值没收、推定没收、未定罪没收等规定。一方面，《昆明会议纪要》吸收《反有组织犯罪法》的相关规定，明确对黑社会性质组织、恶势力组织实施的毒品犯罪案件中的涉案财物采取等值没收、推定没收的方式。另一方面，《昆明会议纪要》对接《刑事诉讼法》等相关立法规定，对重大毒品犯罪案件未定罪没收的适用进行了明确。上述规定在对接现有立法的同时，消除了涉黑恶势力毒品犯罪及重大毒品犯罪案件中违法所得没收可能存在的现实障碍，

---

① 参见梁健:《刑事涉案财物处置的失范与规范》，载《中国刑事法杂志》2022 年第 5 期。

② 参见朱建华等:《毒品犯罪涉案财物处置制度完善》，载《人民司法》2021 年第 19 期。

即强调了对有组织毒品犯罪涉案财物的没收与追缴不拘于毒品不法财产的原始形态，[①] 堵塞了犯罪分子通过转移、掩饰、毁灭、混同等手段使不法财产逃避没收的途径；降低了证明和界分不法财产的标准，弥补了实践中毒品犯罪不法财产的高度隐蔽性及认定取证困难的桎梏；克服重大毒品犯罪中因涉毒行为人逃匿而导致的“行为人未受宣判则财产无法被没收”的法律障碍，以最大程度破除犯罪人的投机心理。

五是将是否履行财产性判项作为减刑、假释的实质性适用条件。《昆明会议纪要》吸收了《关于办理减刑、假释案件具体应用法律的补充规定》第1条的相关规定，新增“确有履行能力而不履行或者不全部履行相关财产性判项的，一般不认定其确有悔改表现……”从而对其不予或者限制适用减刑、假释。减刑、假释作为激励罪犯的刑罚制度，是发挥刑罚的功能、实现刑罚目的的关键“战地”，上述规定通过严格减刑、假释的条件进一步体现了对毒品犯罪人积极退赃的政策倡导，也反映了鼓励和促进罪犯悔改、教育矫治犯罪人、消除再犯可能性的刑罚目的功能的要求。

五、更强调对定罪量刑情节的综合性评价

《昆明会议纪要》全面贯彻“不孤立地考察系统的整体性”的系统论要求，[②] 更加注重从整体性、体系性的系统学研究范式展开对定罪情节、量刑情节的评价。[③] 换言之，其在定罪量刑过程中，更

---

① 参见万志鹏：《论〈反有组织犯罪法〉中的刑事特别没收》，载《江西社会科学》2022年第2期。
② 参见常绍舜：《从经典系统论到现代系统论》，载《系统科学学报》2011年第3期。
③ 参见李佳：《刑法中“情节”的理解误区与正确认定》，载《量刑研究》2019年第2辑。

加注重从刑罚的正当性根据出发，肯定毒品数量的重要性但也注重对其他情节的考量，肯定客观行为的重要性但也关注主观要件的要求，强调对具体案件展开形式与实质、主观与客观的综合有机整体考察。

（一）更强调“数量 + 情节”的系统性评价

《刑法》第347条将毒品数量作为确定法定刑幅度的主要依据，这直接造成实践中司法机关以毒品数量作为量刑的主要依据及“硬指标”，引发罪刑不均衡、轻罪重判的问题。[①] 对此，《大连会议纪要》明确提出“毒品数量是毒品犯罪案件量刑的重要情节，但不是唯一情节”的原则要求，《南宁会议纪要》也有类似表述。在此基础上，《昆明会议纪要》进一步强调全面贯彻“毒品数量 + 其他情节”的综合判断原则，并在罪名认定、死刑适用等相关规定上对“数量 + 情节”的整体评价作出了更为具体、明确的要求。同时，也指出这里的“加”并非简单的相加考察，而是结合《刑法》第61条的规定，将“数量”置于定罪量刑各自的评价体系中进行相互关联、相互支持的融贯式、系统性的有机评价。

在罪名认定上进一步强调突破“唯数量论”。《昆明会议纪要》新增了对于因治疗疾病需要，在自用、合理范围内携带、寄递受管制的麻精药品进出境，以及出于治疗疾病等相关目的，带有自救、互助性质而经营受管制麻精药品的，可以不作为犯罪处理的规定。其在行为罪与非罪的认定上，克服了司法实践中对于《刑法》第374

① 参见曾军、熊姿：《坚持罪刑均衡 破解毒品犯罪“轻罪重罚”》，载《检察日报》2021年5月10日，第3版。

条规定的无论数量多少，都应当追究刑事责任的机械、片面理解，将毒品数量与涉案毒品类型、使用目的、毒品流向等其他影响行为社会危害性、行为人人身危险性的情节相融合，展开形式与实质的有机整体评价。

在刑罚裁量上更注重“数量＋情节”的融合。《昆明会议纪要》在共犯处罚及死刑适用等具体规定中进一步贯彻了“数量＋情节”的系统评价标准，主要体现在以下几点：第一，对于主从犯的区分，强调要基于犯意提起、具体分工等多因素区分主从犯，不能因为涉案毒品数量巨大而不做区分；第二，在对主犯及从犯的处罚上，强调要综合考量行为人实际发挥作用的差别、具体犯罪情节等差异，新增不能因从犯涉案毒品数量大于主犯，就对从犯处罚重于主犯的规定；第三，在死刑适用的原则规定上，明确提出应当坚持“毒品数量＋其他情节”的判断标准；第四，在死刑适用的一般规定中，新增“不能仅因涉案毒品数量远超过实际掌握的死刑适用数量标准，就不加区分地判处一案多名被告人死刑”的规定；第五，将《大连会议纪要》中“毒品数量达到实际掌握的死刑数量标准”改为“接近实际掌握的死刑适用数量标准”，增加其他从重处罚情节在决定死刑适用中的比重；第六，对于受雇运输毒品的被告人，强调不能单纯依据涉案毒品数量或所获报酬决定死刑适用，需结合运输次数与距离、犯罪主动性和独立性等因素综合考量。

（二）更强调主客观相统一的体系性评价

《昆明会议纪要》在历届纪要的基础上，针对近年来司法实践中毒品明知认定的程度泛化、明知推定适用不严谨等问题，对毒品犯罪主观明知的证明方式、认定依据做了更严格要求和更明晰规定，进一步强调对定罪量刑情节要做基于主客观相一致的体系性评价。

第一，补充完善主观明知的具体认定规则。《昆明会议纪要》在《大连会议纪要》的基础上，吸收相关规定，对行为人否认明知时的主观认定问题进行了补充与完善。具体而言，其提示性规定了主观明知认定的证明方法适用顺序，强调其他证据确实充分的，应该优先运用证据证明主观明知，并列明了用以证明主观明知的具体证据种类；在缺乏其他证据证明的情况下，则结合“实施毒品犯罪的方式……”等进行综合分析；有与主观明知常态联系的基础事实时，则运用推定认定明知，并在原有规定的基础上修改、补充、完善，列举了8种明知推定的基础事实；同时，强调要加强对被告人反证的审查，防止不当运用推定。如此规定进一步规范了毒品犯罪主观明知的认定要求，是对司法实践中证明与推定的混淆使用等降低主观明知证明标准的不当做法的及时纠偏。但针对司法实践中出现的大量将对犯罪对象明知等同于犯罪故意、将过失犯罪中的“应当预见”等同于主观故意中的“应知”、运用非常态联系的简单基础事实进行随意推定的问题，《昆明会议纪要》缺少回应，应进一步从主客观相统一原则、刑法总分则关系的考量出发，明确对毒品犯罪的明知与具有实施毒品犯罪故意的差异，明确只有在基础事实与推定事实之间具有常态联系且基础事实具有客观证据证明的情况下才能成立推定的主观限制规则。[1]

第二，在定罪量刑中更强调主观方面的考量。《昆明会议纪要》

① 参见陈锡章、程生彦：《毒品犯罪案件中证据认定问题研究》，载《法学杂志》2010年第9期。

在定罪量刑过程中更加注重贯彻主客观相一致的要求，在具体问题的认定上进一步克服毒品数量、客观危害的孤立考量，更注重主客观因素的辩证统一以及互相印证的体系性评价。《昆明会议纪要》在犯罪成立与罪名认定上，更强调犯罪构成要件上的主观要件与客观要件的有机辩证统一，如注重对行为人贩卖、运输、走私受管制麻精药品的目的的考察来确定此罪与彼罪、罪与非罪。在量刑活动中，更注重犯罪的客观危害与行为人主观恶性、人身危险性的辩证统一。例如，注重对有无提炼毒品或以非法买卖为目的的考量来决定对非法种植原植物罪的刑罚裁量；又如，对于受雇运输毒品的被告人是否适用死刑，强调除了考量毒品数量的多少等客观因素外，还明确需结合行为人的主观恶性、人身危险性综合认定；再如，对于立功从宽幅度，强调结合犯罪性质、具体情节等客观危害及行为人主观恶性、人身危险性等因素综合考量。

六、更加重视提升毒品犯罪案件审判质效

（一）进一步全面落实证据裁判原则要求

历届会议纪要中都强调要严格规范审判程序，以“有无证据证明”为事实认定的基础与关键。《昆明会议纪要》在此基础上，进一步贯彻落实证据裁判原则，在事实情节用语表述上更加谨慎，对证据的收集审查、相关事实认定的证据审查要点等细节性问题作出了更为详细、全面的规定。具体而言：第一，进一步细化相关事实认定的证据审查要点。例如，对于行为人辩称系毒品代购者时，新增“应当全面审查其所辩称的托购者……”是否构成贩卖毒品罪的证据审查要点；补充完善“可以根据其残存毒品成分的含量……”等认

定制毒废液、废料的证据材料；对于行为人否认明知是毒品的，新增“综合被告人供述，相关证人证言……”等据以判断行为人是否主观明知的证据种类。第二，将客观事实进一步统一表述为法律事实。《昆明会议纪要》在对客观事实的表述上，统一以“有无证据证明”限定。例如，将《大连会议纪要中》“共同犯罪中能分清主从犯的”改为“根据现有证据能够区分主从犯的”；又如，存在大量“确有证据证明……”“根据现有证据能够认定……”“有证据表明……”等法律事实表述。第三，进一步强调认定案件事实必须以证据为根据。在事实认定上，《昆明会议纪要》进一步贯彻没有证据不得认定案件事实的原则，在量刑上，重申没有证据证明吸毒者、代收者有实施贩卖毒品等其他犯罪的故意，一般以非法持有毒品罪定罪处罚；新增对运用推定认定明知的应当重视审查被告人反证合理性的提示性规定。在量刑上，新增“全案未查获毒品的，一般不判处被告人死刑”“主要犯罪事实中未查获毒品的，判处被告人死刑应当特别慎重”“没有证据证明被告人曾制出毒品成品……不得判处被告人死刑”等规定。第四，进一步强调对证据的全面收集、固定、审查。例如，明确了犯意引诱下所提供的证据材料属于非法证据，不得作为定罪量刑的证据使用；新增加强对财产刑、涉案财物裁量证据材料的收集、审查的提示性规定。

（二）进一步加强与相关法律规范的衔接

《昆明会议纪要》在罪名认定、主观明知认定、涉案财物处置等相关规定上，进一步加强与其他毒品立法、药品立法等法律规范的衔接，全面贯彻了党的二十大强调的“增强立法系统性、整体性、协同性、时效性”的要求，确保了法律体系内部的规范协调、有机统一，更好地统一裁判标准，提升裁判效果。

一是加大与其他毒品法律规范的衔接。对于毒品与麻精药品属性的关系，《昆明会议纪要》对接《禁毒法》第 2 条第 2 款规定，明确毒品具有非法使用性，在正常发挥医疗疗效时属于药品，只有非正当使用时方才是毒品，合理区分麻精药品的“药毒双性”；吸收了最高人民法院《关于审理毒品犯罪案件适用法律若干问题的解释》第 14 条对于网络涉毒犯罪定性的规定；对接了最高人民法院、最高人民检察院、公安部《关于规范毒品名称表述若干问题的意见》中对于混合毒品的成分鉴定及性质认定原则的规定。

二是加大与药品犯罪法律规范的衔接。在涉麻精药品行为定性上，《昆明会议纪要》对接《刑法修正案（十一）》新增的妨害药品管理罪，明确“出于治疗疾病等相关目的”，未取得药品相关批准证明文件进口、销售受管制麻精药品且足以严重危害人体健康的以妨害药品管理罪定罪处罚；对接最高人民法院、最高人民检察院《关于办理危害药品安全刑事案件适用法律若干问题的解释》第 18 条“不以营利为目的实施带有自救、互助性质”的进口药品的行为不属于犯罪的规定。

三是加强与其他法律规范的衔接。例如，吸收《反有组织犯罪法》第 45 条第 2 款、第 3 款等值没收、推定没收的规定；对接《刑事诉讼法》第 298 条，最高人民法院《关于适用〈中华人民共和国刑事诉讼法〉的解释》第 609 条，最高人民法院、最高人民检察院《关于适用犯罪嫌疑人、被告人逃匿、死亡案件违法所得没收程序若干问题的规定》第 17 条未定罪没收的相关规定；对接最高人民法院《关于刑事裁判涉财产部分执行的若干规定》第 10 条关于赃款赃物投资、置业时没收范围的规定；结合毒品犯罪特点吸收最高人民法院《关于处理自首和立功若干具体问题的意见》中协助抓捕其他犯罪嫌疑人、立功从宽幅度考量原则的规定；对接最高人民法院《关于办理减刑、假释案件具体应用法律的补充规定》第 1 条将履行财产性判项作为减刑假释实质性条件的规定。

第一章　毒品犯罪罪名认定问题

第一节　毒品犯罪选择性罪名的适用

—— 要点提示 ——

（1）走私、制造毒品过程中包含运输行为时的罪名认定问题；

（2）针对同一宗毒品实施不同种犯罪行为的罪名、罪数认定问题；

（3）针对不同宗毒品实施不同种犯罪行为的罪名、罪数认定问题；

（4）多个行为既未遂并存时的罪名认定问题；

（5）实施走私、贩卖、运输、制造毒品两种以上行为时的量刑问题。

纪要原文①

刑法第三百四十七条规定的走私、贩卖、运输、制造毒品罪是选择性罪名，确定罪名时不以行为实施的先后、毒品数量或者危害大小排列，一律按照刑法条文规定的顺序表述。对同一宗毒品实施了不同种犯罪行为且有确凿证据证明的，应当按照犯罪行为的性质并列确定罪名，毒品数量不重复计算，不实行数罪并罚。对同一宗毒品可能实施了不同种犯罪行为，但根据证据只能认定其中一种或者几种行为，认定其他行为的证据不属确实、充分的，则按照依法能够认定的行为性质定罪。对不同宗毒品分别实施了不同种犯罪行为的，应对不同行为并列确定罪名，累计毒品数量，不实行数罪并罚。

① 本书中，“纪要原文”均引自2023年《昆明会议纪要》。

检察机关起诉指控或者原审法院判决确定的选择性罪名不准确或顺序不当的，审理法院可以减少部分罪名或者改动罪名顺序；检察机关指控了相关犯罪事实，但未适用相应选择性罪名的，在充分听取控辩双方意见的基础上，可以根据审理认定的事实，增加或者变更为相应选择性罪名，但上诉案件不得加重刑罚或者对刑罚执行产生不利于被告人的影响。

要点评注

1 走私、贩卖、制造毒品过程中的运输毒品行为是否独立成罪？

针对此问题，《昆明会议纪要》延续了《大连会议纪要》的规定，明确“实施了不同种犯罪行为且有确凿证据证明的，应当按照犯罪行为的性质并列确定罪名”，由此只要在走私、贩卖毒品过程中，实施了运输毒品犯罪行为即独立成罪，并与走私毒品罪或贩卖毒品罪并列表述。对此，需要注意以下两点：

第一，实施的行为必须是运输毒品犯罪行为。选择性罪名是基于立法的简洁性及防止对同一法益侵害事实作重复评价的价值考量展开的，其是否构成犯罪还是要以犯罪构成为依据，不能从行为的自然形态方面去观察，[①] 而应当依据罪刑法定原则的要求展开认定。因此，在走私、贩卖、制造毒品过程中是否要对运输行为进行独立的评价，其核心在于判断行为人是否实施了刑法意义上的运输毒品犯罪行为。换言之，需综合行为人主观目的、运输距离、毒品数量、

① 参见古加锦:《行为选择性罪名的司法适用探讨》，载《人民法院报》2015 年 8 月 26 日，第 6 版。

空间位移判断行为人的运输行为是否具有“流通风险”，不能实现毒品流通价值的转移行为，如为贩卖毒品而进行短距离的运输，其本质上仅是对毒品的“动态持有”，不构成运输毒品罪。

第二，各犯罪行为均要有确凿证据予以证明。依据《昆明会议纪要》的规定，行为人实施的多个犯罪行为均要有确实充分的证据予以证明，且对所认定的事实已排除合理怀疑。若相应证据只能认定其中一种或者几种行为，认定其他行为的证据不够确实充分，则只按照依法能够认定的行为的性质定罪。

2　对同一宗毒品相继实施不同种犯罪行为的，如何认定其罪名与毒品数量？

《昆明会议纪要》对于针对同一宗毒品实施的不同种犯罪行为的罪名认定、毒品数量认定及是否实施数罪并罚的问题进行了明确的规定。

首先，在罪名认定上，区分了两种情况，一是对同一宗毒品实施了不同种犯罪行为且有确凿证据证明的，明确按照犯罪行为的性质并列确定罪名，即如前述，只要符合相关罪名犯罪构成即可以认定该罪名；二是对同一宗毒品可能实施了不同种犯罪行为，但根据证据只能认定其中一种或者几种行为，认定其他行为的证据不属确实、充分的，则按照依法能够认定的行为性质定罪。此种情况集中体现在行为人为贩卖而实施走私、运输毒品行为，或为了运输而走私毒品行为的情形中。

其次，对于毒品数量及罪数认定，采取“毒品数量不重复计算，不实行数罪并罚”的认定规则。原因在于，不同于针对不同宗毒品实施不同种犯罪行为，针对同一宗毒品实施不同种犯罪行为，虽然犯罪人实施数个犯罪行为，但犯罪对象并没有发生变化，其对法益的侵犯不同于典型数罪的数次侵害，属于对同一犯罪对象相继实施多个同类型的行为，为避免重复评价，在毒品数量认定上不能累计计算。

3 对不同宗毒品分别实施了不同种犯罪行为的，如何认定其罪名与毒品数量？

《昆明会议纪要》对于针对不同宗毒品分别实施了不同种犯罪行为的情况，在罪名认定上，按照实施行为并列确定罪名，对于毒品数量则累计计算，同时不实行数罪并罚。如此认定，一方面，针对不同宗毒品实施的走私、贩卖、运输、制造等多个行为，实际上都侵犯了国家对毒品的管理制度，所侵害的法益相同，属于法定的一罪，所以对这些行为进行整体评价而入罪，符合罪刑法定原则的要求。另一方面，通过累计毒品数量进行量刑，更能做到罚当其罪，避免犯罪人规避刑罚处罚，更能体现对毒品犯罪的严厉打击。现司法实践中也大多采取毒品数量累计计算的做法。

> 案例 1，王某某贩卖、制造毒品案：犯罪人王某某伙同他人制造氯胺酮 15320 克（其中查获 8320 克），后贩卖氯胺酮 260 余克。法院认定犯罪人王某某制造、贩卖毒品氯胺酮 15580 余克，以贩卖、制造毒品罪判处其死刑。[①]

因此，《昆明会议纪要》要求，针对不同宗毒品分别实施了不同

---

① 参见最高人民法院刑事审判第一、二、三、四、五庭主办:《刑事审判参考》第 534 号案例。

种犯罪行为的，在分别评价时行为人每一行为所涉及的毒品数量都未达到追究刑事责任的标准，但其累计数量达到可追究刑事责任的数量要求时，按照累计数量进行定罪；在分别评价时行为人所涉毒品数量均达不到法定刑升格的标准，而累计计算却达到了法定刑升格标准时，按照累计数量进行量刑。但结合《昆明会议纪要》加强死刑适用的司法限制的理念，从罪刑法定及罪刑均衡的视角出发，基于人权保障的需要，对于在分别评价时行为人所涉毒品数量均达不到死刑实际适用数量标准，而累计计算却达到了死刑实际适用数量标准，但未达到数量巨大的，可以考虑审慎适用死刑。

4　实施走私、贩卖、运输、制造毒品罪中两种以上行为，且部分既遂，部分未遂，应如何认定罪名及既未遂形态？

基于毒品犯罪案件的复杂性等多重原因，《昆明会议纪要》中仅对制造毒品罪既未遂认定予以了明确，对走私、贩卖、运输毒品罪的既未遂认定并未作出说明。对此，对于行为人实施走私、贩卖、运输、制造毒品罪中两个以上行为，存在部分行为既遂，部分行为未遂时的罪名认定问题，理论及实践中存在较大争议。第一种观点认为应依据既遂行为的罪名进行定罪，而未遂行为可以作为量刑情节予以考虑。[①] 第二种观点认为应成立既遂罪名与未遂罪名的包括的一罪。[②] 第三种观点认为应依据行为个数进行定罪，其中对于既未遂状态的认定又存在不同："未遂论"认为以一个行为未遂则整体行为

---

① 参见林维、王充：《选择性罪名适用的探讨》，载《人民检察》1997 年第 8 期；刘凌梅：《选择性罪名的司法适用》，载《人民司法》2015 年第 13 期。

② 参见陈洪兵：《以罪刑相适应检视选择性罪名的范围及适用》，载《江淮论坛》2019 年第 4 期。

按未遂认定；[①]而“既遂论”认为，依据既遂吸收未遂原则，一个行为既遂即全部行为既遂。[②]第四种观点认为，在罪名认定及各罪既未遂认定准确的基础上，仍存在既未遂并存的情况下，则对于相关涉毒行为的既未遂可分别认定、分别表述，按照行为性质并列确定罪名。而当既未遂认定不一时，对此类行为的量刑问题存在争议与分歧：例如，未遂论以整体未遂认定，既遂部分作为从重处罚情节认定；既遂论则认定全部行为构成既遂，未遂部分作为从宽量刑情节认定；也有观点认为可借鉴诈骗罪等相关规定，根据行为人毒品犯罪的既遂部分和未遂部分分别判定法定刑幅度，并对未遂部分考虑对行为人从宽处罚，之后择一重处罚，未遂或既遂部分作为量刑情节从宽或从重处罚。[③]

在实务中，对多个行为既未遂并存时罪名认定及既未遂判断的标准更是大相径庭，存在诸多分歧。如案例 2 采取“一个行为既遂，整个行为既遂”的认定标准，而案例 3 则认定为 A 罪既遂和 B 罪未遂。

> 案例 2，全某、尚某某贩卖、运输毒品案：全某通过微信联系尚某某找其购买 50 克甲基苯丙胺（含陈某的 30 克及自己用于贩卖的 20 克）。而后，尚某某购得 50 克甲基苯丙胺。随后尚某某与全某商议，由尚某某携带毒品搭载全某联系的顺风车回某县交易，尚某某至某县收费站后被民警抓获。法院认定，“全某与尚某某共同运输毒品行为已完成，构成运输毒品的既遂，而我国刑法规定的贩卖、运输

① 参见张亚平、王东风：《论选择性罪名的适用》，载《天中学刊》2004 年第 1 期。
② 参见周岸崇：《毒品犯罪中选择性罪名的适用》，载微信公众号“中国审判”2019 年 8 月 30 日。
③ 参见方文军：《毒品犯罪司法实务精解》，法律出版社 2024 年版，第 255 页。

毒品罪是选择性罪名，行为人在实施涉及选择性罪名的某一犯罪的过程中，若兼有各种选择行为事项，只要其中的一个行为事项完成时，整个选择犯便已既遂"，认定二人构成贩卖、运输毒品罪。

案例3，赵某某贩卖、运输毒品案：被告人赵某某向他人购买了50斤"面面"（含咖啡因成分），后又在其家中添加维生素和食用色素熬制成某黄色片状物100余斤。后经人介绍，被告人赵某某驾车携带73公斤红色、黄色片状物毒品，准备贩卖给某县某乡的邱某、程某夫妇，在某高速收费站被民警查获。法院认为，被告人赵某某的犯罪形态属于贩卖毒品罪的未遂和运输毒品罪的既遂，其行为构成贩卖、运输毒品罪。

上述分歧既存在定罪和量刑的理论混淆，也存在毒品犯罪特殊性及既未遂认定错乱的实践偏差。实际上，在毒品犯罪既未遂并存时，需注意以下两个问题：第一，准确认定个罪既未遂形态。这是准确认定选择性罪名既未遂的前提，基于毒品犯罪既未遂认定的特殊性，实践中部分案件存在错将既遂当未遂的情形，这也直接造成了选择性罪名既未遂认定不一的乱象。例如，贩卖毒品罪中虽未完成毒品交易，但已进入实际交易环节，实际上属于毒品犯罪既遂，此时并不存在运输既遂、贩卖未遂并存的情况。在认定各罪犯罪形态时，需注意立法上的相关拟制规定。例如，对于制造毒品罪，《昆明会议纪要》明确"已经制出粗制毒品或者半成品的，以制造毒品罪的既遂论处"；又如，对于走私毒品罪，依据最高人民法院、最高人民检察院2014年发布的《关于办理走私刑事案件适用法律若干问题的解释》第23条，"以虚假申报方式走私，申报行为实施完毕的"

为犯罪既遂。第二，注重区分同宗毒品犯罪与不同宗毒品犯罪。由于同宗毒品犯罪与不同宗毒品犯罪二者在毒品数量计算上存在差别，对于罪名及既未遂的认定会进一步导致量刑上的差异。

5 实施走私、贩卖、运输、制造毒品罪中两种以上犯罪行为的，在量刑上是否需要一律从重处罚？

依据《昆明会议纪要》的规定，对于实施了走私、贩卖、运输、制造毒品两种以上犯罪行为的，不实行数罪并罚。而此时，在量刑上是否要对其一律从重处罚，《大连会议纪要》提到“量刑时可综合考虑毒品的种类、数量及危害，依法处理”，但具体如何处理历届纪要均未明确。

对此，司法实践中存在争议，部分地方司法文件将其作为调节基准刑的犯罪事实之一，如四川省高级人民法院、四川省人民检察院发布的《〈关于常见犯罪量刑指导意见（试行）〉实施细则（试行）》明确将“实施走私、贩卖、运输、制造毒品两种以上行为的”作为调节基准刑的事实，规定“每增加一种行为，增加三个月至六个月刑期”。也有案例认为，行为人实施贩卖毒品行为，又构成运输毒品的，不实行数罪并罚，不影响量刑。

实际上，从《昆明会议纪要》全面贯彻宽严相济刑事政策的基本要求出发，对于实施走私、贩卖、运输、制造毒品两种以上行为的是否需要从重处罚，不能一概而论，要结合行为之间的关系进行综合认定。选择性罪名是基于立法简洁性，对多个同类构成要素的罪状的高度概括，核心在于避免对同一法益侵害事实作重复评价。因此，对于走私、贩卖、运输、制造同一宗毒品，且各行为之间存在承继、吸收关系的，如后行为是前行为的最终目的，后行为必然包括前行为，基于其实际上造成的危害结果仅有一个，从罪刑相适应原则出发，不宜一律从重处罚。而由于各行为之间相互独立，例如，行为人向甲贩卖毒品、与乙运输其他毒品，虽然不实行数罪并罚，但相应行为的社会危害性及所表征的行为人主观恶性、人身危险性显然更大，从刑罚的正当性出发，在量刑时应当酌情从重处罚。

6　检察机关起诉指控或者原审法院判决确定的选择性罪名有遗漏的，审理法院能够增加罪名吗？

依据《昆明会议纪要》的规定，对于检察机关起诉指控或者原审法院判决确定的选择性罪名有遗漏的，在符合相应条件的情况下，审理法院可以增加罪名。对该问题，《昆明会议纪要》在以下两方面进行了修改：第一，对于更改罪名的具体规则，《大连会议纪要》仅针对下级法院确定罪名不准确的问题作出规定，《昆明会议纪要》将其扩展到检察院指控罪名不准确的情形。第二，《昆明会议纪要》修改了《大连会议纪要》“在不加重原判刑罚的情况下，也可以改变罪名，但不得增加罪名”的规定，明确在符合相应条件时，审理法院可以“增加或者变更为相应选择性罪名”。

审理法院增加罪名的前提条件包括：

第一，增加罪名的前提在于检察机关指控了相关犯罪事实。若检察机关并未指控该部分犯罪事实，则需按照最高人民法院《关于适用〈中华人民共和国刑事诉讼法〉的解释》（以下简称《刑诉法解释》）第 297 条的规定，通知检察院补充起诉，由其决定是否补充、变更、追加起诉或者补充侦查，不能直接作出判决认定该犯罪事实。

在上诉案件中，二审法院也只能发回重审，由检察院补充起诉，不能直接作出判决认定该犯罪事实。需要注意的是，针对同一宗毒品，在为贩卖而运输、为走私而运输的情形下，由于贩卖行为或走私行为中实际上包含了运输行为，若检察机关指控了相应的贩卖或走私毒品行为，则应当认定检察机关一并指控了运输毒品的相关犯罪事实。

第二，增加的罪名仅限于选择性罪名当中的罪名，而非其他关联罪名，即仅能增加走私、贩卖、运输、制造毒品罪中的相关罪名，不能增加非法持有毒品罪、非法种植毒品原植物罪等其他罪名。

第三，变更或者增加选择性罪名，需按照《刑诉法解释》第 295 条的规定，充分听取控辩双方意见，切实保障被告人、辩护人依法行使辩护权。

第四，上诉案件不得加重刑罚或者对刑罚执行产生不利于被告人的影响。在审理仅有被告人一方上诉的案件时，审理法院增加罪名的，还需注意不得加重被告人刑罚、不得对被告人的刑罚作出实质不利改判。具体包括：同种刑种不得在量上增加、不得改变刑罚的执行方法、不得在主刑上增加附加刑、不得增加附加刑的金额或期限、不得改判较重的刑种、不得加重共同犯罪案件中未提起上诉和未被提起抗诉的被告人刑罚。

相关规范

1.《刑法》规定

第 347 条 【走私、贩卖、运输、制造毒品罪】走私、贩卖、运输、制造毒品，无论数量多少，都应当追究刑事责任，予以刑事处罚。

走私、贩卖、运输、制造毒品，有下列情形之一的，处十五年有期徒刑、无期徒刑或者死刑，并处没收财产：

（一）走私、贩卖、运输、制造鸦片一千克以上、海洛因或者甲基苯丙胺五十克以上或者其他毒品数量大的；

（二）走私、贩卖、运输、制造毒品集团的首要分子；

（三）武装掩护走私、贩卖、运输、制造毒品的；

（四）以暴力抗拒检查、拘留、逮捕，情节严重的；

（五）参与有组织的国际贩毒活动的。

走私、贩卖、运输、制造鸦片二百克以上不满一千克、海洛因或者甲基苯丙胺十克以上不满五十克或者其他毒品数量较大的，处七年以上有期徒刑，并处罚金。

走私、贩卖、运输、制造鸦片不满二百克、海洛因或者甲基苯丙胺不满十克或者其他少量毒品的，处三年以下有期徒刑、拘役或者管制，并处罚金；情节严重的，处三年以上七年以下有期徒刑，并处罚金。

单位犯第二款、第三款、第四款罪的，对单位判处罚金，并对其直接负责的主管人员和其他直接责任人员，依照各该款的规定处罚。

利用、教唆未成年人走私、贩卖、运输、制造毒品，或者向未成年人出售毒品的，从重处罚。

对多次走私、贩卖、运输、制造毒品，未经处理的，毒品数量累计计算。

2. 其他规定

最高人民检察院、公安部《关于公安机关管辖的刑事案件立案追诉标准的规定（三）》（公通字〔2012〕26号）

第1条第10款　走私、贩卖、运输、制造毒品罪是选择性罪名，对同一宗毒品实施了两种以上犯罪行为，并有相应确凿证据的，应当按照所实施的犯罪行为的性质并列适用罪名，毒品数量不重复计算。对同一宗毒品可能实施了两种以上犯罪行为，但相应证据只能认定其中一种或者几种行为，认定其他行为的证据不够确实充分的，只按照依法能够认定的行为的性质适用罪名。对不同宗毒品分别实施了不同种犯罪行为的，应对不同行为并列适用罪名，累计计算毒品数量。

3. 往届纪要（已失效）

（1）2000年《南宁会议纪要》

刑法第三百四十七条规定的“走私、贩卖、运输、制造毒品罪”是选择性罪名，虽然司法解释曾对如何适用这一罪名有过规定，但各地执行上仍有较大差异。在新的司法解释出台前，认定以上犯罪，原则上仍应按照最高人民法院《关于适用〈全国人民代表大会常务委员会关于禁毒的决定〉的若干问题的解释》确定罪名。对行为人对同一宗毒品实施了两种以上犯罪行为并有相应确凿证据的，应当按照所实施的犯罪行为的性质并列确定罪名。罪名不以行为实施的先后、危害后果的大小排列，一律以刑法条文规定的顺序表述，如对同一宗毒品，既制造又走私的则以“走私、制造毒品罪”定罪，但不实行并罚。如一审法院根据主要犯罪行为确定罪名的，二审法院可不再变动。对不同宗毒品分别实施了不同种犯罪行为的，应对不同行为并列确定罪名，累计计算毒品数量，也不实行数罪并罚。

（2）2008年《大连会议纪要》

刑法第三百四十七条规定的走私、贩卖、运输、制造毒品罪是选择性罪名，对同一宗毒品实施了两种以上犯罪行为并有相应确凿证据的，应当按照所实施的犯罪行为的性质并列确定罪名，毒品数量不重复计算，不实行数罪并罚。对同一宗毒品可能实施了两种以上犯罪行为，但相应证据只能认定其中一种或者几种行为，认定其他行为的证据不够确实充分的，则只按照依法能够认定的行为的性质定罪。如涉嫌为贩卖而运输毒品，认定贩卖的证据不够确实充分的，则只定运输毒品罪。对不同宗毒品分别实施了不同种犯罪行为的，应对不同行为并列确定罪名，累计毒品数量，不实行数罪并罚。对被告人一人走私、贩卖、运输、制造两种以上毒品的，不实行数罪并罚，量刑时可综合考虑毒品的种类、数量及危害，依法处理。

罪名不以行为实施的先后、毒品数量或者危害大小排列，一律以刑法条文规定的顺序表述。如对同一宗毒品制造后又走私的，以走私、制造毒品罪定罪。下级法院在判决中确定罪名不准确的，上级法院可以减少选择性罪名中的部分罪名或者改动罪名顺序，在不加重原判刑罚的情况下，也可以改变罪名，但不得增加罪名。

第二节　从贩毒人员住所等处查获的毒品的性质认定

—— 要点提示 ——

（1）将从贩毒人员住所等处查获的毒品认定为贩卖的毒品的客观条件；

（2）“从贩毒人员住所、车辆等处”的具体范围；

（3）采取事实推定的注意事项；

（4）从有吸毒情节的贩毒人员住所查获的毒品性质的认定要求；

（5）“从住处、车辆等处查获毒品”型贩毒案件的犯罪形态认定。

纪要原文

对于从贩毒人员住所、车辆等处查获的毒品，一般应认定为其贩卖的毒品。确有证据证明查获的毒品并非贩毒人员用于贩卖，其行为另构成非法持有毒品罪、窝藏毒品罪等其他犯罪的，依法定罪处罚。

要点评注

1　从贩毒人员住所、车辆等处查获的毒品，在什么情况下能认定为贩卖的毒品？

基于毒品犯罪隐蔽性强、取证难度大的现实困境，从贩毒人员住所等处查获的毒品实际上多用于贩卖的客观事实以及从严打击毒品犯罪的政策需求，[①]《昆明会议纪要》延续了《武汉会议纪要》对从贩毒人员住所等处查获毒品的性质认定，继续采用了事实推定的证明方法，明确规定根据行为人贩卖毒品及从其住所等处查获毒品的事实，推定查获的毒品是用于贩卖。具体而言，将从贩毒人员住所、车辆等处查获的毒品认定为贩卖毒品需符合以下两个条件：

第一，必须具有行为人贩卖毒品及从行为人住所等处查获毒品的基础事实。这主要包括三种情况：一是行为人因贩卖毒品被人赃俱获，随后又从其住所等处查获毒品的；二是有其他证据证明行为人贩卖毒品，但没有查获实物，后从其住所等处查获毒品的；三是行为人因吸毒或其他违法犯罪行为被抓获后，查明其有贩毒行为，并从其住所等处查获毒品的。需要注意，此种推定仅限于贩卖毒品的案件中，对于走私、运输、制造毒品案件并不适用。

案例 1，叶某、韦某贩卖毒品案：2018 年 5 月 18 日 21 时许，苏某通过微信联系被告人叶某购买毒品。次日凌晨，叶某驾驶小汽车搭载被告人韦某到某路口公交车站旁，将一包净重 2.72 克的毒品“茶”贩卖给苏某。双方交易完毕后，被公安民警当场抓获。民警从苏某处扣押了刚购买来的毒品，从叶某放置于车上的手提包内查获毒品可疑物 17 小包。对此，法院认定叶某、韦某是在贩卖毒品后被查获，因此，从叶某手提包内及韦某住处查获的这部分毒品应当计入贩卖毒品总数量。

---

① 参见高贵君等:《〈全国法院毒品犯罪审判工作座谈会纪要〉的理解与适用》，载《人民司法》2015 年第 13 期。

第二，贩毒人员没有可以推翻推定的反证，即行为人没有证据证明查获的毒品并非贩毒人员用于贩卖。例如，其为他人保管用于吸食的毒品、为犯罪分子窝藏毒品、持有祖传或捡拾的毒品、用于自己吸食、出于治疗疾病目的而持有毒品等。

案例 2，欧阳某甲非法持有毒品案：2014 年 5 月 20 日下午，欧阳某乙请求被告人欧阳某甲代购甲基苯丙胺用于吸食。当日 23 时许，应欧阳某乙的要求，欧阳某甲在其位于佛山市顺德区的住宅内，从其持有的毒品中拿出净重 0.51 克的一小包甲基苯丙胺交给欧阳某乙，欧阳某乙支付现金 200 元。后公安人员抓获欧阳某甲并当场在该住宅大厅内查获涉毒物品 57 份、带吸管的塑料瓶 2 个等物品。公安人员从欧阳某乙处查获涉毒物品 1 份。一审法院认为，被告人欧阳某甲无视国家法律，贩卖毒品，其行为已构成贩卖毒品罪；二审法院认为，现有证据不足以证实被告人欧阳某甲具有贩卖毒品的行为和故意，欧阳某甲的确是吸毒人员，根据现有的证据情况，公安人员从欧阳某甲住处查获的毒品是欧阳某甲用于吸食的可能性很大，故认定欧阳某甲的行为构成贩卖毒品罪的证据不足，改判其构成非法持有毒品罪。①

2 如何理解“贩毒人员住所、车辆等处”的范围？

对于“贩毒人员住所、车辆等处”的具体范围，相关法律规范中并未明确。司法实践中，有观点对“贩毒人员住所、车辆等处”的范围的理解有偏颇，认为只有在贩毒人员住所、车辆等固定场所

① 参见最高人民法院刑事审判第一、二、三、四、五庭主办：《刑事审判参考》第 1070 号案例。

查获的毒品才能推定为贩卖的毒品，而在贩毒人员所处的宾馆等临时场所查获的毒品不能如此推定。

实际上，对于“贩毒人员住所、车辆等处”的具体范围的理解，需回归到此规定的本质上。即认定所查获的毒品为贩卖毒品，是采取了事实推定的证明方法，降低证明标准，通过行为人存在贩毒行为以及毒品属于其实际排他占有这两个基础事实予以推定，其核心在于行为人实施了贩毒行为、所查获毒品为行为人实际排他占有这两个基础事实。换言之，毒品是“从贩毒人员住所、车辆等处查获”仅是所查获毒品为行为人实际占有的直接体现之一，行为人对所查获毒品的实际掌控状态才是推定的实质前提。因此，无论是从住所、车辆等固定场所，还是从贩毒人员所处的宾馆、KTV、贩毒人员身上、未接收或已发出的毒品包裹等处查获的毒品，只要能够证明其为贩毒人员实际排他性占有，均能推定其属于贩卖的毒品。

在此基础上，如何证明毒品为行为人排他性占有，需结合其他证据综合认定。如在“人赃并获”的情况下，从贩毒人员身上查获的毒品可以直接推定为行为人所有。在毒品的外包装物上发现了行为人的指纹；经对毒品的外包装物进行生物检验，检出行为人的DNA（脱氧核糖核酸）；行为人供述毒品的数量、种类、包装情况、存放位置与侦查机关现场勘查、搜查提取到的毒品数量、种类、包装情况、存放位置一致；在案证据证实车辆、住所为行为人一人独自使用或非独自使用但在案证据证实查获的毒品非第三人所有等情况下，可以推定毒品为行为人排他性占有。

3 如何准确适用事实推定，认定查获毒品是否属于贩卖毒品？

基于事实推定的特殊性，在司法实践中，将从贩毒人员住所等处查获的毒品推定为其贩卖的毒品时，需要注意以下几点：

第一，只有依据在案证据无法直接或间接证明所查获毒品为行为人贩卖的毒品时，才能使用事实推定。若通过行为人供述、上下家供述、购买毒品的数量、毒品类型、行为人与上下级的通信记录、付款记录等客观证据能直接或间接证明，查获的毒品系行为人贩卖的毒品时，则无需采用事实推定。

第二，基础事实必须有确凿的证据证明。证明行为人系贩毒人员、被查获的毒品为行为人排他性占有的证据必须达到确实、充分的程度，才能以贩卖毒品罪对其定罪处罚，若在案证据证实不了行为人贩卖毒品或查获的毒品为行为人实际占有或排他性占有，则所查处的毒品不能推定为行为人贩卖的毒品，不能将相应毒品数量计入行为人贩卖毒品的数量。

第三，重点考察行为人是否能够提出反证。贩毒人员既可以提出反证证明其没有贩卖毒品的基础行为或者查获的毒品与其不存在关联，也可以提出反证证明查获的毒品确非用于贩卖。

第四，准确把握证明标准及证明责任的分配。在证明责任上，检察机关负有证明罪与非罪、罪轻罪重的责任，因此在无直接证据的情况下，检察机关需依据相关证据证明基础事实的存在。若行为人提出辩驳，必须出具相反证据，若无法提供相反证据，则行为人主张不成立，此时由于事实推定只具有一定盖然性，[①] 因此无需行为

---

① 参见何家弘:《司法证明方法与推定规则》，法律出版社 2018 年版，第 197 页。

人提供的反证必须达到排除合理怀疑的程度，只要其提供的线索或证据能够证明所查获的毒品是他人的或不是用于贩卖的；若检察机关无法排除存在“查获的毒品并非贩毒人员用于贩卖”的“合理怀疑”时，应根据存疑有利于被告人的原则，不能将查获的毒品认定为贩卖的毒品。

4 从有吸毒情节的贩毒人员住所查获的毒品，该如何认定？

基于吸毒人员的特殊性，在司法实践中，对于有吸毒情节的贩毒人员贩卖毒品案件，往往将行为人自己吸食的毒品予以扣除，不计入贩卖毒品的数量。《昆明会议纪要》也明确：确有证据证明其购买的部分毒品并非用于贩卖的，不计入其贩毒数量。对此，对从有吸毒情节的贩毒人员住所查获的毒品的性质认定，应从以下两个方面把握：

第一，严格判断所查获毒品与贩卖毒品是否为同一宗毒品。具体而言，先应结合行为人购买用于贩卖与住所等处存储毒品的时间间隔、贩卖毒品行为与购买毒品行为之间的连贯性及其他相关客观事实，判断从贩毒人员住所等处查获的毒品与行为人所贩卖的毒品是否属于同一宗毒品，若二者属于同一宗毒品，则按照《昆明会议纪要》“对于有吸毒情节的贩毒人员，一般应当按照其购买的毒品数量认定其贩毒数量，量刑时酌情考虑其吸食毒品的情节”的规定，按照全部毒品数量认定其贩卖毒品的数量，吸毒情节仅视为量刑情节从轻处罚。

第二，若二者不属于同一宗毒品，则结合在案证据，判断是否“确有证据证明查获的毒品并非贩毒人员用于贩卖”。此时，主要从主客观相一致、罪责刑相一致的原则出发，结合行为人一贯表现、成瘾性、所查获毒品数量、种类等案件情节进行综合分析，判断是否存在用于自己吸食或其他非贩卖的可能，若无法排除上述可能，则查获毒品不能认定为贩卖的毒品，而需依据毒品数量，以非法持有毒品罪、窝藏毒品罪等其他罪名定罪。

> 案例 3，高某贩卖毒品案：2014 年 5 月 12 日，被告人潘某某在某商场门前，向梁某（已判刑）贩卖毒品甲基苯丙胺（冰毒）1 包，由高某于梁某转卖后收取毒资 1700 元。后潘某某安排高某从他人处购买毒品用于共同吸食。被告人潘某某、高某于 2014 年 5 月 13 日在二人暂住地被公安机关抓获，民警从潘某某暂住地起获甲基苯丙胺 0.1 克，从高某暂住地起获甲基苯丙胺 6.12 克。案件的核心争议在于，从被告人高某暂住地起获的甲基苯丙胺 6.12 克，是否应计入犯罪数量？

对此，合议庭认为，通过审查在案证据，两被告人贩毒后次日即被抓获，现场检测报告、吸毒成瘾认定意见书表明，被告人潘某某吸毒成瘾严重、高某吸毒成瘾。两被告人在案供述均称民警查获的毒品是第二次购买的冰毒，用于共同吸食，由于抓获及时，两被告人未串供且供述相互印证。同时，在案证据证明，两被告人于 2014 年 5 月 12 日晚先后进行的是两次独立的毒品购买行为，购买行为有时间间隔、购买的毒品为不同的两批次。基于两名被告人贩卖的毒品间缺乏连贯性，确非同一宗毒品，不能仅仅因为两被告人第一次临时起意购买毒品用于贩卖的行为，就直接认定其第二次购买毒品也是基于同样的贩毒目的。同时，也无在案证据证明从高某暂住地查获的 6.12 克毒品是为了实施新的贩卖毒品等其他犯罪。据此，可以认定该查获的 6.12 克毒品是用于吸食，不是用于贩卖，不计入贩卖毒品的数量。[①]

案例拓展

（1）宋某某贩卖毒品案——对购买数量巨大的毒品且被告人本人吸毒成瘾的应当如何定性（《刑事审判参考》第 365 号案例）

裁判规则提炼：确有证据证明行为人吸毒成瘾，即便购买的毒品数量大仍不能排除购买海洛因是用于吸食的可能性。因此，在没有充分的证据足以证明行为人购买毒品是为了以贩养吸的情况下，认定行为人构成贩卖毒品罪的证据不足，而其购买海洛因用于吸食的证据较为充分，应认定构成非法持有毒品罪。

（2）欧阳某甲非法持有毒品案——从吸毒人员住处查获数量较大的毒品，但认定其曾贩卖毒品的证据不足的，应认定为非法持有毒品罪（《刑事审判参考》第 1070 号案例）

裁判规则提炼：对于将从贩毒人员住所等处查获的毒品推定为贩卖的毒品的这一规定，需注意两点：一是允许被告人提出反证。在运用推定的方法认定行为人是否具有贩卖毒品的故意时，应当细致审查被告人的辩解和理由。二是要准确查明据以推定的基础事实。如果认定被告人曾经贩卖毒品或者正在贩卖毒品的基础事实存在诸多疑点，证据没有达到确实、充分的程度，且现有证据不能排除被

① 参见马晓宇等:《从有吸毒情节的贩毒人员住所查获毒品的认定》，载《人民司法（案例）》2016 年第 17 期。

告人提出的被查获的毒品是其准备用于自己吸食的辩解的真实性和合理性的，就不能推定被告人对其被查获的毒品存在贩卖的故意。

相关规范

1.《刑法》规定

第 347 条 【走私、贩卖、运输、制造毒品罪】走私、贩卖、运输、制造毒品，无论数量多少，都应当追究刑事责任，予以刑事处罚。

走私、贩卖、运输、制造毒品，有下列情形之一的，处十五年有期徒刑、无期徒刑或者死刑，并处没收财产：

（一）走私、贩卖、运输、制造鸦片一千克以上、海洛因或者甲基苯丙胺五十克以上或者其他毒品数量大的；

（二）走私、贩卖、运输、制造毒品集团的首要分子；

（三）武装掩护走私、贩卖、运输、制造毒品的；

（四）以暴力抗拒检查、拘留、逮捕，情节严重的；

（五）参与有组织的国际贩毒活动的。

走私、贩卖、运输、制造鸦片二百克以上不满一千克、海洛因或者甲基苯丙胺十克以上不满五十克或者其他毒品数量较大的，处七年以上有期徒刑，并处罚金。

走私、贩卖、运输、制造鸦片不满二百克、海洛因或者甲基苯丙胺不满十克或者其他少量毒品的，处三年以下有期徒刑、拘役或者管制，并处罚金；情节严重的，处三年以上七年以下有期徒刑，并处罚金。

单位犯第二款、第三款、第四款罪的，对单位判处罚金，并对其直接负责的主管人员和其他直接责任人员，依照各该款的规定处罚。

利用、教唆未成年人走私、贩卖、运输、制造毒品，或者向未成年人出售毒品的，从重处罚。

对多次走私、贩卖、运输、制造毒品，未经处理的，毒品数量累计计算。

第 348 条 【非法持有毒品罪】非法持有鸦片一千克以上、海洛因或者甲基苯丙胺五十克以上或者其他毒品数量大的，处七年以上有期徒刑或者无期徒刑，并处罚金；非法持有鸦片二百克以上不满一千克、海洛因或者甲基苯丙胺十克以上不满五十克或者其他毒品数量较大的，处三年以下有期徒刑、拘役或者管制，并处罚金；情节严重的，处三年以上七年以下有期徒刑，并处罚金。

第 349 条 【包庇毒品犯罪分子罪】【窝藏、转移、隐瞒毒品、毒赃罪】包庇走私、贩卖、运输、制造毒品的犯罪分子的，为犯罪分子窝藏、转移、隐瞒毒品或者犯罪所得的财物的，处三年以下有期徒刑、拘役或者管制；情节严重的，处三年以上十年以下有期徒刑。

缉毒人员或者其他国家机关工作人员掩护、包庇走私、贩卖、运输、制造毒品的犯罪分子的，依照前款的规定从重处罚。

犯前两款罪，事先通谋的，以走私、贩卖、运输、制造毒品罪的共犯论处。

2. 往届纪要（已失效）

（1）2008 年《大连会议纪要》

对于以贩养吸的被告人，其被查获的毒品数量应认定为其犯罪的数量，但量刑时应考虑被告人吸食毒品的情节，酌情处理；被告人购买了一定数量的毒品后，部分已被其吸食的，应当按能够证明的贩卖数量及查获的毒品数量认定其贩毒的数量，已被吸食部分不计入在内。

（2）2015年《武汉会议纪要》

贩毒人员被抓获后，对于从其住所、车辆等处查获的毒品，一般均应认定为其贩卖的毒品。确有证据证明查获的毒品并非贩毒人员用于贩卖，其行为另构成非法持有毒品罪、窝藏毒品罪等其他犯罪的，依法定罪处罚。

第三节 以毒品换取财产性利益的定性

—— 要点提示 ——

（1）以毒抵薪、以毒抵债、以毒换物的性质认定；

（2）“其他财产性利益”的具体范围；

（3）以毒易物的接受毒品方的罪名认定；

（4）互易毒品的行为定性与毒品数量认定。

纪要原文

用毒品支付劳务报酬、偿还债务或者换取其他财产性利益的，以贩卖毒品罪定罪处罚。用毒品向他人换取毒品用于贩卖的，以贩卖毒品罪定罪处罚；双方以吸食为目的互换毒品，构成非法持有毒品罪等其他犯罪的，依法定罪处罚。

要点评注

1 以毒抵薪、以毒抵债、以毒换物，该如何定性？

对于将毒品本身作为一般等价物，用毒品作为支付手段，与其他物品进行交换的行为能否以贩卖毒品罪认定，如以毒抵薪、以毒抵债、以毒换物，学界存在一定的争论。对此，《昆明会议纪要》对该问题予以了明确：第一，用毒品支付劳务报酬、偿还债务或换取其他财产性利益的，以贩卖毒品罪定罪处罚；第二，用毒品向他人换取毒品用于贩卖的，以贩卖毒品罪定罪处罚。

这一规定肯定了以毒品换取财产性利益的行为属于变相贩卖毒品。实际上，《关于公安机关管辖的刑事案件立案追诉标准的规定（三）》规定“贩卖”是指明知是毒品而非法销售或者以贩卖为目的而非法收买的行为。通过毒品换取财产性利益，虽不同于一般意义上的销售行为，但无论是从经济学领域还是日常生活经验出发，行为人在主观上也存在以毒品换取财产性利益的主观故意，在客观结果上抵消了原本需以财物进行交易的支付义务，获取到了财产性利益，实现了有偿交易。该行为从本质上也促进了毒品在不同主体之间的流转，破坏了国家对毒品的管理制度，符合贩卖毒品罪的构成要件。同时，若仅将贩卖毒品的对价物限定于财物，则不当缩小了贩卖毒品罪的处罚范围，会造成大量贩卖毒品行为无法得到刑事制裁，极易放纵犯罪。

2 如何理解“其他财产性利益”？以毒品折抵嫖资，构成贩卖毒品罪吗？

《昆明会议纪要》虽然承认了毒品可以作为刑法上交易的对象，肯定了以毒品换取财产性利益行为的本质为变相贩卖毒品，但这并不意味着一切的以毒易物行为均可以认定为贩卖毒品罪，其仅限于换取支付劳务报酬、偿还债务及其他财产性利益。而何为“其他财产性利益”，理论上及实务中对于嫖资能否被视为“财产性利益”，换言之，对于用毒品折抵嫖资能否认定为贩卖毒品罪，存在较大分歧，《昆明会议纪要》中也未予以明确。

在理论上，肯定论认为，将毒品作为嫖娼代价交付，属于换取非财产性利益，因交付行为不属于以物质交换为内在特征的买卖关系，不构成贩卖毒品罪。[①]否定论认为，虽然性服务不具有合法性，但事实上性服务是有价值的，将毒品与性服务进行交换，事实上也体现了一种对价性、有偿性，只是少了卖淫妇女向他人提供性服务收取货币后再用货币购买毒品这一中间环节而已，应以贩卖毒品罪定罪处罚。[②]区分论认为，要区分行为人以毒品折抵嫖资与以毒品换取他人提供性服务的区别。该学说认为性服务本身并不属于财产性利益，但基于性服务产生的财物支付请求权属于财产性利益。类似于受贿行为中，行为人自己直接向受贿人提供性服务，获取利益，受贿人不构成受贿罪；但若行为人出钱邀请第三者向受贿人提供性服务，获取利益，实际上存在财物贿赂的行为，受贿人应以受贿罪论处。[③]因此，此类案件应区分为以下两种情况：第一，以毒品折抵嫖资。此时，在双方就有偿性服务达成合意，已存在嫖资这一非法债务的情况下，行为人提出以毒品作为对价支付嫖资，此时行为人实际上用毒品折抵性服务对价支付义务，换取了财产性利益，构成贩卖毒品罪。第二，以毒品换取他人提供性服务，此时双方未就有偿性服务达成合意，行为人不存在支付嫖资这一非法债务，行为人主动提出以毒品交换性服务或提供性服务者直接提出以提供性服务交换毒品时，不存在以毒品交换财产性利益的交易行为，不构成贩卖毒品罪。

司法实践对此类案件的定性也不尽相同，有案例肯定嫖资为财

---

① 参见王登辉、罗倩:《贩卖毒品罪若干基础理论辨正》，载《中国刑事法杂志》2016 年第 2 期。

② 参见陈洪兵:《毒品犯罪疑难争议问题研究》，载《楚天法学》2017 年第 1 期。

③ 参见莫洪宪、叶小琴:《贿赂的范围——以“性贿赂”为视角》，载《当代法学》2006 年第 3 期。

产性利益（如案例1），也有案例认为性服务不能被视为财产性利益（如案例2）。

案例1，李某某贩卖毒品案：2016年某日，被告人李某某以冰毒和现金为交易代价，与某女甲发生性关系，支付给某女甲冰毒2小包、人民币100元；次月某日，被告人李某某以冰毒和现金为交易代价，与某女乙发生性关系，支付给某女乙冰毒2小包、人民币400元。对此，法院认为，被告人李某某以毒品为对价与他人进行性交易，其行为构成贩卖毒品罪，依法应予惩处。

案例2，朱某某贩卖毒品案：2016年，被告人朱某某向吸毒人员赵某某贩卖海洛因共计4次。法院认为，赵某某除第一次向朱某某购买毒品支付毒资外，其余均以提供性服务的方式向朱某某换取毒品，现阶段，法律未将性服务作为财产性利益，故以提供性服务交换毒品的行为，不宜认定为贩卖毒品的行为。

3 以毒易物过程中，接受毒品的一方，该如何定性？

在以毒易物过程中，对于接受毒品代替现金交易的行为人是否构成犯罪及构成何罪，需要结合行为人的主观故意及具体实施的客观行为进行认定。主要可分为以下两种情形：

其一，接受毒品的一方在接受毒品时，并无贩卖的意图，主观上仅有吸食的目的，则接受毒品的行为是否构成犯罪应视毒品数量而定。如果接受毒品的数量超过《刑法》第348条规定的最低标准，构成非法持有毒品罪，未超过则不构成犯罪。此时，若接受毒品的一方本不愿以毒品代替现金交易，但支付毒品方由于某种原因无法支付现金或执意以毒品代替现金交易，接受毒品方为减少损失而无奈接受毒品的，且接受的毒品数量达到非法持有毒品罪最低数量标准的，在量刑时可考虑其被动接受的情况予以从轻处罚。[①]

其二，无论接受毒品的一方是否愿意，包括自愿、主动提出以毒品代替金钱支付，或本不愿意以毒品代替金钱支付，但出于其他原因接受以毒品代替金钱支付，只要其在接受毒品时，存在将获得的毒品贩卖以换取财物的主观故意的，实质上就是“以贩卖为目的而非法收买毒品”的行为，应以贩卖毒品罪论处。[②]

4　互易毒品行为一律构成贩卖毒品罪吗？

《昆明会议纪要》对互易毒品行为的定性作出了明确的回应：“用毒品向他人换取毒品用于贩卖的，以贩卖毒品罪定罪处罚；双方以吸食为目的的互换毒品，构成非法持有毒品罪等其他犯罪的，依法定罪处罚。”也就是说，互易毒品不一律认定为贩卖毒品罪，而应依据互易毒品的目的不同而界定其性质。

进一步而言，可以将互易毒品行为拓展为以下四种情况：第一种，行为人以毒品换取他种毒品用于贩卖的，以贩卖毒品罪认定。第二种，行为人出于贩卖目的，收取他人毒品作为对价利益的，以贩卖毒品罪认定。第三种，双方均出于吸食目的互换毒品的，任何一方的毒品都不存在流入社会的可能，因而不构成贩卖毒品罪，毒品数量达到定罪标准的，以非法持有毒品罪依法认定。第四种，对于一方出于吸食目的、另一方出于贩卖目的而互易毒品的情况，如

---

① 参见王园：《以毒易物定性须分情形》，载《检察日报》2014年2月10日，第3版。

② 参见方文军：《贩卖毒品罪认定中的几个重要问题》，载《人民司法》2024年第1期。

甲出于吸食目的用A毒品换取乙的B毒品，而乙出于贩卖目的接受甲的毒品。此时，乙以贩卖毒品罪认定并无争议，若甲明知乙出于贩卖目的与其交换毒品且同意交换，则存在构成贩卖毒品罪共同犯罪的可能，若甲不明知乙的贩卖目的，甲在毒品数量符合定罪要求时，以非法持有毒品罪认定。

5 互易毒品案件中毒品数量应如何认定？

《昆明会议纪要》明确了互易毒品行为的性质，但对于互易毒品案件中的毒品数量认定问题并未作出明确。基于互易行为的特殊性，行为人在同一次交易行为中经手的毒品数量既有“交出”毒品的数量，也有“换回”毒品的数量。究竟以哪个数量作为裁判依据，相关法律规范无明确规定，学界及实务界均无统一标准。

在学界存在以下观点：累计说认为，对于互易毒品行为在认定毒品数量时，应当将交易双方各自持有用于交换的两部分毒品都认定为贩卖毒品行为的犯罪数量。[①] 单独计算说认为，因为互易行为，互易毒品双方对于原来持有用于交换的毒品脱离了控制和支配，形成了流入社会危害他人的可能性，互易人应当对这部分毒品承担刑事责任，而不应对因交换而持有这部分毒品承担刑事责任。[②] 区分论认为，对于互易毒品行为中贩卖毒品的数量认定，需以贩卖毒品罪的实质内涵，结合具体案件，对不同行为定性的互易毒品行为进行区别认定。首先，对于双方均以吸食为目的互易毒品的行为，由于“曾经持有”和“现在持有”的行为均属于“持有”，因此从基于从

① 参见高艳东：《贩卖毒品罪基本理论问题探析》，载《云南警官学院学报》2004年第1期。

② 参见袁琴武：《互易毒品行为的性质及犯罪数额认定》，载《湖北警官学院学报》2015年第3期。

严打击毒品犯罪及防止重复评价、罪刑相适应的角度出发，对于非法持有的毒品数量以前后两次较大的一次计算较为合适，即“就重不就轻”，[①]并以此数量标准认定是否构成非法持有毒品罪。其次，对于出于贩卖目的与他人交换毒品的，交出行为与换回行为均可单独评价为相关犯罪的实行行为，行为人其实是实施了“以毒抵债”以及“为卖而买”两个行为，针对两个贩卖毒品行为，应累计计算贩卖毒品数量。最后，对于甲出于吸食目的而乙基于贩卖目的互换毒品的行为，对于乙按照累计计算的方式计算毒品数量；而对于甲，还需考量其是否明知乙的互换目的，若明知，则甲构成贩卖毒品罪的共犯，毒品数量认定与乙相同；若不明知，对甲的毒品数量的计算则按照交换前后数量较大的一次计算。

对此，司法实践中也存在较大争议，如案例3中，法院最终将换回的9克认定为其贩卖数量；而案例4中，法院则采取了累计计算的方法。

> 案例3，肖某某、陈某贩卖毒品案：被告人肖某某先将约7.99克甲基苯丙胺片剂抵作人民币3000元交给陈某，又拿出重约1.71克的甲基苯丙胺片剂从陈某处换得同样价值的约9克甲基苯丙胺粉末。针对肖某某贩卖毒品的数量，法院认为，“毒品互易行为人应当以交出的毒品来认定贩卖数量，贩卖人员还可以按照换回的毒品计算贩卖数量，本院依照谦抑原则不累计计算交出和换回的数量”，最终对此部分，法院以换回的9克认定肖某某的贩卖数量。

---

① 参见方文军：《互易毒品行为性质探微》，载《中国禁毒报》2024年3月8日，第6版。

案例 4，李某某贩卖毒品案：2016 年某日，被告人李某某用 20 颗甲基苯丙胺片剂与周某 1（另案处理）交换 2 克海洛因，周某 1 当时拿了 1 克海洛因给李某某，还有 1 克海洛因未拿给李某某。法院认为，“贩卖毒品罪的本质在于将毒品有偿地提供给对方而导致毒品的传播、流通，以物易物是最原始的交易形式，体现了一定的对价性、有偿性，因此应当将互易的毒品一并计算为其贩卖的数量”，最终认定贩卖毒品的数量按照换出与换回的毒品累计计算。

案例拓展

庄某某、刘某某、郑某非法买卖枪支、贩卖毒品案——非法买卖枪支时以毒品冲抵部分价款行为应以贩卖毒品罪论处（《刑事审判参考》第 463 号案例）

裁判规则提炼：以毒品冲抵部分买卖枪支价款的行为构成贩卖毒品罪……从实质上而言，贩卖的本质就是一种有偿的转让行为，即毒品的交易存在对价，但这种对价的体现形式，不应仅仅局限于金钱，也可以是以毒品易货，或是以毒品抵债等，因为这些转让形式实质上均属于有偿转让，转让人都通过国家法律禁止的不法行为取得了经济上的利益，毒品都流入了社会，其社会危害与典型的换取金钱的贩卖行为在法益侵害上没有本质的区别，应当成立贩卖毒品行为。

相关规范

1.《刑法》规定

第 92 条 【公民私人所有财产的范围】本法所称公民私人所有的财产，是指下列财产：

（一）公民的合法收入、储蓄、房屋和其他生活资料；

（二）依法归个人、家庭所有的生产资料；

（三）个体户和私营企业的合法财产；

（四）依法归个人所有的股份、股票、债券和其他财产。

第 347 条 【走私、贩卖、运输、制造毒品罪】走私、贩卖、运输、制造毒品，无论数量多少，都应当追究刑事责任，予以刑事处罚。

走私、贩卖、运输、制造毒品，有下列情形之一的，处十五年有期徒刑、无期徒刑或者死刑，并处没收财产：

（一）走私、贩卖、运输、制造鸦片一千克以上、海洛因或者甲基苯丙胺五十克以上或者其他毒品数量大的；

（二）走私、贩卖、运输、制造毒品集团的首要分子；

（三）武装掩护走私、贩卖、运输、制造毒品的；

（四）以暴力抗拒检查、拘留、逮捕，情节严重的；

（五）参与有组织的国际贩毒活动的。

走私、贩卖、运输、制造鸦片二百克以上不满一千克、海洛因或者甲基苯丙胺十克以上不满五十克或者其他毒品数量较大的，处七年以上有期徒刑，并处罚金。

走私、贩卖、运输、制造鸦片不满二百克、海洛因或者甲基苯丙胺不满十克或者其他少量毒品的，处三年以下有期徒刑、拘役或者管制，并处罚金；情节严重的，处三年以上七年以下有期徒刑，并处罚金。

单位犯第二款、第三款、第四款罪的，对单位判处罚金，并对其直接负责的主管人员和其他直接责任人员，依照各该款的规定处罚。

利用、教唆未成年人走私、贩卖、运输、制造毒品，或者向未成年人出售毒品的，从重处罚。

对多次走私、贩卖、运输、制造毒品，未经处理的，毒品数量累计计算。

第 348 条 【非法持有毒品罪】非法持有鸦片一千克以上、海洛因或者甲基苯丙胺五十克以上或者其他毒品数量大的，处七年以上有期徒刑或者无期徒刑，并处罚金；非法持有鸦片二百克以上不满一千克、海洛因或者甲基苯丙胺十克以上不满五十克或者其他毒品数量较大的，处三年以下有期徒刑、拘役或者管制，并处罚金；情节严重的，处三年以上七年以下有期徒刑，并处罚金。

2. 其他规定

最高人民检察院、公安部《关于公安机关管辖的刑事案件立案追诉标准的规定（三）》（公通字〔2012〕26 号）

第 1 条第 3 款　本条规定的“贩卖”是指明知是毒品而非法销售或者以贩卖为目的而非法收买的行为。

第四节　吸毒者涉毒行为的定性

——要点提示——

（1）吸毒者实施毒品犯罪的特殊性；

（2）吸毒者运输毒品行为、持有大量毒品的定性难点与要点；

（3）吸毒者为自己吸食而走私毒品的定性；

（4）“没有证据证明其有实施贩卖毒品等其他犯罪的故意”的认定标准。

纪要原文

吸毒者因购买、存储毒品被查获，没有证据证明其有实施贩卖毒品等其他犯罪的故意，毒品数量达到刑法第三百四十八条规定的最低数量标准的，以非法持有毒品罪定罪处罚。吸毒者因运输毒品被查获，没有证据证明其有实施贩卖毒品等其他犯罪的故意，毒品数量达到上述最低数量标准的，一般以运输毒品罪定罪处罚。

要点评注

1　吸毒者为自己吸食而运输毒品的，该如何定性？

《昆明会议纪要》在《武汉会议纪要》的基础上，对于吸毒者运输毒品行为的定性作出了三方面的修改：第一，将“没有证据证明其是为了实施……其他犯罪”修改为“没有证据证明其有实施……

其他犯罪的故意”，使无论已经实施还是为了实施贩卖毒品等其他犯罪的情形都能被涵括，法网更加严密；第二，将“吸毒者在运输毒品过程中被查获”修改为“吸毒者因运输毒品被查获”，删除了“过程中”，包括了正在进行和实施完毕的情形，使其涵盖范围更加周延；第三，对于吸毒者因运输毒品被查获，在“以运输毒品罪定罪处罚”前增加“一般”，强调了对运输毒品罪的认定需进行实质判断，增加了定性的灵活空间。

吸毒者运输毒品行为的定性问题是毒品犯罪理论及实践的重难点问题之一。该问题的核心在于如何区别毒品犯罪中的“持有”与“运输”。对此，理论上存在诸多观点：第一，“目的说”强调二者的区分要看行为人是否有追求毒品空间位移之外的目的；[①] 第二，“状态说”认为应根据毒品持有的状态来区分；[②] 第三，“距离说”强调成立毒品的运输需要对毒品进行一定距离的空间位移，[③] 但对于空间位移的长短，不同观点也有不同争议，如同城说[④]、较远距离或意图较远距离的运输[⑤] 等；第四，“流通说”认为对运输的理解不仅要立足于其物理意义，还要判断其是否具有实现和促进毒品流通的意义，[⑥] 构成运输毒品罪与否的核心不在于距离，也不在于毒品数量的多少，而是距离、数量、主观目的等各类因素背后体现的“毒品流通风险”，强调实质性地判断运输行为是否会带来“毒品流入社会可能带

① 参见张旭：《关于运输毒品罪认定的法律思考》，载《中国刑事法杂志》2001 年第 5 期。
② 参见林亚刚：《运输毒品罪的若干问题研究》，载《法学评论》2011 年第 3 期。
③ 参见王作富主编：《刑法分则实务研究》（下），中国方正出版社 2001 年版，第 1620 页。
④ 参见何荣功：《运输毒品罪与非法持有毒品罪的区分》，载《中国刑事法杂志》2021 年第 4 期。
⑤ 参见陈洪兵：《毒品犯罪定性基本问题研究》，载《检察日报》2020 年 12 月 29 日，第 3 版。
⑥ 参见高艳东：《运输毒品罪疑难问题研究》，载《广西政法管理干部学院学报》2004 年第 6 期。

来的危害”；[①]第五，“综合说”认为要结合运输行为的牟利性、模式化和空间价值综合进行判断。[②]

司法实践中，针对行为人为自己吸食而远距离运输数量较大毒品的行为，一般以运输毒品罪认定，对于吸毒人员运输毒品行为的定性认定的分歧多集中于吸毒人员为自己吸食而短距离运输毒品行为的认定上。例如下述案例中，针对吸毒者为自己吸食而短距离运输毒品的行为，案例 1 以是否有“运输扩散、流通毒品的主观故意”作为界分非法持有毒品罪与运输毒品罪的标准；案例 2 中的法院及案例 3 中的二审法院，以“运输距离长短”“是否属于同城运输”作为界分标准；而案例 3 中的一审法院及案例 4 中的法院均以“是否发生空间位移”作为界分二者的标准。

> 案例 1，罗某非法持有毒品案：2019 年某日，罗某借车购毒后，开车回某镇，经某路口路段时被公安民警抓获。一审法院认为，从查明的事实来看，被告人罗某非法持有毒品系为了个人吸食，持有过程中未有证据证实其有贩卖牟利或通过运输扩散、流通毒品的主观故意，其购买毒品后携有毒品的状态系购买、存储毒品的一个自然延续，不符合刑法“运输”的内涵和立法旨意，系持有毒品，不构成运输毒品罪。

> 案例 2，何某某非法持有毒品案：2016 年某月，被告人何某某在某巷内，向“老三”购买可疑甲基苯丙胺 6 包、

① 参见楼伯坤：《走私罪罪种设置的立法完善》，载赵秉志主编：《刑法论丛》第 4 期，法律出版社 2009 年版。

② 参见曹波、郑兰旭：《论毒品犯罪中“动态持有”的司法认定规则》，载《学术探索》2020 年第 12 期。

可疑毒品氯胺酮片剂（俗称“K粉”）1包，然后将所购买的毒品藏放在其所驾驶的小轿车内，之后驾驶该车返回某镇，途中在某镇修车时，被公安民警抓获。法院认为，对于吸毒者在同城内移动毒品的行为，因空间距离较短，不宜认定为运输毒品。本案中，被告人何某某明知是毒品而将其从A镇（起运地）携带到B镇的家中（到达地）。虽然被告人移动了毒品，但系在同一区域内，空间距离较短，不宜认定为运输毒品，应当以非法持有毒品罪定罪量刑。

案例3，黄某某非法持有毒品案：2019年某日，被告人黄某某向“阿国”购买4小包毒品甲基苯丙胺后，携带该毒品驾车回住处，途中被民警抓获归案。一审法院认为，被告人黄某某违反国家对毒品的管理制度，非法运输毒品甲基苯丙胺39.57克，其行为已构成运输毒品罪，应依法惩处。二审法院认为，黄某某系吸毒者，对于吸毒者购毒后在同城之内短距离运毒，在没有证据证明其是为了实施贩卖毒品等其他犯罪的情况下，其行为应以非法持有毒品罪论处。

案例4，韦某某运输毒品案：2019年某日，被告人韦某某电话联系“老内”购买毒品海洛因，得知有货后，韦某某驾驶二轮电动车到某村口，购得海洛因后，驾车返回到自己家中，在外出吃饭时被抓获。民警当场从韦某某身上查获毒品海洛因1包。一审法院认为，被告人韦某某作为吸毒人员，将在某村购买的毒品海洛因，驾车携带回自己家中，其行为构成运输毒品罪。被告人韦某某上诉称，其是吸毒人员，案发当天所购毒品是为自己吸食，购买毒品地点距离其家不到1公里，其被抓获时也在其家附近，其行为应当构成非法持有毒品罪而不是运输毒品罪。二审法院认为，韦某某为购买毒品海洛因，从家中驾驶电动车到某镇，购得毒品后携带毒品驾车返回，其行为已构成运输毒品罪。

虽然立法及司法上存在一定的争议，但从《昆明会议纪要》对于吸毒者因运输毒品被查获，在“以运输毒品罪定罪处罚”前增加“一般”的修改来看，对运输毒品罪的认定需注重实质判断，不能仅仅凭借毒品数量的多少或运输距离的长短进行认定，而应该在具体案件认定过程中，结合行为人主观目的、行为人的吸毒史、成瘾性、毒品类型、距离长短、毒品数量、毒品实际流向、前科情况等情节综合地、系统地判断。

2　吸毒者为自己吸食而走私毒品的，该如何定性？

《昆明会议纪要》对吸毒者运输、购买、存储毒品行为的定性问题均进行了明确，对出于治疗疾病等相关目的进口国家规定管制的麻醉药品、精神药品行为的性质认定予以了明确，并规定了具体的认定规则，但对于吸毒者为自己吸食而跨境运输、携带、邮寄毒品行为的定性问题却未有论及。该问题的核心在于如何理解走私毒品罪中的“走私”，对此，理论界存在一定的分歧：“形式说”认为，对于走私毒品行为，无论是否为自己吸食，只要非法携带、邮寄毒品出入国（边）境，侵害到了“国家对毒品的管理制度”[1]或“国家对毒

---

① 高铭暄、马克昌主编：《刑法学》（第10版），北京大学出版社、高等教育出版社2022年版，第604页。

品进出口的管理”[①]或“违反毒品管理法规与进出口管理秩序”[②]，就构成该罪；而“实质说”认为，走私毒品罪的走私与一般走私行为不同，过境只是其形式标准，流通的目的才是其实质标准，[③]由此认为对于主观上不具有希望或放任毒品外溢目的、客观上不具有毒品外溢风险的行为，不宜以走私毒品罪认定。[④]

司法实践中，对于为自己吸食而走私毒品行为多采取形式说的认定标准，各地法院将走私毒品罪视为行为犯，认为“走私毒品是指非法运输、携带、邮寄毒品进出国（边）境的行为”“走私毒品犯罪属于行为犯，只要实施了犯罪行为，即构成犯罪”。但也有案例将毒品走私完全等同于物理上的客观位移行为，认为只要实施了非法运输、携带、邮寄毒品进出国（边）境的行为就属于走私毒品，如案例5、案例6。

> 案例5，郑某某走私毒品案：被告人郑某某将两块块状海洛因用胶纸绑在腰腹部，将装有稀释海洛因液体的3支注射针筒、1个小塑料瓶放在西装口袋内，持台湾居民来往大陆通行证从深圳市罗湖口岸出境时，被海关工作人员当场查获。对此，法院明确提出：“现有证据足以证明其属于携带海洛因出境，其吸食毒品的事实对定罪并无影响”。[⑤]

---

① 杨鸿：《毒品犯罪研究》，广东人民出版社2002年版，第132页。

② 张洪成、黄瑛琦：《毒品犯罪法律适用问题研究》，中国政法大学出版社2013年版，第75页。

③ 参见高艳东：《走私毒品罪的难点研究》，载陈泽宪等主编：《中国刑法学年会文集（2010年度）：刑法理论与实务热点聚焦（下）》，中国人民公安大学出版社2010年版，第1462页。

④ 参见石经海、邱胜帆：《走私毒品罪的扩张适用与理性回归》，载《重庆大学学报（社会科学版）》2024年第3期。

⑤ 参见最高人民法院刑事审判第一、二、三、四、五庭主办：《刑事审判参考》第163号案例。

案例6，2021年刘某某走私毒品案：刘某某为自己吸食毒品从境外购买大麻4.9克。法院以其明知是毒品而走私进口为由，认定构成走私毒品罪。山西省高院将该案视为典型案例，并释明其典型意义："随着海外代购的发展，一些吸毒人员通过海外代购方式将毒品走私进入国内，自己进行吸食或贩卖。根据刑法规定，走私毒品无论数量多少，都应追究刑事责任。本案被告人刘某某走私毒品虽然数量小，但作为源头性犯罪，仍应依法予以刑事处罚。"

3　吸毒者大量持有毒品的，该如何定性？

司法实践中，常常出现吸毒者持有的毒品数量很大、明显超出正常吸食量的案例，对此应如何定性？对于此种情况，有观点认为，非法持有毒品罪作为兜底性条款，在没有证据证明行为人具有实施其他犯罪的故意时，只能以非法持有毒品罪定罪。但也有观点认为，从从严惩处毒品犯罪的刑事政策与有效打击毒品犯罪的司法效果出发，吸毒人员持有的毒品数量明显超出一段时间内的正常吸食量的，可以据此推定其有贩卖毒品的故意，应以贩卖毒品罪定罪处罚。[①]

实践中的主流观点和惯常做法是将此种行为认定为非法持有毒品罪。然而，实践中也存在大量行为人以"为自己吸食"掩盖贩卖毒品的客观事实或其他放任毒品流入社会的情况。因此，对于吸毒者大量持有毒品行为的认定，在坚持罪刑法定原则的基础上，既要防止贩毒人员以吸毒者的身份逃避刑罚制裁，又要做到准确打击，防止"错打""误打"。对此，对于吸毒者大量持有毒品行为的认定，

---

① 参见方文军：《吸毒者实施毒品犯罪的司法认定》，载《法律适用》2015年第10期。

应结合《昆明会议纪要》对于从贩毒人员住所、车辆等处查获的毒品的性质认定规则等规定，综合行为人前科、主观目的、吸毒习惯、成瘾性等客观情节，重点审查是否确有证据能够证实行为人具有贩毒情节，如曾多次贩卖少量毒品（当时未被查获），相隔一段时间后（如数月后）被查获持有大量毒品的。[①] 若行为人存在贩卖毒品的事实，则依据前文“从有吸毒情节的贩毒人员住所查获毒品”的认定规则，认定其所持有的毒品的性质。

4 如何把握“没有证据证明其有实施贩卖毒品等其他犯罪的故意”的具体标准？

《昆明会议纪要》将“没有证据证明其是为了实施……其他犯罪”修改为“没有证据证明其有实施……其他犯罪的故意”，使无论已经实施还是为了实施贩卖毒品等其他犯罪的情形都能被涵括。就此，对于“没有证据证明其有实施贩卖毒品等其他犯罪的故意”的认定标准，主要从以下三方面把握：

一是在主观目的上，由于“为自己吸食”存在较大的主观性与可转化性，因此，对于行为人的主观目的不能仅凭吸毒者的供述来认定，应结合行为人的吸毒史、购买毒品的数量、毒品类型、自身的身体状况和经济状况、行为人与卖家的通信记录、付款记录等客观情况来综合判断行为人是否存在实施其他毒品犯罪的故意。在此基础上，还需考量行为人运输、存储、购买毒品后毒品的具体流向，即是否存在赠送、贩卖给不特定多数人吸食等客观情况，以此反证

---

① 参见方文军:《吸毒者实施毒品犯罪的司法认定》，载《法律适用》2015 年第 10 期。

其实施行为时是否具有故意或放任毒品流入社会的主观目的。

二是在客观方面，重点考量行为是否具有引发毒品流通的客观可能。重点判断所运输、存储、购买的毒品数量是否在合理吸食的范围之内以及运输或邮寄的距离长短，超过合理的吸食量、运输距离过远即存在外溢可能。基于当下毒品犯罪多发的犯罪态势，应以非法持有毒品罪所要求的数量下限为入罪标准。

三是没有证据证明强调的是无直接证据证明，或在案证据未达确实、充分的标准，不能以存在实施其他毒品犯罪的可能就认定行为人具有实施其他毒品犯罪的故意。如不能在无其他证据佐证的情况下，仅凭行为人有多次零包贩毒的前科就推定此次运输、存储、购买毒品的行为存在实施其他毒品犯罪的故意。

案例拓展

（1）郑某某走私毒品案——吸毒者实施毒品犯罪的应如何定罪量刑（《刑事审判参考》第163号案例）

裁判规则提炼：就走私毒品罪的构成而言，只要行为人明知是毒品，主观上具有非法运输、携带、邮寄毒品进出国边境的故意，客观上实施了逃避海关监管，非法运输、携带、邮寄毒品进出国边境的行为，即符合走私毒品罪的构成，至于其将毒品运出（入）国边境是何目的，并不影响本罪的成立。

（注：该观点与《昆明会议纪要》对涉麻精药品行为定性的规定有所冲突，以纪要内容为准。）

（2）宋某某贩卖毒品案——对购买数量巨大的毒品且被告人本人系吸毒成瘾的应当如何定性（《刑事审判参考》第365号案例）

裁判规则提炼：区分贩卖毒品罪与非法持有毒品罪，重要的不在于对数量和犯罪主体的要求，关键在于行为人的主观故意。

（3）高某贩卖毒品、宋某非法持有毒品案——如何认定以贩养吸的被告人贩卖毒品的数量以及为他人代购数量较大的毒品用于吸食并在同城间运送的行为如何定性（《刑事审判参考》第853号案例）

裁判规则提炼：对于个人合理吸食量的把握，既要考虑被告人购买毒品的数量，也要考虑这些毒品用于吸食的周期，不宜将毒品吸食数量标准定得过高，否则极可能造成定罪不准确，不利于有效打击毒品犯罪。

（4）张某某运输毒品案——吸毒者在运输毒品途中被查获，没有证据证明其是为了实施贩卖毒品等其他犯罪，且毒品数量达到较大以上的，应认定为运输毒品罪（《刑事审判参考》第1069号案例）

裁判规则提炼：吸毒者在运输毒品过程中被当场抓获，毒品数量达到较大以上的，如没有证据证明其是为了实施贩卖毒品等其他犯罪，可以根据其客观行为状态认定为运输毒品罪。

（5）欧阳某甲非法持有毒品案——从吸毒人员住处查获数量较大的毒品，但认定其曾贩卖毒品的证据不足的，应认定为非法持有毒品罪（《刑事审判参考》第1070号案例）

裁判规则提炼：对于将从贩毒人员住所等处查获的毒品推定为贩卖毒品的这一规定，需注意两点：一是允许被告人提出反证。在运用推定的方法认定行为人是否具有贩卖毒品的故意时，应当细致审查被告人的辩解和理由。二是要准确查明据以推定的基础事实。如果认定被告人曾经贩卖毒品或者正在贩卖毒品的基础事实存在诸多疑点，证据没有达到确实、充分的程度，且现有证据不能排除被告人提出的被查获的毒品是其准备用于自己吸食的辩解的真实性和合理性的，就不能推定被告人对其被查获的毒品存在贩卖的故意。

（6）姚某某等贩卖毒品案——被告人具有吸毒情节的，如何认定贩卖毒品数量（《刑事审判参考》第 1231 号案例）

裁判规则提炼：已被被告人吸食的部分毒品，不应计入被告人贩卖毒品的数量，但必须“确有证据证明”该部分毒品已被被告人吸食。

相关规范

1.《刑法》规定

第 347 条【走私、贩卖、运输、制造毒品罪】走私、贩卖、运输、制造毒品，无论数量多少，都应当追究刑事责任，予以刑事处罚。

走私、贩卖、运输、制造毒品，有下列情形之一的，处十五年有期徒刑、无期徒刑或者死刑，并处没收财产：

（一）走私、贩卖、运输、制造鸦片一千克以上、海洛因或者甲基苯丙胺五十克以上或者其他毒品数量大的；

（二）走私、贩卖、运输、制造毒品集团的首要分子；

（三）武装掩护走私、贩卖、运输、制造毒品的；

（四）以暴力抗拒检查、拘留、逮捕，情节严重的；

（五）参与有组织的国际贩毒活动的。

走私、贩卖、运输、制造鸦片二百克以上不满一千克、海洛因或者甲基苯丙胺十克以上不满五十克或者其他毒品数量较大的，处七年以上有期徒刑，并处罚金。

走私、贩卖、运输、制造鸦片不满二百克、海洛因或者甲基苯丙胺不满十克或者其他少量毒品的，处三年以下有期徒刑、拘役或者管制，并处罚金；情节严重的，处三年以上七年以下有期徒刑，并处罚金。

单位犯第二款、第三款、第四款罪的，对单位判处罚金，并对其直接负责的主管人员和其他直接责任人员，依照各该款的规定处罚。

利用、教唆未成年人走私、贩卖、运输、制造毒品，或者向未成年人出售毒品的，从重处罚。

对多次走私、贩卖、运输、制造毒品，未经处理的，毒品数量累计计算。

第 348 条 【非法持有毒品罪】非法持有鸦片一千克以上、海洛因或者甲基苯丙胺五十克以上或者其他毒品数量大的，处七年以上有期徒刑或者无期徒刑，并处罚金；非法持有鸦片二百克以上不满一千克、海洛因或者甲基苯丙胺十克以上不满五十克或者其他毒品数量较大的，处三年以下有期徒刑、拘役或者管制，并处罚金；情节严重的，处三年以上七年以下有期徒刑，并处罚金。

2. 其他规定

（1）《禁毒法》

第 59 条　有下列行为之一，构成犯罪的，依法追究刑事责任；尚不构成犯罪的，依法给予治安管理处罚：

（一）走私、贩卖、运输、制造毒品的；

（二）非法持有毒品的；

（三）非法种植毒品原植物的；

（四）非法买卖、运输、携带、持有未经灭活的毒品原植物种子或者幼苗的；

（五）非法传授麻醉药品、精神药品或者易制毒化学品制造方法的；

（六）强迫、引诱、教唆、欺骗他人吸食、注射毒品的；

（七）向他人提供毒品的。

(2)《治安管理处罚法》

第 72 条　有下列行为之一的，处十日以上十五日以下拘留，可以并处二千元以下罚款；情节较轻的，处五日以下拘留或者五百元以下罚款：

（一）非法持有鸦片不满二百克、海洛因或者甲基苯丙胺不满十克或者其他少量毒品的；

（二）向他人提供毒品的；

（三）吸食、注射毒品的；

（四）胁迫、欺骗医务人员开具麻醉药品、精神药品的。

(3) 最高人民检察院、公安部《关于公安机关管辖的刑事案件立案追诉标准的规定（三）》（公通字〔2012〕26 号）

第 1 条第 5 款　本条规定的“运输”是指明知是毒品而采用携带、寄递、托运、利用他人或者使用交通工具等方法非法运送毒品的行为。

3. 往届纪要（已失效）

(1) 2000 年《南宁会议纪要》

对于吸毒者实施的毒品犯罪，在认定犯罪事实和确定罪名上一定要慎重。吸毒者在购买、运输、存储毒品过程中被抓获的，如没有证据证明被告人实施了其他毒品犯罪行为的，一般不应定罪处罚，但查获的毒品数量大的，应当以非法持有毒品罪定罪；毒品数量未超过刑法第三百四十八条规定数量最低标准的，不定罪处罚。对于以贩养吸的被告人，被查获的毒品数量应认定为其犯罪的数量，但量刑时应考虑被告人吸食毒品的情节。

（2）2008 年《大连会议纪要》

对于吸毒者实施的毒品犯罪，在认定犯罪事实和确定罪名时要慎重。吸毒者在购买、运输、存储毒品过程中被查获的，如没有证据证明其是为了实施贩卖等其他毒品犯罪行为，毒品数量未超过刑法第三百四十八条规定的最低数量标准的，一般不定罪处罚；查获毒品数量达到较大以上的，应以其实际实施的毒品犯罪行为定罪处罚。

对于以贩养吸的被告人，其被查获的毒品数量应认定为其犯罪的数量，但量刑时应考虑被告人吸食毒品的情节，酌情处理；被告人购买了一定数量的毒品后，部分已被其吸食的，应当按能够证明的贩卖数量及查获的毒品数量认定其贩毒的数量，已被吸食部分不计入在内。

（3）2015 年《武汉会议纪要》

吸毒者在购买、存储毒品过程中被查获，没有证据证明其是为了实施贩卖毒品等其他犯罪，毒品数量达到刑法第三百四十八条规定的最低数量标准的，以非法持有毒品罪定罪处罚。吸毒者在运输毒品过程中被查获，没有证据证明其是为了实施贩卖毒品等其他犯罪，毒品数量达到较大以上的，以运输毒品罪定罪处罚。

第五节　接收物流寄递毒品行为的定性

——要点提示——

（1）购毒者接收物流寄递毒品行为的定性问题；

（2）购毒者构成运输毒品罪的例外情形；

（3）代收者是否明知是毒品的认定标准；

（4）物流寄递毒品犯罪的既未遂认定问题；

（5）运藏毒包裹物流企业的刑事责任认定。

纪要原文

购毒者接收贩毒者通过物流寄递方式交付的毒品，没有证据证明其有实施贩卖毒品等其他犯罪的故意，毒品数量达到刑法第三百四十八条规定的最低数量标准的，一般以非法持有毒品罪定罪处罚。代收者明知物流寄递的是毒品而代购毒者接收，没有证据证明其与购毒者有实施贩卖毒品等其他犯罪的共同故意，毒品数量达到上述最低数量标准的，对代收者一般以非法持有毒品罪定罪处罚。

要点评注

1　购毒者接收物流寄递毒品的行为，该如何定性？

《昆明会议纪要》对于购毒者接收物流寄递毒品行为的性质认定，沿用《武汉会议纪要》的规定，明确购毒者单纯接收贩毒者通过物流寄递方式交付的毒品，又没有证据证明其有实施贩卖毒品等其他犯罪的故意，毒品数量达到较大以上的，对购毒者一般应当以非法持有毒品罪定罪处罚。并在《武汉会议纪要》的基础上，将原“没有证据证明其是为了实施……等其他犯罪”修改为“没有证据证明其有实施……等其他犯罪的故意”，使无论已经实施还是为了实施贩卖毒品等其他犯罪的情形都能被涵括，确保条文规定的周延性。

对购毒者接收物流寄递毒品行为的定性应从以下两点展开：第一，结合在案证据综合认定购毒者是否存在实施贩卖毒品等其他犯罪的故意。司法实践中，需结合购毒者微信聊天记录、转账记录、短信记录、关联人员供述及行为人经济能力、有无贩卖经历、是否为实际支付人等证据情况进行综合认定，判断行为人是否存在贩卖毒品等其他毒品犯罪的故意。若相关证据能够证明其具有实施其他毒品犯罪的故意，则按照相关毒品犯罪认定。第二，在确无证据证明购毒者实施其他毒品犯罪的前提下，需结合毒品数量认定罪与非罪。若所接收的毒品数量达到较大以上的，以非法持有毒品罪认定；若未达到较大的标准的，则依照《治安管理处罚法》第72条予以行政处罚。

案例1，张某某非法持有毒品案：被告人张某某在从乌市第九中学收发室领取一个从四川省成都市邮寄的邮包时，被公安机关布控民警抓获，当场从包裹内缴获外用白色塑料袋包装、内用黄色胶带包装的粉末1包。经刑事科学技术鉴定，缴获的白色粉末为毒品海洛因，净重336克。乌鲁木齐市中级人民法院审理后认为，被告人张某某伙同他人采用邮寄的方式运输毒品海洛因336克，其行为已构成运输毒品罪。新疆维吾尔自治区高级人民法院二审后认为，上诉人张某某伙同他人非法邮寄海洛因336克，其行为已构成运输毒品罪，应依法严惩。最高人民法院复核后认为，被告人张某某不具有运输毒品的主观目的且无充分证据证明被告人张某某具有贩卖毒品的目的，因此撤销新疆维吾尔自治区高级人民法院和乌鲁木齐市中级人民法院的裁定和判决，认定被告人张某某构成非法持有毒品罪。[①]

2 购毒者接收物流寄递毒品的行为，在哪些“例外情形”下构成运输毒品罪？

对于购毒者接收物流寄递的毒品行为的定性，《昆明会议纪要》沿用了《武汉会议纪要》的规定，明确在常规情形下，购毒者一般不对运输毒品行为负责。换言之，其肯定了在某些例外情况下，购毒者仍然需对贩毒者实施的运输毒品行为承担刑事责任，但《昆明会议纪要》并未对该情形予以明确。

实践中，一般认为购毒者对贩毒者交付运输毒品的行为起支配作用或者与贩毒者共同交付运输毒品，购毒者、贩毒者符合认定为运输毒品罪共犯的条件的，可以依法认定购毒者构成运输毒品罪。[②]具体而言，以下两种情况中的购毒者构成运输毒品罪：第一，购毒者对贩毒者交付运输毒品的行为起到了支配作用。单纯地为贩卖方提供了接收人的姓名、地址及联系方式仅是购买毒品行为的必然延伸，不属于为运输毒品提供条件，更不能视为起到支配作用，如本

① 参见最高人民法院刑事审判第一、二、三、四、五庭主办:《刑事审判参考》第375号案例。

② 参见高贵君等:《〈全国法院毒品犯罪审判工作座谈会纪要〉的理解与适用》，载《人民司法》2015年第13期。

节案例 1。这里的支配作用是指购毒者对毒品运输的整个过程都处于实际的控制状态，例如决定购毒者对寄递毒品方式的选择、物流公司的选择、物流路线的选择、起运地与接收地的确定、接收方式的确定等相关事项。第二，购毒者收取毒品后继续运输，例如从 A 地收取毒品后运回 B 地，或者接收毒品后再次将毒品通过物流寄往他处，当然，后续的运输行为必须是能产生毒品流通价值的运输行为，而非不能产生毒品流通价值的动态持有行为。

3　如何认定代收者主观上是否明知是毒品？

《昆明会议纪要》延续《武汉会议纪要》关于代收者接收物流寄递毒品行为的定性的规定，明确代收者明知物流寄递的是毒品而代购毒者接收，没有证据证明其与购毒者有实施贩卖毒品等其他犯罪的共同故意，毒品数量达到最低数量标准的，对代收者一般以非法持有毒品罪定罪处罚。然而，在司法实践中，代收者被抓获后往往辩解称自己主观上不知道包裹内有毒品，因此，如何认定代收者主观上明知代收包裹中的物品为毒品则成为实践认定的重点与难点。

对此问题，《昆明会议纪要》第六部分对主观明知认定问题从主观明知证明方法的适用顺序、推定适用及其基础事实的列举方面进行了明确与细化。基于此，对于代收者主观上是否明知是毒品，应重点把握以下几点：

第一，在没有直接证据的基础上，应优先判断依据现有证据是否能够证明代收者主观明知。应着重考察以下两个方面：一是结合代收者与购毒者的通话记录、聊天记录等证据材料，充分考察代收者和购毒者的关系、是否存在共同吸食毒品的经历、二者的熟悉程度、是否知道购毒者吸食毒品或者有其他毒品犯罪故意等；二是重点考察藏毒包裹的状态、包装、外形、快递单信息、是否开封、包裹内部物品有无代收者的指纹等，判断代收者有无打开过包裹，以综合判断代收者的主观认知状态。

第二，在现有证据无法证明代收者明知时，方才运用推定规则进行推定。在推定过程中，着重注意以下两点：一是不能以与推定事实无常态联系的事实作为基础事实进行推定。如将“作为成年人”“大学生”等关联性不强、针对性较弱的简单事实推定代收者主观明知的基础事实。如此推定，实际上是以“合理怀疑”的标准代替了基础事实与推定事实之间高度盖然性的关系要求。二是不能将明知是违禁品等同于明知是毒品。毒品犯罪中主观明知的对象为毒品而非违禁品，若将明知对象扩张为“违禁品”，实质上变更了待证事实，[①] 出现仅以客观结果来判定毒品犯罪与否的问题。

第三，区分“应知”与过失犯罪中的“应当预见但没有预见”。毒品犯罪中的“应知”实际上属于通过推定来证明行为人主观明知的情形，其与明知的区别在于证明明知的方式，也即所谓的“推定知道”。[②] 其实际上属于程序标准下对于明知的分类，而非行为人认识强弱标准下的分类。因此，不能将过失犯罪中的应当预见等同于“应该知道”，需结合具体案件的相关基础事实认定代收者是应知代收的物品是毒品，还是应当预见代收的毒品是毒品而没有预见。

---

① 参见戴冰、朱子煜:《携带止咳水入境，一律判走私毒品罪吗？》，载《中国海关》2021 年第 7 期。

② 参见陈兴良:《奸淫幼女构成犯罪应以明知为前提——为一个司法解释辩护》，载《法律科学》2003 年第 6 期。

4 物流寄递毒品行为中购毒者、代收者的既未遂形态该如何认定？

物流寄递毒品行为的既未遂形态认定是实践中的一大难点问题，由于毒品犯罪类型的多样化、复杂化，《昆明会议纪要》并未对物流寄递毒品行为中购毒者、代收者构成非法持有毒品罪时的既未遂形态判断标准予以明确，理论上及司法实践中对该问题存在较大的争议。物流寄递的特殊性又导致存在物流寄递毒品被查获存在藏毒包裹未寄出、藏毒包裹处于签收过程中、藏毒包裹投放至外卖柜、藏毒包裹被退回或拒收时等诸多复杂样态，更加剧了理论及实务界对此情况的既未遂认定的分歧。

在理论上，有观点认为，非法持有毒品罪这类持有犯只有成立与否之说，犯罪实行行为即持有行为一经实施，持有型犯罪即成立；① 有观点认为，只有当行为人实际支配毒品时才实现了本罪构成要件，尚未拿到毒品的情形应被认定为非法持有毒品罪未遂；② 也有观点以行为人是否对毒品包裹产生事实上的支配关系为界，认为毒品投入到物流之前或尚处于寄递状态时被查获属于未遂，当毒品抵达收件地址并为购毒人员获悉时被查获属于既遂；③ 还有观点认为，应从占有能力、占有的可能性及占有事实三个方面对代购者或代收者行为的既未遂形态进行认定，④ 对于尚未对毒品形成控制或控制可

---

① 参见郭竹梅：《持有型犯罪的特征与认定》，载《法学杂志》2009 年第 4 期。

② 参见王路真：《非法持有毒品存在未遂状态》，载《人民司法（案例）》2018 年第 17 期。

③ 参见史令珊：《物流领域毒品犯罪既未遂状态的认定》，载《黑龙江省政法管理干部学院学报》2019 年第 3 期。

④ 参见赵戈：《物流寄递型毒品犯罪既未遂形态的认定》，载《中国刑警学院学报》2023 年第 4 期。

能的，且非依法应严惩的犯罪类别、非严重情节及其主观恶性、人身危险性不大的购毒者、代收者，应酌情从宽处罚。

司法实践对此问题也存在较大分歧，如对于藏毒包裹已投递派送至收件地址后，购毒人员签收包裹时被抓获的，多数刑事判决书认定为非法持有毒品罪既遂，也存在少数判决书认为其构成未遂。

> 案例2，黄某某非法持有毒品案：2019年某日，被告人黄某某收到快递信息后，开车前往某县菜鸟驿站收取快递包裹，取完包裹出门后被当场抓获，包裹内发现冰毒可疑物两袋。二审法院认为，涉案毒品虽在公安机关掌控之下进行托运、接收，但不影响上诉人黄某某实质性地对涉案毒品进行了有效控制和支配，其非法持有毒品的犯罪行为已经完成，构成犯罪既遂。

> 案例3，农某某、周某某非法持有毒品案：二被告人通过物流寄递方式接收贩毒人员邮寄的毒品甲基苯丙胺，周某某在接过包裹准备签收时被公安当场抓获。审理法院认为二被告人不论是直接还是间接都未能实际持有毒品，并且其原因系周某某在签收时被抓获，属于因意志以外的因素而未得逞，认定二被告人为犯罪未遂。

5　运输藏毒包裹的物流企业需要承担刑事责任吗？

通过物流寄递渠道实现毒品贩运成为近年来毒品犯罪的新常态，对于承接物流寄递的物流企业或同城配送的物流工作人员运输毒品的行为应如何评价，以及其是否构成运输毒品罪等问题成为实践中的新问题。《昆明会议纪要》及相关法律规范中对此问题并未明确提及。而基于物流寄递行为的中立性、主观明知证明难、主观心理判断的复杂性、单位与个人行为界分难等问题，[①]是否追究物流企业、物流工作人员等第三方运毒主体的刑事问题成为司法实践中的难点与漏点。实务中，在最高人民检察院发布的一起典型案例（案例4）中，公安机关遗漏起诉单位犯罪，后检察机关追加起诉单位犯罪，认定某速递有限公司构成运输毒品罪。

案例4，某速递有限公司、苏某某运输毒品案：2016年10月至2017年3月17日，苏某某明知韩某将复方磷酸可待因口服溶液作为毒品邮寄给他人，在向韩某收取高于市场价的寄递费用后，先后7次将韩某更换包装箱后的复方磷酸可待因口服溶液通过其经营的速递有限公司寄递到广西等地，共寄送复方磷酸可待因口服溶液12箱（含磷酸可待因192.24克）。在审查起诉阶段，检察机关引导公安机关补充调取涉案单位的注册信息，向公司职员收集公司运营管理方面的证言，明确了该公司系一人独资企业，法定代表人苏某某对公司业务等运营事项具有决定权，犯罪获取的利益归属于公司，因此认定该公司涉嫌单位犯罪，检察机关对该公司依法进行刑事追诉。2018年7月24日，南靖县人民法院以运输毒品罪判处被告单位某速递有限公司罚金人民币3万元，被告人苏某某有期徒刑2年，并处罚金人民币1万元。[②]

实际上，根据《刑法》第347条第5款的规定，单位也能成为

---

① 参见石经海、赵戈：《物流企业涉运输毒品行为的归责困境与出路——以实质和形式义务来源说为基点》，载《法律适用》2023年第9期。

② 参见某速递有限公司、苏某某运输毒品案，载最高人民检察院官网，https://www.spp.gov.cn/spp/tjjdaqwtzlshrmmhsh/202201/t20220119_541993.shtml。

运输毒品罪的犯罪主体。因此，在涉物流寄递毒品案件中，在认定购毒者、贩毒者及涉案物流工作人员刑事责任的基础上，还需重视承运毒品的物流公司的刑事责任问题，尤其是中小型物流企业。需结合单位犯罪的成立要件，在明确客观上查获毒品、主观上涉案物流工作人员明知寄递的是毒品的情况下，重点判断寄递毒品的行为是否体现单位整体意志、犯罪获取的利益是否归属于公司所有，以此认定物流企业是否构成运输毒品罪。

案例拓展

1　典型案例

钟某均贩卖、运输毒品案——最高人民检察院 2023 年“依法严惩毒品犯罪　强化禁毒综合治理”十大典型案例；

陈某某等人贩卖、运输毒品案——最高人民检察院 2023 年“依法严惩毒品犯罪　强化禁毒综合治理”十大典型案例；

周某某贩卖、运输毒品案（利用“互联网 + 物流寄递”手段多次向吸毒人员贩卖麻精药品，情节严重）——最高人民法院 2022 年十大毒品（涉毒）犯罪典型案例；

郭某某等人贩卖毒品案——最高人民检察院 2021 年依法惩治寄递违禁品犯罪典型案例；

唐某某贩卖毒品案——最高人民检察院 2021 年依法惩治寄递违禁品犯罪典型案例；

段某某非法持有毒品案——最高人民检察院 2021 年依法惩治寄递违禁品犯罪典型案例；

谢某等贩卖毒品案（利用网络联系订单，以比特币形式收取毒资，通过物流寄递毒品）——最高人民法院2021年十大毒品（涉毒）犯罪典型案例；

某速递有限公司、苏某某运输毒品案——最高人民检察院2021年依法惩治寄递违禁品犯罪典型案例；

快递员隐瞒毒品案——最高人民法院2020年“强化法律监督　推进毒品犯罪检察治理”典型案例。

要旨：近年来，最高人民法院、最高人民检察院发布多个依法惩治寄递毒品犯罪典型案例，强调严厉打击“互联网+物流寄递”非接触式涉毒行为，大力细化落实最高检“七号检察建议”，依法严厉惩治快递企业及其从业人员涉嫌毒品犯罪案件，引导广大人民群众尤其是寄递从业人员增强识毒、防毒、禁毒意识，堵塞寄递毒品渠道，切实维护寄递安全。

2 《刑事审判参考》案例

（1）张某某非法持有毒品案——对接受藏匿有毒品的邮包的行为如何定性（《刑事审判参考》第375号案例）

裁判规则提炼：行为人接受藏匿有毒品的包裹行为是否构成运输毒品罪的关键，并不在于行为人是否为寄递方提供了接收人的姓名、地址及联系方式，而是在于是否具有运输毒品的目的。

（2）张某某贩卖毒品案——对以非接触方式交易毒品且被告人拒不供认的案件，如何综合运用间接证据定案（《刑事审判参考》第1195号案例）

裁判规则提炼：采用非接触式交易方式实施的毒品犯罪，缺乏直接指向被告人贩卖毒品的证据，但当梳理间接证据间的印证关系，认定在案证据能够形成完整的证据链，得出唯一结论时，可以认定行为人构成相应的毒品犯罪。

相关规范

1.《刑法》规定

第 347 条 【走私、贩卖、运输、制造毒品罪】走私、贩卖、运输、制造毒品，无论数量多少，都应当追究刑事责任，予以刑事处罚。

走私、贩卖、运输、制造毒品，有下列情形之一的，处十五年有期徒刑、无期徒刑或者死刑，并处没收财产：

（一）走私、贩卖、运输、制造鸦片一千克以上、海洛因或者甲基苯丙胺五十克以上或者其他毒品数量大的；

（二）走私、贩卖、运输、制造毒品集团的首要分子；

（三）武装掩护走私、贩卖、运输、制造毒品的；

（四）以暴力抗拒检查、拘留、逮捕，情节严重的；

（五）参与有组织的国际贩毒活动的。

走私、贩卖、运输、制造鸦片二百克以上不满一千克、海洛因或者甲基苯丙胺十克以上不满五十克或者其他毒品数量较大的，处七年以上有期徒刑，并处罚金。

走私、贩卖、运输、制造鸦片不满二百克、海洛因或者甲基苯丙胺不满十克或者其他少量毒品的，处三年以下有期徒刑、拘役或者管制，并处罚金；情节严重的，处三年以上七年以下有期徒刑，并处罚金。

单位犯第二款、第三款、第四款罪的，对单位判处罚金，并对其直接负责的主管人员和其他直接责任人员，依照各该款的规定处罚。

利用、教唆未成年人走私、贩卖、运输、制造毒品，或者向未成年人出售毒品的，从重处罚。

对多次走私、贩卖、运输、制造毒品，未经处理的，毒品数量累计计算。

第 348 条 【非法持有毒品罪】非法持有鸦片一千克以上、海洛因或者甲基苯丙胺五十克以上或者其他毒品数量大的，处七年以上有期徒刑或者无期徒刑，并处罚金；非法持有鸦片二百克以上不满一千克、海洛因或者甲基苯丙胺十克以上不满五十克或者其他毒品数量较大的，处三年以下有期徒刑、拘役或者管制，并处罚金；情节严重的，处三年以上七年以下有期徒刑，并处罚金。

2. 其他规定

《治安管理处罚法》

第 72 条　有下列行为之一的，处十日以上十五日以下拘留，可以并处二千元以下罚款；情节较轻的，处五日以下拘留或者五百元以下罚款：

（一）非法持有鸦片不满二百克、海洛因或者甲基苯丙胺不满十克或者其他少量毒品的；

（二）向他人提供毒品的；

（三）吸食、注射毒品的；

（四）胁迫、欺骗医务人员开具麻醉药品、精神药品的。

3. 往届纪要（已失效）

2015 年《武汉会议纪要》

购毒者接收贩毒者通过物流寄递方式交付的毒品，没有证据证明其是为了实施贩卖毒品等其他犯罪，毒品数量达到刑法第三百四十八条规定的最低数量标准的，一般以非法持有毒品罪定罪处罚。代收者明知是物流寄递的毒品而代购毒者接收，没有证据证明其与购毒者有实施贩卖、运输毒品等犯罪的共同故意，毒品数量达到刑法第三百四十八条规定的最低数量标准的，对代收者以非法持有毒品罪定罪处罚。

第六节　制造毒品行为的认定

—— 要点提示 ——

（1）属于制造毒品行为的具体情形；

（2）不属于制造毒品行为的具体情形；

（3）制造毒品行为与非制造行为的界分核心；

（4）制造毒品罪认定的证据要点。

纪要原文

制造毒品，除传统、典型的非法利用毒品原植物直接提炼和用化学方法加工、配制毒品的行为以外，还包括以改变毒品的成分和效用为目的的用物理方法加工、配制毒品的行为。为欺骗购毒者或者逃避查缉等，对毒品掺杂使假，通过物理方法使毒品溶解、混合、吸附于某种物质，或者以自用为目的对少量毒品添加其他物质、改变形态的，不认定为制造毒品。

要点评注

1　制造毒品行为的具体方式有哪些？

对于制造毒品行为的认定，《昆明会议纪要》在《大连会议纪要》的基础上进行了个别文字修改，明确规定“制造毒品，除传统、典型的非法利用毒品原植物直接提炼和用化学方法加工、配制毒品的行为以外，还包括以改变毒品的成分和效用为目的的用物理方法加工、配制毒品的行为”，即制造毒品包括以传统提炼方法、化学方法、部分物理方法加工、配制毒品的行为。

第一，非法利用毒品原植物直接提炼。包括行为人以原生植物为原料，通过击打、晒制、筛制、碾压等方法制成含有国家管制的麻醉药品、精神药品的物质的行为；以未列入国家管制的化学品为原料，生产、销售含有国家管制的麻醉药品、精神药品的物质的行为。其认定关键在于行为人是否采取特定方法从植物中提炼出受国家管制的物质，是否已然改变了原生植物的物理形态，使其具备毒品效用。

案例 1，何某贩卖、制造毒品案：2018 年 1 月至 2019 年 6 月，被告人何某明知某类树皮含有国家管制的精神药品成分，为谋取非法利益，通过网络购买某类树皮，磨成粉末后按特定方法熬制成水溶液“死藤水”，先后 3 次贩卖给袁某某、傅某某、汪某吸食，非法获利人民币 1800 元。2019 年 9 月 23 日，何某被公安机关抓获，在其住处查获某类树皮粉末，净重 256.55 克。法院认为，行为人利用原生植物为原料，通过提炼等方法制成含有国家管制的麻醉药品、精神药品的物质，并予以贩卖的，应当认定为贩卖、制造毒品罪。[①]

案例 2，王某贩卖、制造毒品案：2016 年，被告人王某明知国家管制的精神药品 γ－羟丁酸可以由当时尚未被国家列管的化学品 γ－丁内酯（2021 年被列管为易制毒化学品）通过特定方法生成，为谋取非法利益，多次购进

① 参见最高人民检察院指导性案例第 153 号。

γ-丁内酯，添加香精制成混合液体，委托广东某公司（另案处理）为混合液体粘贴“果味香精 CD123”的商品标签，交由广东另一公司（另案处理）按其配方和加工方法制成“咔哇氿”饮料。王某通过四川某公司将饮料销往多地娱乐场所。至案发，共销售“咔哇氿”饮料 52355 件（24 瓶/件，275ml/瓶），销售金额人民币 1158 万余元。法院认为，行为人利用未列入国家管制的化学品为原料，生产、销售含有国家管制的麻醉药品、精神药品成分的食品，明知该成分毒品属性的，应当认定为贩卖、制造毒品罪。[①]

第二，用化学方法加工、配制毒品的行为。采用化学方法制造毒品是毒品制造行为的典型方式，实践中绝大多数制造毒品的犯罪都是通过化学反应人工合成毒品。化学方法是指通过化学合成等方法使原物质旧化学键断裂和生成新的化学键，以改变物质的化学分子式，形成新的物质的过程。如使用化学方法将吗啡制作成海洛因。

第三，改变毒品的成分和效用的物理加工、配制毒品的行为。相较于化学方法，物理方法是指通过混合等方法改变物质的状态，但并不改变物质化学分子式的方法。主要包括：混合，如将甲基苯丙胺与其他毒品混合，制造麻古、摇头丸；加热，如将 γ-丁内酯加热至闪点温度制造 γ-羟丁酸；在毒品中添加非毒品物质改变或提升毒品效用的行为，如在海洛因中添加“脑复康”；改变毒品形态的行为，如将盐酸吗啡加入蒸馏水配制注射液等。对于未改变毒品成分及效用的物理加工毒品行为，一般不认定为制造毒品罪。

---

① 参见最高人民检察院指导性案例第 150 号。

案例3，高某某、李某某制造毒品案：2005年年底，被告人高某某和李某某多次预谋制造含有甲基苯丙胺的毒品“麻古”，由高某某提供资金、原料，李某某负责制造，高某某负责销售。一审、二审法院均认定被告人高某某、李某某等人以甲基苯丙胺、咖啡因等为主要原料加工、生产混合型毒品“麻古”行为，构成制造毒品罪。可见，虽然生产“麻古”是一种物理加工过程，但并非几种毒品的简单混合，也不同于在毒品中掺杂掺假，而是含有一定技术含量，需要经反复的含量配比试验和质量把关才能制造成功以满足特定人群的吸食要求，因此其加工、生产的行为应该认定为制造毒品罪。①

值得注意的是，虽然采取混合、添加等物理方法仅改变了相关物质的物理形状，并未改变其内部成分比例，但并不意味着一切物理方法均不属于刑法意义上的制造毒品行为。一方面，从制造的本意上看，其核心并不在于采取的方法，而在于是否完成了毒品从无到有、从有到优及成分、效用改变的过程。另一方面，从司法实践中打击制造毒品犯罪的需要出发，随着犯罪分子制造毒品的手段复杂多样、不断翻新，实践中存在大量采取物理方法改变毒品功效的手段方法，若仅将化学方法加工、配制毒品视为制造毒品，则会导致制造毒品罪打击面的不断缩减。因此，对于采取物理方法制造毒品行为要结合具体案件审慎认定，既不能一律放宽，也不能一律入罪。

---

① 参见最高人民法院刑事审判第一、二、三、四、五庭主办:《刑事审判参考》第501号案例。

2 不属于制造毒品行为的情形有哪些？

《昆明会议纪要》明确了不属于制造毒品的具体情形，即“为欺骗购毒者或者逃避查缉等，对毒品掺杂使假，通过物理方法使毒品溶解、混合、吸附于某种物质，或者以自用为目的对少量毒品添加其他物质、改变形态的，不认定为制造毒品”。其在《大连会议纪要》的基础上增加了“以自用为目的对少量毒品添加其他物质、改变形态”的情形。具体而言，可细分为以下三种情形：

第一，为逃避侦查使毒品溶解、混合、吸附于某种物质。司法实践中最为典型的是将毒品溶于液体隐蔽运输，如将LSD溶液涂于饮料中等便于销售，将大麻等毒品与巧克力、咖啡、糖果等日常物品混合以便于运输、贩卖等行为。

案例4，凌某某、刘某某贩卖、制造毒品案：2008年12月，凌某某、刘某某与“阿发”（在逃）共谋加工“咖啡”贩卖牟利，由“阿发”提供配方，凌某某、刘某某提供加工“咖啡”的毒品原料和加工场所。凌某某、刘某某先后租用深圳市百合星城二期5号楼SD房间等地存放毒品和加工“咖啡”。刘某某指使同案犯周某某在华洪大厦16楼B室，按配方将“摇头丸”“Y仔”碾成粉末并与“K粉”混合后送到东方巴比伦605房间，由“阿发”雇用的同案犯马某等人加入袋装“雀巢”咖啡内，并用封口机封口，以每包人民币80元的价格贩卖给附近的娱乐场所和吸毒人员。[①] 针对被告人在毒品中添加咖啡的行为是否构成制造毒品罪，一审法院认为，凌某某、刘某某明知是毒品，而伙

---

① 参见最高人民法院刑事审判第一、二、三、四、五庭主办：《刑事审判参考》第800号案例。

同他人贩卖，并制造毒品“咖啡”，其行为构成贩卖、制造毒品罪。二审法院支持原判。最高人民法院经复核认为，刘某某等人把毒品“麻古”“摇头丸”“Y仔”等混合的行为，不是为了制造出一类新毒品，也没有制造出新毒品，其目的是混合后加入咖啡中以便于贩卖，因此不属于制造毒品。

第二，为欺骗购毒者、增加毒品数量或便于销售对毒品掺杂掺假、打碎分装，或使毒品溶解、混合、吸附于某种物质。典型的行为包括：通过添加“辅料”实现增重目的以骗取购毒者毒资，如在冰毒中添加葡萄糖、白糖、冰糖，在粉末状毒品中添加碱面、玉米淀粉、石灰等压制各种药片，以实现增重，牟取暴利；为便于拆分销售将毒品打碎拆分，制成小包贩卖等。

第三，以自用为目的对少量毒品添加其他物质、改变形态的行为。主要针对吸毒者为了增强“快感”、追求更强烈的刺激、更方便地吸食注射等，将冰毒、麻古等多种毒品混合吸食或在毒品中加入其他物质、改变毒品形态的行为。

3　对毒品的精炼、提纯、稀释是否属于制造毒品行为？

相较于毒品掺假、分装等单纯的不改变毒品功能效用的行为，司法实践中对毒品的精炼、提纯、稀释是否属于制造毒品行为存在较大的争议。对此，《昆明会议纪要》虽未明确对毒品精炼、提纯、稀释等物理方法是否属于制造毒品，但从其界定的制造毒品及非制造毒品行为的标准来看，其判断核心在于行为人是否完成了毒品从无到有或从有到优的制造过程，是否改变了毒品成分和效用。

因此，对毒品的精炼、提纯、稀释行为的定性，不能一概而论，要结合毒品类型、行为人的主观目的、制毒用途、手段的专业性等综合判断其所实施的行为是否改变毒品客观效用，以此判断行为人是否构成制造毒品罪。具体而言，可以从以下几个方面来判断：第一，成分、效果改变与否。相关的物理加工、配制方法是否实现了毒品“从无到有”“从有到优”的成分或效果的改变，“从有到优”强调的是毒品效能显著性的优化，例如毒品效用性能显著升高，而非简单的形态改变带来的使用便捷性的优化。第二，方法的专业性与否。尤其在是否使毒品“从有到优”的判断上，要结合此种物理方法是否具有普遍性，以及是否需要具有一定规模、技术含量和专业要求的加工、配制过程进行综合判断。若采取的仅是简单的晾晒、研磨等此类不需要专业知识的通识化的方法，则不能视为制造毒品，若采取的是具有一定的专业要求、专业工具、专业工序步骤的加工、配制的方法则可以认定为制造毒品行为。第三，行为人的主观目的。结合《昆明会议纪要》的规定，在判断物理手段是否实现“从有到优”的过程中，还需结合行为人采取此种手段的是为了追求与改变毒品的成分、效果，还是为了便于隐蔽、欺骗吸毒人员等与毒品的成分、效果无关的目的进行综合判断。

基于此，对于毒品的精炼、提纯行为的定性，需结合提纯的目的、是否显著改变毒品的成效等进行综合判断。若精炼、提纯行为使不能直接销售、吸食的半成品转换为能够在毒品市场中直接流通的成品，客观上改变了毒品效用，则属于制造毒品行为，如案例 5 中的行为。若针对可以直接吸食的毒品，仅是出于去除杂质等目的而进行精炼、提纯，并未实际改变毒品效用，则不宜认定为制造毒品行为，如案例 6 中的行为。同样，对毒品的稀释的定性，若行为人出于贩卖的目的，在制造毒品的过程中，为了便于吸毒者吸食、防止毒品浓度过高引发急性中毒，在生产过程中将毒品稀释成低纯度的配剂，或使用可使毒品效用性升高的溶剂稀释，若稀释后的毒品具有新的社会认知度，则构成制造毒品罪；若行为人出于自己吸食的目的或为欺骗消费者、逃避侦查而作出将毒品进行兑水、兑饮料等稀释行为，则不构成制造毒品罪。

> 案例5，姚某、陈某某制造毒品案：2008年2月中旬，被告人姚某、陈某某两次利用蒸馏等方法，将事先购得的含有甲基苯丙胺成分的液体提炼成白色晶体。上海市第一中级人民法院经审理后认为，被告人姚某、陈某某将含有甲基苯丙胺成分的液体通过蒸馏等物理方法提炼成冰毒晶体的过程，系制造冰毒晶体的必不可少的环节，其行为足以改变毒品的成分和效用，具有严重的社会危害性，应认定为制造毒品的行为。[①]

> 案例6，杨某某等贩卖、制造毒品案：法院认为，杨某某使用工具用蒸馏的方法从吸食毒品时用来过滤的水中（废液）提炼甲基苯丙胺的行为，不属于以合成方法加工、配制毒品，亦未改变毒品成分和效用，故其行为不构成制造毒品罪。

需要特别注意的是，结合《昆明会议纪要》全面贯彻“宽以济严”精神的要求，及新增的以自用为目的对少量毒品添加其他物质、改变形态的行为不属于制造毒品行为的规定，对于出于自用目的采取精炼、提纯、稀释等物理加工法且并未显著改变毒品功效，情节

① 参见余剑：《以物理方法精炼毒品应定制造毒品罪》，载《人民司法》2009年第12期。

显著轻微、危害不大的，要考虑行为人自己吸食的特殊性，充分适用《刑法》第 13 条及第 37 条的规定，予以出罪或定罪免刑。

4 在案件零口供的情况下，如何认定被告人是否构成制造毒品罪？

司法实践中，常常出现被告人零口供或否认实施制造毒品行为的情况，在现场也并未查获实际制造出的毒品，无法确定毒品加工手段。此时，如何判断行为人是否构成制造毒品罪，其证据认定要点有哪些，成为司法实践中罪名认定的关键。对此,《昆明会议纪要》并未明确规定，根据司法实务经验，应结合被告人供述、现场查获的物证判断是否足以认定行为人实施了制造毒品行为，具体而言，可以从以下方面把握：

第一，重点考察现场查获物证情况，判断依据在案制毒原料能否制造出对应的毒品。当行为人不如实供述自己制造毒品的具体方法和过程，或者供述不清时，要重点考察查获的制毒原料、工具、技术配方及毒品成品、半成品等情况，结合被告人相关供述及其他证据材料，反推被告人制毒手段。例如，铁桶、大锅、筲箕、电磁炉、燃气灶等物品用于物理方式的熬煮水分、放冷结晶；蒸馏管、牛角管、烧杯、圆底烧瓶、冷凝器则多见于利用不同制毒原料特性相互反应、混合加热化学方式的蒸馏萃取。[①]结合所查获的制毒原料、辅料、半成品等，判断能否制造出对应的毒品。

第二，结合其他相关证据，综合考量行为人是否实施了制造毒

① 参见徐旭:《加热提炼液体冰毒行为的定性及证明路径》，载《检察日报》2022 年 8 月 22 日，第 7 版。

品行为。一方面，结合相关监控视频、住宿记录、购买记录、通话清单、交易凭证、证人证言等证据材料判断行为人的行踪轨迹及在案制毒的原料、辅料、制毒工具的权属。另一方面，重点考察行为人手机、电脑等搜索记录、手机日志、聊天记录等，判断行为人是否对相关制毒过程进行了查阅、了解。在此基础上，结合在案查获的制毒原料、工具、技术配方及毒品成品、半成品等情况，结合犯罪嫌疑人、被告人对基本制毒方法、原理的供述，[①] 判断是否足以认定行为人实施了制造毒品行为。

案例 7，刘某某贩卖、制造毒品案：2014 年 11 月至 12 月，被告人刘某某在其位于苏州市吴江区盛泽镇郎中村的出租房内，采用从网上查找资料、购买制毒原料、工具等手段，制造甲基苯丙胺（冰毒）。本案中，被告人刘某某在诉讼阶段前期曾承认制造甲基苯丙胺，但对制毒流程的供述不是特别清楚，对制毒原理也没有作出详细说明，后期则翻供否认实施制造毒品犯罪。对此，法院认为，根据现有证据足以认定被告人刘某某从互联网上查询制毒方法后，以含麻黄碱类物质的药品和其他化学品为原料，采用化学方法制造合成甲基苯丙胺，其行为构成制造毒品罪。[②]

---

① 参见李静然、沈丽：《制造毒品行为及制毒数量的认定》，载《人民司法（案例）》2017 年第 35 期。

② 参见最高人民法院刑事审判第一、二、三、四、五庭主办：《刑事审判参考》第 1196 号案例。

案例拓展

1 指导性案例

（1）王某贩卖、制造毒品案——最高人民检察院第三十七批指导性案例之一（检例第150号）

要旨：行为人利用未列入国家管制的化学品为原料，生产、销售含有国家管制的麻醉药品、精神药品成分的食品，明知该成分毒品属性的，应当认定为贩卖、制造毒品罪。

（2）何某贩卖、制造毒品案——最高人民检察院第三十七批指导性案例之四（检例第153号）

要旨：行为人利用原生植物为原料，通过提炼等方法制成含有国家管制的麻醉药品、精神药品的物质，并予以贩卖的，应当认定为贩卖、制造毒品罪。

2 《刑事审判参考》案例

（1）朱某某等制造、贩卖毒品案——制造毒品失败的行为应认定为犯罪未遂（《刑事审判参考》第486号案例）

裁判规则提炼：行为人基于制造毒品的故意制造毒品，因意志以外的原因未能制造出毒品的行为，构成制造毒品罪（未遂）。

（注：需注意《昆明会议纪要》中“已经制出粗制毒品或者半成品的，以制造毒品罪的既遂论处”的规定。）

（2）高某某、李某某等贩卖、制造毒品案——加工、生产混合型毒品“麻古”的行为应认定为制造毒品罪（《刑事审判参考》第501号案例）

裁判规则提炼：加工、生产毒品“麻古”的行为应该认定为制造毒品罪。虽然生产“麻古”是一种物理加工过程，但其并非几种毒品的简单混合，也不同于在毒品中掺杂掺假，而是含有一定技术含量，需要经反复的含量配比试验和质量把关才能制造成功以满足特定人群的吸食要求，因此其加工、生产的行为应该认定为制造毒品罪。

（3）夏某某制造毒品、非法持有枪支案——如何认定制造毒品犯罪的“幕后老板”（《刑事审判参考》第743号案例）

裁判规则提炼：认定制毒犯罪中的主犯，可以从行为人是否组织、指挥整个制毒活动、是否传授制毒技术、是否出资制毒并贩卖获利等方面展开，要把所有证据都放到整个案件事实的大环境下去系统、综合地分析，以判断证据的关联性、真实性和证明力，衡量证据链的完整性和闭合性，来综合判断系行为人是否为制毒团伙的组织、指挥者。

（4）凌某某、刘某某贩卖、制造毒品案——如何认定毒品共犯的地位、作用；在毒品中添加非毒品物质不构成制造毒品罪（《刑事审判参考》第800号案例）

裁判规则提炼：在毒品中添加非毒品物质不构成制造毒品罪。将“摇头丸”、“Y仔”与“K粉”混合后加入袋装“雀巢”咖啡内贩卖，在客观行为上，这种物理混合的方式只是简单地把一些毒品和咖啡掺杂起来，既没有严格的比例配制规范要求，也没有专业化的配比工艺程序，还不足以达到改变毒品成分和效用的程度，没有形成新的混合型毒品，不属于制造毒品的行为。

（5）刘某某贩卖、制造毒品案——如何认定制造毒品行为以及制毒数量（《刑事审判参考》第1196号案例）

裁判规则提炼：当依据直接证据无法证明按照行为人供述的方法能够制造出毒品时，需结合现场查获的制毒器具、制毒原料、废液废料等，综合考察行为人供述的制毒原料是否能够制造出相应毒品，根据现场查获物证情况及行为人供述是否足以认定行为人实施了制造毒品犯罪行为，行为人供述的行为是否属于利用化学方法加工、配制毒品的制造毒品行为等，以此判断行为人是否构成制造毒品罪。

相关规范

1.《刑法》规定

第347条 【走私、贩卖、运输、制造毒品罪】走私、贩卖、运输、制造毒品，无论数量多少，都应当追究刑事责任，予以刑事处罚。

走私、贩卖、运输、制造毒品，有下列情形之一的，处十五年有期徒刑、无期徒刑或者死刑，并处没收财产：

（一）走私、贩卖、运输、制造鸦片一千克以上、海洛因或者甲基苯丙胺五十克以上或者其他毒品数量大的；

（二）走私、贩卖、运输、制造毒品集团的首要分子；

（三）武装掩护走私、贩卖、运输、制造毒品的；

（四）以暴力抗拒检查、拘留、逮捕，情节严重的；

（五）参与有组织的国际贩毒活动的。

走私、贩卖、运输、制造鸦片二百克以上不满一千克、海洛因或者甲基苯丙胺十克以上不满五十克或者其他毒品数量较大的，处七年以上有期徒刑，并处罚金。

走私、贩卖、运输、制造鸦片不满二百克、海洛因或者甲基苯丙胺不满十克或者其他少量毒品的，处三年以下有期徒刑、拘役或者管制，并处罚金；情节严重的，处三年以上七年以下有期徒刑，并处罚金。

单位犯第二款、第三款、第四款罪的，对单位判处罚金，并对其直接负责的主管人员和其他直接责任人员，依照各该款的规定处罚。

利用、教唆未成年人走私、贩卖、运输、制造毒品，或者向未成年人出售毒品的，从重处罚。

对多次走私、贩卖、运输、制造毒品，未经处理的，毒品数量累计计算。

2. 其他规定

（1）最高人民检察院、公安部《关于公安机关管辖的刑事案件立案追诉标准的规定（三）》（公通字〔2012〕26号）

第1条第6款、第7款　本条规定的“制造”是指非法利用毒品原植物直接提炼或者用化学方法加工、配制毒品，或者以改变毒品成分和效用为目的，用混合等物理方法加工、配制毒品的行为。为了便于隐蔽运输、销售、使用、欺骗购买者，或者为了增重，对毒品掺杂使假，添加或者去除其他非毒品物质，不属于制造毒品的行为。

为了制造毒品而采用生产、加工、提炼等方法非法制造易制毒化学品的，以制造毒品罪（预备）立案追诉。购进制造毒品的设备和原材料，开始着手制造毒品，尚未制造出毒品或者半成品的，以制造毒品罪（未遂）立案追诉。明知他人制造毒品而为其生产、加工、提炼、提供醋酸酐、乙醚、三氯甲烷等制毒物品的，以制造毒品罪的共犯立案追诉。

（2）最高人民法院、最高人民检察院、公安部《关于办理走私、非法买卖麻黄碱类复方制剂等刑事案件适用法律若干问题的意见》（法发〔2012〕12 号）

二、关于利用麻黄碱类复方制剂加工、提炼制毒物品行为的定性

以制造毒品为目的，利用麻黄碱类复方制剂加工、提炼制毒物品的，依照刑法第三百四十七条的规定，以制造毒品罪定罪处罚。

以走私或者非法买卖为目的，利用麻黄碱类复方制剂加工、提炼制毒物品的，依照刑法第三百五十条第一款、第三款的规定，分别以走私制毒物品罪、非法买卖制毒物品罪定罪处罚。

（3）公安部《公安机关勘验检查及处置制造毒品案件现场规定》（公禁毒〔2010〕333 号）

第 2 条　制毒案件现场，是指利用毒品原植物或者制毒物品非法提炼、化学合成毒品以及以改变毒品成分和效用为目的，用混合等物理方法加工、配制毒品的地点，以及与制造毒品犯罪行为相关的场所。

3. 往届纪要（已失效）

2008 年《大连会议纪要》

鉴于毒品犯罪分子制造毒品的手段复杂多样、不断翻新，采用物理方法加工、配制毒品的情况大量出现，有必要进一步准确界定制造毒品的行为、方法。制造毒品不仅包括非法用毒品原植物直接提炼和用化学方法加工、配制毒品的行为，也包括以改变

毒品成分和效用为目的，用混合等物理方法加工、配制毒品的行为，如将甲基苯丙胺或者其他苯丙胺类毒品与其他毒品混合成麻古或者摇头丸。为便于隐蔽运输、销售、使用、欺骗购买者，或者为了增重，对毒品掺杂使假，添加或者去除其他非毒品物质，不属于制造毒品的行为。

第七节　代购毒品行为的定性

—— 要点提示 ——

（1）代购毒品行为的概念厘定；

（2）“从中牟利”“变相加价”的认定；

（3）代购毒品行为中构成非法持有毒品罪、贩卖毒品罪及其他毒品犯罪共犯的界分；

（4）代购毒品行为出罪的范围与条件；

（5）交通、食宿等必要开销之外的“介绍费”“劳务费”的认定标准；

（6）代购者克扣、截留、蹭吸毒品行为的定性；

（7）代购毒品行为的证据认定要点。

纪要原文

明知他人实施毒品犯罪而为其代购毒品，未从中牟利的，以相关毒品犯罪的共犯论处。

代购者加价或者变相加价从中牟利的，以贩卖毒品罪定罪处罚。代购者收取、私自截留部分购毒款、毒品，或者通过在交通、食宿等开销外收取“介绍费”“劳务费”等方式从中牟利的，属于变相加价。代购者从托购者事先联系的贩毒者处，为托购者购买仅用于吸食的毒品，并收取、私自截留少量毒品供自己吸食的，一般不以贩卖毒品罪论处。

没有证据证明代购者明知他人实施毒品犯罪而为其代购毒

品，代购者亦未从中牟利，代购毒品数量达到刑法第三百四十八条规定的最低数量标准，代购者因购买、存储毒品被查获的，以非法持有毒品罪定罪处罚；因运输毒品被查获的，一般以运输毒品罪定罪处罚。

对于辩称系代购毒品者，应当全面审查其所辩称的托购者、贩毒者身份、购毒目的、毒品价格及其实际获利等情况，综合判断其行为是否属于代购，并依照前述规定处理。向购毒者收取毒资并提供毒品，但购毒者无明确的托购意思表示，又没有其他证据证明存在代购行为的，一般以贩卖毒品罪定罪处罚。

要点评注

1 为他人代购仅用于吸食的毒品的行为，该如何定性？

依据《昆明会议纪要》的规定，对于为他人代购少量仅用于吸食的毒品的行为，应依据牟利与否、代购毒品数量的大小及代购毒品被查获的具体形态，进行综合认定。第一，对于代购毒品，只要代购者从中牟利，就以贩卖毒品罪论处。第二，对于既不明知他人实施毒品犯罪为其代购，又未从中牟利的，按照吸毒者为自己吸食毒品购买、存储、运输毒品行为的认定思路处理。首先，代购者在不具有牟利目的及实施其他毒品犯罪故意的前提下，所持毒品数量必须达到《刑法》第348条规定的最低数量标准，若未达到则一般不以犯罪论处，可依据治安管理的相关规定予以行政处罚。其次，在符合前述条件的情形下，若代购者因购买、存储毒品被查获，以非法持有毒品罪认定；代购者因运输毒品被查获的，一般以运输毒品罪认定。

相较于往届会议纪要，《昆明会议纪要》对于吸毒者代购少量毒品行为的认定问题作出了一定的修改。具体而言,《南宁会议纪要》对于为他人代买仅用于吸食的毒品的行为，明确行为人不以营利为目的且达到非法持有毒品罪数量标准时以非法持有毒品罪认定。而《大连会议纪要》则将“不以营利为目的”修改为“不以牟利为目的”。《武汉会议纪要》在《大连会议纪要》的基础上，明确关于运输代购毒品行为的定性，对于行为人为吸毒者代购毒品，在运输过程中被查获，数量达到较大以上的情形，对托购者、代购者以运输毒品罪的共犯论处。《昆明会议纪要》则将《大连会议纪要》规定的“有证据证明行为人不以牟利为目的，为他人代购仅用于吸食的毒品”修改为“没有证据证明代购者明知他人实施毒品犯罪而为其代购毒品，代购者亦未从中牟利”，并且对运输代购毒品行为的定性进行了一定修改，不强调代购者与托购者之间的共犯关系。

2 对于代购者未从中牟利，但自寻渠道购买毒品的行为，该如何定性？

《昆明会议纪要》对于代购者未从中牟利但自寻渠道购买毒品行为的认定并未进行明确。司法实践中，在未从中牟利，仅为他人代购少量用于吸食的毒品的行为定性中，学界对于吸毒者直接与贩毒者联系，代购者只是代为将毒品从上家转交给吸毒者的行为认定一般不存在争议，此即“跑腿型代购”，依据所持毒品数量大小，按照吸毒者为自己吸食毒品购买、存储、运输毒品行为的认定思路处理。但对于未从中牟利仅为他人代购少量用于吸食的毒品行为中，代购者自寻渠道购买毒品行为的定性，存在较大争议。

具体而言，学界存在以下分歧：观点一认为，代购者与托购者构成毒品犯罪共同犯罪，托购者直接联系或指定贩卖者的，托购者与贩卖者之间实际上已经建立了直接或间接的联系，毒品交易的时间、地点、数量、价格以及交易对方等具体细节的决定权都掌握在托购者手中，代购者并不具有交易上的独立地位。而代购者利用自己的渠道联系贩卖者并完成毒品买卖，实际上代购者在交易上的独立性明显超越了“为他人代购”毒品的基本范畴，应认定为贩卖毒品罪的共犯。[①]观点二认为，代购者与托购者不构成毒品犯罪共同犯罪，认为从对语义的理解、体系解释及行为的本质出发，不存在有偿交易时，代购者自寻渠道购买毒品行为仅属于吸毒的帮助行为，不能以贩卖毒品罪共犯认定。[②]观点三认为，对于代购者未牟利但自寻渠道购买毒品行为的正确定性，还需回归到罪刑法定原则本身。首先，从《昆明会议纪要》的相关规定上看，其强调“没有证据证明代购者明知他人实施毒品犯罪而为其代购毒品，代购者亦未从中牟利”，即按照吸毒者为自己吸食毒品行为定性的认定思路进行认定，并未要求代购者必须是单纯的“跑腿型代购”。其次，从行为本质来看，代购者受以吸食为目的的托购者委托，积极联系卖家为其代购毒品的行为，属于吸毒行为的帮助行为，不具有可罚性。最后，从体系解释上看，类比居间介绍买卖毒品行为：从功能作用上看，未从中牟利但自寻渠道为他人代购仅用于吸食的毒品的代购者，和受以吸食为目的的托购者委托的居间介绍者，均属于吸毒行为的帮

---

① 参见张理恒、李豫川：《自寻渠道代买毒品如何处理》，载《检察日报》2011年8月23日，第3版。

② 参见张明楷：《代购毒品行为的刑法学分析》，载《华东政法大学学报》2020年第1期。

助行为，在毒品交易过程中的地位、作用存在相似性。而依据《昆明会议纪要》的规定，受以吸食为目的的托购者委托，为其提供购毒信息或介绍认识贩毒者，达到非法持有毒品罪数量标准时，代购者一般与托购者构成非法持有毒品罪的共同犯罪。据此，对未从中牟利但自寻渠道为他人代购仅用于吸食的毒品的代购者，也不宜认定为贩卖毒品罪共犯，而应按照吸毒者为自己吸食毒品行为的认定思路进行认定。

对此问题，司法实践中也存在较大争议：

案例 1，郑某贩卖毒品案：二审法院认为，代购毒品行为不认定为贩卖毒品的关键在于吸毒者与贩毒者之间已经建立起毒品交易关系，代购者只是跑腿且不从中牟利，主观恶性小，不宜认定为贩卖毒品。本案中，吸毒人员“阿某”与毒品卖家徐某互不相识且从未联系，徐某也不是“阿某”委托郑某购买毒品并指定的毒品卖家，郑某在前一天向徐某购买毒品后，主动向“阿某”提供毒品购买渠道，收转毒资，告知毒品收件地址和收件人，联络促成毒品交易。基于此，法院认为郑某的行为不属于代购毒品，其属于明知是毒品而予以贩卖，已构成贩卖毒品罪。

案例 2，徐某贩卖毒品案：李某、施某均是吸毒人员，二人委托被告人徐某联系卖家代购毒品用于吸食并给了徐某人民币 2000 元，徐某当天即从银行取出该款和李某、施某一起去某镇，购毒后徐某下车拿回 1 包冰毒给了李某、施某吸食。对此，法院认为：“全案证据不能排除被告人徐某确系代购毒品且未从中牟利的合理怀疑，而为吸毒人员代购少量毒品用于吸食且未从中牟利的，不构成犯罪。因此，公诉机关指控被告人徐某的行为构成贩卖毒品罪，证据不足，不能成立。”

3　如何界分构成运输毒品罪的代购与构成非法持有毒品罪的代购？

对于运输代购毒品行为的认定，历届会议纪要中存在较大的差异。《大连会议纪要》并未区分代购毒品行为的特殊性，只要有证据证明行为人不以牟利为目的，为他人代购仅用于吸食的毒品，数量达到非法持有毒品罪要求的，一律以非法持有毒品罪认定。《武汉会议纪要》则在此基础上，区分了代购者被查获状态的差异，将《大连会议纪要》中的“运输”排除在吸毒者被查获后没有证据证明其是为了实施贩卖毒品等其他犯罪的情形之外。而《昆明会议纪要》在此基础上，明确点出了“代购者因购买、存储毒品被查获”“代购者因运输毒品被查获”的定性差异，并删去了“对托购者、代购者以运输毒品罪的共犯论处”的认定。至此，没有证据证明托购者、代购者是为了实施贩卖毒品等其他犯罪，毒品数量达到较大以上，代购者因购买、存储毒品被查获的，以非法持有毒品罪定罪处罚；代购者在运输过程中被查获的，对代购者以运输毒品罪论处，是否与托购者构成共同犯罪，则需要依据具体情况进行综合认定；而毒品数量未达到较大标准的，无论代购者被查获的状态，均不作为犯罪处理。

可见，对于未从中牟利，为他人代购仅用于吸食的毒品时，代购者被查获时是否属于“运输”，是认定行为构成运输毒品罪还是构成非法持有毒品罪的界分关键。然而，类似为自己吸食毒品而运输毒品行为认定的分歧争议，基于对“运输”认定存在“距离说”“目的说”“状态说”等诸多理论观点，学界及司法实践中对如何界定“代购者因运输毒品被查获”中的“运输”观点不尽相同。例如，“距离说”认为应以运输距离的长短认定是否属于运输，提出“在短距离运送过程中被查获，没有证据证明托购者、代购者是为了实施贩卖毒品等其他犯罪，毒品数量达到较大以上的，对托购者、代购者以非法持有毒品罪的共犯论处；在长距离运送过程中被查获的，以运输毒品罪的共犯论处”①。“促进流通说”认为，以促进毒品流通的盖然性作为运输毒品罪成立与否的标准，②从毒品交易模式来看，运输是供应与需求之间的桥梁，具有上联生产商、下联消费者，消除生产端与消费端之间的地域鸿沟，实现拓宽或制造毒品交易市场、提高毒品交易效率的功能，若毒品空间位移的改变不具有实现和促进毒品流通的意义时，只应成立非法持有毒品罪。③

对此，实践中也存在争议：

> 案例 3，高某贩卖毒品、宋某非法持有毒品案：高某多次指使被告人宋某向高某事先联系的毒贩购买甲基苯丙胺 23.8 克，宋某将购买的毒品送至高某居住的小区交给高某。对此，法院认为：“高某指使宋某为其购买毒品属于同城交易，购毒地点与送货地点间距离较短，不符合运输毒品罪的构成要件。宋某为他人代购毒品，现有证据不能证明其从中牟利，故对其应当以非法持有毒品罪追究刑事责任。”

---

① 参见何荣功:《运输毒品罪与非法持有毒品罪的区分》，载《中国刑事法杂志》2021 年第 4 期。
② 参见包涵:《运输毒品罪的立法扩张与司法限制》，载《中国刑事法杂志》2021 年第 1 期。
③ 参见何荣功:《运输毒品认定中的疑难问题再研究》，载《法学评论》2011 年第 2 期。

案例4，黄某某运输毒品案：2018年1月7日晚，被告人黄某某帮A向B购买毒品冰毒。黄某某在南宁市西乡塘区友爱路三本大酒店附近从B处拿到毒品冰毒后，骑电动车将毒品冰毒运送至A家楼下时被公安当场抓获。对此，一审法院认为“黄某某从南宁市友爱路将毒品运送至同城的，两地空间距离较短；此外，本案没有证据证明黄某某和A购买毒品是为了实施贩卖毒品等其他犯罪……其行为应当构成非法持有毒品罪”。检察院提出抗诉，认为“从法理看，运输距离的长短并不是构成运输毒品罪的关键。从具体案情看，根据黄某某的供述，其之前有过几次帮他人代购毒品后再在同城运送给买家，并从毒品上家处获得好处，结合黄某某的运输目的、获利性、所运输毒品数量等因素，即便是较短距离运送毒品，也应以运输毒品对其行为定性”。上级检察院支持抗诉意见，认为“运输毒品并不要求行为人或者毒品实现具体的位移，更不要求位移距离的长短。只要行为人明知是毒品，并且实施了运输毒品的行为，无论距离的长短都应构成运输毒品罪。黄某某的行为完全符合上述规定，应当认定其行为系运输毒品”。后二审法院认为“原审被告人黄某某为他人代购毒品后从甲地运送至乙地的事实，且黄某某的供述印证其在A、B间的毒品流通过程中起着桥梁、纽带作用”，因此改判原审被告人黄某某构成运输毒品罪。

4　如何区分代购者与托购者是上下家关系还是共犯关系？

区分代购者与托购者是上下家关系还是共犯关系，关系到代购者的罪名认定，即构成贩卖毒品罪还是与托购者构成共同犯罪。对此，《昆明会议纪要》在《大连会议纪要》《武汉会议纪要》的基础上作出了修改。《昆明会议纪要》规定，对于明知他人实施毒品犯罪而为其代购毒品，且未从中牟利的，以其他相关毒品犯罪共犯论处。该规定对《关于公安机关管辖的刑事案件立案追诉标准的规定（三）》及《武汉会议纪要》中认定为其他毒品犯罪共犯的情形进行了限制，只限于"未从中牟利"的情形，否定了《关于公安机关管辖的刑事案件立案追诉标准的规定（三）》中"明知他人实施毒品犯罪而为其居间介绍、代购代卖的，无论是否牟利，都应以相关毒品犯罪的共犯立案追诉"的规定。换言之，依据《昆明会议纪要》的规定，代购毒品行为中只要代购者从中牟利，即使明知他人实施毒品犯罪也不以其他相关毒品犯罪共犯论处，而应以贩卖毒品罪定罪。如此规定，是将代购者从代购行为牟利、赚取差价的行为视为变相加价贩卖，将其视为毒品贩卖中的居间倒卖行为，进一步加大对代购行为的惩处力度。

司法实践中，也采取如上认定思路：

> 案例 5，齐某某贩卖、运输毒品案：2015 年 5 月初，被告人齐某某与信某甲一起吸食毒品后，提及自己可买到低价甲基苯丙胺，信某甲与其哥哥信某乙（同案被告人，已判刑）即欲购买。同月 9 日，齐某某乘火车到广东省陆丰市，与毒品上家商定取货每克 40 元，送货每克 80 元。齐某某遂电话告知信某甲每克 80 元，双方商定后，同月 14 日，齐某某从上家购买甲基苯丙胺 7 包，并驾车运往辽宁省，途中被抓获。对此，营口市中级人民法院认为，齐某某跨省运输甲基苯丙胺 6974.8 克，其明知购毒者以贩卖

为目的，而帮其代买甲基苯丙胺4001.8克，构成贩卖毒品罪共犯，齐某某是毒品交易的主要联络者、实际交易者，系主犯。辽宁省高级人民法院经审理认为，被告人齐某某赴南方购回大量甲基苯丙胺，将其中4000余克以每克80元送货价转卖给信某甲、信某乙，系信某甲、信某乙的实际交易人，应认定为独立的毒品交易上线，原判认定齐某某为信某甲、信某乙代购毒品系共犯不妥，应予纠正。①

5 “从中牟利”是代购者构成贩卖毒品罪的必要条件吗？

在没有证据证明代购者明知他人实施毒品犯罪而为其代购毒品的情形中，“从中牟利”是代购者是否构成贩卖毒品罪的关键情节。对此，历届毒品会议纪要均有相关规定，如《南宁会议纪要》中的“以营利为目的”,《大连会议纪要》《武汉会议纪要》《昆明会议纪要》中的“以牟利为目的”“从中牟利”“变相加价”等。而理论界及实践中对于代购毒品是否构成贩卖毒品罪是否应以“从中牟利”为判断标准，是否从中牟利就构成贩卖毒品罪等问题，存在较大的争议。

理论界存在以下观点：肯定说认为代购毒品具有牟利目的才构成贩卖毒品罪。否定说认为从中牟利是代购毒品行为成立贩卖毒品罪的认定关键，但这并不意味着贩卖毒品罪的成立一定要以牟利为要件。原因在于：一方面，将牟利事实或目的作为贩卖毒品罪的成立条件缺乏法律依据。从《刑法》第347条的规定出发，立法并未将牟利作为贩卖毒品罪的构成要件，不能将贩卖、出卖的故意与牟利目的或牟利的事实相等同。另一方面，贩卖毒品罪的本质在于限

① 参见最高人民法院刑事审判第一、二、三、四、五庭主办:《刑事审判参考》第1385号案例。

制毒品的非法流通而非限制“牟利”。刑法对于毒品的管控目的不在于消灭，而在于“防范毒品流入社会可能带来的危害”。[①] 否定说内部又存在以下观点：第一，“有偿交付说”认为构成贩卖毒品罪并不需要客观上的牟利行为以及主观上有牟利目的，而需以是否有偿交付为判断标准。[②] 第二，“有偿交易说”认为贩卖的本质是有偿交易，强调交易主体之间物的交换买卖关系，应以代购者与托购者是否存在有偿交易为是否构成贩卖毒品罪的判断标准，[③] 其已成为学界的倾向性观点。“有偿交易说”强调应结合代购者在交易行为中的主导性、代购毒品数量与次数、代购者主观目的、双方事前是否约定等情节进行综合认定。若双方存在事前约定及客观证据足以证明代购者存在牟利目的，即使代购者实际上未获利，也应以贩卖毒品罪认定。同时，若确有证据证明代购者并无牟利目的，双方事前并未约定，代购者接受托购者事前支付的毒资的剩余部分，或代购者收取托购者极小数额财物等情形时，结合案件具体情形，对于行为社会危害性较小、行为人人身危险性不大的，可以依据《刑法》第 13 条的规定，予以出罪。

6 代购毒品行为中“从中牟利”的情形有哪些？

“从中牟利”是代购者构成贩卖毒品罪的关键情节，学界及司法实践对于牟利事实或目的的判断存在较大争议与分歧。《武汉会议纪

---

① 参见石经海、邱胜帆：《走私毒品罪的扩张适用与理性回归》，载《重庆大学学报（社会科学版）》2024 年第 3 期。

② 参见王逸婷、孙代军：《代购毒品是否构成贩卖毒品罪应以“有偿”为判断标准》，载《人民检察》2022 年第 13 期。

③ 参见何荣功：《毒品代购与代购牟利的行为定性》，载《法学》2022 年第 9 期。

要》将牟利目的进一步细化，认为“在交通、食宿等必要开销之外”收取的如“介绍费”“劳务费”等酬劳也可称为牟利。《昆明会议纪要》在《武汉会议纪要》基础上进一步扩大了“从中牟利”的范围，肯定了“收取、私自截留部分购毒款、毒品”属于变相加价，对代购蹭吸的出罪情形也作出了限制，进一步限缩了代购毒品行为出罪的空间。

具体而言，现有立法认定为“从中牟利”的具体情况包括：（1）代购者通过代购毒品行为赚取差价的情形；（2）在交通、食宿等必要开销之外额外收取“介绍费”“劳务费”“跑腿费”等情形；（3）收取、克扣及私自截留部分购毒款、毒品的情形；（4）部分代购蹭吸情形。但存在上述情形并不意味着一律构成贩卖毒品罪，“从中牟利”是构成贩卖毒品的重要情节，但不是唯一情节，对于代购毒品行为的认定应从整体性、体系性的系统学研究范式展开系统性考量，强调实体与形式、主观与客观的有机统一评价。

7　何为交通、食宿等必要开销之外的“介绍费”“劳务费”？

收取交通、食宿等必要开销之外的“介绍费”“劳务费”是认定代购者牟利与否的重要情形之一，然而如何判断代购者所收的费用是否属于交通、食宿等必要开销之外的“介绍费”“劳务费”？何为必要开销，何为非必要开销，二者区分的边界为何？对这些问题，《昆明会议纪要》中并未明确，且这一系列问题已然成为实务认定的难点与重点。实务中，多采取收支相减的认定方法，若代购者所收的托购者支付的毒资减去交通、食宿费后有剩余，即认定代购者属于从中牟利从而认定为变相贩卖毒品，无论剩余费用为多少。

案例6，张某贩卖毒品案：2017年某日，被告人崔某

> 给被告人张某300元，由其向被告人景某某为崔某购买冰毒1克。随后张某与景某某约定，张某以200元向被告人景某某购买冰毒1克。张某将冰毒交给了崔某，80元左右用于打车，从中获利20元左右。法院认为，被告人张某为吸毒者代购毒品并从中获利，其行为已构成贩卖毒品罪。

然而，如此做法属于对“非必要开销”的机械解读，从日常生活经验出发，托购者在事前或事后向代购者支付费用时，往往是将代购过程中毒资、食宿费等相关费用“取整”支付，并不会有零有整地精准计算，若只要存有结余就认定为从中牟利，既偏离了贩卖毒品的实质内涵，也错误理解了牟利的本质及其对成立贩卖毒品罪的意义。

因此，在认定代购者收取的费用是否属于交通、食宿等必要开销之外的“介绍费”“劳务费”时，应注意以下几点：

第一，结合行为人主观目的进行主客观相一致的认定。例如，代购者获取差价数额较小时，要综合考量代购次数、代购数量、是否为不特定多数人代购等情节判断代购者是否存在通过代购赚取差价并以此为业的可能；又如，托购者支付的费用，是托购者事前、事后自愿转付，还是代购者计算相关费用后的事后要价。

> 案例7，何某某、陈某某贩卖毒品案：从2019年2月起，被告人陈某某明知被告人何某某有毒品海洛因出售，先后介绍吸毒人员曾某某、王某某等人向其购买毒品，或向被告人何某某购买毒品后再转卖给上述人员，从中牟利。被告人何某某、陈某某贩卖毒品共计28次，在本案中，虽然二被告在部分代购过程中仅收取托购者50元至100元不等的少量费用，但从其多次向多人居间介绍或直接代购的客观事实来看，二被告属于以居间介绍买卖毒品或代购毒

品为业，其在主观上存在牟利目的，客观上存在牟利事实，构成贩卖毒品罪。

第二，结合具体案件的代购开支进行综合认定。在认定代购者收取的费用是否属于必要开支时，不能机械地仅扣除毒资、食宿费、交通费等固定开支，特别是在代购者实际获取的财物小于等于或略大于必要开销费用及仅获微利的情况下，还需结合具体案件实际情况作出判断。

8　代购者克扣、截留毒品行为如何定性？

对于代购者克扣、截留部分代购毒品的行为定性，实践及理论界存在较大争议。对该问题，《昆明会议纪要》进行了明确，规定“代购者收取、私自截留部分购毒款、毒品……属于变相加价”，肯定了代购者具有通过非法代购行为换取毒品此类财产性利益的目的，属于在牟利主观目的下的贩毒行为，构成贩卖毒品罪。但这并不意味着只要有收取毒品行为就构成贩卖毒品罪，也需结合双方是否有约定、代购者的主观目的进行综合考量，对于双方并无事前合意、托购者事后赠与代购者少量毒品的行为，不宜以贩卖毒品罪认定。

案例8，吴某贩卖毒品案：2014年某日，李某向被告人吴某求购400元的甲基苯丙胺。在某某国际大酒店，被告人吴某以400元价格向被告人吴某乙购买了1克甲基苯丙胺，并将该1克甲基苯丙胺给李某。后李某从中分出0.2克甲基苯丙胺作为好处费送给被告人吴某。对此，法院认为没有证据充分证明被告人吴某以贩卖为目的收取李某0.2克毒品作为酬劳，故不能认定被告人吴某代李某购买1克甲基苯丙胺是贩卖毒品，对起诉书指控的本起犯罪事实不予支持。

9 代购蹭吸行为该如何定性？

《昆明会议纪要》对代购蹭吸行为的定性进行了统一的规定，从牟利目的、代购者是否主导、托购者吸食目的、毒品数量四个方面对代购蹭吸行为的出罪作出了限制，明确“代购者从托购者事先联系的贩毒者处，为托购者购买仅用于吸食的毒品，并收取、私自截留少量毒品供自己吸食的，一般不以贩卖毒品罪论处”。但对于代购蹭吸行为的出罪条件的解读，学界存有不同的认识，主要在于托购者主导是否是出罪的必要条件：有观点认为，仅在托购者指定代购者购买仅用于吸食的“跑腿型”代购中，收取、私自截留少量毒品供自己吸食的情形，才可以出罪。若代购者在毒品代购中处于积极主导地位，则不能出罪。[①] 也有观点认为，蹭吸是托购者的赠予或酬劳，不因托购者是否事先指定、联系上下家而改变，因此相关纪要的规定属于一种提示性规定而非排除性规定，[②] 代购者自寻渠道为托购者购毒并蹭吸的，在符合一定条件时也可以出罪。

除此之外，《昆明会议纪要》强调在坚持依法从严惩处毒品犯罪的同时，也要贯彻好宽严相济刑事政策，突出打击重点，体现区别对待。因此，基于代购蹭吸行为的特殊性，在定罪量刑过程中，还需结合《刑法》第 13 条、第 37 条的规定，对代购者代购次数、数量、获利数额、犯罪情节、行为的社会危害性及代购者的主观恶性、人身危险性进行综合认定，对于其中“情节显著轻微危害不大的”或“犯罪情节轻微不需要判处刑罚”的行为，予以出罪或免予刑事

---

① 参见梅传强、于浩洋：《毒品代购行为认定的关键问题》，载《中国禁毒报》2023 年 9 月 15 日，第 6 版。

② 参见方文军：《毒品犯罪司法实务精解》，法律出版社 2024 年版，第 165 页。

处罚。

10　为自己吸食委托他人代购毒品的，该如何定罪量刑？

实践中，存在大量吸毒者为自己吸食毒品而委托他人代其购毒的情形，理论和实务中对于代购者的责任认定探讨得较多，而对于托购者的刑事责任问题理论上鲜少讨论。司法实践中，往往依据代购者的行为定性，将托购者与代购者认定为共同犯罪，予以定罪处罚。

而《昆明会议纪要》对托购者、代购者是否构成共同犯罪的问题作了细微的修改，删去了《大连会议纪要》中的“对托购者、代购者应以非法持有毒品罪定罪”及《武汉会议纪要》中的“对托购者、代购者以运输毒品罪的共犯论处”的规定。原因在于，实践中除了托购者指定卖家后令代购人跑腿代购的情况之外，还存在大量托购者并未指定卖家、由代购者主导的案件，此种情况下，托购者实际上并不存在运输毒品的主观故意及客观行为，若一律认定托购者和代购者构成运输毒品罪，则可能会出现代购者从超出托购者预期的贩卖人处购买并运输毒品的情况，[①]有违共同犯罪成立的基本要求。

因此，基于《昆明会议纪要》的要求，托购者并不一定与代购者构成共同犯罪，还需结合具体案件，判断托购者是否知晓、同意或者要求代购者实施运输行为。同时，对于托购者与代购者持有或运输毒品的数量认定，也需要依据共同故意的范围、实行行为进行区别认定，对于超出共同故意所持有或运输的毒品数量，结合各行为人的主观故意分别予以认定。

---

① 参见梅传强、于浩洋：《毒品代购行为认定的关键问题》，载《中国禁毒报》2023 年 9 月 15 日，第 6 版。

案例9，兰某某、郑某某等非法持有毒品案：被告人兰某某为被告人郑某某、覃某某代购仅用于吸食的毒品海洛因，数量分别为20克、15克，均达到非法持有毒品罪的定罪标准。对此，检察机关指控兰某某、郑某某、覃某某构成共同犯罪及指控兰某某、郑某某、覃某某非法持有毒品海洛因的数量均为53.62克。而法院认为，兰某某与郑某某、兰某某与覃某某分别构成非法持有毒品罪的共同犯罪。在持有毒品数量上，3名被告人明确约定了各自毒品购买及分配的数量，毒品一经分配，郑某某、覃某某仅能对自己实际获得的毒品进行控制和支配；主观上，3名被告人也没有共同拥有、占有购买的全部毒品的意思，而仅有收到毒品后分别享有、占有约定数量毒品的意思。郑某某与兰某某对郑某某所购的20克海洛因构成共同持有，覃某某与兰某某对覃某某所购的15克海洛因构成共同持有，兰某某非法持有毒品的数量应按查获的全部海洛因即53.62克予以认定，郑某某、覃某某非法持有毒品海洛因的数量分别按20克、15克认定。

11　代购毒品行为的证据认定要点有哪些？

《昆明会议纪要》明确了代购毒品行为的证据审查要点。第一，《昆明会议纪要》强调要综合判断，即“应当全面审查其所辩称的托购者、贩毒者身份、购毒目的、毒品价格及其实际获利等情况，综合判断其行为是否属于代购”。司法实践中，对代购行为的认定核心仍在“从中牟利”的证据收集问题上，在对托购者、贩毒者身份、购毒目的、毒品价格进行全面考察的基础上，还需对行为人买卖毒品的差价与交通、食宿费用作出区分，结合代购者提供购毒地点的距离、往返间隔时间、交易细节、现场和沿途监控、相应交通工具运行轨迹、代购者手机基站位置、住宿酒店（旅店）名称、付款记录、日常消费习惯等综合判断行为人的食宿费、交通费是否合理正当。[①] 第二,《昆明会议纪要》明确达不到相应证明标准的不得认定为代购行为，即“向购毒者收取毒资并提供毒品，但购毒者无明确的托购意思表示，又没有其他证据证明存在代购行为的，一般以贩卖毒品罪定罪处罚”。

案例拓展

（1）高某贩卖毒品、宋某非法持有毒品案——如何认定以贩养吸的被告人贩卖毒品的数量以及为他人代购数量较大的毒品用于吸食并在同城间运送的行为如何定性（《刑事审判参考》第853号案例）

裁判规则提炼：不以牟利为目的，为他人代购数量较大的用于吸食的毒品并在同城内运送的行为，构成非法持有毒品罪。

（2）刘某某贩卖毒品案——不以牟利为目的，为他人代购用于吸食的毒品，毒品数量未达到非法持有毒品罪的定罪标准的，不应认定为犯罪（《刑事审判参考》第 1014 号案例）

裁判规则提炼：不以牟利为目的，为吸毒者代购用于吸食的毒品的行为，与吸毒者自身购买用于吸食的毒品的行为在本质上相似。此时，代购者代购的毒品数量未达到非法持有毒品罪的定罪标准的，不以犯罪论处；数量达到定罪标准的，对托购者、代购者均应认定

① 参见庞勃、张勇:《代购毒品案件证据收集和法律适用》，载《人民法治》2018 年第 12 期。

为非法持有毒品罪。

（3）齐某某贩卖、运输毒品案——如何区分毒品代购与加价贩卖（《刑事审判参考》第1385号案例）

裁判规则提炼：在毒品代购中，代购者必须是受托购者的委托而代为购买毒品。在委托关系中，托购者与代购者必须事先对代为购买毒品的数量、种类、价格、代购者是否获利及获利多少、获利方式等进行明确约定。如果双方事先没有约定，事后代购者向托购者隐瞒重要价格信息等从中牟利，实质上相当于变相加价贩卖，代购者即成为托购者的实际上家，而不再是居间介绍人。

相关规范

1.《刑法》规定

第347条【走私、贩卖、运输、制造毒品罪】走私、贩卖、运输、制造毒品，无论数量多少，都应当追究刑事责任，予以刑事处罚。

走私、贩卖、运输、制造毒品，有下列情形之一的，处十五年有期徒刑、无期徒刑或者死刑，并处没收财产：

（一）走私、贩卖、运输、制造鸦片一千克以上、海洛因或者甲基苯丙胺五十克以上或者其他毒品数量大的；

（二）走私、贩卖、运输、制造毒品集团的首要分子；

（三）武装掩护走私、贩卖、运输、制造毒品的；

（四）以暴力抗拒检查、拘留、逮捕，情节严重的；

（五）参与有组织的国际贩毒活动的。

走私、贩卖、运输、制造鸦片二百克以上不满一千克、海洛因或者甲基苯丙胺十克以上不满五十克或者其他毒品数量较大的，处七年以上有期徒刑，并处罚金。

走私、贩卖、运输、制造鸦片不满二百克、海洛因或者甲基苯丙胺不满十克或者其他少量毒品的，处三年以下有期徒刑、拘役或者管制，并处罚金；情节严重的，处三年以上七年以下有期徒刑，并处罚金。

单位犯第二款、第三款、第四款罪的，对单位判处罚金，并对其直接负责的主管人员和其他直接责任人员，依照各该款的规定处罚。

利用、教唆未成年人走私、贩卖、运输、制造毒品，或者向未成年人出售毒品的，从重处罚。

对多次走私、贩卖、运输、制造毒品，未经处理的，毒品数量累计计算。

第 348 条 【非法持有毒品罪】非法持有鸦片一千克以上、海洛因或者甲基苯丙胺五十克以上或者其他毒品数量大的，处七年以上有期徒刑或者无期徒刑，并处罚金；非法持有鸦片二百克以上不满一千克、海洛因或者甲基苯丙胺十克以上不满五十克或者其他毒品数量较大的，处三年以下有期徒刑、拘役或者管制，并处罚金；情节严重的，处三年以上七年以下有期徒刑，并处罚金。

2. 其他规定

最高人民检察院、公安部《关于公安机关管辖的刑事案件立案追诉标准的规定（三）》（公通字〔2012〕26 号）

第 1 条第 4 款　有证据证明行为人以牟利为目的，为他人代购仅用于吸食、注射的毒品，对代购者以贩卖毒品罪立案追诉。不以牟利为目的，为他人代购仅用于吸食、注射的毒品，毒品数量达到本规定第二条规定的数量标准的，对托购者和代购者以非法持有毒品罪立案追诉。明知他人实施毒品犯罪而为其居间介绍、代购代卖的，无论是否牟利，都应以相关毒品犯罪的共犯立案追诉。

3. 往届纪要（已失效）

（1）2000 年《南宁会议纪要》

有证据证明行为人不是以营利为目的，为他人代买仅用于吸食的毒品，毒品数量超过刑法第三百四十八条规定数量最低标准，构成犯罪的，托购者、代购者均构成非法持有毒品罪。

（2）2008 年《大连会议纪要》

有证据证明行为人不以牟利为目的，为他人代购仅用于吸食的毒品，毒品数量超过刑法第三百四十八条规定的最低数量标准的，对托购者、代购者应以非法持有毒品罪定罪。代购者从中牟利，变相加价贩卖毒品的，对代购者应以贩卖毒品罪定罪。明知他人实施毒品犯罪而为其居间介绍、代购代卖的，无论是否牟利，都应以相关毒品犯罪的共犯论处。

（3）2015 年《武汉会议纪要》

行为人为吸毒者代购毒品，在运输过程中被查获，没有证据证明托购者、代购者是为了实施贩卖毒品等其他犯罪，毒品数量达到较大以上的，对托购者、代购者以运输毒品罪的共犯论处。行为人为他人代购仅用于吸食的毒品，在交通、食宿等必要开销之外收取“介绍费”、“劳务费”，或者以贩卖为目的收取部分毒品作为酬劳的，应视为从中牟利，属于变相加价贩卖毒品，以贩卖毒品罪定罪处罚。

第八节　涉麻精药品行为的定性

—— 要点提示 ——

（1）毒品和麻精药品的关系；

（2）“出于治疗疾病等相关目的”的具体情形；

（3）走私、贩卖、运输、制造涉无医疗等合法用途的麻精药品行为的定性问题；

（4）非法贩卖、走私受国家管制的具有医疗等合法用途的麻精药品的行为的定性问题；

（5）出于非法目的向他人提供麻精药品行为的定性问题；

（6）“出于治疗疾病等相关目的”的证明责任问题。

纪要原文

（三）关于涉麻醉药品、精神药品行为

走私、贩卖、运输、制造国家规定管制的、没有医疗等合法用途的麻醉药品、精神药品的，一般以走私、贩卖、运输、制造毒品罪定罪处罚。

确有证据证明出于治疗疾病等相关目的，违反药品管理法规，未取得药品相关批准证明文件，生产国家规定管制的麻醉药品、精神药品，进口在境外也未合法上市的国家规定管制的麻醉药品、精神药品，或者明知是上述未经批准生产、进口的国家规定管制的麻醉药品、精神药品而予以销售，构成妨害药品管理罪的，依法定罪处罚。

明知是走私、贩卖毒品的犯罪分子或者吸毒人员，而向其贩卖国家规定管制的、具有医疗等合法用途的麻醉药品、精神药品的，以贩卖毒品罪定罪处罚。依法从事生产、运输、管理、使用国家规定管制的麻醉药品、精神药品的人员，实施刑法第三百五十五条规定的行为的，区分不同情形，分别以非法提供麻醉药品、精神药品罪或者贩卖毒品罪定罪处罚。

确有证据证明出于治疗疾病等相关目的，违反有关药品管理的国家规定，未经许可经营国家规定管制的、具有医疗等合法用途的麻醉药品、精神药品的，不以毒品犯罪论处；情节严重，构成其他犯罪的，依法处理。实施带有自救、互助性质的上述行为，一般可不作为犯罪处理；确需追究刑事责任的，应依法充分体现从宽。

因治疗疾病需要，在自用、合理数量范围内携带、寄递国家规定管制的、具有医疗等合法用途的麻醉药品、精神药品进出境的，不构成犯罪。

明知他人利用麻醉药品、精神药品实施抢劫、强奸等犯罪仍向其贩卖，同时构成贩卖毒品罪和抢劫罪、强奸罪等犯罪的，依照处罚较重的规定定罪处罚。案件存在其他情形，符合数罪并罚条件的，依法定罪处罚。

要点评注

1　什么是法律意义上的毒品？毒品与受管制的麻精药品的关系为何？

《昆明会议纪要》结合相关药品法规，新增关于涉麻醉药品、精神药品认定的具体规定，以“有无医疗等合法用途”为核心，明确了涉麻精药品行为的罪与非罪、此罪与彼罪等问题，进一步点明了麻精药品的“药毒双性”。但其未明确毒品与麻精药品的关系及界分标准，实践中对该问题存在较大的争议。例如，有观点认为应以“是否通过合法渠道流通”作为二者的界分标准，[①]合法流通时为药品，而非法流通时为毒品；有观点以“是否被正常使用”为界分，认为只要被患者正常使用发挥疗效作用即属于药品，脱离管制被吸毒人员滥用的属于毒品；也有观点认为应以“有无违法目的性”作为二者界分标准，认为麻精药品被用于合法目的则不属于毒品，如被用于非法目的则属于毒品。[②]

上述争议的核心在于如何理解法律意义上的毒品。我国《禁毒法》第 2 条和《刑法》第 357 条对法律意义上的“毒品”作了界定，即指鸦片、海洛因、甲基苯丙胺（冰毒）、吗啡、大麻、可卡因以及国家规定管制的其他能够使人形成瘾癖的麻醉药品和精神药品。基于这个立法定义，结合《禁毒法》和《刑法》的其他规定，法律意义上的“毒品”的基本特征，通常包括如下三个：一是非法性。根据以上立法规定，具体表现为如下三个方面：（1）被纳入了依法管制。法律意义上的毒品，必须是立法列举或国务院等规定的非法的物质。未经立法列举或者未经国务院等予以管制，不能认定为毒品。（2）在法律意义上属于麻精药品。无论是立法列举的鸦片、海洛因、甲基苯丙胺、吗啡、大麻、可卡因，还是立法未列举、由国务院等予以管制的其他毒品，它们在法律属性上都属于“麻醉药品和精神药品”，包括可用于临床使用与不可用于临床使用的药品。不

① 参见郝静、姚道艳：《如何认定“是药还是毒”？》，载《中国禁毒报》2023 年 3 月 16 日，第 6 版。

② 参见周健、肖先华：《非法贩运麻醉药品、精神药品行为的司法认定》，载《中国检察官》2022 年第 20 期。

属于“麻醉药品和精神药品”的物质，不能被认定为毒品。（3）在使用目的上具有非正当性。根据《禁毒法》第2条的规定，用于“医疗、教学、科研”等正当用途的麻精药品，不能认定为毒品。基于此，毒品在法律意义上是“药物滥用”。二是成瘾性。这是“毒品”的内在属性所在。因此，并非所有的“麻醉药品和精神药品”都可以被认定为“毒品”，只有那些能够让人形成瘾癖的麻醉药品和精神药品，才能被认定为法律意义上的“毒品”。毒品的成瘾性，主要表现为吸食毒品所具有的生理依赖性和心理依赖性，以及给吸食者带来的对毒品的耐受性。三是危害性。这既包括吸食者本人因吸食毒品成瘾而对自己身体、精神和经济造成极大伤害或损害，也包括吸食者因吸食毒品而给家庭、社会造成经济负担与引发诸多次生犯罪。

综上，从毒品法律属性的三个特征来看，毒品在属性上实际上就是麻精药品，只是被赋予特定条件（依法被管制、使用目的的非正当性等）的麻精药品。因此，在涉麻精药品行为的定性中，只要是出于正当目的（医疗目的、科研目的、教学目的等）使用管制麻精药品，无论是通过合法渠道获得还是非法渠道获得，其法律属性均为“国家专营、专卖或限制买卖类药品”而非毒品，不宜按照毒品犯罪定罪处罚。对此，《昆明会议纪要》遵循毒品与麻精药品关系的内在机理，在罪名认定的过程中以“麻精药品的用途”（药品本身是否具有医疗等合法使用的用途）与“行为目的”（行为人是否出于医疗等合法使用的目的使用）两个维度对涉麻精药品行为的定性作出了区分。

2 对于涉无医疗等合法用途的麻精药品行为，该如何定性？

《昆明会议纪要》在《武汉会议纪要》的基础上，从“麻精药品的用途”（药品本身是否具有医疗等合法使用的用途）与“行为目的”（行为人是否出于医疗等合法使用的目的使用）两个维度对涉麻精药品的行为定性作出了区分。《昆明会议纪要》首先依据麻精药品的来源、用途对其类型进行了划分，区分了无医疗等合法用途与有医疗等合法用途的麻精药品这两类情形。明确在受管制的麻精药品中，只有取得相关药品批准证明文件的，以医疗、科研或教学为目的的药品及在境外合法上市的药品才属于具有医疗等合法用途的麻精药品。对于涉无医疗等合法用途的麻精药品行为的定性又存在以下两种情形：

一是实质上无医疗等合法用途的麻精药品。基于前文所述，麻精药品作为毒品的属概念，依据其用途可分为药用类麻精药品与非药用类麻醉药品和精神药品，前者是指可用于临床医疗使用的麻精药品，而后者则属于未作为药品生产和使用但具有成瘾性或者成瘾潜力且易被滥用的麻精药品，其实际上不具有被大众广泛接受的药用价值与功能，例如海洛因、甲基苯丙胺等。对此，《昆明会议纪要》明确规定对于走私、贩卖、运输、制造此类在实质上不能用于药品生产和使用的受管制的麻精药品，一般以走私、贩卖、运输、制造毒品罪定罪处罚。但其也仅是“一般”而非“应当”以毒品罪定罪，还需进一步考量行为人使用的“行为目的”，即是否出于医疗等目的生产、制造、贩卖，若出于非医疗等合法目的使用则直接构成毒品犯罪。

二是形式上不属于医疗等合法用途的麻精药品。此类麻精药品，是指实质上本身可能具有一定的医疗或药用等价值，但其属于违反药品管理法规，未经批准生产研制的国家规定管制的麻精药品或非法进口的在境外未合法上市的国家管制的麻精药品。对生产、进口、销售此类形式上不属于具有合法用途的麻精药品的行为，考量重心在于行为人是否“出于治疗疾病等相关目的”，若确有证据能够证明行为人出于治疗疾病等相关目的，则应结合行为社会危害性的大小，依据主客观相统一原则，构成犯罪的按照相关药品犯罪定罪处罚，若尚不构成犯罪，则应给予相关行政处罚。

3 向走私、贩卖毒品的犯罪分子或吸毒人员贩卖受管制的具有医疗等合法用途的麻精药品，该如何定性？

对于向走私、贩卖毒品的犯罪分子或者吸毒人员贩卖受国家管制的具有医疗等合法用途的麻精药品行为的定性，《昆明会议纪要》在《武汉会议纪要》的基础上作出了两点修改：一是列明了需明知贩卖对象身份的要件要求。《昆明会议纪要》在《武汉会议纪要》的基础上，增加了“明知是走私、贩卖毒品的犯罪分子或者吸毒人员”的要件，将原来的隐含条件予以列明。二是区分了一般主体与特殊主体，加强了《刑法》第347条与第355条之间的衔接。对于此类行为的认定需注意以下两点：

第一，判断行为人是否明知购买对象是走私、贩卖毒品的犯罪分子或吸毒人员。是否明知贩卖对象身份是判断行为人“行为目的”的关键，是决定行为人是否构成毒品犯罪的重要条件。对此，如何判断行为人是否明知，实践中存在“以行为论”“以结果论”等不同标准。前者以是否具有“审查购买方背景资料、购买目的”的客观行为为认定标准；后者以药品是否最终流向毒品市场的客观结果作为定性标准。实际上，对于如何认定行为人是否明知，应以行为人是否有对购买对象及其目的为主，结合行为时行为人的认识能力、交易模式、交易对象、购买次数、送货方式等其他客观证据，进行综合认定。一方面，不能唯审查论，对于在网络上向不特定多数人贩卖以及在交易数量频次明显异常、购买剂量远超正常剂量等严重背离生活经验常理的情况下仍然进行交易的，即使行为人进行了形式上的审查，也存在希望或放任毒品流通的主观心态，一般认为行为人属于“明知”。另一方面，也不能唯结果论，不能认为只要存在贩卖的麻精药品为吸毒者所滥用的客观结果，行为人就构成毒品犯罪，应结合上述客观证据综合判断行为时行为人的认识能力。若依据现有证据能够证明行为人明知购买对象属于涉毒犯罪分子或吸毒人员，则行为人构成毒品犯罪；若不能证明行为人明知，则不能以毒品犯罪认定。

案例 1，马某某走私、贩卖毒品案：2021 年某日，马某某以名为 A 的 QQ 账号，与 B 等多名 QQ 用户商议出售三唑仑、咪达唑仑等精神药品，马某某尚未卖出即于同年 7 月 15 日被民警抓获。

本案裁判要旨：行为人未核实购买人购买麻醉药品、精神药品具体用途，但知道其不是用于合法用途，为非法获利，基于放任的故意，向用于非法用途的人贩卖的，应当认定为贩卖毒品罪。对于“非法用途”，可以从行为人买卖麻醉药品、精神药品是否用于医疗等合法目的予以认定。判断行为人对涉案毒品性质是否明知，除审查其供述外，还应结合其认知能力、学历、从业背景、是否曾有同类药物服用史、是否使用虚假身份交易等证据进行综合认定。①

① 最高人民检察院第三十七批指导性案例之二（检例第 151 号）。

第二，注意区分一般主体和特殊主体，对其进行分别认定。实践中，由于涉麻精药品犯罪的犯罪主体多为医疗从业人员，对此《昆明会议纪要》加强了《刑法》第 347 条与第 355 条之间的衔接。在具体认定过程中，要区分行为人是否属于依法从事生产、运输、管理、使用国家管制的麻醉药品、精神药品的人员，如是否为有处方权的医生、药剂师、护士、药品经营人员等医疗从业人员。若行为人为上述特殊人员，且向走私、贩卖毒品的犯罪分子提供麻精药品，或者以牟利为目的向吸食、注射毒品的人提供受管制的麻精药品，则应以贩卖毒品罪定罪处罚；若行为人不以牟利为目的向吸毒人员提供麻精药品，则以非法提供麻醉药品、精神药品罪定罪处罚。

案例 2，张某诈骗、周某等人非法提供麻醉药品、精神药品案：2017 年至 2020 年，被告人张某利用其北京市某医院泌尿外科主任医师的身份，自行或者指使他人多次私自将国家规定管制的麻醉药品盐酸哌替啶（杜冷丁）及第二类精神药品地佐辛开具在住院患者名下，然后将上述药品拿走自用以满足毒瘾。其中，其开具的 3836 支地佐辛药费 483336 元，经由住院患者杨某某等人的账户支付结算。被告人周某受张某指使，利用其北京市某医院泌尿外科医生的身份，多次通过开具医嘱、补写药方等方式向张某提供盐酸哌替啶和地佐辛；被告人赫某某、康某受张某指使，在该医院多次通过开具、处理医嘱等方式，将盐酸哌替啶、地佐辛提供给张某使用。

本案裁判要旨：对于医务人员违反国家规定，向吸毒人员提供国家规定管制的麻醉药品、精神药品的，依法应当以非法提供麻醉药品、精神药品罪追究刑事责任。[①]

4 未经许可经营受国家管制的具有医疗等合法用途的麻精药品的行为，该如何定性？

《昆明会议纪要》对于未经许可经营受国家管制的具有医疗等合法用途的麻精药品行为的定性问题，在《武汉会议纪要》的基础上作出了三点修改。第一，同前文所述，将不构成毒品犯罪的前提由“出于医疗目的”修改为“出于治疗疾病等相关目的”；第二，对于此类行为的定性删去了“以非法经营罪定罪处罚”的原则性规定；第三，加强了对“带有自救、互助性质”的此类行为的从宽处罚空间。依据《昆明会议纪要》，在此类行为的定性上应该把握以下三点：

第一，依据是否“出于治疗疾病等相关目的”判断是否构成毒品犯罪。如前文所述，对于具有医疗等合法用途的麻精药品，当行为人出于治疗治病等合法目的使用时，其属于“药品”而非“毒品”，其虽违反相关药品管理法规，但出于治疗疾病目的贩卖与毒品犯罪的社会危害性显然存在本质的区别，因此不能以毒品犯罪定罪处罚。在此基础上，应结合上述提到的行为人是否对购买对象及其目的进行审查，以及行为时行为人的认识能力、交易模式、交易对象、购买次数、送货方式等其他客观证据，综合认定行为人是否“出于治疗疾病等相关目的”。

第二，不构成毒品犯罪的，依据案件具体情况进行定性。不构成毒品犯罪时，对于未经许可经营受国家管制的具有医疗等合法用途

① 最高人民检察院 2023 年惩治麻醉药品、精神药品失管涉毒犯罪典型案例。

途的麻精药品行为的定性,《昆明会议纪要》删去了《武汉会议纪要》中“扰乱市场秩序，情节严重的，以非法经营罪定罪处罚”的原则性规定，改为“情节严重，构成其他犯罪的，依法处理”。如此规定，既对接了《刑法修正案（十一）》新增的妨害药品管理罪，也回应了司法实践中的此类行为的复杂性，要求司法机关结合案件的具体情况，结合可能涉及的相关罪名（妨害药品管理罪、非法经营罪、走私犯罪等），从罪刑法定、罪刑相适应的角度出发，对行为是否构成犯罪、构成何罪进行综合认定。

第三，加大对于带有“自救、互助性质”的上述行为的从宽幅度。《昆明会议纪要》新增“实施带有自救、互助性质的上述行为，一般可不作为犯罪处理；确须追究刑事责任的，应依法充分体现从宽”的规定，对接了《关于办理危害药品安全刑事案件适用法律若干问题的解释》第 18 条的规定，[①] 是对保障严防毒品流通和医疗药品合理使用之间的平衡要求的回应。因此，针对出于自救、互助性质的生产、进口、销售受管制麻精药品的行为，应全面考量行为性质与案件的实际情况，充分适用《刑法》第 13 条及第 37 条的规定，对于有刑事违法性，但“情节显著轻微”或“情节轻微不需要判处刑罚”的，予以积极出罪或免予刑罚处罚，以此实现法律打击的精准度和温度，实现毒品案件处理法律、政治、社会效果的有机统一。

案例 3，胡某某走私、贩卖毒品案：胡某某家中有患有

---

①《关于办理危害药品安全刑事案件适用法律若干问题的解释》第 18 条第 1 款规定：“根据民间传统配方私自加工药品或者销售上述药品，数量不大，且未造成他人伤害后果或者延误诊治的，或者不以营利为目的实施带有自救、互助性质的生产、进口、销售药品的行为，不应当认定为犯罪。”

癫痫疾病的未成年人子女，其在为女儿购买药品的过程中联系到境外贩卖氯巴占的人员。后胡某某为牟取利益，非法从事氯巴占、喜保宁代购，即低价从境外购买，加价后通过微信群向患有癫痫病人的家属贩卖。2021 年 7 月 4 日，公安民警查获胡某某走私的氯巴占 105,000 毫克。检察院指控胡某某构成走私、贩卖毒品罪，并提出 1 年至 1 年 4 个月的量刑建议。对此，法院结合案件具体情况，判决认定胡某某不构成走私、贩卖毒品罪，构成非法经营罪，但考虑到情节和社会危害，判处免予刑事处罚。①

在《昆明会议纪要》发布后，对于此类出于自救、互助性质的生产、进口、销售受管制麻精药品行为，应该加大从宽处罚的空间，除确需追究刑事责任的以外，一般不作为犯罪处理。

5　携带、寄递有医疗等合法用途的麻精药品进出境的行为，一律构成毒品犯罪吗？

《昆明会议纪要》新增“因治疗疾病需要，在自用、合理数量范围内携带、寄递国家规定管制的、具有医疗等合法用途的麻醉药品、精神药品进出境的，不构成犯罪”的规定，从目的、范围、数量等方面规定了携带麻精药品进出境可不作为犯罪处理的特殊情形，既对接了《关于办理危害药品安全刑事案件适用法律若干问题的解释》第 18 条的规定，也进一步实现了保障严防毒品输入和医疗药品合理使用之间的平衡。

① 参见朱轩：《癫痫患儿家属代购氯巴占被诉贩毒案一审宣判：“铁马冰河”免予刑事处罚》，载澎湃网 2023 年 3 月 31 日，https://www.thepaper.cn/newsDetail_forward_22523663。

具体而言，携带、寄递有医疗等合法用途的麻精药品进出境在符合以下条件的情况下不构成犯罪：第一，必须是“因治疗疾病需要”，不包括其他合法目的。第二，必须是出于自用的情形，即不包括出于牟利目的为他人代购、非法贩卖等情形，但从该规定的设立目的出发，应当对“自用”进行扩张解释，不仅限于行为人自己使用，为患病近亲属等携带、寄递有医疗等合法用途的麻精药品进出境的行为，也应视为“自用”。第三，必须在合理数量范围内，由于不同疾病不同情形行为人合理用药量不同，对于合理数量范围的判断要结合行为人的健康状况、既往病史、患病的时间长短、用药急迫性、诊疗记录、用药史、进出境记录等客观事实进行综合考量，必要时可以采取医疗专家诊断的方式进行辅助认定。

> 案例 4，温某携止咳水入境案：2018 年 12 月 12 日，中国香港居民温某驾车从沙头角口岸入境，海关关员从其车内查获含可待因成分的止咳水两瓶。对此，缉私部门在受案初查中发现温某当天驾车系送身患癌症的妻子去中国香港的医院复诊，止咳水系途中从药店买来用以缓解术后症状的。同时，温某提供了医院的到诊证明书、就诊病历。缉私部门广泛考量各项因素，综合评估社会危害性，认为温某携带止咳水入境系医疗用途，对其不予刑事立案。[①]

除此之外，若行为人出于吸食或其他非法目的携带、寄递麻精药品，则以走私毒品罪定罪处罚；若行为人出于治疗疾病等目的携带、寄递麻精药品，但同时存在以牟利为目的为他人代购等非自用

---

① 参见戴冰、朱子煜:《携带止咳水入境，一律判走私毒品罪吗？》，载《中国海关》2021 年第 7 期。

情形的，或明显超过合理数量，则依据相关药品管理法规及进出口管理法规予以行政处罚，构成相关药品犯罪的，依法处理。

6 出于非法目的向他人提供麻精药品行为，该如何定性？

《昆明会议纪要》新增“明知他人利用麻醉药品、精神药品实施抢劫、强奸等犯罪仍向其贩卖，同时构成贩卖毒品罪和抢劫罪、强奸罪等犯罪的，依照处罚较重的规定定罪处罚。案件存在其他情形，符合数罪并罚条件的，依法定罪处罚”的规定，明确了实践中出于非法目的向他人贩卖麻精药品行为的定性。具体而言，可以分为以下三种情况：

第一，仅构成一罪，以贩卖毒品罪论处。此类情形是指行为人仅是出于贩卖麻精药品的故意，对购买者购买后用于非法目的具有概况的认识，但对其具体用途及违法犯罪行为的类型、内容并不明确知悉，在主观心态上呈放任态度。例如，实践中，部分行为人通过网络平台向不特定主体出售麻精药品，并冠之以“听话水”“失忆水”“乖乖水”等称谓或在商品页面上暗示、明示服用后会有失忆、昏睡等功效，行为人仅概括知道他人可能用其实施违法犯罪，但就具体实施何种行为、实施与否并不关注。对此，从罪刑法定原则角度出发，在行为人与购买者在实施其他犯罪上并无意思联络的前提下，不能以其他犯罪的共同犯罪论处，此时行为人应仅以贩卖毒品罪定罪处罚。

第二，构成数罪，择一重罪论处。此类情形是指行为人明确知道他人具有实施抢劫、强奸的故意，仍然向其出售麻精药品作为实施相关犯罪的犯罪工具。此时，行为人既构成贩卖毒品罪，又构成购买者实施的相关犯罪的共犯。基于行为人仅实施一个行为，同时构成多个罪名，属于想象竞合，应择一重罪论处。需要注意的是，若行为人仅是出于抢劫、强奸的故意为共同犯罪人提供犯罪工具，并无贩卖目的，只宜认定为抢劫、强奸罪的共犯，不宜以毒品犯罪论处。

> 案例5，孙某贩卖毒品、强奸、传授犯罪方法，巫某某贩卖毒品、对非国家工作人员行贿案：自2019年起，被告人巫某某多次从其医院同事处收购国家规定管制的第二类精神药品力月西（咪达唑仑）、地佐辛等药品。2020年，巫某某在网上认识被告人孙某后，二人明知力月西等系国家管制的精神药品，仍利用境外网络聊天工具进行贩卖。其中，孙某负责在聊天群内发布销售信息，将订单通过微信发给巫某某，巫某某负责发货，孙某收款后将部分违法所得转账给巫某某。2020年8月7日、2021年1月2日，孙某明知庞某购买力月西等精神药品用于迷奸，仍两次通过巫某某向庞某进行贩卖，后庞某使用该药品实施了强奸犯罪。
>
> 对此，检察机关认为巫某某作为专业麻醉科医生，对力月西等药品系国家规定管制的精神药品具有专业认知，其明知被购买的力月西等精神药品并非用于医疗等目的，而向用于非法用途的人员贩卖，依法应当认定为贩卖毒品罪。孙某明知被购买的力月西等精神药品并非用于医疗目的，且在聊天过程中多次讲述如何使用力月西等实施迷奸，后在明知庞某购买力月西用于迷奸的情况下仍向其贩卖，依法应当认定为贩卖毒品罪、传授犯罪方法罪和强奸罪。法院以犯贩卖毒品罪、强奸罪、传授犯罪方法罪，判处孙

某有期徒刑7年3个月，并处罚金5万元。[①]

依据《昆明会议纪要》的规定，上述典型案例中，巫某某属于第一种情形，应以贩卖毒品罪论处；孙某属于第二种情形，依照《昆明会议纪要》的规定，孙某在明知购买者实施其他犯罪的前提下仍然为其提供麻精药品作为犯罪工具，应构成贩卖毒品罪与强奸罪的共犯，对此应择一重罪论处。

第三，构成数罪，按数罪并罚处罚。此类情况是指在行为人除了实施相关贩卖行为，还实施了其他行为，且构成多个犯罪的情况下，应依据案件具体情况，在遵循罪刑法定、罪刑均衡的原则下采取数罪并罚。例如，行为人走私麻精药品入境后，又在明知他人实施抢劫、强奸等犯罪的情况下，向他人提供，符合共同犯罪条件的，则可以以走私毒品罪和抢劫罪（或强奸罪）数罪并罚。

7 “出于治疗疾病等相关目的”的具体情形有哪些？

不同于《武汉会议纪要》中的“出于医疗目的”，《昆明会议纪要》以是否“出于治疗疾病等相关目的”作为区分麻精药品“药”“毒”属性的核心，将“出于医疗目的”修改为“出于治疗疾病”并增加了“等相关目的”。在此基础上，要进一步明确何为“出于治疗疾病目的”？“出于治疗疾病目的”与“医疗目的”的区别在哪里，以及“等相关目的”的具体情形有哪些？

首先，对于“出于治疗疾病目的”，司法实践中存在较大争议的是何为“疾病”，以及出于减肥、助兴、提高专注力等非诊疗目

① 最高人民检察院2023年惩治麻醉药品、精神药品失管涉毒犯罪典型案例。

的而走私、购买、使用麻精药品的行为，能否认定为出于“治疗疾病目的”。实践中对此问题存在争议，有观点认为“出于治疗疾病目的”仅限于经科学论证合理的诊治目的，出于缓解失眠、疼痛等相关病症在一定范围内可以认定为“出于治疗目的”。[①] 也有观点认为，医疗目的的认定采取较为保守的立场，包括教学、实验研究等，而对于“减肥”“抗抑郁”“治失眠”的目的，不应当认定为医疗目的。[②] 还有观点认为从从严打击毒品犯罪的总要求及当前滥用毒品替代物质现象的多发性、隐蔽性及严重危害性等考量出发，应对“治疗疾病”的内涵范围进行限缩解释：一方面，对于专业医师和护理人员等主体的医疗使用而言，依据专业的诊断医疗认定是否出于“治疗疾病”的目的。另一方面，对于行为人自我给药的情形，应以“治疗疾病的目的”为限，不能将保健、保养、美容、预防等目的纳入，而对于疾病范围，一般不包括不符合现代医学有关疾病的临床或亚临床诊断标准的亚健康状态的治疗。但这并不意味着一切为缓解亚健康状态而使用麻精药品的行为均构成毒品犯罪，需结合具体案件及其情节予以综合认定，对于具有刑事违法性但社会危害性不大的，可以依据《刑法》第 13 条“但书”予以出罪。[③]

其次，“等相关目的”主要包括《禁毒法》第 2 条规定的“医疗、教学、科研”等非毒品滥用的合法目的，如药物临床实验、药品研

① 参见周健、肖先华：《非法贩运麻醉药品、精神药品行为的司法认定》，载《中国检察官》2022 年第 20 期。

② 参见林俊杰：《严格区分“医疗目的”和“非法用途”》，载《检察日报》2022 年 10 月 11 日，第 7 版。

③ 参见石经海、邱胜帆：《走私毒品罪的扩张适用与理性回归》，载《重庆大学学报（社会科学版）》2024 年第 3 期。

究实验、禁毒宣传展列、禽畜医疗等。

8 是否“出于治疗疾病等相关目的”由谁证明？

基于前述，“出于治疗疾病等相关目的”是认定行为构成毒品犯罪的关键和核心。在缺乏直接证据时，是否“出于治疗疾病等相关目的”由谁证明（既无法证明是出于治疗疾病目的也无法排除出于治疗疾病目的时，由谁承担不利的后果），证明标准为何（必须达到排除合理怀疑，还是具有高度可能性）等问题，司法实践中做法不一。例如，在证明责任上，有案件将其视为辩护事由，认为行为人无证据证明其具有治疗疾病的目的，即推定成立毒品犯罪；在证明标准上，实践中有案件以“无明确医疗目的”为由认定构成毒品犯罪，也有案件以“不排除出于医疗目的”为由认定不构成毒品犯罪。

对此问题，要回归“出于治疗疾病等相关目的”的法律地位，即其并非仅是影响量刑轻重的量刑情节，还决定着犯罪对象的药、毒属性，进而影响行为所侵犯的犯罪对象，是犯罪构成要素之一，属于影响行为罪与非罪、此罪与彼罪的定罪情节。由于检察机关负有证明罪与非罪、罪轻与罪重的举证责任，因此在无直接证据的情况下，检察机关需依据相关证据证明行为人并非“出于治疗疾病等相关目的”，且必须要达到“排除合理怀疑”的程度。行为人提出辩驳的，必须出具相反证据，若无法提出相关证据或证据不充分的，则行为人主张不成立；若检察机关无法排除有出于治疗疾病目的的可能，应根据存疑有利于被告人的原则，不能以毒品犯罪认定。

案例拓展

1 指导性案例

（1）王某贩卖、制造毒品案——最高人民检察院第三十七批指导性案例之一（检例第150号）

要旨：行为人利用未列入国家管制的化学品为原料，生产、销售含有国家管制的麻醉药品、精神药品成分的食品，明知该成分毒品属性的，应当认定为贩卖、制造毒品罪。

（2）马某某走私、贩卖毒品案——最高人民检察院第三十七批指导性案例之二（检例第151号）

要旨：行为人明知系国家管制的麻醉药品、精神药品，出于非法用途走私、贩卖的，应当以走私、贩卖毒品罪追究刑事责任。行为人出于非法用途，以贩卖为目的非法购买国家管制的麻醉药品、精神药品的，应当认定为贩卖毒品罪既遂。

2 典型案例

韩某某走私、贩卖、运输毒品、强奸、传授犯罪方法，张某某走私毒品、强奸案（采用非接触式手段走私、贩运精神药品，情节严重；利用精神药品迷奸他人，依法数罪并罚）——最高人民法院2023年依法严惩毒品犯罪和涉毒次生犯罪典型案例；

马某某等贩卖毒品案（伪造资质骗购大量麻醉药品出售给贩毒人员，依法惩处）——最高人民法院2023年依法严惩毒品犯罪和涉毒次生犯罪典型案例；

夏某某贩卖毒品案（医务人员多次向吸贩毒人员贩卖精神药品牟利，情节严重）——最高人民法院 2023 年依法严惩毒品犯罪和涉毒次生犯罪典型案例；

纪某某贩卖毒品案（违规购买精神药品出售给吸毒人员，依法严惩）——最高人民法院 2023 年依法严惩毒品犯罪和涉毒次生犯罪典型案例；

张某某等贩卖毒品案（诊所医务人员向吸毒人员出售精神药品）——最高人民法院 2021 年十大毒品（涉毒）犯罪典型案例；

袁某贩卖、制造毒品、洗钱案——最高人民检察院 2023 年“依法严惩毒品犯罪　强化禁毒综合治理”十大典型案例；

孙某贩卖毒品、强奸、传授犯罪方法，巫某某贩卖毒品、对非国家工作人员行贿案——最高人民检察院 2023 年惩治麻醉药品、精神药品失管涉毒犯罪典型案例；

张某诈骗、周某等人非法提供麻醉药品、精神药品案——最高人民检察院 2023 年惩治麻醉药品、精神药品失管涉毒犯罪典型案例；

方某等人贩卖毒品案——最高人民检察院 2023 年惩治麻醉药品、精神药品失管涉毒犯罪典型案例；

李某某等人贩卖毒品案——最高人民检察院 2023 年惩治麻醉药品、精神药品失管涉毒犯罪典型案例；

肖某某等人贩卖毒品案——最高人民检察院 2023 年惩治麻醉药品、精神药品失管涉毒犯罪典型案例；

王某某贩卖、制造毒品案——最高人民检察院 2021 年依法惩治新型毒品犯罪典型案例；

彭某某等人贩卖毒品案——最高人民检察院 2021 年依法惩治新

型毒品犯罪典型案例；

吕某某等人贩卖毒品案——最高人民检察院 2021 年依法惩治新型毒品犯罪典型案例。

要旨：近年来，最高人民法院、最高人民检察院发布多个惩治麻醉药品、精神药品失管涉毒犯罪典型案例，突出强调依法严厉打击涉麻醉药品、精神药品犯罪，严厉打击诊所医务人员非法贩卖精神药品犯罪，强化麻精药品源头管控，加强相关机构和人员管理，严防医疗用麻精药品流入涉毒渠道。

3 《刑事审判参考》案例

（1）吴某某、黄某某等非法经营案——非法生产、经营国家管制的第二类精神药品盐酸曲马多，应如何定性（《刑事审判参考》第 1057 号案例）

裁判规则提炼：对非法生产、销售国家管制的麻醉药品、精神药品的行为以制造、贩卖毒品罪定罪，必须同时符合以下条件：①被告人明知所制造、贩卖的是麻醉药品、精神药品，并且制造、贩卖的目的是将其作为毒品的替代品，而不是作为治疗所用的药品。②麻醉药品、精神药品的去向明确，即毒品市场或者吸食毒品群体。③获得了远远超出正常药品经营所能获得的利润。

（2）某药业有限公司等四单位及孙某某等人贩卖、运输、制造、转移毒品案——不明知他人购买咖啡因是用于贩卖给吸毒人员的情况下，违规大量出售咖啡因的行为不构成贩卖毒品罪，应认定为非法经营罪（《刑事审判参考》第 528 号案例）

裁判规则提炼：行为人在不明知他人购买咖啡因是用于贩卖给

吸毒人员的情况下，违反国家对精神药品及咖啡因生产经营的管理规定，非法大量出售咖啡因的行为不构成贩卖毒品罪，而应认定其构成非法经营罪。

相关规范

1.《刑法》规定

第 142 条之一 【妨害药品管理罪】违反药品管理法规，有下列情形之一，足以严重危害人体健康的，处三年以下有期徒刑或者拘役，并处或者单处罚金；对人体健康造成严重危害或者有其他严重情节的，处三年以上七年以下有期徒刑，并处罚金：

（一）生产、销售国务院药品监督管理部门禁止使用的药品的；

（二）未取得药品相关批准证明文件生产、进口药品或者明知是上述药品而销售的；

（三）药品申请注册中提供虚假的证明、数据、资料、样品或者采取其他欺骗手段的；

（四）编造生产、检验记录的。

有前款行为，同时又构成本法第一百四十一条、第一百四十二条规定之罪或者其他犯罪的，依照处罚较重的规定定罪处罚。

第 347 条 【走私、贩卖、运输、制造毒品罪】走私、贩卖、运输、制造毒品，无论数量多少，都应当追究刑事责任，予以刑事处罚。

走私、贩卖、运输、制造毒品，有下列情形之一的，处十五年有期徒刑、无期徒刑或者死刑，并处没收财产：

（一）走私、贩卖、运输、制造鸦片一千克以上、海洛因或者甲基苯丙胺五十克以上或者其他毒品数量大的；

（二）走私、贩卖、运输、制造毒品集团的首要分子；

（三）武装掩护走私、贩卖、运输、制造毒品的；

（四）以暴力抗拒检查、拘留、逮捕，情节严重的；

（五）参与有组织的国际贩毒活动的。

走私、贩卖、运输、制造鸦片二百克以上不满一千克、海洛因或者甲基苯丙胺十克以上不满五十克或者其他毒品数量较大的，处七年以上有期徒刑，并处罚金。

走私、贩卖、运输、制造鸦片不满二百克、海洛因或者甲基苯丙胺不满十克或者其他少量毒品的，处三年以下有期徒刑、拘役或者管制，并处罚金；情节严重的，处三年以上七年以下有期徒刑，并处罚金。

单位犯第二款、第三款、第四款罪的，对单位判处罚金，并对其直接负责的主管人员和其他直接责任人员，依照各该款的规定处罚。

利用、教唆未成年人走私、贩卖、运输、制造毒品，或者向未成年人出售毒品的，从重处罚。

对多次走私、贩卖、运输、制造毒品，未经处理的，毒品数量累计计算。

第 355 条 【非法提供麻醉药品、精神药品罪】依法从事生产、运输、管理、使用国家管制的麻醉药品、精神药品的人员，违反国家规定，向吸食、注射毒品的人提供国家规定管制的能够使人形成瘾癖的麻醉药品、精神药品的，处三年以下有期徒刑或者拘役，并处罚金；情节严重的，处三年以上七年以下有期徒刑，并处罚金。向走私、贩卖毒品的犯罪分子或者以牟利为目的，向吸食、注射毒品的人提供国家规定管制的能够使人形成瘾癖的麻醉药品、精神药品的，依照本法第三百四十七条的规定定罪处罚。

单位犯前款罪的，对单位判处罚金，并对其直接负责的主管人员和其他直接责任人员，依照前款的规定处罚。

2. 其他规定

(1)《禁毒法》

第 2 条　本法所称毒品，是指鸦片、海洛因、甲基苯丙胺（冰毒）、吗啡、大麻、可卡因，以及国家规定管制的其他能够使人形成瘾癖的麻醉药品和精神药品。

根据医疗、教学、科研的需要，依法可以生产、经营、使用、储存、运输麻醉药品和精神药品。

(2) 最高人民检察院、公安部《关于公安机关管辖的刑事案件立案追诉标准的规定（三）》（公通字〔2012〕26 号）

第 1 条第 2 款　本条规定的“走私”是指明知是毒品而非法将其运输、携带、寄递进出国（边）境的行为。直接向走私人非法收购走私进口的毒品，或者在内海、领海、界河、界湖运输、收购、贩卖毒品的，以走私毒品罪立案追诉。

(3) 最高人民法院、最高人民检察院《关于办理危害药品安全刑事案件适用法律若干问题的解释》（高检发释字〔2022〕1 号）

第 18 条第 1 款　根据民间传统配方私自加工药品或者销售上述药品，数量不大，且未造成他人伤害后果或者延误诊治的，或者不以营利为目的实施带有自救、互助性质的生产、进口、销售药品的行为，不应当认定为犯罪。

(4) 国家食品药品监督管理局[①]、公安部、卫生部[②]《麻醉药品品种目录(2023版)》

(5) 国家食品药品监督管理局、公安部、卫生部《精神药品品种目录(2023版)》

(6)《麻醉药品和精神药品管理条例》(国务院令第666号)

(7) 公安部、国家卫生健康委、国家食品药品监督管理局《非药用类麻醉药品和精神药品管制品种增补目录》

3. 往届纪要(已失效)

2015年《武汉会议纪要》

(七)非法贩卖麻醉药品、精神药品行为的定性问题

行为人向走私、贩卖毒品的犯罪分子或者吸食、注射毒品的人员贩卖国家规定管制的能够使人形成瘾癖的麻醉药品或者精神药品的,以贩卖毒品罪定罪处罚。

行为人出于医疗目的,违反有关药品管理的国家规定,非法贩卖上述麻醉药品或者精神药品,扰乱市场秩序,情节严重的,以非法经营罪定罪处罚。

---

① 2013年机构改革,组建国家食品药品监督管理总局,不再保留国家食品药品监督管理局。2018年组建国家市场监督管理总局,不再保留国家食品药品监督管理总局。本书以下不再重复说明。——编者注

② 2013年机构改革,组建国家卫生和计划生育委员会,不再保留卫生部、国家人口和计划生育委员会。2018年机构改革,组建国家卫生健康委员会,不再保留国家卫生和计划生育委员会。本书以下不再重复说明。——编者注

第九节　网络涉毒行为的定性

—— 要点提示 ——

（1）利用信息网络，设立涉毒网站、通讯（信）群组或发布涉毒信息行为的定性；

（2）利用信息网络组织他人吸毒行为的定性；

（3）涉毒网络平台的网络服务提供者的刑事责任。

纪要原文

利用信息网络，设立用于实施贩卖毒品，非法买卖制毒物品，引诱、教唆、欺骗他人吸毒或者传授制造毒品、非法生产制毒物品的方法等违法犯罪活动的网站、通讯群组，或者发布实施上述违法犯罪活动的信息，情节严重的，以非法利用信息网络罪定罪处罚。实施上述行为，同时构成贩卖毒品罪、非法买卖制毒物品罪、引诱、教唆、欺骗他人吸毒罪、传授犯罪方法罪等犯罪的，依照处罚较重的规定定罪处罚。利用信息网络，组织他人吸毒，构成引诱、教唆、欺骗他人吸毒罪等犯罪的，依法定罪处罚。

要点评注

1　利用信息网络，设立涉毒网站、通讯群组或发布涉毒信息行为，该如何定性？

对于利用信息网络，设立涉毒网站、通讯群组或发布涉毒信息行为的定性,《昆明会议纪要》整合了《武汉会议纪要》与《关于审理毒品犯罪案件适用法律若干问题的解释》的相关规定，作出了以下修改：一是修改了网络涉毒行为的定性原则，与《关于审理毒品犯罪案件适用法律若干问题的解释》第 14 条的相关规定相衔接，明确“情节严重的，以非法利用信息网络罪定罪处罚”，并明确了构成数罪的处罚原则；二是将“组织他人吸食、注射毒品”改为“引诱、教唆、欺骗他人吸毒”，与《关于办理非法利用信息网络、帮助信息网络犯罪活动等刑事案件适用法律若干问题的解释》（以下简称《网络犯罪解释》）第 7 条对“违法犯罪”的界定相衔接，将不属于“违法犯罪”范围内的“组织他人吸食、注射毒品”进行修改，进一步加强了立法的严谨性。

基于《昆明会议纪要》的规定，对于利用信息网络，设立涉毒网站、通讯群组或发布涉毒信息的认定，可以分为以下几种情形：

（1）对于利用互联网买卖毒品、买卖制毒物品行为的定性。此类情形主要包括以下几种情况：第一，组建群组、直播间、网站用来贩卖毒品；第二，在他人建立的聊天组群、直播间、网络聊天室向不特定多数人贩卖；第三，在网上购物平台向不特定多数人贩卖；第四，通过聊天软件一对一或一对多进行贩卖。前三种情况可能涉及非法利用信息网络罪、帮助信息网络犯罪活动罪、贩卖毒品罪、非法买卖制毒物品罪等罪名，应结合案件的具体情形及行为人在犯罪中所起的作用准确定性。对于第四种情况，重点考察行为人是针对特定主体还是非特定主体进行销售贩卖。若仅针对特定主体进行贩卖，则其仅构成贩卖毒品罪，利用信息网络仅是通信手段的升级；若行为人利用聊天软件向不特定多数人一对一地发布贩卖毒品信息，达到数量要求的，构成非法利用信息网络罪，同时构成毒品犯罪的，择一重罪论处。

（2）对于利用互联网传授制造毒品、非法生产制毒物品方法的定性。此类情形主要包括以下几种情况：第一，设立用于传播制毒方法的网络平台、通信群组；第二，在通信软件和社交平台中设立用于传播制毒方法的通信群组；第三，利用互联网平台公开发布、转发制毒方法（包括上传关于制毒方法的链接地址、截屏、二维码，或者将包含制毒方法的文件放到网盘等存储空间后发布访问账号、密码）；第四，在他人建立的通信群组、论坛、直播间、网站等中发布、交流、传授制毒方法；第五，利用社交平台或通信软件与他人交流或向他人发送、转发制毒方法。[①]上述情形涉及的相关罪名包括传授犯罪方法罪、非法利用信息网络罪、制造毒品罪、帮助信息网络犯罪活动罪等。在罪名认定过程中，要结合行为人的具体行为、主观目的、在犯罪中所起的作用进行主客观相统一的认定。行为构成非法利用信息网络罪的同时，还构成其他犯罪的，择一重罪论处。

（3）对于利用互联网引诱、教唆、欺骗他人吸毒行为的定性。此类情形主要发生在利用信息网络组织他人吸毒的行为中，即利用互联网网站或者通信群组，组织他人在网络“聊天室”中，利用互联网和音频视频设备，模拟“共处一室”的效果，引诱、教唆、欺骗他人一同吸食、注射毒品的行为。[②]此时，所涉罪名主要包括引诱、

① 参见阴建峰、梁田：《互联网涉毒犯罪司法适用问题探析》，载赵秉志主编：《刑法论丛》2020 年第 1 卷，法律出版社 2020 年版。

② 参见郭思宇、李文君：《网络涉毒现象的司法认定——以〈刑法修正案（九）〉为视角》，载《广西警察学院学报》2017 年第 3 期。

教唆、欺骗他人吸毒罪，非法利用信息网络罪，帮助信息网络犯罪活动罪等，应依据案件的具体情况，结合行为人的客观行为、主观目的进行综合认定。

2 网络涉毒行为中，“情节严重”的具体情形有哪些？

依据《昆明会议纪要》的规定，行为人利用信息网络，设立涉毒网站、通讯群组或发布涉毒信息，情节严重的，以非法利用信息网络罪定罪处罚。对于行为是否达到情节严重，应当结合《网络犯罪解释》第 10 条的规定，展开认定，主要包括以下两种情况：

第一，数量上达到情节严重的，主要包括：（1）设立用于实施涉毒违法犯罪网站，数量达到 3 个以上或者注册账号数累计达到 2000 以上的。（2）设立涉毒违法犯罪通讯群组，数量达到 5 个以上或者群组成员账号数累计达到 1000 以上的。（3）发布有关涉毒违法犯罪信息或者为实施涉毒违法犯罪活动发布信息达到下列数量的：在网站上发布有关信息 100 条以上的，或向 2000 个以上用户账号发送有关信息的，或向群组成员数累计达到 3000 以上的通讯群组发送有关信息的，或利用关注人员账号数累计达到 30000 以上的社交网络传播有关信息的。

第二，其他情节严重的情形，主要包括：（1）假冒国家机关、金融机构名义，设立用于实施涉毒违法犯罪的网站的；（2）违法所得 10000 元以上的；（3）2 年内曾因非法利用信息网络、帮助信息网络犯罪活动、危害计算机信息系统安全受过行政处罚，又非法利用信息网络的；（4）其他情节严重的情形。

在此基础上，需要注意，不能机械地考量《网络犯罪解释》第

10条的数量要求，认为只要数量上达到规定要求即构成犯罪，还需结合《刑法》第13条的规定，全面考量行为人的客观行为、危害结果等影响行为社会危害性及行为人人身危险性的全部情节，综合判断行为是否达到情节严重。

3　利用信息网络组织他人吸毒的，该如何定性？

《昆明会议纪要》对于利用信息网络组织他人吸毒行为的认定，基本沿用了《武汉会议纪要》的相关规定，明确“利用信息网络，组织他人吸毒，构成引诱、教唆、欺骗他人吸毒罪等犯罪的，依法定罪处罚”，并且将构成非法利用信息网络罪的客观情形从组织他人吸食、注射毒品改为“引诱、教唆、欺骗他人吸毒”，坚持了利用信息网络组织他人吸毒的行为不构成容留他人吸毒罪的立场。因此，对于利用信息网络组织他人吸毒行为的认定，应重点考量以下几点：

第一，重点考察行为人是否引发他人产生吸毒意愿。此为认定行为是否构成引诱、教唆、欺骗他人吸毒罪的关键与核心。引诱，是指采用金钱、物质或其他方法，进行勾引、诱惑、拉拢，以使他人产生吸毒欲望的行为；教唆，是指通过授意、劝说、怂恿、请求、示范等方法使那些原来无吸毒欲望的人产生吸毒意念的行为；欺骗，是指编造虚假事实，掩盖毒品真相，以使他人在不知情的状态下吸食、注射毒品的行为。[①] 因此，若行为人在群组、直播间内实施了相应的引诱、教唆、欺骗行为，诱发了无吸毒意愿的人进行吸毒，则构成引诱、教唆、欺骗他人吸毒罪。但若行为人仅组织有意愿吸毒

---

① 参见蒋小燕：《析引诱、教唆、欺骗他人吸毒罪中的几个疑难问题》，载《国家检察官学院学报》2003年第2期。

的人进行吸毒，则其本质上属于个人对毒品的滥用，此时不宜认定为引诱、教唆、欺骗他人吸毒罪，否则会存在变相处罚吸毒行为之嫌。[①]

第二，重点考察行为人在犯罪行为中所起的具体作用。在罪名认定过程中，要结合行为人在犯罪中所起的具体作用及实施的具体行为进行综合认定。若行为人并非涉案网络平台、群组的实际管理及控制者，仅设立平台或提供相应的技术支持，则需结合行为人的主观明知的内容及程度认定其是否构成犯罪、构成何罪。若行为人为涉案网络平台、群组实际管理及控制者，并利用网络平台实施了引诱、教唆、欺骗他人吸毒的行为，达到非法利用信息网络罪所要求的“情节严重”的，则构成非法利用信息网络罪，同时构成引诱、教唆、欺骗他人吸毒罪，依照处罚较重的规定定罪处罚。

4 涉毒网络平台的网络服务提供者，是否需要承担刑事责任？

《昆明会议纪要》并未对涉毒网络平台的网络服务提供者的刑事责任问题进行专门规定。当网络平台被动地成为实施涉毒行为或发布涉毒信息的载体时，对于涉毒网络平台的网络服务提供者的刑事责任认定问题，需依据《刑法》及《网络犯罪解释》等相关规定，结合涉案网络平台的连接对象与主要功能、网络服务提供者的主观明知等情节进行综合认定。

第一，涉案平台属于专用于为实施贩卖毒品、非法买卖制毒物品或传授制造毒品、非法生产制毒物品的方法等涉毒行为或发布相关涉

---

① 参见莫洪宪、周天泓:《论开设网络“烟馆”聚众吸毒行为的定性》，载《云南大学学报（法学版）》2014 年第 6 期。

毒信息的。此时，可以认定网络服务提供者主观上对相关涉毒活动有所认识，[①] 构成相关毒品犯罪的共同犯罪，应以相应的毒品犯罪与非法利用信息网络罪、帮助信息网络犯罪活动罪，择一重罪处罚。

第二，涉案平台属于网络销售类、社交娱乐类等综合性网络平台，并非专门为实施相关毒品犯罪或发布涉毒信息设立，且网络服务提供者主观上明知他人利用平台信息实施犯罪活动而提供帮助的。此时，应该依据网络服务提供者主观明知的内容进行定罪。若网络服务提供者主观上明知他人利用涉案平台实施毒品犯罪，则构成相应的毒品犯罪的共同犯罪，对行为人应以相应的毒品犯罪与非法利用信息网络罪、帮助信息网络犯罪活动罪，择一重罪处罚；若网络服务提供者仅知道平台被他人用于相关的犯罪活动，但并不知道具体实施何罪，此时，应以帮助信息网络犯罪活动罪对其定罪处罚。

第三，涉案平台属于网络销售类、社交娱乐类等综合性网络平台，并非专门为实施相关毒品犯罪或发布涉毒信息设立，但网络服务提供者主观上确不知他人利用平台信息实施犯罪活动的。此时，应该依据网络服务提供者是否及时采取改正措施消除犯罪影响判断其是否构成犯罪。若网络服务提供者主观上确不明知他人利用平台实施犯罪活动，但不履行法律、行政法规规定的信息网络安全管理义务，经监管部门责令采取改正措施而拒不改正，且达到《刑法》第 286 条之一第 1 款规定的相应后果或情节要求的，应以拒不履行信息网络安全管理义务罪定罪处罚。

---

① 参见魏东、何强:《网络平台涉毒犯罪的 3 种主要情形》，载《中国禁毒报》2022 年 9 月 21 日，第 6 版。

案例拓展

“园丁丁”制贩大麻论坛系列案——最高人民检察院2020年“强化法律监督　推进毒品犯罪检察治理”典型案例；

卞某某等贩卖毒品、非法利用信息网络案（非法种植、贩卖大麻，非法利用网络论坛发布种植大麻等信息）——最高人民法院2020年十大毒品（涉毒）犯罪典型案例；

梁某某非法利用信息网络、非法持有毒品，汪某贩卖毒品案（非法利用网络平台组织视频吸毒，依法惩处）——最高人民法院2019年十大毒品（涉毒）犯罪典型案例。

要旨：近年来，最高人民法院、最高人民检察院发布多个网络涉毒犯罪典型案例，突出强调严厉打击利用网络实施的贩卖毒品犯罪与利用互联网发布涉毒信息、利用信息网络组织吸毒等涉毒行为，积极参与网络生态治理，推进源头防控和治理。

相关规范

1.《刑法》规定

第286条之一　【拒不履行信息网络安全管理义务罪】网络服务提供者不履行法律、行政法规规定的信息网络安全管理义务，经监管部门责令采取改正措施而拒不改正，有下列情形之一的，处三年以下有期徒刑、拘役或者管制，并处或者单处罚金：

（一）致使违法信息大量传播的；

（二）致使用户信息泄露，造成严重后果的；

（三）致使刑事案件证据灭失，情节严重的；

（四）有其他严重情节的。

单位犯前款罪的，对单位判处罚金，并对其直接负责的主管人员和其他直接责任人员，依照前款的规定处罚。

有前两款行为，同时构成其他犯罪的，依照处罚较重的规定定罪处罚。

第 287 条之一 【非法利用信息网络罪】利用信息网络实施下列行为之一，情节严重的，处三年以下有期徒刑或者拘役，并处或者单处罚金：

（一）设立用于实施诈骗、传授犯罪方法、制作或者销售违禁物品、管制物品等违法犯罪活动的网站、通讯群组的；

（二）发布有关制作或者销售毒品、枪支、淫秽物品等违禁物品、管制物品或者其他违法犯罪信息的；

（三）为实施诈骗等违法犯罪活动发布信息的。

单位犯前款罪的，对单位判处罚金，并对其直接负责的主管人员和其他直接责任人员，依照第一款的规定处罚。

有前两款行为，同时构成其他犯罪的，依照处罚较重的规定定罪处罚。

第 295 条 【传授犯罪方法罪】传授犯罪方法的，处五年以下有期徒刑、拘役或者管制；情节严重的，处五年以上十年以下有期徒刑；情节特别严重的，处十年以上有期徒刑或者无期徒刑。

第 347 条 【走私、贩卖、运输、制造毒品罪】走私、贩卖、运输、制造毒品，无论数量多少，都应当追究刑事责任，予以刑事处罚。

走私、贩卖、运输、制造毒品，有下列情形之一的，处十五年有期徒刑、无期徒刑或者死刑，并处没收财产：

（一）走私、贩卖、运输、制造鸦片一千克以上、海洛因或者甲基苯丙胺五十克以上或者其他毒品数量大的；

（二）走私、贩卖、运输、制造毒品集团的首要分子；

（三）武装掩护走私、贩卖、运输、制造毒品的；

（四）以暴力抗拒检查、拘留、逮捕，情节严重的；

（五）参与有组织的国际贩毒活动的。

走私、贩卖、运输、制造鸦片二百克以上不满一千克、海洛因或者甲基苯丙胺十克以上不满五十克或者其他毒品数量较大的，处七年以上有期徒刑，并处罚金。

走私、贩卖、运输、制造鸦片不满二百克、海洛因或者甲基苯丙胺不满十克或者其他少量毒品的，处三年以下有期徒刑、拘役或者管制，并处罚金；情节严重的，处三年以上七年以下有期徒刑，并处罚金。

单位犯第二款、第三款、第四款罪的，对单位判处罚金，并对其直接负责的主管人员和其他直接责任人员，依照各该款的规定处罚。

利用、教唆未成年人走私、贩卖、运输、制造毒品，或者向未成年人出售毒品的，从重处罚。

对多次走私、贩卖、运输、制造毒品，未经处理的，毒品数量累计计算。

第 350 条 【非法生产、买卖、运输制毒物品、走私制毒物品罪】违反国家规定，非法生产、买卖、运输醋酸酐、乙醚、三氯甲烷或者其他用于制造毒品的原料、配剂，或者携带上述物品进出境，情节较重的，处三年以下有期徒刑、拘役或者管制，并处罚金；情节严重的，处三年以上七年以下有期徒刑，并处罚金；情节特别严重的，处七年以上有期徒刑，并处罚金或者没收财产。

明知他人制造毒品而为其生产、买卖、运输前款规定的物品的，以制造毒品罪的共犯论处。

单位犯前两款罪的，对单位判处罚金，并对其直接负责的主管人员和其他直接责任人员，依照前两款的规定处罚。

第353条 【引诱、教唆、欺骗他人吸毒罪】引诱、教唆、欺骗他人吸食、注射毒品的，处三年以下有期徒刑、拘役或者管制，并处罚金；情节严重的，处三年以上七年以下有期徒刑，并处罚金。

【强迫他人吸毒罪】强迫他人吸食、注射毒品的，处三年以上十年以下有期徒刑，并处罚金。

引诱、教唆、欺骗或者强迫未成年人吸食、注射毒品的，从重处罚。

2. 其他规定

（1）《关于审理毒品犯罪案件适用法律若干问题的解释》（法释〔2016〕8号）

第11条 引诱、教唆、欺骗他人吸食、注射毒品，具有下列情形之一的，应当认定为刑法第三百五十三条第一款规定的“情节严重”：

（一）引诱、教唆、欺骗多人或者多次引诱、教唆、欺骗他人吸食、注射毒品的；

（二）对他人身体健康造成严重危害的；

（三）导致他人实施故意杀人、故意伤害、交通肇事等犯罪行为的；

（四）国家工作人员引诱、教唆、欺骗他人吸食、注射毒品的；

（五）其他情节严重的情形。

第14条 利用信息网络，设立用于实施传授制造毒品、非法生产制毒物品的方法，贩卖毒品，非法买卖制毒物品或者组织他人吸食、注射毒品等违法犯罪活动的网站、通讯群组，或者发布实施前述违法犯罪活动的信息，情节严重的，应当依照刑法第二百八十七条之一的规定，以非法利用信息网络罪定罪处罚。

实施刑法第二百八十七条之一、第二百八十七条之二规定的行为，同时构成贩卖毒品罪、非法买卖制毒物品罪、传授犯罪方法罪等犯罪的，依照处罚较重的规定定罪处罚。

(2)《关于办理非法利用信息网络、帮助信息网络犯罪活动等刑事案件适用法律若干问题的解释》(法释〔2019〕15号)

第7条　刑法第二百八十七条之一规定的“违法犯罪”，包括犯罪行为和属于刑法分则规定的行为类型但尚未构成犯罪的违法行为。

第10条　非法利用信息网络，具有下列情形之一的，应当认定为刑法第二百八十七条之一第一款规定的“情节严重”：

(一)假冒国家机关、金融机构名义，设立用于实施违法犯罪活动的网站的；

(二)设立用于实施违法犯罪活动的网站，数量达到三个以上或者注册账号数累计达到二千以上的；

(三)设立用于实施违法犯罪活动的通讯群组，数量达到五个以上或者群组成员账号数累计达到一千以上的；

(四)发布有关违法犯罪的信息或者为实施违法犯罪活动发布信息，具有下列情形之一的：

1. 在网站上发布有关信息一百条以上的；

2. 向二千个以上用户账号发送有关信息的；

3. 向群组成员数累计达到三千以上的通讯群组发送有关信息的；

4. 利用关注人员账号数累计达到三万以上的社交网络传播有关信息的；

(五)违法所得一万元以上的；

(六)二年内曾因非法利用信息网络、帮助信息网络犯罪活动、危害计算机信息系统安全受过行政处罚，又非法利用信息网络的；

（七）其他情节严重的情形。

3. 往届纪要（已失效）

2015 年《武汉会议纪要》

行为人利用信息网络贩卖毒品、在境内非法买卖用于制造毒品的原料或者配剂、传授制造毒品等犯罪的方法，构成贩卖毒品罪、非法买卖制毒物品罪、传授犯罪方法罪等犯罪的，依法定罪处罚。行为人开设网站、利用网络聊天室等组织他人共同吸毒，构成引诱、教唆、欺骗他人吸毒罪等犯罪的，依法定罪处罚。

第十节　盗窃、抢夺、抢劫毒品行为的定性

—— 要点提示 ——

（1）盗窃、抢夺、抢劫毒品行为的罪名认定问题；

（2）盗窃、抢夺、抢劫毒品行为的罪数认定问题；

（3）盗窃、抢夺、抢劫毒品行为的量刑标准问题。

纪要原文

盗窃、抢夺或者抢劫毒品，构成盗窃罪、抢夺罪或者抢劫罪的，根据情节轻重依法量刑。盗窃、抢夺或者抢劫毒品后实施贩卖毒品等毒品犯罪的，依法数罪并罚。

要点评注

1　毒品能否成为盗窃罪、抢夺罪、抢劫罪的犯罪对象？

毒品可以成为盗窃罪、抢夺罪、抢劫罪的犯罪对象。对于盗窃、抢夺、抢劫毒品的定性问题，《昆明会议纪要》在《大连会议纪要》的基础上进行了个别修改，明确“盗窃、抢夺或者抢劫毒品，构成盗窃罪、抢夺罪或者抢劫罪的，根据情节轻重依法量刑”。

值得关注的是，《昆明会议纪要》对接了最高人民法院、最高人民检察院《关于办理盗窃刑事案件适用法律若干问题的解释》第1条第4款的规定，将原来的“根据情节轻重予以定罪量刑”修改

为“根据情节轻重依法量刑”。这是否意味着《大连会议纪要》认为“情节”轻重影响定罪量刑，而《昆明会议纪要》认为“情节”轻重仅影响量刑而不影响定罪呢？换言之，是否只要盗窃毒品就成立盗窃罪，无论盗窃（或抢夺、抢劫）毒品数额大小与其他盗窃（或抢夺、抢劫）情节。实际上，《昆明会议纪要》明确的是“构成盗窃罪、抢夺罪或者抢劫罪的，根据情节轻重依法量刑”，其前提是行为已构成盗窃罪。由此可见，《昆明会议纪要》并非认为盗窃（或抢劫、抢夺）毒品行为一律构成盗窃罪（或抢劫罪、抢夺罪），此处的“情节”也非定罪情节，而是行为已构成盗窃罪后，影响量刑的量刑情节。因此，盗窃毒品行为并非一律构成犯罪，还需依据《刑法》第13条规定，结合行为人的主观目的、犯罪故意、盗窃（或抢劫、抢夺）手段、危害结果、盗窃（或抢劫、抢夺）数量进行综合认定，情节显著轻微危害不大的，可予以出罪。

除此之外，在盗窃毒品行为的定性中，还需注意代购者私自截留毒品行为的性质，《昆明会议纪要》在代购毒品行为的定性中明确代购者“私自截留部分购毒款、毒品”属于变相加价行为，不以盗窃罪定罪，应按照贩卖毒品罪认定。

2　国家公务人员盗窃毒品的，构成盗窃罪还是贪污罪？

对于国家公务人员盗窃毒品行为的定性问题，《昆明会议纪要》中并未明确。对此，学界及实务界存在一定的争议。理论上，有观点认为违禁品不能作为贪污罪的犯罪对象，原因在于虽然违禁品具有一定的财产性价值，但我国刑法或最高司法机关的司法解释并没有规定贪污违禁品的按照盗窃罪处罚；且盗窃违禁品按照贪污罪处罚，可能会出现量刑倒挂的问题，未必能够更好地实现惩罚犯罪的目的。[①] 也有观点认为，违禁品可以作为贪污罪的犯罪对象，原因在于违禁品具有一定的财产性价值，且国家公务人员利用职务便利非法占有的行为，既是滥用职权的渎职行为，又妨害了违禁品的管理或者侵犯了单位对违禁品的所有权。[②] 还有观点认为，违禁品能否成为贪污罪的犯罪对象，应基于违禁品是属于绝对违禁品还是相对违禁品区别对待。[③]

实践中，对此问题的认定也存在一定的分歧。有观点认为，国家公务人员盗窃毒品的行为不仅侵害了公私财产，更侵犯了职务行为的廉洁性，若以盗窃罪认定无法周延评价；也有观点从现有立法出发，认为因毒品价值无法衡量，现有立法也并未规定违禁品可以成为贪污罪的犯罪对象，因此国家公务人员盗窃毒品行为应以盗窃罪认定，如案例 1。

案例 1，付某某盗窃案：2017 年 3 月初，董某、王某 1、刘某经预谋，由刘某提供吸毒人员线索，董某以“帮助公安机关查处毒品案件”为名，拿取在现场发现的毒品。被告人付某某明知董某、张某某实施上述行为而未予制止，同时暗示王某不要制止，导致董某、张某某顺利盗走毒品。公诉机关认为，被告人付某某利用协助人民警察开展执法活动的职务便利，侵吞公安机关扣押的毒品甲基苯丙胺片

① 参见董邦俊：《贪污罪特殊对象研究》，载《湖北社会科学》2005 年第 10 期。

② 参见刘明祥：《财产犯罪比较研究》，中国政法大学出版社 2001 年版，第 31 页。

③ 参见曹坚：《国有经济发展新模式下特殊贪污犯罪对象的认定问题》，载《政治与法律》2010 年第 1 期。

剂 27.72 克，应以贪污罪追究其刑事责任。一审法院认为，“被告人付某某在辅助警察执法过程中，明知他人盗窃查获的毒品而予以默认，其行为已构成盗窃罪”。抗诉机关认为，“被告人付某某的行为构成贪污罪，原判以盗窃罪对其定罪处罚，未能对其行为所侵犯的职务行为的廉洁性法益及社会危害性予以完整评价”。二审法院认为，“贪污罪的定罪处罚需满足相应数额要求，本案中，涉案毒品系违禁品，无法对其进行价值衡量，且法律关于贪污罪的规定中，并未如盗窃罪、抢劫罪一样将毒品等违禁品作为犯罪对象予以特别规定，故本案不宜以贪污罪对付某某予以定罪”，而后驳回抗诉，维持原判。

3　盗窃、抢夺、抢劫毒品后又实施其他毒品犯罪的，该如何定罪？

《昆明会议纪要》规定“盗窃、抢夺或者抢劫毒品后实施贩卖毒品等毒品犯罪的，依法数罪并罚”，沿用了《大连会议纪要》的相关规定，明确了盗窃、抢夺、抢劫毒品后又实施其他毒品犯罪的罪数认定原则。

对此，对于盗窃、抢夺、抢劫毒品后贩卖、运输、走私毒品的，基于盗窃行为与贩卖、运输、走私行为无论从行为个数还是侵害的犯罪客体上来说，都构成数罪，理论及实践中对此并无较大争议。但对于盗窃、抢夺、抢劫毒品后非法持有毒品的，理论及实践中存在一定的争议：“一罪说”认为，盗窃（或抢夺、抢劫）毒品后的非法持有行为是盗窃（或抢夺、抢劫）毒品行为的自然延伸，属于盗窃行为（或抢夺、抢劫）的事后不可罚行为，并没有进一步破坏国家对毒品的管理秩序，应该以盗窃罪（或抢夺罪、抢劫罪）进行定罪处罚。[①]“数罪说”认为，事后不可罚行为体现的是前后行为侵害法益的同一性，而盗窃等前行为侵害的法益是财产权，事后的持有等行为侵害的则是与财产权相异的国家的社会管理秩序，因此应以盗窃罪（或抢劫罪、抢夺罪）与非法持有毒品罪数罪并罚。[②]“区分说”认为，需从事后不可罚行为的本质出发，结合具体案例判断事后行为有没有对新的犯罪客体造成侵害。若盗窃（或抢劫、抢夺）毒品后在现场即被抓获，直接按照盗窃罪（或抢劫罪、抢夺罪）定罪处理即可；[③]若行为人盗窃（或抢劫、抢夺）毒品后，又实施其他毒品犯罪或者仍持续性地稳定占有（数量符合非法持有毒品罪数量要求），存在明显的前后两个犯罪阶段和行为的，则依照《昆明会议纪要》的规定，宜对行为人以盗窃罪（或抢劫罪、抢夺罪）与相应的毒品犯罪并罚。

实践中，对此种情形多仅以盗窃罪认定，但也存在分歧。

案例 2，商某盗窃案：2018 年某日，被告人商某驾车同吴某、陈某、段某到达许某处，许某将 50 克冰毒拿出放在茶几上，吴某、陈某、商某、段某先后验货，后吴某与许某聊天，分散其注意力，商某趁机将 50 克冰毒盗走，吴某等人也先后离开。法院认为，被告人商某以非法占有为目的，盗窃毒品，构成盗窃罪，应当依法追究刑事责任。本案中法院仅认定盗窃罪一罪。

---

① 参见周秀银:《盗窃毒品犯罪的法律适用研究——基于 2013 年至 2020 年全国盗窃毒品犯罪裁判文书的考察》，载《山东警察学院学报》2021 年第 3 期。

② 参见司冰岩:《毒品犯罪疑难问题研究》，载《法律适用》2015 年第 12 期。

③ 参见卢义颖、孙本雄:《盗窃毒品行为的罪与罚》，载《人民检察》2018 年第 15 期。

案例 3，崔某盗窃、非法持有毒品案：2016 年某日，被告人崔某至南京某地，窃得被害人陈某疑似毒品 7 包。当日下午，被告人被民警抓获，其窃得的疑似毒品 7 包被当场查获。公诉机关针对上述指控向法庭提供了相应的证据，并认为被告人崔某盗窃毒品；非法持有甲基苯丙胺 10 克以上不满 50 克，应当以盗窃罪、非法持有毒品罪追究被告人崔某刑事责任。本案中检察机关秉持的是盗窃罪与非法持有毒品罪数罪并罚的处罚态度。

4 盗窃、抢夺、抢劫毒品的，其量刑标准为何？

对于盗窃、抢夺、抢劫毒品的量刑标准把握，经历了从“数额标准”到“情节轻重标准”再到“不明确定罪标准而直接规定量刑标准”的演变。[①]《南宁会议纪要》规定“认定盗窃犯罪数额，可以参考当地毒品非法交易的价格”，而《大连会议纪要》在对接最高人民法院《关于审理盗窃案件具体应用法律若干问题的解释》（已失效）第 5 条规定的基础上，明确“不计犯罪数额，根据情节轻重予以定罪量刑”。《昆明会议纪要》在《大连会议纪要》的基础上，明确“根据情节轻重依法量刑”的要求，对接了《关于办理盗窃刑事案件适用法律若干问题的解释》第 1 条第 4 款“盗窃毒品等违禁品，应当按照盗窃罪处理的，根据情节轻重量刑”的规定，将“情节轻重”的影响从影响定罪量刑改为影响量刑。因此，依据《昆明会议纪要》的规定，对于盗窃、抢夺、抢劫毒品的，应依照“情节轻重

① 参见周秀银：《盗窃毒品犯罪的法律适用研究——基于 2013 年至 2020 年全国盗窃毒品犯罪裁判文书的考察》，载《山东警察学院学报》2021 年第 3 期。

依法量刑”。但该纪要并未就情节轻重明确更为详细的认定标准，导致实践中对于盗窃、抢夺、抢劫毒品行为的量刑标准存在较大分歧，造成各地裁判标准不一。

理论界有观点认为，应该以毒品数量作为盗窃毒品的数额，同时明确盗窃多少毒品达到“数额较大”、“数额巨大”或“数额特别巨大”；[①] 有观点认为，应从毒品数量、毒品种类、毒品含量等“现实危害”及被告人盗窃毒品后毒品的去向或用途等“可能危害”进行综合考量，予以梯度量刑；[②] 也有观点从盗窃毒品的量刑应重于盗窃同等价值的一般财物、相同数额非法持有毒品罪的量刑的原则展开[③]；还有观点认为，既要考虑到盗窃罪（抢劫罪、抢夺罪）罪名本身的特殊性，也要考虑到盗窃对象为毒品的独特性（不同于普通的公私财物）。具体而言，一方面，立足于盗窃罪（抢劫罪、抢夺罪）的立法规定，在审理此类案件时可以适当参考当地毒品非法交易的价格计算犯罪数额。[④] 在此基础上，还需结合立法规定，结合行为的客观危害结果、盗窃（抢劫、抢夺）的行为方式手段、行为人的主观目的进行综合考量。另一方面，应从毒品流通风险予以考量，具体包括盗窃的毒品数量、毒品种类、致瘾癖性、毒品纯度及盗窃（抢劫、抢夺）后的毒品流向、用途等情节。

在司法实践中，对盗窃毒品行为的量刑标准也存在较大差异，

---

① 参见陈涛:《对盗窃毒品犯罪定罪处理的几点看法》，载《法律适用》1993 年第 1 期。

② 参见周秀银:《盗窃毒品犯罪的法律适用研究——基于 2013 年至 2020 年全国盗窃毒品犯罪裁判文书的考察》，载《山东警察学院学报》2021 年第 3 期。

③ 参见蔡智玉:《盗窃毒品行为的定罪量刑把握》，载《人民法院报》2023 年 3 月 2 日，第 6 版。

④ 参见高贵君等:《〈全国部分法院审理毒品犯罪案件工作座谈会纪要〉的理解与适用》，载《人民司法》2009 年第 3 期。

存在“以市场价格论”（如案例4）、“以盗窃数量论”（如案例5）、“依据犯罪情节综合认定”（如案例6）等不同的量刑裁判标准。

案例4，商某盗窃案：2018年某日，被告人商某驾车同吴某、陈某、段某从许某处盗走50克冰毒。被盗冰毒按当时市场价格每克350元计算，总价值17000余元。法院认定“被告人商某以非法占有为目的，盗窃毒品，价值一万七千余元，数额较大，构成盗窃罪，应当依法追究刑事责任”，判处其有期徒刑6个月。

案例5，汤某某、胡某某盗窃罪：2016年某日，被告人汤某1、胡某某邀请被告人李某某、汤某2共同盗窃麻黄素，四名被告人开车窜至福建省某民房盗窃30袋麻黄素，净重700余千克。一审法院认定“被告人汤某1、胡某某、李某某、汤某2以非法占有为目的，采用秘密手段盗窃易制毒化学品麻黄素700余千克，情节特别严重，其行为已构成盗窃罪”；二审法院认为“本案上诉人到民房盗窃制毒物品麻黄素700余千克，数量属于非法买卖制毒物品犯罪的情节特别严重，原判认定属盗窃罪的情节特别严重情形并无不当”。

案例6，杨某甲盗窃毒品案：2013年某日，被告人杨某甲和朋友杨某乙到禹城市某租住屋准备拆空调。被告人杨某甲在卧室的电脑主机内发现一个铁盒内有冰毒，被告人杨某甲在明知刘某某因涉嫌毒品犯罪被公安局刑事拘留的情况下，将冰毒拿走。法院认为，“被告人杨某甲盗窃毒品构成盗窃罪，但不宜计算犯罪数额，被告人杨某甲有自首情节，可从轻处罚，其有犯罪前科，可酌情从重处罚”。

案例拓展

薛某某等盗窃案——盗窃毒品如何定罪量刑（《刑事审判参考》第 191 号案例）

裁判规则提炼：盗窃毒品等违禁品的，并不是以数额大小，而是以情节轻重作为定罪量刑的依据，因此，盗窃毒品的种类、数量、数额，应当是判断盗窃情节轻重的一个主要依据，可作为参考的一个重要方面，盗窃毒品的犯罪数额只是判断盗窃毒品行为是否构成犯罪、情节是否严重的参考，其本身并不是量刑依据。

相关规范

1.《刑法》规定

第 263 条 【抢劫罪】以暴力、胁迫或者其他方法抢劫公私财物的，处三年以上十年以下有期徒刑，并处罚金；有下列情形之一的，处十年以上有期徒刑、无期徒刑或者死刑，并处罚金或者没收财产：

（一）入户抢劫的；

（二）在公共交通工具上抢劫的；

（三）抢劫银行或者其他金融机构的；

（四）多次抢劫或者抢劫数额巨大的；

（五）抢劫致人重伤、死亡的；

（六）冒充军警人员抢劫的；

（七）持枪抢劫的；

（八）抢劫军用物资或者抢险、救灾、救济物资的。

第 264 条 【盗窃罪】盗窃公私财物，数额较大的，或者多次盗窃、入户盗窃、携带凶器盗窃、扒窃的，处三年以下有期徒刑、拘役或者管制，并处或者单处罚金；数额巨大或者有其他严重情节的，处三年以上十年以下有期徒刑，并处罚金；数额特别巨大或者有其他特别严重情节的，处十年以上有期徒刑或者无期徒刑，并处罚金或者没收财产。

第 267 条 【抢夺罪】抢夺公私财物，数额较大的，或者多次抢夺的，处三年以下有期徒刑、拘役或者管制，并处或者单处罚金；数额巨大或者有其他严重情节的，处三年以上十年以下有期徒刑，并处罚金；数额特别巨大或者有其他特别严重情节的，处十年以上有期徒刑或者无期徒刑，并处罚金或者没收财产。

【抢劫罪】携带凶器抢夺的，依照本法第二百六十三条的规定定罪处罚。

第 347 条 【走私、贩卖、运输、制造毒品罪】走私、贩卖、运输、制造毒品，无论数量多少，都应当追究刑事责任，予以刑事处罚。

走私、贩卖、运输、制造毒品，有下列情形之一的，处十五年有期徒刑、无期徒刑或者死刑，并处没收财产：

（一）走私、贩卖、运输、制造鸦片一千克以上、海洛因或者甲基苯丙胺五十克以上或者其他毒品数量大的；

（二）走私、贩卖、运输、制造毒品集团的首要分子；

（三）武装掩护走私、贩卖、运输、制造毒品的；

（四）以暴力抗拒检查、拘留、逮捕，情节严重的；

（五）参与有组织的国际贩毒活动的。

走私、贩卖、运输、制造鸦片二百克以上不满一千克、海洛因或者甲基苯丙胺十克以上不满五十克或者其他毒品数量较大的，处七年以上有期徒刑，并处罚金。

走私、贩卖、运输、制造鸦片不满二百克、海洛因或者甲基苯丙胺不满十克或者其他少量毒品的，处三年以下有期徒刑、拘役或者管制，并处罚金；情节严重的，处三年以上七年以下有期徒刑，并处罚金。

单位犯第二款、第三款、第四款罪的，对单位判处罚金，并对其直接负责的主管人员和其他直接责任人员，依照各该款的规定处罚。

利用、教唆未成年人走私、贩卖、运输、制造毒品，或者向未成年人出售毒品的，从重处罚。

对多次走私、贩卖、运输、制造毒品，未经处理的，毒品数量累计计算。

2. 其他规定

（1）最高人民法院、最高人民检察院《关于办理盗窃刑事案件适用法律若干问题的解释》（法释〔2013〕8号）

第1条第4款　盗窃毒品等违禁品，应当按照盗窃罪处理的，根据情节轻重量刑。

（2）《被盗财物价格认定规则》（发改价认办〔2020〕97号）

第7条　有下列情形之一的，价格认定机构可以不予受理：

（一）被盗财物为人民币、外币、有价支付凭证、有价证券、有价票证以及其他提出机关可以直接确认价格的财物；

（二）被盗财物为国有馆藏文物，珍贵、濒危动物及其制品，珍稀植物及其制品，毒品，淫秽物品，枪支、弹药、管制刀具、核材料等不以价格数额作为定罪量刑标准的物品；

（三）被盗财物已经灭失，且不能通过文字、照片等材料全面准确反映其名称、数量、规格型号、真伪质量、实物状况等影响价格重要因素的。

3. 往届纪要（已失效）

（1）2000 年《南宁会议纪要》

（六）关于盗窃、抢劫毒品犯罪的定性问题

盗窃、抢劫毒品的，应当分别以盗窃罪或者抢劫罪定罪。认定盗窃犯罪数额，可以参考当地毒品非法交易的价格。认定抢劫罪的数额，即是抢劫毒品的实际数量。盗窃、抢劫毒品后又实施其他毒品犯罪的，则以盗窃罪、抢劫罪与实施的具体毒品犯罪，依法实行数罪并罚。

（2）2008 年《大连会议纪要》

盗窃、抢夺、抢劫毒品的，应当分别以盗窃罪、抢夺罪或者抢劫罪定罪，但不计犯罪数额，根据情节轻重予以定罪量刑。盗窃、抢夺、抢劫毒品后又实施其他毒品犯罪的，对盗窃罪、抢夺罪、抢劫罪和所犯的具体毒品犯罪分别定罪，依法数罪并罚。走私毒品，又走私其他物品构成犯罪的，以走私毒品罪和其所犯的其他走私罪分别定罪，依法数罪并罚。

第十一节　涉毒品原植物行为的定性

—— 要点提示 ——

（1）非法种植罂粟、大麻等毒品原植物的，免予刑罚处罚的具体情形；

（2）“不以提炼毒品或者非法买卖为目的”的具体情形；

（3）非法种植工业大麻的行为该如何定罪量刑。

纪要原文

不以提炼毒品或者非法买卖为目的，种植罂粟、大麻等毒品原植物，构成非法种植毒品原植物罪的，可以酌情从宽处罚；犯罪情节轻微不需要判处刑罚的，可以免予刑事处罚。

要点评注

1　非法种植罂粟、大麻等毒品原植物的，免予刑罚处罚的情形有哪些？

非法种植罂粟、大麻等毒品原植物并非一律判处刑罚。《昆明会议纪要》在《刑法》第351条基础上，加大对不以提炼毒品或者非法买卖为目的的种植罂粟、大麻等毒品原植物行为的从宽力度。因此，非法种植罂粟、大麻等毒品原植物的行为在具有以下情形时，不构成犯罪或可以不予刑罚处罚：

第一，种植数量低于入罪标准的。不同于《刑法》第 347 条无论数量多少一律入罪的规定，非法种植毒品原植物罪的入罪要在种植数量及情节上达到一定的罪量要求。因此，若行为人种植毒品原植物的数量未达到《刑法》第 351 条的数量要求，且无其他严重情节时，不构成犯罪，应按照《治安管理处罚法》第 71 条的规定，予以行政拘留或罚款。

第二，不以提炼毒品或者非法买卖为目的种植的。《昆明会议纪要》新增“不以提炼毒品或者非法买卖为目的，种植罂粟、大麻等毒品原植物，构成非法种植毒品原植物罪的，可以酌情从宽处罚；犯罪情节轻微不需要判处刑罚的，可以免予刑事处罚”的规定。因此，在实践中，应充分适用《刑法》第 37 条的规定，加大对不以贩卖、制造毒品为目的，少量种植毒品原植物行为的从宽力度，对于其中情节轻微无需刑罚处罚的行为，可以免予刑事处罚，以全面贯彻宽严相济刑事政策的要求。

第三，在收获前自动铲除种植的毒品原植物的。《刑法》第 351 条第 3 款明确规定“在收获前自动铲除的，可以免除处罚”；最高人民检察院、公安部《关于公安机关管辖的刑事案件立案追诉标准的规定（三）》第 7 条第 3 款规定“非法种植罂粟或者其他毒品原植物，在收获前自动铲除的，可以不予立案追诉”。可见，在实践中，对于在收获前自动铲除种植的毒品原植物的，应结合其他情节进行综合考量，对于其中情节轻微无需刑罚处罚的行为，可以免予刑事处罚。

除上述三种情形之外，在具体案件的定罪量刑中，还需结合案件具体情形，综合考量种植目的、种植数量、种植用途、行为人的悔罪态度等体现行为社会危险性、行为人人身危险性的情节，对于犯罪情节轻微的，可以适用《刑法》第13条及第37条的规定，予以出罪或免予刑事处罚，以确保毒品犯罪办理的法律、政治、社会效果有机统一，实现“以宽济严”。

2 “不以提炼毒品或者非法买卖为目的”的具体情形有哪些？

《昆明会议纪要》强调加大对于以提炼毒品或者非法买卖为目的的种植毒品原植物行为的从宽力度，是从罪刑相适应原则的角度出发，对近年来司法实践中出现的情理法理冲突、罪刑难以相适应等热点问题的回应。《昆明会议纪要》中未明确“不以提炼毒品或者非法买卖为目的”的具体情形，实践中主要存在以下几种情形：

第一，出于治疗疾病目的种植毒品原植物。实践中，由于部分毒品原植物存在一定的药用价值，例如罂粟果壳含吗啡、可待因、罂粟碱等多种生物碱，存在敛肺、涩肠、止咳、止痛和催眠等药用功效，导致部分行为人出于治疗自身或亲属等疾病（如缓解疼痛、助眠等）的目的而非法种植较大数量的毒品原植物，此时应结合行为人的客观行为、患病情况、种植数量、是否积极配合铲除等进行综合判断，若行为人确出于治疗疾病的目的，种植数量达到定罪标准的，应充分适用《刑法》第13条及第37条的规定，予以出罪或免予刑事处罚。

案例1，杨某某非法种植毒品原植物案：被告人杨某某为治疗腿疼等疾病，在自家院内种植罂粟植株2000余株。法院认定，本案被告人种植罂粟植株达2000余株，其行为已构成非法种植毒品原植物罪。同时考虑到被告人具有传唤到案后如实供述犯罪事实，自愿认罪认罚，犯罪时已满75周岁等依法可以从轻处罚的情节，最终判处被告人犯非法种植毒品原植物罪，判处其有期徒刑3年缓刑5年，并处罚金人民币1000元。[①]

第二，出于饲养牲畜、观赏或食用等其他非提炼或贩卖目的种植毒品原植物。除此之外，实践中还存在行为人出于饲养牲畜、观赏、食用等目的种植较大的毒品原植物的行为，例如基于罂粟花的观赏价值而大量种植、将罂粟当成“提鲜”调料而种植等。此类情形，应结合行为的社会危害性、种植数量、种植用途及悔罪程度等综合认定，对于确非以提炼毒品或者非法买卖为目的而种植的，予以从宽处罚，加强对行为人的教育与禁毒宣传。

3　非法种植工业大麻行为，该如何定性？

《昆明会议纪要》对于非法种植工业大麻行为的定性问题并未作出回应，但纪要草案中曾提到要注意区分工业大麻与毒品大麻。对于该问题，理论界及实务界中存在较大的争议，有观点主张需依据四氢大麻酚（THC）含量鉴定区分工业大麻与毒品大麻，对于工业大麻原植物、种子及其提取产品等，可不作为毒品予以认定。而实践中，法院对于工业大麻与毒品大麻并不作区分，有判决认为只要“含有四氢大麻酚，含量的多少并不能影响其能够被利用而提取毒品的性质”，即可认定为毒品原植物，如案例2。

案例2，宋某某非法买卖毒品原植物种子案：2012年某日，被告人宋某某代表某农业科学院经济作物研究所与某省经济作物研究所投资人张某某签订了大麻高产栽培技

① 参见《非法种植罂粟植株　八旬老人被判缓刑》，载中国法院网2021年12月3日，https://www.chinacourt.org/article/detail/2021/12/id/6411090.shtml。

术研究及良种繁育协议书。协议书约定：由某农业科学院经济作物研究所提供大麻原种“龙大麻 1 号”100 公斤，张某某在某省内选择大麻繁种地块，所繁育的大麻种子由某农业科学院经济作物研究所全部回收。后某农业科学院经济作物研究所对张某某交付的大麻种子款 1600 元出具收据一张。张某某于 2011 年在 A 镇承包耕地 20 公顷用于种植“龙大麻 1 号”，秋天收获 5000 余株，收获大麻种子 1500 余公斤。其向某农业科学院经济作物研究所谎称所种植的大麻受水灾绝收，而将所收获的大麻种子私自予以销售。

二审法院关于上诉人宋某某及其辩护人所提“龙大麻 1 号”是纤维型大麻，非毒品型大麻，不能称之为毒品原植物种子，应根据应用途径和方向综合予以判定的上诉及辩护意见，认为“其一，《刑法》第三百五十七条规定……以及其他司法解释均表述为‘大麻’字样，可见法律上现只有大麻的概念，而未区分纤维型大麻或毒品型大麻的概念。其二，在植物学分类上，大麻属为单一种属，均含有四氢大麻酚，含量的多少并不能影响其能够被利用而提取毒品的性质。其三，国家麻类产业技术体系文件《关于加强国家麻类产业体系工业大麻种植与加工管理的通知》（麻体办〔2013〕3 号）规定，大麻属植物均为受管制的毒品原植物，适用国家毒品管制的法律、法规。所以，本案所涉大麻符合毒品原植物的属性。至于辩护人提出的‘应用途径和方向’是犯罪的客观方面的组成部分之一，决定客观行为是否‘非法’，而不能作为否定犯罪客体性质的条件。故对此点上诉及辩护意见，本院不予采纳”，因此判定，上诉人宋某某违反国家规定，非法买卖未经灭活的毒品原植物种子，数量较大，其行为侵犯了国家对毒品原植物种子的管理制度，已构成非法买卖毒品原植物种子罪……但鉴于宋某某系科研人员，在从事科研工作中偶然犯罪，视其能如实供述主要犯罪事实，属坦白，并考虑到宋某某对大麻研究有一定贡献以及大麻种植、监管的现状，属犯罪情节轻微，依法可以免予刑事处罚。

实际上，虽然对于此问题《昆明会议纪要》并未明确规定，但从其新增加强对"不以提炼毒品或者非法买卖为目的，种植罂粟、大麻等毒品原植物"的从宽力度规定的精神出发，其更注重犯罪的客观危害与行为人主观恶性、人身危险性的辩证统一，强调从主客观相统一的视角出发全面贯彻宽严相济刑事政策的要求。因此，对于涉工业大麻案件，应结合行为人的主观目的、种植用途、种植目的与种植数量、客观行为等综合认定，若行为人确系不以贩卖、制造为目的，而是出于饲养牲畜、杂粮经销、纤维纺织等其他合法农用目的，则应该酌情从宽处罚，情节轻微的可以免予刑事处罚；若行为人是出于非法贩卖、制造毒品目的而种植，且所获四氢大麻酚含量达到入罪标准，均可以非法种植毒品原植物罪定罪处罚。

相关规范

1.《刑法》规定

第 351 条 【非法种植毒品原植物罪】非法种植罂粟、大麻等毒品原植物的，一律强制铲除。有下列情形之一的，处五年以下有期徒刑、拘役或者管制，并处罚金：

（一）种植罂粟五百株以上不满三千株或者其他毒品原植物数量较大的；

（二）经公安机关处理后又种植的；

（三）抗拒铲除的。

非法种植罂粟三千株以上或者其他毒品原植物数量大的，处五年以上有期徒刑，并处罚金或者没收财产。

非法种植罂粟或者其他毒品原植物，在收获前自动铲除的，可以免除处罚。

2. 其他规定

(1)《禁毒法》

第 59 条　有下列行为之一，构成犯罪的，依法追究刑事责任；尚不构成犯罪的，依法给予治安管理处罚：

（一）走私、贩卖、运输、制造毒品的；

（二）非法持有毒品的；

（三）非法种植毒品原植物的；

（四）非法买卖、运输、携带、持有未经灭活的毒品原植物种子或者幼苗的；

（五）非法传授麻醉药品、精神药品或者易制毒化学品制造方法的；

（六）强迫、引诱、教唆、欺骗他人吸食、注射毒品的；

（七）向他人提供毒品的。

(2)《治安管理处罚法》

第 71 条　有下列行为之一的，处十日以上十五日以下拘留，可以并处三千元以下罚款；情节较轻的，处五日以下拘留或者五百元以下罚款：

（一）非法种植罂粟不满五百株或者其他少量毒品原植物的；

（二）非法买卖、运输、携带、持有少量未经灭活的罂粟等毒品原植物种子或者幼苗的；

（三）非法运输、买卖、储存、使用少量罂粟壳的。

有前款第一项行为，在成熟前自行铲除的，不予处罚。

(3) 最高人民法院、最高人民检察院、公安部《关于审理毒品犯罪案件适用法律若干问题的解释》（法释〔2016〕8号）

第9条　非法种植毒品原植物，具有下列情形之一的，应当认定为刑法第三百五十一条第一款第一项规定的“数量较大”：

（一）非法种植大麻五千株以上不满三万株的；

（二）非法种植罂粟二百平方米以上不满一千二百平方米、大麻二千平方米以上不满一万二千平方米，尚未出苗的；

（三）非法种植其他毒品原植物数量较大的。

非法种植毒品原植物，达到前款规定的最高数量标准的，应当认定为刑法第三百五十一条第二款规定的“数量大”。

(4) 最高人民检察院、公安部《关于公安机关管辖的刑事案件立案追诉标准的规定（三）》（公通字〔2012〕26号）

第7条　非法种植罂粟、大麻等毒品原植物，涉嫌下列情形之一的，应予立案追诉：

（一）非法种植罂粟五百株以上的；

（二）非法种植大麻五千株以上的；

（三）非法种植其他毒品原植物数量较大的；

（四）非法种植罂粟二百平方米以上、大麻二千平方米以上或者其他毒品原植物面积较大，尚未出苗的；

（五）经公安机关处理后又种植的；

（六）抗拒铲除的。

本条所规定的“种植”，是指播种、育苗、移栽、插苗、施肥、灌溉、割取津液或者收取种子等行为。非法种植毒品原植物的株数一般应以实际查获的数量为准。因种植面积较大，难以逐株清点数目的，可以抽样测算每平方米平均株数后按实际种植面积测算出种植总株数。

非法种植罂粟或者其他毒品原植物，在收获前自动铲除的，可以不予立案追诉。

(5) 最高人民法院、最高人民检察院、公安部《办理毒品犯罪案件毒品提取、扣押、称量、取样和送检程序若干问题的规定》(公禁毒〔2016〕511号)

第34条　对毒品原植物及其种子、幼苗，应当委托具备相应资质的鉴定机构进行鉴定。当地没有具备相应资质的鉴定机构的，可以委托侦办案件的公安机关所在地的县级以上农牧、林业行政主管部门，或者设立农林相关专业的普通高等学校、科研院所出具检验报告。

(6) 最高人民法院研究室《关于贩卖、运输经过取汁的罂粟壳废渣是否构成贩卖、运输毒品罪的答复》(法研〔2010〕168号)

四川省高级人民法院：

你院川高法[2010]438号《关于被告人贩卖、运输经过取汁的罂粟壳废渣是否构成贩卖、运输毒品罪的请示》收悉。经研究，答复如下：

最高人民法院研究室认为，根据你院提供的情况，对本案被告人不宜以贩卖、运输毒品罪论处。主要考虑：(1)被告人贩卖、运输的是经过取汁的罂粟壳废渣，吗啡含量只有0.01%，含量极低，从技术和成本看，基本不可能用于提取吗啡；(2)国家对经过取汁的罂粟壳并无明文规定予以管制，实践中有关药厂也未按照管制药品对其进行相应处理；(3)无证据证明被告人购买、加工经过取汁的罂粟壳废渣是为了将其当作毒品出售，具有贩卖、运输毒品的故意。如果查明行为人有将罂粟壳废渣作为制售毒品原料予以利用的故意，可建议由公安机关予以治安处罚。

第二章　毒品数量、含量问题

第一节　不同毒品的定罪量刑数量认定标准

—— 要点提示 ——

（1）毒品的排除范围；

（2）毒品犯罪的排除性事由；

（3）规定毒品的定罪量刑数量认定标准的司法解释；

（4）无明确规定时的毒品数量认定方法；

（5）有吸毒情节的贩毒人员的贩毒数量认定方法。

纪要原文

确有证据证明出于治疗疾病等相关目的，违反有关药品管理的国家规定，未经许可经营国家规定管制的、具有医疗等合法用途的麻醉药品、精神药品的，不以毒品犯罪论处；情节严重，构成其他犯罪的，依法处理。实施带有自救、互助性质的上述行为，一般可不作为犯罪处理；确须追究刑事责任的，应依法充分体现从宽。

因治疗疾病需要，在自用、合理数量范围内携带、寄递国家规定管制的、具有医疗等合法用途的麻醉药品、精神药品进出境的，不构成犯罪。

……

走私、贩卖、运输、制造、非法持有刑法、司法解释明确规定了定罪量刑数量标准的毒品的，按照相关标准依法定罪量刑。

对于刑法、司法解释未规定定罪量刑数量标准的毒品，参考已有折算标准，综合考虑其毒害性、滥用情况、受管制程度、纯度及犯罪形势、交易价格等因素，依法定罪量刑。涉案毒品既无定罪量刑数量标准，亦无折算标准的，应当委托有关专业机构确定涉案毒品的致瘾癖性、毒害性、纯度等，综合考虑其滥用情况、受管制程度及犯罪形势、交易价格等因素，依法定罪量刑。

走私、贩卖、运输、制造、非法持有两种以上毒品，刑法、司法解释明确规定了定罪量刑数量标准的，可以根据现有定罪量刑数量标准，将不同种类的毒品分别折算为海洛因的数量，以折算后累加的毒品总量作为定罪量刑的根据，但在裁判文书中，应当客观表述涉案毒品的种类和数量，不表述折算的毒品数量；刑法、司法解释未规定定罪量刑数量标准的，参照前述规定，综合考虑相关因素，依法定罪量刑。

……

对于有吸毒情节的贩毒人员，一般应当按照其购买的毒品数量认定其贩毒数量，量刑时酌情考虑其吸食毒品的情节；购买的毒品数量无法查明的，按照能够证明的贩卖数量及查获的毒品数量认定其贩毒数量；确有证据证明其购买的部分毒品并非用于贩卖的，不计入其贩毒数量。

要点评注

1 《刑法》、司法解释规定了哪些毒品的定罪量刑数量认定标准？

虽然我国《刑法》第357条规定了毒品数量的计算原则，但其并未对同一宗毒品存在不同种类毒品的计算方式进行规定。为此，我国出台了21个司法解释及规范性文件，列管了462种麻醉药品和精神药品（包括123种麻醉药品、164种精神药品、175种非药用类麻醉药品和精神药品）。其中，部分规范性文件给出了一定的计算标准，以帮助司法实务人员对不同种类的毒品进行计算。具体包括：（1）国家药监局《关于麻醉药品精神药品品种归类和分级意见的复函》;（2）国家禁毒委员会办公室《关于印发〈104种非药用类麻醉药品和精神药品管制品种依赖性折算表〉的通知》（禁毒办通〔2016〕38号）;（3）国家禁毒委员会办公室《关于印发〈3种合成大麻素依赖性折算表〉的通知》（禁毒办通〔2019〕6号）;（4）国家禁毒委员会办公室《关于印发〈氟胺酮和7种合成大麻素依赖性折算表〉的通知》（禁毒办通〔2021〕42号）。

2 无明确规定时应怎样认定毒品数量？

尽管我国对毒品类型进行了详细的规定，但由于近年来合成毒品、新精神活性物质等的泛滥，当前采取的列管模式不可能对每一种具有与毒品危害性相当的化学物质作出规定。因此，《昆明会议纪要》作出专门规定，即对“刑法、司法解释未规定定罪量刑数量标准的毒品，参考已有折算标准，综合考虑其毒害性、滥用情况、受管制程度、纯度及犯罪形势、交易价格等因素”，对“既无定罪量刑数量标准，亦无折算标准”的毒品，“应当委托有关专业机构确定涉案毒品的致瘾癖性、毒害性、纯度等，综合考虑其滥用情况、受管制程度及犯罪形势、交易价格等因素”予以认定。而对于案件中同时涉及两种以上毒品的情形，“可以根据现有定罪量刑数量标准，将不同种类的毒品分别折算为海洛因的数量，以折算后累加的毒品总量作为定罪量刑的根据”；若刑法、司法解释未对该毒品规定定罪量刑数量的标准，则同样需要“综合考虑其毒害性、滥用情况、受管制程度、纯度及犯罪形势、交易价格等因素，依法定罪量刑”；对“既无定罪量刑数量标准，亦无折算标准”的毒品，“应当委托有关专业机构确定涉案毒品的致瘾癖性、毒害性、纯度等，综合考虑其滥用情况、受管制程度及犯罪形势、交易价格等因素”予以认定。

首先，无标准毒品的毒害性、滥用情况、受管制程度、纯度及犯罪态势、交易价格是考察的重点。第一，毒害性是毒品对公众健康造成危害的直接原因，无标准毒品的毒害性的计算可以参考既有标准，即《非法药物折算表》和国家禁毒委员会办公室印发的《104种非药用类麻醉药品和精神药品管制品种依赖性折算表》。第二，滥用情况是指无标准毒品被非法使用的数量和时空范围大小，体现了其侵害我国毒品管理制度的程度。第三，受管制程度是指该无标准毒品是否为列管的麻醉药品、精神药品，及其所属的类别。第四，纯度是指涉案无标准毒品中实际具有毒害性、成瘾性的物质所占的比例。第五，犯罪形势和交易价格的考察可以结合前述滥用情况，分析涉该类毒品犯罪的时空分布范围和数量，并可根据考察结果对未来此类毒品犯罪的发展趋势进行预估。

其次，专业鉴定机构的鉴定重点为涉案无折算标准毒品的致瘾癖性、毒害性、纯度等，综合考虑其滥用情况、受管制程度及犯罪形势、交易价格。毒害性、纯度、滥用情况、受管制程度及犯罪形势、交易价格的考察与上述无标准毒品的考察一致，而致瘾癖性则需依靠专门鉴定机构依照相关学科、行业标准进行考察。

最后，鉴于折算标准主要是从药理学、依赖性角度加以规定，未充分考虑滥用情况、犯罪形势、毒品纯度等社会危害性因素，与刑法、司法解释规定的定罪量刑数量标准在制定依据和效力上均有所不同,《昆明会议纪要》将此类情形修改为参考折算标准，并综合考虑各种因素依法定罪量刑，[①] 因此,《昆明会议纪要》将原来的“按照”已有的折算标准修改为“参考”已有的折算标准。所以，不宜将折算标准作为量刑的唯一标准，除了要参考折算标准，还要综合考虑上述全部因素，不可孤立看待。对数量较大，但纯度、致瘾癖性较低、滥用情况、犯罪形势并不严峻的列管麻醉药品、精神药品，应当予以认定并依法计算，不可唯数量论；对符合高致瘾癖性、高毒害性的麻精药品，出于科研等正当目的使用，且情节轻微的，可以不认定为毒品。

案例拓展

赵某某贩卖、运输毒品案——未进行毒品含量鉴定的新类型毒品案件应如何量刑（《刑事审判参考》第536号案例）

裁判规则提炼：毒品数量虽然直接反映了被告人犯罪对社会的危害，刑法也规定以毒品的数量作为量刑的主要依据，但是如果不同毒品的定罪量刑数量标准差异过大，仍有损于刑罚的公正。鉴于大量掺假毒品和成分复杂的新类型毒品不断出现，为做到罪刑相当、罚当其罪，保证毒品案件的审判质量，对掺兑、掺假毒品，应当既做定性分析，又做定量分析；对规定应当进行毒品含量鉴定的案件，必须进行含量鉴定；对于没有明确规定数量折算标准的新类型毒品，

---

① 参见李睿懿等:《〈全国法院毒品案件审判工作会议纪要〉的理解与适用》，载《法律适用》2023年第10期。

应充分考虑其致瘾癖性、戒断性及社会危害性等酌情量刑。

相关规范

1.《刑法》规定

第357条 【毒品的范围及毒品数量的计算原则】本法所称的毒品，是指鸦片、海洛因、甲基苯丙胺（冰毒）、吗啡、大麻、可卡因以及国家规定管制的其他能够使人形成瘾癖的麻醉药品和精神药品。

毒品的数量以查证属实的走私、贩卖、运输、制造、非法持有毒品的数量计算，不以纯度折算。

2. 其他规定

（1）《禁毒法》

第2条 本法所称毒品，是指鸦片、海洛因、甲基苯丙胺（冰毒）、吗啡、大麻、可卡因，以及国家规定管制的其他能够使人形成瘾癖的麻醉药品和精神药品。

根据医疗、教学、科研的需要，依法可以生产、经营、使用、储存、运输麻醉药品和精神药品。

（2）最高人民检察院《关于〈非药用类麻醉药品和精神药品管制品种增补目录〉能否作为认定毒品依据的批复》

（3）最高人民法院研究室《关于氯胺酮能否认定为毒品问题的答复》（法［研］明传〔2002〕11号）

（4）国家食品药品监督管理局、公安部、国家卫生和计划生育委员会《关于公布麻醉药品和精神药品品种目录的通知》（食药监药化监〔2013〕230号）

（5）国家食品药品监督管理总局、公安部、国家卫生和计划生育委员会《关于将含可待因复方口服液体制剂列入第二类精神药品管理的公告》（国家食品药品监督管理总局、公安部、国家卫生和计划生育委员会公告2014年第10号）

（6）公安部、国家卫生和计划生育委员会、国家食品药品监督管理总局、国家禁毒委员会办公室《非药用类麻醉药品和精神药品列管办法》（公通字〔2015〕27号）

（7）公安部、国家食品药品监督管理总局、国家卫生和计划生育委员会《关于将卡芬太尼等四种芬太尼类物质列入非药用类麻醉药品和精神药品管制品种增补目录的公告》

（8）公安部、国家食品药品监督管理总局、国家卫生和计划生育委员会《关于将N-甲基-N-（2-二甲氨基环己基）-3，4-二氯苯甲酰胺（U-47700）等四种物质列入非药用类麻醉药品和精神药品管制品种增补目录的公告》

（9）公安部《关于将4-氯乙卡西酮等32种物质列入非药用类麻醉药品和精神药品管制品种增补目录的公告》

（10）公安部、国家卫生健康委员会、国家药品监督管理局《关于将芬太尼类物质列入〈非药用类麻醉药品和精神药品管制品种增补目录〉的公告》

（11）国家药品监督管理局、公安部、国家卫生健康委员会《关于将含羟考酮复方制剂等品种列入精神药品管理的公告》

（12）国家药品监督管理局、公安部、国家卫生健康委员会《关于将瑞马唑仑列入第二类精神药品管理的公告》

（13）公安部、国家卫生健康委员会、国家药品监督管理局《关于将合成大麻素类物质和氟胺酮等18种物质列入〈非药用类麻醉药

品和精神药品管制品种增补目录〉的公告》

（14）公安部、商务部、国家卫生健康委员会、应急管理部、海关总署、国家药品监督管理局《关于将3-氧-2-苯基丁酸甲酯、3-氧-2-苯基丁酰胺、2-甲基-3-［3，4-（亚甲二氧基）苯基］缩水甘油酸、2-甲基-3-［3，4-（亚甲二氧基）苯基］缩水甘油酸甲酯、苯乙腈和 γ-丁内酯6种物质列入易制毒化学品管理的公告》

（15）国家药品监督管理局、公安部、国家卫生健康委员会《关于调整麻醉药品和精神药品目录的公告》

（16）国家药品监督管理局《关于麻醉药品精神药品品种归类和分级意见的复函》

（17）国家禁毒委员会办公室《关于印发〈104种非药用类麻醉药品和精神药品管制品种依赖性折算表〉的通知》（禁毒办通〔2016〕38号）

（18）国家禁毒委员会办公室《关于印发〈3种合成大麻素依赖性折算表〉的通知》（禁毒办通〔2019〕6号）

（19）国家禁毒委员会办公室《关于印发〈氟胺酮和7种合成大麻素依赖性折算表〉的通知》（禁毒办通〔2021〕42号）

（20）国家药品监督管理局、公安部、国家卫生健康委员会《关于调整麻醉药品和精神药品目录的公告》

（21）《易制毒化学品管理条例》（国务院令第703号）

（22）国务院办公厅《关于同意将N-苯乙基-4-哌啶酮、4-苯胺基-N-苯乙基哌啶、N-甲基-1-苯基-1-氯-2-丙胺、溴素、1-苯基-1-丙酮列入易制毒化学品品种目录的函》（国办函〔2017〕120号）

（23）国家禁毒委员会《关于印发〈依托咪酯依赖性折算表〉的

通知》（禁毒办通〔2023〕15 号）

（24）《国家药监局、公安部、国家卫生健康委关于调整精神药品目录的公告》（2024 年第 54 号）

3. 往届纪要（已失效）

（1）2000 年《南宁会议纪要》

关于国家管制的刑法未明确规定数量标准的精神药品和麻醉药品的量刑数量标准。在有关司法解释出台前，审理这类案件时，应由有关专业部门确定涉案毒品的毒效、有毒成分的大小和多少、吸毒者对该毒品的依赖程度。因条件限制不能确定的，可以参考相关毒品非法交易的价格等因素，决定对被告人适用的刑罚，判处死刑的应当慎重掌握。

（2）2008 年《大连会议纪要》

对于国家管制的精神药品和麻醉药品，刑法、司法解释等尚未明确规定量刑数量标准，也不具备折算条件的，应由有关专业部门确定涉案毒品毒效的大小、有毒成分的多少、吸毒者对该毒品的依赖程度，综合考虑其致瘾癖性、戒断性、社会危害性等依法量刑。因条件限制不能确定的，可以参考涉案毒品非法交易的价格因素等，决定对被告人适用的刑罚，但一般不宜判处死刑立即执行。

（3）2015 年《武汉会议纪要》

走私、贩卖、运输、制造、非法持有两种以上毒品的，可以将不同种类的毒品分别折算为海洛因的数量，以折算后累加的毒品总量作为量刑的根据。对于刑法、司法解释或者其他规范性文件明确规定了定罪量刑数量标准的毒品，应当按照该毒品与海洛因定罪量刑数量标准的比例进行折算后累加。对于刑法、司法解释及其他规范性文件没有规定定罪量刑数量标准，但《非法药物折算表》规定了与海洛因的折算比例的毒品，可以按照《非法药物折算表》折算为海洛因后进行累加。对于既未规定定罪量刑数量标准，又不具备折算条件的毒品，综合考虑其致瘾癖性、社会危害性、数量、纯度等因素依法量刑。在裁判文书中，应当客观表述涉案毒品的种类和数量，并综合认定为数量大、数量较大或者少量毒品等，不明确表述将不同种类毒品进行折算后累加的毒品总量。

第二节　混合型毒品的数量认定标准及处理

—— 要点提示 ——

（1）何为混合型毒品；

（2）混合型毒品种类的认定方法；

（3）混合型毒品数量的认定方法。

纪要原文

对于含有两种以上毒品成分的混合型毒品，应当根据相关成分和含量鉴定，确定其所含不同毒品的成分及比例，并根据主要毒品成分和具体形态认定毒品种类、确定名称。混合型毒品中含有海洛因或者甲基苯丙胺（冰毒，下同）成分的，一般以海洛因或者甲基苯丙胺分别认定毒品种类；不含海洛因、甲基苯丙胺成分，或者海洛因、甲基苯丙胺含量极低的，可以根据混合型毒品中其他定罪量刑数量标准较低且含量较高的毒品成分认定毒品种类，并在量刑时综合考虑其他毒品的成分、含量和全案毒品数量。

要点评注

1　什么是混合型毒品？

与《昆明会议纪要》规定的“混合型毒品”不同，实践中时常采用“混合毒品”的概念，并将其分为以下四种类型：第一，毒品与非毒品物质混合所得毒品；第二，由不同类型毒品混合而成的毒品；第三，犯罪行为涉及两种及以上类型的毒品；第四，犯罪行为涉及两种及以上类型的毒品，其中既包括第一种类型中成分单一的毒品，也包括第二种类型中的混合毒品。[①] 由于《昆明会议纪要》明确规定了"含有两种以上毒品成分的混合型毒品"，因此，"混合型毒品"仅指上述第二种类型。上述第一种类型事实上涉及毒品纯度的问题，将在本章第五节中讨论；第三种类型并不属于"混合型毒品"，可以根据本章第一节的内容进行理解与认定；第四种类型可以结合本章第一节、本节和第五节的内容综合理解与认定。

值得注意的是，"混合"是相对于"独立""区分""分离"而言的，"混合"不意味着必须是化学层面的混合（分子式改变）。原因在于，毒品的主要危害仍是滥用造成的生理性、病理性、心理性危害及其造成的次生危害，毒害性和滥用导致的次生危害是毒品危害的核心要素。若毒品在进入流通环节时仍然不能被较为容易地进行成分分离，则可以认为此类毒品是以混合型毒品的性质被制造出来的。因此，即使两种及以上的毒品仅仅以物理的形式被"混合"在一起，各毒品成分的化学性质并未发生改变，但只要该毒品是以"混合型毒品"的性质被制造出来的，就可以认定为混合型毒品。相反，对于因"混合"而产生化学性质变动的毒品，其有可能因为新化学性质的产生而演变为一种"单一型毒品"，各原本毒品成分融为一体，化学性质彻底改变，反而不宜以混合型毒品予以认定。

---

① 参见彭景理：《混合毒品数量认定方式之完善——基于 200 份裁判文书的考察》，载《中国人民公安大学学报（社会科学版）》2019 年第 5 期。

2　如何认定混合毒品的种类？

与《大连会议纪要》不同,《昆明会议纪要》规定，在认定混合型毒品时，“应当根据相关成分和含量鉴定，确定其所含不同毒品的成分及比例，并根据主要毒品成分和具体形态认定毒品种类、确定名称”，而非《大连会议纪要》规定的那样直接以是否含有海洛因或甲基苯丙胺进行区分认定。

首先，要分析混合型毒品的成分及其含量，这需要专门鉴定机构进行鉴定。其次，根据成分和含量确定混合型毒品中所含的不同毒品的成分及比例，这需要参照《刑法》、司法解释等规范及本章第一节对没有《刑法》和司法解释明确规定计算标准的毒品的认定方式。最后，应当根据主要毒品成分和具体形态认定毒品种类、确定名称。

对于“含有海洛因或者甲基苯丙胺（冰毒，下同）成分”的混合型毒品,《昆明会议纪要》明确要求“一般以海洛因或者甲基苯丙胺分别认定毒品种类”。而对“不含海洛因、甲基苯丙胺成分，或者海洛因、甲基苯丙胺含量极低的，可以根据混合型毒品中其他定罪量刑数量标准较低且含量较高的毒品成分认定毒品种类，并在量刑时综合考虑其他毒品的成分、含量和全案毒品数量”。

对于混合型毒品中海洛因、甲基苯丙胺含量极低的情形,《昆明会议纪要》并未规定何种情形属于“含量极低”。最高人民法院研究室《关于贩卖、运输经过取汁的罂粟壳废渣是否构成贩卖、运输毒品罪的答复》(法研〔2010〕168号）指出:“最高人民法院研究室认为，根据你院提供的情况，对本案被告人不宜以贩卖、运输毒品罪论处。主要考虑:(1）被告人贩卖、运输的是经过取汁的罂粟壳废渣，吗啡含量只有0.01%，含量极低，从技术和成本看，基本不可能用于提取吗啡……”而海洛因的主要成分正是吗啡。因此，可以认为，至少当海洛因或甲基苯丙胺的含量不足 0.01% 且无法提取，或提取后不足以单独使一般人产生瘾癖，或对一般人的身体健康造成重大损害时，可以视为“含量极低”。至于其他含量较低的情形能否被认定为“极低”，需要结合是否具有毒品成分效用等具体情况作具体分析。

对于混合型毒品中不含海洛因、甲基苯丙胺成分的情形，《昆明会议纪要》规定“可以根据混合型毒品中其他定罪量刑数量标准较低且含量较高的毒品成分”来认定毒品种类。

首先，“定罪量刑数量标准较低”是相对于混合型毒品中的其他毒品而言的，其不仅要求该种毒品在形式上的定罪量刑标准低于混合型毒品中的其他毒品，还反映了该毒品实际的毒害性、成瘾性大于混合型毒品中的其他毒品，在涉及新型毒品时应当特别注意。因此，不仅需要参照《非法药物折算表》等相关规范进行计算，对于缺乏折算标准的毒品、麻精药品，还应当根据其滥用情况、犯罪形势、毒品纯度等社会危害性因素进行综合判断。

其次，还应当考虑该种毒品在混合型毒品中的含量高低。含量与纯度不同，前者是一个绝对值，仅以自身的大小为判断依据；而后者是一个相对数值，需要与混合型毒品的总质量进行比较。因此，在分析混合型毒品中某一种成分的含量时，需要分析其绝对数值。至于《昆明会议纪要》指出的需“确定其所含不同毒品的成分及比例”，其所称的“比例”是混合型毒品中各毒品成分的比例，用于确定各毒品成分的多寡，进而确定以何种成分认定混合型毒品的种类，而不是讨论某一成分在混合型毒品整体中所占的比例。在《昆明会议纪要》中，“其他定罪量刑数量标准较低”与“含量较高”之间的连词为“且”，表明二者必须一并考虑。这意味着，若混合型毒品中某种毒品的定罪量刑数量标准较低，但其含量在混合型毒品中仅占少数，难以被认定为“较高”，则一般不宜以其认定混合型毒品的种类。

最后，前述认定思路仅仅是《昆明会议纪要》给出的一种参考思路，从“可以”一词就能发现，这一思路并不是绝对的。一方面，之所以要认定混合型毒品的种类，是因为其难以进行区分。倘若两种及以上的毒品虽然形式上混在一起，但由于其化学成分不存在冲突之处，且很容易将其区分开来，则没有必要以混合型毒品予以认定。例如，在运输毒品的过程中，毒品犯罪分子可能将两种及以上化学成分不存在冲突的毒品混合在一起进行运输，待运输完成后再将其区分开来，分别出售。此时，完全可以从根本上否定其混合型毒品的性质，并分别予以认定。另一方面，当混合型毒品中同时存在两种及以上“定罪量刑数量标准较低且含量较高”的成分，且二者标准、含量相近时，此种方法就失去了定性的能力。因此，不能将前述思路作为一种教条式的解决方案。《昆明会议纪要》也专门强调，涉不含海洛因、甲基苯丙胺成分，或者海洛因、甲基苯丙胺含量极低的混合型毒品的审判工作，要“在量刑时综合考虑其他毒品的成分、含量和全案毒品数量”，其目的即在于要求法官充分考虑毒品的滥用情况、犯罪形势、毒品纯度等社会危害性因素。[①] 在出现上述多种毒品标准、含量相近的情况时，还应当综合考虑其他因素，

---

① 参见李睿懿等:《〈全国法院毒品案件审判工作会议纪要〉的理解与适用》，载《法律适用》2023年第10期。

区分各毒品成分中哪一种最能体现当前、当地的毒情形势，合法合理地对混合型毒品的种类进行认定。

3 如何认定混合型毒品的数量？

根据《昆明会议纪要》的规定，混合型毒品的数量认定以确定混合型毒品的种类为前提。在确定混合型毒品的种类后，应当将混合型毒品中除被认定为毒品之外的其他毒品成分，依照相关规范，并结合其毒害性、滥用情况、受管制程度、纯度及犯罪形势、交易价格、鉴定机构及鉴定结果、专业机构意见等因素进行综合判断。

案例拓展

凌某某、刘某某贩卖、制造毒品案——如何认定毒品共犯的地位、作用以及“制造”毒品行为（《刑事审判参考》第800号案例）

裁判规则提炼：从主观目的来看，混合毒品应当是被有意制造出的一种新类型的毒品。从客观行为来看，混合毒品应当根据一定的比例和特殊的工艺进行配制，且成品足以达到改变毒品成分和效用的程度。

相关规范

1.《刑法》规定

第357条 【毒品的范围及毒品数量的计算原则】本法所称的毒品，是指鸦片、海洛因、甲基苯丙胺（冰毒）、吗啡、大麻、可卡因以及国家规定管制的其他能够使人形成瘾癖的麻醉药品和精神药品。

毒品的数量以查证属实的走私、贩卖、运输、制造、非法持有毒品的数量计算，不以纯度折算。

2. 其他规定

(1)《禁毒法》

第2条　本法所称毒品，是指鸦片、海洛因、甲基苯丙胺（冰毒）、吗啡、大麻、可卡因，以及国家规定管制的其他能够使人形成瘾癖的麻醉药品和精神药品。

根据医疗、教学、科研的需要，依法可以生产、经营、使用、储存、运输麻醉药品和精神药品。

(2) 最高人民检察院《关于〈非药用类麻醉药品和精神药品管制品种增补目录〉能否作为认定毒品依据的批复》

(3) 最高人民法院研究室《关于氯胺酮能否认定为毒品问题的答复》（法［研］明传〔2002〕11号）

(4) 国家食品药品监督管理局、公安部、国家卫生和计划生育委员会《关于公布麻醉药品和精神药品品种目录的通知》（食药监药化监〔2013〕230号）

(5) 国家食品药品监督管理总局、公安部、国家卫生和计划生育委员会《关于将含可待因复方口服液体制剂列入第二类精神药品管理的公告》（国家食品药品监督管理总局、公安部、国家卫生和计划生育委员会公告2014年第10号）

(6) 公安部、国家卫生和计划生育委员会、国家食品药品监督管理总局、国家禁毒委员会办公室《非药用类麻醉药品和精神药品列管办法》（公通字〔2015〕27号）

（7）公安部、国家食品药品监督管理总局、国家卫生和计划生育委员会《关于将卡芬太尼等四种芬太尼类物质列入非药用类麻醉药品和精神药品管制品种增补目录的公告》

（8）公安部、国家食品药品监督管理总局、国家卫生和计划生育委员会《关于将N-甲基-N-（2-二甲氨基环己基）-3，4-二氯苯甲酰胺（U-47700）等四种物质列入非药用类麻醉药品和精神药品管制品种增补目录的公告》

（9）公安部《关于将4-氯乙卡西酮等32种物质列入非药用类麻醉药品和精神药品管制品种增补目录的公告》

（10）公安部、国家卫生健康委员会、国家药品监督管理局《关于将芬太尼类物质列入〈非药用类麻醉药品和精神药品管制品种增补目录〉的公告》

（11）国家药品监督管理局、公安部、国家卫生健康委员会《关于将含羟考酮复方制剂等品种列入精神药品管理的公告》

（12）国家药品监督管理局、公安部、国家卫生健康委员会《关于将瑞马唑仑列入第二类精神药品管理的公告》

（13）公安部、国家卫生健康委员会、国家药品监督管理局《关于将合成大麻素类物质和氟胺酮等18种物质列入〈非药用类麻醉药品和精神药品管制品种增补目录〉的公告》

（14）公安部、商务部、国家卫生健康委员会、应急管理部、海关总署、国家药品监督管理局《关于将3-氧-2-苯基丁酸甲酯、3-氧-2-苯基丁酰胺、2-甲基-3-［3，4-（亚甲二氧基）苯基］缩水甘油酸、2-甲基-3-［3，4-（亚甲二氧基）苯基］缩水甘油酸甲酯、苯乙腈和 γ-丁内酯6种物质列入易制毒化学品管理的公告》

（15）国家药品监督管理局、公安部、国家卫生健康委员会《关

于调整麻醉药品和精神药品目录的公告》

（16）国家药品监督管理局《关于麻醉药品精神药品品种归类和分级意见的复函》

（17）国家禁毒委员会办公室《关于印发〈104种非药用类麻醉药品和精神药品管制品种依赖性折算表〉的通知》（禁毒办通〔2016〕38号）

（18）国家禁毒委员会办公室《关于印发〈3种合成大麻素依赖性折算表〉的通知》（禁毒办通〔2019〕6号）

（19）国家禁毒委员会办公室《关于印发〈氟胺酮和7种合成大麻素依赖性折算表〉的通知》（禁毒办通〔2021〕42号）

（20）国家药品监督管理局、公安部、国家卫生健康委员会《关于调整麻醉药品和精神药品目录的公告》

（21）最高人民法院研究室《关于贩卖、运输经过取汁的罂粟壳废渣是否构成贩卖、运输毒品罪的答复》（法研〔2010〕168号）

3. 往届纪要（已失效）

2008年《大连会议纪要》

……制造毒品不仅包括非法用毒品原植物直接提炼和用化学方法加工、配制毒品的行为，也包括以改变毒品成分和效用为目的，用混合等物理方法加工、配制毒品的行为，如将甲基苯丙胺或者其他苯丙胺类毒品与其他毒品混合成麻古或者摇头丸。……

对于含有二种以上毒品成分的毒品混合物，应进一步作成分鉴定，确定所含的不同毒品成分及比例。对于毒品中含有海洛因、甲基苯丙胺的，应以海洛因、甲基苯丙胺分别确定其毒品种类；不含海洛因、甲基苯丙胺的，应以其中毒性较大的毒品成分确定其毒品种类；如果毒性相当或者难以确定毒性大小的，以其中比例较大的毒品成分确定其毒品种类，并在量刑时综合考虑其他毒品成分、含量和全案所涉毒品数量。对于刑法、司法解释等已规定了量刑数量标准的毒品，按照刑法、司法解释等规定适用刑罚；对于刑法、司法解释等没有规定量刑数量标准的毒品，有条件折算为海洛因的，参照国家食品药品监督管理局制定的《非法药物折算表》，折算成海洛因的数量后适用刑罚。

第三节　未查获实物的毒品数量认定问题

—— 要点提示 ——

（1）毒品交易金额和单价对认定毒品数量的作用；

（2）在案证据证明的毒品粒数与相关案件中查获的同类毒品的一般重量对认定混合型毒品数量的作用。

纪要原文

根据现有证据能够认定被告人实施了毒品犯罪，但未查获毒品实物的，应当根据在案证据依法认定毒品数量。有确实、充分的证据证实毒品交易金额和单价的，可以据此认定毒品数量。制造毒品的，不应单纯根据制毒原料制成毒品率估算毒品数量。无法根据现有证据认定涉案毒品具体数量的，可以在事实部分客观表述毒品交易的金额、次数或者制毒原料的数量等，表明其实施毒品犯罪的情节、危害。对于未查获实物的甲基苯丙胺片剂（俗称“麻古”等，下同）、MDMA片剂（俗称“摇头丸”）等混合型毒品，可以根据在案证据证明的毒品粒数，参考相关案件中查获的同类毒品的一般重量计算毒品数量；在裁判文书中，则只客观表述根据在案证据认定的毒品粒数。

要点评注

1 是否可以仅根据毒品交易金额和单价认定毒品数量？

《昆明会议纪要》规定，“有确实、充分的证据证实毒品交易金额和单价的，可以据此认定毒品数量”。此处有两个限制：一是“毒品交易金额和单价”有“有确实、充分的证据证实”，二是“可以据此认定”。对于前者，《昆明会议纪要》在征求意见过程中，各方普遍认为，诸如被告人供述、证人证言、账本、转账记录、通信记录等证据可以用于证实毒品交易金额和单价。[①] 对于后者，《昆明会议纪要》指出“可以据此认定”而非“应当据此认定”的原因在于：毒品交易本质上并不违背商品交易的一般性规律，数量不能简单地通过“金额 ÷ 单价”得出。一方面，在缺乏监管的毒品交易中，交易单价可能随交易对象、交易数量等因素的改变而改变，查获的账本、记录可能仅仅是参考单价或某一宗毒品的单价，是独立于另一宗交易的单价，其实际价格仍需结合全部证据进行综合分析。实际上，完全可能存在结合全部现有证据也仅能认定某毒贩全部贩卖行为中某一次或几次交易的单价，不能证明具体的某一宗毒品的单价的情形。因此，不能基于某一次或几次毒品交易的单价轻易认定毒品数量，尤其是在同一种毒品存在不同的单价时。另一方面，能够依毒品的交易金额和单价确认毒品数量的情况仅限于交易金额包括毒品价格本身，而不包括诸如介绍、运输等费用的情形。由于《刑

---

① 参见李睿懿等：《〈全国法院毒品案件审判工作会议纪要〉的理解与适用》，载《法律适用》2023年第10期。

法》及相关法律规范并未对“毒品交易金额”进行定义，从一般人的视角来看，毒品交易金额不仅仅包括毒品本身的价格，也包含中介、物流费用，这当然会影响对毒品数量的计算。最高人民检察院、公安部《关于公安机关管辖的刑事案件立案追诉标准的规定（三）》（公通字〔2012〕26号）规定，“以贩卖为目的而非法收买”也是“贩卖”，因此，毒贩A以贩卖为目的向毒贩B购买毒品即构成贩卖毒品罪。然而，在毒品犯罪网络化的现在，毒品交易链条被大幅拉长，毒贩A的毒品数量认定就变得比较复杂。若毒贩A需要将部分毒品或毒贩B需要将部分交易金额分给帮助其完成交易的协助者作为报酬，而在这个链条中，诸如快递员乃至吸毒人员等部分协助者可能对双方的毒品交易皆不“明知”，则哪一部分“毒品交易金额”是毒品的价格、哪一部分是毒品价格外的费用就难以明确，不能简单通过“毒品交易金额 ÷ 毒品交易单价”的计算来认定毒贩A贩卖的毒品数量。

2 是否可以仅根据在案证据证明的毒品粒数，参考相关案件中查获的同类毒品的一般重量认定混合型毒品数量？

《昆明会议纪要》规定，“对于未查获实物的甲基苯丙胺片剂（俗称‘麻古’等，下同）、MDMA片剂（俗称‘摇头丸’）等混合型毒品，可以根据在案证据证明的毒品粒数，参考相关案件中查获的同类毒品的一般重量计算毒品数量”。此处有三个限定词——“可以”、“参考”和“相关案件”。故在制造毒品案件中，“相关案件中查获的同类毒品的一般重量”仅仅是“可以”“参考”，而非一个绝对的标准。此外，最高人民法院对《昆明会议纪要》的解读指出，在制造毒品案件中，不同案件中制毒原料品质及制毒技术水平往往存在差异，[1] 这也是《昆明会议纪要》要求“不应单纯根据制毒原料制成毒品率估算毒品数量”的原因。

至于“相关案件”的范围，至少有以下两种情形应当被考虑：第一，对于有证据证明不同宗毒品源于同一制毒者的，其各自所属案件之间可以互相参考；第二，对于毒品再犯，可以参考其之前的毒品案件。若案件不属于上述类型，则需进一步考察案件之间在所涉毒品类型、价格、致瘾癖性、毒害性、滥用情况等方面是否具有相似性，以确认是否属于“相似案件”的范畴，案件的范围不限于同一地区。若通过上述方法仍不足以将其他案件认为是“相似案件”，则应根据其他在案证据依法认定毒品数量。

值得注意的是，与《武汉会议纪要》规定的“平均重量”不同，《昆明会议纪要》采用的是“一般重量”的表述。因此，重量计算的参考标准不再是相对机械的运算，而是需要结合各种因素综合考虑“一般性”。

案例拓展

王某某贩卖、制造毒品案——制造的毒品被贩卖，没有查获的，应根据相关证据和案件的具体情况来认定毒品的数量（《刑事审判参考》第534号案例）

裁判规则提炼：毒品数量是毒品犯罪案件的一个重要事实，也

① 李睿懿等：《〈全国法院毒品案件审判工作会议纪要〉的理解与适用》，载《法律适用》2023年第10期。

是定罪量刑的一个重要情节。在毒品犯罪案件中，毒品没有被查获的，毒品的数量一般是根据被告人的供述，按照“就低不就高”、有利于被告人的原则来认定，即在毒品没有被查获的情况下，毒品的数量一般根据被告人一致的供述来认定，若供述不一致，则按照“就低不就高”、有利于被告人的原则来认定。但在制造毒品尤其是被告人多次制造毒品的案件中，如果被告人对某一起制造的毒品数量的供述不一致，则还要根据案件的具体情况来确定制造毒品的数量。这些具体情况通常包括制毒原材料和设备是否相同、制毒方法是否一致、制毒过程中是否出现差错导致没有制造出毒品或者只制造出少量毒品等因素，同时参照另外几起所制造的毒品数量等因素综合判定。

相关规范

1. 现行规定

（1）最高人民检察院公诉厅《毒品犯罪案件公诉证据标准指导意见（试行）》（〔2005〕高检诉发第32号）

（2）公安部《公安机关勘验检查及处置制造毒品案件现场规定》（公禁毒〔2010〕333号）

（3）最高人民法院、最高人民检察院、公安部《办理毒品犯罪案件毒品提取、扣押、称量、取样和送检程序若干问题的规定》（公禁毒〔2016〕511号）

2. 往届纪要（已失效）

2015年《武汉会议纪要》

对于未查获实物的甲基苯丙胺片剂（俗称“麻古”等）、MDMA片剂（俗称“摇头丸”）等混合型毒品，可以根据在案证据证明的毒品粒数，参考本案或者本地区查获的同类毒品的平均重量计算出毒品数量。在裁判文书中，应当客观表述根据在案证据认定的毒品粒数。

第四节　有吸毒情节的贩毒人员的贩毒数量认定

—— 要点提示 ——

（1）吸毒情节的作用；

（2）购买的毒品数量无法查明时的贩毒数量认定方法；

（3）他人赠送的毒品的认定。

纪要原文

对于有吸毒情节的贩毒人员，一般应当按照其购买的毒品数量认定其贩毒数量，量刑时酌情考虑其吸食毒品的情节；购买的毒品数量无法查明的，按照能够证明的贩卖数量及查获的毒品数量认定其贩毒数量；确有证据证明其购买的部分毒品并非用于贩卖的，不计入其贩毒数量。

要点评注

1　贩毒人员的吸食毒品情节是否仅影响量刑？

《昆明会议纪要》延续了《武汉会议纪要》的规定，吸毒者贩卖毒品的，“一般应当按照其购买的毒品数量认定其贩毒数量”，仅在“量刑时酌情考虑其吸食毒品的情节”。也就是说，在“一般”情况下，贩毒人员的吸毒情节并不对其贩卖的毒品数量产生影响。至于

“非一般”的情况,《昆明会议纪要》指出,“确有证据证明其购买的部分毒品并非用于贩卖的,不应计入其贩毒数量”。易言之,以贩卖为目的购入的毒品数量,均应当计入贩卖毒品的数量。但确有证据证明购入的部分毒品是为了用于吸食等非贩卖目的,相应数量不应计入贩卖数量。贩毒人员的吸毒情节是证明其将毒品用于吸食而非贩卖的必要条件,但不是充分条件,确定是否具有吸食等非贩卖目的,还需结合其辩称用于吸食的毒品是否被单独分装保存等事实和证据进行分析判断。

2 购买的毒品数量无法查明时如何认定?

《昆明会议纪要》规定,“购买的毒品数量无法查明的,按照能够证明的贩卖数量及查获的毒品数量认定其贩毒数量”。值得一提的是,“能够证明的贩卖数量”应当是已经交付的数量。原因在于,贩卖并不意味着毒品交付的完成,实务中完全可能存在贩毒者还未来得及交付毒品就被查获的情况。此时,事实上查获的毒品包括了准备交付的毒品。故应当将这部分已进入“贩卖”流程但并未交付的毒品排除出“查获的毒品”的范畴。

3 他人赠送的毒品如何定性?

在司法实践中,或许会出现有吸毒情节的贩毒人员接受他人赠送的毒品的情形。随之产生的问题便是,受赠的毒品能否认定为贩卖的毒品?

第一,根据《昆明会议纪要》的规定,对于有吸毒情节的贩毒人员,“一般应当按照其购买的毒品数量认定其贩毒数量”。具有吸毒情节的毒贩对受赠的毒品一般有两种处理方式,即吸食(包括处于持有状态并计划用于吸食）和贩卖。对于前一种情形的毒品，在有证据证明其被用于吸食的情况下，其本质与购买并用于吸食的毒品没有区别，不应当视为用于贩卖的毒品，故不能计入贩卖数量。而对于后一种情形的毒品，尽管赠送与接受在表面上不存在利益交换，但由于毒品犯罪的社会危害性主要在于使毒品流入社会造成公民健康受损和社会秩序紊乱，这意味着，被用于贩卖的受赠毒品与买入的毒品一样，都将增加毒品流入社会的风险，其本质与“为卖而买”的毒品没有区别。因此，其认定应当依照《昆明会议纪要》的规定，计入贩卖数量。

第二，若有证据证明贩毒人员虽不打算将受赠毒品用于贩卖，但也不准备将其用于吸食，而是另作他用，如用于制造新的毒品，或用作交换其他毒品，则对于此种受赠毒品，也不宜直接计入贩卖数量中。对于用于制造新的毒品的情形，可计入制造毒品数量中（但应当考虑损耗等）；对于用于换取其他毒品的情形，由于以物易物亦可以视作交易的一种形式，故将毒品互换视作贩卖不存在理论上的问题，可以将其计入贩卖的数量中。

案例拓展

高某贩卖毒品、宋某非法持有毒品案——以贩养吸的吸毒人员购买的毒品已灭失，且存在被其自行吸食的可能性的，该部分毒品不应计入贩卖毒品的数量（《刑事审判参考》第 853 号案例）

裁判规则提炼：第一，在办理以贩养吸的被告人贩卖毒品的案件时，应视具体情况而区别处理。对于以贩养吸的被告人，其被查获的毒品数量原则上应当计入其贩毒数量，但被告人既吸食又贩卖毒品，查获的毒品中部分可能系其准备用于吸食，故从有利于被告人的角度，对于查获的这部分毒品在量刑时应当考虑被告人吸食毒品的情节，酌情予以从宽处罚。第二，可能被吸食的毒品是否计入贩卖毒品的数量。以贩养吸的被告人购买一定数量的毒品后，吸食掉其中一部分的，已被吸食部分不计入其贩卖毒品的数量。同样，对于有证据证明以贩养吸的被告人已经买入毒品，但没有证据证明该毒品被其贩卖，亦未被查获，如该毒品的数量在个人合理吸食量范围之内的，也存在被被告人吸食的可能性，这部分毒品不应计入其贩卖毒品的数量。

相关规范

1. 现行规定

（1）最高人民检察院公诉厅《毒品犯罪案件公诉证据标准指导意见（试行）》(〔2005〕高检诉发第 32 号）

（2）公安部《公安机关勘验检查及处置制造毒品案件现场规定》（公禁毒〔2010〕333 号）

（3）最高人民法院、最高人民检察院、公安部《办理毒品犯罪案件毒品提取、扣押、称量、取样和送检程序若干问题的规定》(公禁毒〔2016〕511 号）

2. 往届纪要（已失效）

(1) 2000年《南宁会议纪要》

对于以贩养吸的被告人，被查获的毒品数量应认定为其犯罪的数量，但量刑时应考虑被告人吸食毒品的情节。

(2) 2008年《大连会议纪要》

对于以贩养吸的被告人，其被查获的毒品数量应认定为其犯罪的数量，但量刑时应考虑被告人吸食毒品的情节，酌情处理；被告人购买了一定数量的毒品后，部分已被其吸食的，应当按能够证明的贩卖数量及查获的毒品数量认定其贩毒的数量，已被吸食部分不计入在内。

(3) 2015年《武汉会议纪要》

对于有吸毒情节的贩毒人员，一般应当按照其购买的毒品数量认定其贩卖毒品的数量，量刑时酌情考虑其吸食毒品的情节；购买的毒品数量无法查明的，按照能够证明的贩卖数量及查获的毒品数量认定其贩毒数量；确有证据证明其购买的部分毒品并非用于贩卖的，不应计入其贩毒数量。

第五节　毒品纯度与数量认定

—— 要点提示 ——

(1)“司法解释另有规定”中的司法解释的范围;

(2)“逃避查缉等临时改变毒品常规形态”包括的情形。

纪要原文

除司法解释另有规定或者为了逃避查缉等临时改变毒品常规形态的情形外，一般均应将查证属实的毒品数量认定为毒品犯罪的数量，并据此确定适用的法定刑幅度。涉案毒品纯度明显低于同类毒品的正常纯度的，量刑时可酌情考虑。

毒品成品、半成品的数量应当全部认定为制造毒品的数量，废液、废料不计入制造毒品的数量。制毒废液、废料的认定，可以根据其残存毒品成分的含量、外观形态、存放的容器和位置，结合被告人对制毒过程、查获毒品疑似物性质的供述和辩解等证据进行分析判断，必要时可以听取专业机构意见。

对于查获的相关毒品，未根据《最高人民法院、最高人民检察院、公安部办理毒品犯罪案件毒品提取、扣押、称量、取样和送检程序若干问题的规定》第三十三条进行鉴定的，应当要求公安机关委托鉴定机构进行含量鉴定。

要点评注

1 “司法解释另有规定”是指什么？

最高人民法院《关于审理毒品犯罪案件适用法律若干问题的解释》（法释〔2016〕8号）第1条第2款规定：“国家定点生产企业按照标准规格生产的麻醉药品或者精神药品被用于毒品犯罪的，根据药品中毒品成分的含量认定涉案毒品数量。”因此，当有证据证明涉案毒品是“国家定点生产企业按照标准规格生产的麻醉药品或者精神药品”时，毒品数量应当根据涉案毒品（药品）中“毒品成分的含量”认定。此处有两个要点需特别注意：一是毒品（药品）生产单位为“国家定点生产企业”；二是生产是“按照标准规格”进行的。若毒品满足这两个条件，则直接按照毒品成分的含量计算涉案毒品数量。

2 “逃避查缉等临时改变毒品常规形态的情形”包括哪些情形？

首先，《武汉会议纪要》对此的表述为“为了隐蔽运输而临时改变毒品常规形态”，因此，“隐蔽运输”应当属于“逃避查缉”的情形之一。其次，“逃避查缉”并不意味着毒品必然处于运动状态，也可能处于静止状态，如将毒品混入橡胶等材质后加工为椅子、杯子等日用品后存放在仓库或家中以降低被发现的可能性，这同样属于“逃避查缉”的行为。最后，“等”字意味着，除“逃避查缉”的目的外，还有其他情形可以不以查证属实的毒品数量认定，最典型的情形即为吸毒者方便吸食（注射）毒品而改变毒品形态，[①] 如将固态毒品混入液体中进行注射。值得注意的是，为了方便吸食而改变毒品形态的情形可能并不仅仅出现在非法持有毒品的场合，贩卖毒品同样可能存在上述情形，即贩毒者为吸毒者提供所谓的“到手即用服务”，在出售后还帮助吸食者将毒品变为便于吸食、注射的样式，如将吸毒者购买的 0.5 克冰毒溶入 10 克水中，此时的贩毒数量应按 0.5 克而非 10.5 克进行认定。

案例拓展

1　指导性案例

王某贩卖、制造毒品案——办理新型毒品犯罪案件，应当审查涉案毒品含量（检例第 150 号）

裁判规则提炼：办理新型毒品犯罪案件，应当审查涉案毒品含量。根据《刑法》第 357 条的规定，毒品数量以查证属实的走私、贩卖、运输、制造、非法持有毒品的数量计算，不以纯度折算。新型毒品混于饮料、食品中，往往含有大量水分或者其他物质，不同于传统毒品。检察机关应当综合考虑涉案新型毒品的纯度和致瘾癖性、社会危害性及其非法所得等因素，依法提出量刑建议。

① 参见李睿懿等:《〈全国法院毒品案件审判工作会议纪要〉的理解与适用》，载《法律适用》2023 年第 10 期。

2 《刑事审判参考》案例

傅某某走私毒品案——在毒品犯罪案件中，如何认定行为人的主观明知；对走私美沙酮片剂的犯罪行为如何适用量刑情节（《刑事审判参考》第638号案例）

裁判规则提炼：一是《刑法》明确规定走私毒品的数量不以纯度折算。二是美沙酮片剂不能参照执行度冷丁（杜冷丁）、盐酸二氢埃托啡的针剂和片剂以含量折算后确定数量的特殊规则。美沙酮是一种人工合成的麻醉药品。美沙酮替代疗法在海洛因开始泛滥的时期，成为戒毒脱瘾治疗的一种治疗模式，是阿片类依赖的主要脱瘾治疗和维持治疗方法。虽然本案中美沙酮药片的规格和含量是确定的，但是并非所有美沙酮制剂的规格和含量都是固定的，不同的美沙酮制剂有着不同的规格和含量，与度冷丁（杜冷丁）和盐酸二氢埃托啡的情况并不相同。三是司法解释对美沙酮毒品犯罪的量刑规定了明确的标准。

相关规范

1.《刑法》规定

第357条【毒品的范围及毒品数量的计算原则】第2款　毒品的数量以查证属实的走私、贩卖、运输、制造、非法持有毒品的数量计算，不以纯度折算。

2. 其他规定

(1) 最高人民法院、最高人民检察院、公安部《关于印发〈办理毒品犯罪案件适用法律若干问题的意见〉的通知》(公通字〔2007〕84号)

三、关于办理氯胺酮等毒品案件定罪量刑标准问题

(一)走私、贩卖、运输、制造、非法持有下列毒品,应当认定为刑法第三百四十七条第二款第(一)项、第三百四十八条规定的“其他毒品数量大”:

1. 二亚甲基双氧安非他明(MDMA)等苯丙胺类毒品(甲基苯丙胺除外)100克以上;

2. 氯胺酮、美沙酮1千克以上;

3. 三唑仑、安眠酮50千克以上;

4. 氯氮卓、艾司唑仑、地西泮、溴西泮500千克以上;

5. 上述毒品以外的其他毒品数量大的。

(二)走私、贩卖、运输、制造、非法持有下列毒品,应当认定为刑法第三百四十七条第三款、第三百四十八条规定的“其他毒品数量较大”:

1. 二亚甲基双氧安非他明(MDMA)等苯丙胺类毒品(甲基苯丙胺除外)20克以上不满100克的;

2. 氯胺酮、美沙酮200克以上不满1千克的;

3. 三唑仑、安眠酮10千克以上不满50千克的;

4. 氯氮卓、艾司唑仑、地西泮、溴西泮100千克以上不满500千克的;

5. 上述毒品以外的其他毒品数量较大的。

(三)走私、贩卖、运输、制造下列毒品,应当认定为刑法第三百四十七条第四款规定的“其他少量毒品”:

1. 二亚甲基双氧安非他明(MDMA)等苯丙胺类毒品(甲基

苯丙胺除外）不满 20 克的；

2. 氯胺酮、美沙酮不满 200 克的；

3. 三唑仑、安眠酮不满 10 千克的；

4. 氯氮卓、艾司唑仑、地西泮、溴西泮不满 100 千克的；

5. 上述毒品以外的其他少量毒品的。

（四）上述毒品品种包括其盐和制剂。毒品鉴定结论中毒品品名的认定应当以国家食品药品监督管理局、公安部、卫生部最新发布的《麻醉药品品种目录》、《精神药品品种目录》为依据。

（2）最高人民检察院、公安部《关于公安机关管辖的刑事案件立案追诉标准的规定（三）》（公通字〔2012〕26 号）

第 1 条第 6 款　本条规定的“制造”是指非法利用毒品原植物直接提炼或者用化学方法加工、配制毒品，或者以改变毒品成分和效用为目的，用混合等物理方法加工、配制毒品的行为。为了便于隐蔽运输、销售、使用、欺骗购买者，或者为了增重，对毒品掺杂使假，添加或者去除其他非毒品物质，不属于制造毒品的行为。

（3）最高人民法院《关于审理毒品犯罪案件适用法律若干问题的解释》（法释〔2016〕8 号）

第 1 条第 2 款　国家定点生产企业按照标准规格生产的麻醉药品或者精神药品被用于毒品犯罪的，根据药品中毒品成分的含量认定涉案毒品数量。

3. 往届纪要（已失效）

（1）2000 年《南宁会议纪要》

关于毒品含量。根据刑法的规定，对于毒品的数量不以纯度折算。但对于查获的毒品有证据证明大量掺假，经鉴定查明毒品含量极少，确有大量掺假成分的，在处刑时应酌情考虑。特别是掺假之后毒品的数量才达到判处死刑的标准的，对被告人可不判处死刑立即执行。为掩护运输而将毒品融入其它物品中，不应将其它物品计入毒品的数量。

（2）2015年《武汉会议纪要》

办理毒品犯罪案件，无论毒品纯度高低，一般均应将查证属实的毒品数量认定为毒品犯罪的数量，并据此确定适用的法定刑幅度，但司法解释另有规定或者为了隐蔽运输而临时改变毒品常规形态的除外。涉案毒品纯度明显低于同类毒品的正常纯度的，量刑时可以酌情考虑。

制造毒品案件中，毒品成品、半成品的数量应当全部认定为制造毒品的数量，对于无法再加工出成品、半成品的废液、废料则不应计入制造毒品的数量。对于废液、废料的认定，可以根据其毒品成分的含量、外观形态，结合被告人对制毒过程的供述等证据进行分析判断，必要时可以听取鉴定机构的意见。

第六节　制造毒品的数量认定

—— 要点提示 ——

（1）制毒废料、废液的认定方法；

（2）应当听取专业机构意见的情形；

（3）应当进行鉴定的情形。

纪要原文

毒品成品、半成品的数量应当全部认定为制造毒品的数量，废液、废料不计入制造毒品的数量。制毒废液、废料的认定，可以根据其残存毒品成分的含量、外观形态、存放的容器和位置，结合被告人对制毒过程、查获毒品疑似物性质的供述和辩解等证据进行分析判断，必要时可以听取专业机构意见。

对于查获的相关毒品，未根据《最高人民法院、最高人民检察院、公安部办理毒品犯罪案件毒品提取、扣押、称量、取样和送检程序若干问题的规定》第三十三条进行鉴定的，应当要求公安机关委托鉴定机构进行含量鉴定。

要点评注

1　如何认定制毒废液、废料？

首先，需要考察残存毒品成分的含量，若残存的含量从技术和成本上均难以乃至不能用于制取毒品，则可以认定为废液、废料，如吗啡含量不足 0.01% 的罂粟壳。其次，在外观形态上，某些毒品物质在某些形态会失去毒害性、成瘾性等固有属性，则可以认定为废液、废料，如制作中的半成品被高温破坏导致毒品化学属性发生变化。最后，存放的容器和位置也是作出认定的重要依据，因为制毒人员的制毒水平往往存在差距，一些制毒品即使仍有制毒的可能性，但受限于制毒者的制毒水平，难以被进一步制造为毒品。若制毒者将其丢进垃圾箱或直接将其丢弃，则可以认定为废液、废料。但需要注意的是，此种情况与前两种不同，受制毒者本身的因素影响较大，因此，必须结合被告人的供述和辩解等其他证据进行认定，而前两种情形由于更多涉及自然科学层面的知识，因而对被告人供述、辩解的依赖相对较小，而更依赖专门机构的意见。

2 何种情况下为“可以听取专业机构的意见”的“必要时”?

当出现因制毒者水平不足而放弃仍有制毒潜力的制毒品的情形时，必须要排除制毒者确实不具备符合制毒条件的制毒技术的可能性，此时，需要综合审查被告人的供述、辩解，查获的制毒品，现场的环境等一系列证据，而当这些证据涉及的专业知识超出公安司法人员的理解范畴时，则应当听取专业机构的意见。同理，对查获的疑似废液、废料的残存毒品成分含量、外观形态与毒品性质的关系等问题，也在很大程度上超出了公安司法人员的能力范畴，需要依赖专门机构的意见。综上所述，至少当公安司法人员无法独立排除疑似废液、废料确实属于废液、废料时，应当认为属于“必要时”。

3　应当进行含量鉴定的情形有哪些？

根据最高人民法院、最高人民检察院、公安部《办理毒品犯罪案件毒品提取、扣押、称量、取样和送检程序若干问题的规定》第33条的规定，查获的毒品系液态、固液混合物或者系毒品半成品的，公安机关应当委托鉴定机构对查获的毒品进行含量鉴定。也就是说，当查获的毒品系液态、固液混合物或者系毒品半成品时，鉴定程序必须启动。这是因为，毒品检验就是应用化学、物理、生物和现代仪器分析的原理和技术，对毒品可疑物质进行快速、准确鉴别与测定。毒品检材成分复杂、形式多样，毒品检验因此也具有专门性、客观性等特点。而制毒及其相关的大量自然科学知识是大部分公安司法人员所不具备的，当以上情况出现时，应当进行鉴定。

案例拓展

刘某某贩卖、制造毒品案——现场查获的甲基苯丙胺含量极低的液体应当认定为废液，不计入被告人制造毒品的数量（《刑事审判参考》第1196号案例）

裁判规则提炼：国内有关技术专家提出，对于制造毒品现场查获的毒品含量在0.2%以下的物质，犯罪分子因受技术水平所限，通常难以再加工出毒品，且从成本角度考虑，犯罪分子也不太可能再对含量如此之低的物质进行加工、提纯，故0.2%的含量标准可以作为认定废液、废料时的参考。

相关规范

1. 现行规定

（1）最高人民检察院、公安部《关于公安机关管辖的刑事案件立案追诉标准的规定（三）》（公通字〔2012〕26号）

第1条第7款　为了制造毒品而采用生产、加工、提炼等方法非法制造易制毒化学品的，以制造毒品罪（预备）立案追诉。购进制造毒品的设备和原材料，开始着手制造毒品，尚未制造出毒品或者半成品的，以制造毒品罪（未遂）立案追诉。明知他人制造毒品而为其生产、加工、提炼、提供醋酸酐、乙醚、三氯甲烷等制毒物品的，以制造毒品罪的共犯立案追诉。

（2）最高人民法院、最高人民检察院、公安部《办理毒品犯罪案件毒品提取、扣押、称量、取样和送检程序若干问题的规定》（公禁毒〔2016〕511号）

第33条　具有下列情形之一的，公安机关应当委托鉴定机构对查获的毒品进行含量鉴定：

（一）犯罪嫌疑人、被告人可能被判处死刑的；

（二）查获的毒品系液态、固液混合物或者系毒品半成品的；

（三）查获的毒品可能大量掺假的；

（四）查获的毒品系成分复杂的新类型毒品，且犯罪嫌疑人、被告人可能被判处七年以上有期徒刑的；

（五）人民检察院、人民法院认为含量鉴定对定罪量刑有重大影响而书面要求进行含量鉴定的。

进行含量鉴定的检材应当与进行成分鉴定的检材来源一致，且一一对应。

（3）最高人民检察院公诉厅《毒品犯罪案件公诉证据标准指导意见（试行）》（〔2005〕高检诉发第 32 号）

（4）公安部《公安机关勘验检查及处置制造毒品案件现场规定》（公禁毒〔2010〕333 号）

2. 往届纪要（已失效）

2015 年《武汉会议纪要》

制造毒品案件中，毒品成品、半成品的数量应当全部认定为制造毒品的数量，对于无法再加工出成品、半成品的废液、废料则不应计入制造毒品的数量。对于废液、废料的认定，可以根据其毒品成分的含量、外观形态，结合被告人对制毒过程的供述等证据进行分析判断，必要时可以听取鉴定机构的意见。

第三章　毒品共同犯罪问题

第一节　共同犯罪的一般规定

—— 要点提示 ——

（1）主从犯的认定依据；

（2）主从犯涉及的毒品数量认定；

（3）主从犯的处罚原则；

（4）共同犯罪的合并审理问题；

（5）共同犯罪的共谋认定。

纪要原文

对于毒品共同犯罪，根据现有证据能够区分主从犯的，应当依法认定，不能因为涉案毒品数量巨大，就不加区分一律将在案被告人认定为主犯，或者实际上都按主犯处罚。部分涉案人员未到案，根据现有证据能够认定系共同犯罪，或者能够认定在案被告人系共同犯罪中的主犯的，应当依法认定。确有证据证明在案被告人起次要或者辅助作用的，不能因为部分共同犯罪人未到案而不认定为从犯，甚至认定为主犯或者实际上按主犯处罚。

区分毒品共同犯罪中的主犯和从犯，应当从犯意提起、具体分工、出资或者占有毒品的比例、约定或者实际分得毒赃的多少及共犯之间的相互关系等方面，准确认定共同犯罪人的地位和作用。为主出资者、毒品所有者或者起意、策划、纠集、组织、指使、雇用他人参与犯罪等起主要作用的，是主犯；起次要或者辅助作用的，是从犯。受指使、雇用实施毒品犯罪的，应当根据其在共同犯罪中具体发挥的作用准确认定为主犯或者从犯。对于在共同犯罪中起次要或者辅助作用的被告人，不能因其具有累犯、毒品再犯等从重处罚情节，而认定为主犯或者实际上按主犯处罚。

应当准确认定共同犯罪人的涉案毒品数量，并非对所有共同犯罪人均按照涉案毒品的总数量认定处罚。对毒品犯罪集团的首要分子，应当按照集团毒品犯罪的总数量认定处罚。对一般共同犯罪的主犯，应当按照其所参与的或者组织、指挥的毒品犯罪的数量认定处罚。对从犯，应当按照其所参与的毒品犯罪的数量认定处罚。

毒品共同犯罪中有多个主犯的，应当在全面考察各主犯实际发挥作用的差别、具体犯罪情节、危害后果的差异及主观恶性、人身危险性不同的基础上，对其中罪行更为严重者依法判处更重的刑罚。

对于从犯的处罚，不同的毒品案件不能简单类比。本案从犯的涉案毒品数量可能大于他案主犯，但对本案从犯的处罚并非必然重于他案主犯。依法认定为从犯的，无论主犯是否到案，也无论其涉案毒品数量是否大于他案主犯，均应依法从轻、减轻或者免除处罚。

要点评注

1　如何区分主从犯？主从犯的认定依据是什么？

《刑法》对于主从犯的认定，只笼统规定了按照在犯罪中所起的作用区分主从犯，即起主要作用的是主犯，起次要或者辅助作用的是从犯，因此，需要通过司法解释的形式对毒品犯罪中的主从犯认定作具体规定，一般认为可以通过犯意的提起、犯罪人在犯罪中所处地位和对危害结果所起作用三个方面来认定。对比《大连会议纪要》“要从犯意提起、具体行为分工、出资和实际分得毒赃多少以及共犯之间相互关系等方面，比较各个共同犯罪人在共同犯罪中的地位和作用”的规定，《昆明会议纪要》规定“应当从犯意提起、具体分工、出资或者占有毒品的比例、约定或者实际分得毒赃的多少及共犯之间的相互关系等方面，准确认定共同犯罪人的地位和作用”，增加了以占有毒品比例和约定分得毒赃多少作为主从犯认定依据，并将“和”改为“或者”，更加细化了主从犯认定的具体范围，从而更从实质上判定行为人“在犯罪中所起的作用”。实务中，在不同情形案件中主从犯的认定会有不同考虑：行为人先后实施多次共同犯罪的，存在行为人在几次犯罪中的作用类似的情况，如案例1；也存在几次犯罪作用不同的情况，如案例2。此时有两种意见，一种意见认为应当综合评价，另一种意见认为应该针对不同犯罪事实分别评价。

案例1，高某某等贩卖、运输毒品案：在第一次贩卖、运输毒品过程中，杨某某主动联系毒品上家并提供全部购毒款，亲自前往江西省南昌市购得毒品，将毒品运至浙江省温州市并保管毒品、掌控毒赃，高某某则按照事先分工主要负责销售毒品。在第二次贩卖、运输毒品过程中，杨某某和高某某分别提供了部分购毒款、一同乘坐曹某某驾驶的汽车前往南昌市购毒并运回温州市。其中，杨某某出资最多，还联系毒品上家、雇用曹某某驾车、直接与毒品上家交易毒品，高某某介绍他人出资并与曹某某驾车接应前去交易毒品的杨某某。相比较而言，第一次犯罪中，杨某某所起作用明显大于高某某；第二次犯罪中，杨某某所起作用也略大于高某某。[①]

案例2，被告人彭某某、吴某某贩卖毒品案：彭某某、吴某某共同居住于某市某小区。2016年10月19日16时许，谭某某致电吴某某求购毒品，吴某某同意。谭某某随即来到彭某某、吴某某的住处。彭某某将1包（净重1.01克）甲基苯丙胺（冰毒）交给谭某某，谭某某将200元购毒款交给吴某某。交易完毕后，彭某某、吴某某即被民警抓获。民警随后从房间内的电脑桌上查获1包（净重0.07克）甲基苯丙胺和1杯（净重18.53克）甲基苯丙胺。法院认为，彭某某、吴某某贩卖毒品的数量分为直接查获和推定贩卖两种情形，首先，在贩卖1.01克毒品给谭某某的行为中，彭吴二人地位、作用相当，成立共同犯罪正犯，不宜区分主从。其次，针对推定贩卖的18.60克毒品，从购入者、毒品控制权及处置权的角度进行综合评判，可知彭某某的地位明显高于吴某某，故应对推定贩卖作主从犯区分，并进一步影响整体共同犯罪的主从犯认定。综合来看，应认定彭某某为主犯，吴某某为从犯。

另一种情形是，在一个犯罪事实中，行为人同时涉及为了贩卖而购买，购买后运输回某地，之后再贩卖三个阶段，罪名上以贩卖、运输毒品罪整体评价。对此，有意见认为，可以区分贩卖、运输的不同阶段来分别分析行为人的地位和作用，最终根据核心行为来综

① 参见最高人民法院刑事审判第一、二、三、四、五庭主办：《刑事审判参考》第1279号案例。

合认定主从犯；也有意见认为，以贩卖、运输毒品罪进行认定，就应当对贩卖、运输毒品的行为进行整体评价，不应当分别分析行为人的地位和作用。

案例 3，韦某甲、韦某乙贩卖毒品案：2002 年 12 月至 2003 年 3 月，被告人韦某甲、韦某乙先后 4 次从某省甲市乘车到乙市，在乙市一家茶馆，经韦某乙检验海洛因质量后，韦某甲以每克人民币 150 元至 200 元的价格，共向被告人黄某某购买海洛因 570 克。二被告人携带购买的海洛因返回甲市后，韦某甲单独或通过他人将购买的海洛因贩卖给吸毒人员。本案一审、二审法院均认为，被告人黄某某是毒品的卖主，被告人韦某甲是毒品的买主，被告人韦某乙只是为韦某甲检验毒品质量，并携带购买的海洛因与韦某甲一起返回甲市。韦某乙既不是贩毒犯意的提起者，也不是出资者和毒品的所有者，在共同犯罪中不是处于主犯的地位，在购买毒品的犯罪过程中起的是次要和辅助作用，本应认定为从犯。但是，韦某乙虽然是受韦某甲的邀约为其运输毒品，但他明知是毒品而为韦某甲检验毒品质量，并参与运输毒品，且韦某甲 4 次购买的毒品都是由韦某乙携带运回的。韦某乙在运输毒品的过程中起的作用较大，一审、二审法院不认定其为从犯。

在《昆明会议纪要》出台之前，虽然之前的纪要文件并没有列举约定分得毒赃、占有毒品等犯罪实行后阶段情况对定罪量刑的影响，但实务中会普遍考虑，如案例 4。

案例 4，马某某等贩卖毒品案：上诉人马某某和阿某某共谋贩卖毒品，提出犯意者和供货人是阿某某，马某某进行上下家联系、看样品、约定交易时间和地点，且从二人约定分毒赃的数额来看，法院认为二上诉人在共同犯罪中虽然分工不同，但地位和作用相当，不分主从犯。[①]

《昆明会议纪要》新增规定："对于在共同犯罪中起次要或者辅助作用的被告人，不能因其具有累犯、毒品再犯等从重处罚情节，而认定为主犯或者实际上按主犯处罚。"这是一个提示性规定，强调不能将人身危险性因素作为区分主从犯的考量因素。[②]法院在认定主从犯时的逻辑顺序也是先认定主从犯，再对有累犯、再犯情节的调节基准刑。

案例 5，被告人赵某某贩卖、运输毒品案：赵某某以贩卖为目的，伙同他人非法购买并运输甲基苯丙胺，在共同犯罪中，赵某某联系毒品上家，积极筹集毒资且出资比例最高，参与支付购毒款、交接和运输毒品，起主要作用，系罪责最为严重的主犯，应当按照其所参与的全部犯罪处罚。赵某某伙同他人跨省贩卖、运输甲基苯丙胺 10 余千克，毒品数量巨大，罪行极其严重，且其曾两次因犯贩卖毒品罪被判处有期徒刑以上刑罚，在刑罚执行完毕后不足一年又犯贩卖、运输毒品罪，系累犯和毒品再犯，主观恶性深，人身危险性大，应依法从重处罚。[③]

《昆明会议纪要》延续了《大连会议纪要》的规定，明确"受指

① 新疆维吾尔自治区高级人民法院伊犁哈萨克自治州分院刑事二审裁定书，(2014) 伊州刑二终字第 17 号。

② 参见李睿懿等:《〈全国法院毒品案件审判工作会议纪要〉的理解与适用》，载《法律适用》2023 年第 10 期。

③ 最高人民法院 2019 年十大毒品（涉毒）犯罪典型案例之二。

使、雇用实施毒品犯罪的，应当根据其在共同犯罪中具体发挥的作用准确认定为主犯或者从犯”。这意味着，并不是只要“受指使或雇用”实施毒品犯罪的一概认定为从犯。这实际上符合从实质上认定主从犯的规则。

> 案例 6，蔡某某、史某某、蒙某某贩卖、运输毒品案：被告人杨某、宋某某、夏某某先后与被告人蔡某某、史某某等人共同出资，由宋某某联系上家，从云南省孟连傣族拉祜族佤族自治县购买毒品“麻古”（主要成分系甲基苯丙胺），由蔡某某、史某某、蒙某某等人运输至浙江省余姚市，交给杨某、夏某某进行贩卖。其中，杨某、宋某某、夏某某出资贩卖“麻古”4 次，共计约 18360 克；蔡某某贩卖、运输“麻古”3 次（1 次受雇运输、2 次出资并运输），共计约 16200 克；史某某贩卖、运输“麻古”2 次（1 次受雇运输、1 次出资并运输），共计约 12420 克；蒙某某受雇运输“麻古”1 次，约 3780 克。最终，法院按照各被告人在共同犯罪中所起的作用，同样有“受雇”经历的三被告人，蔡某某和史某某被认定为主犯，蒙某某则被认定为从犯。①

2 主从犯涉及的毒品数量该如何认定？

《昆明会议纪要》强调“并非对所有共同犯罪人均按照涉案毒品的总数量认定处罚”，进一步提示对各共同犯罪人应根据其具体地位、作用、参与犯罪情况准确认定毒品数量。因此，除了对毒品犯罪集团的首要分子，应当按照集团毒品犯罪的总数量进行认定处罚

---

① 最高人民法院 2012 年毒品犯罪典型案例之一，载《最高人民法院公报》2012 年第 8 期。

外，对于主犯和从犯，都应当按照其所组织、指挥的或参与的毒品犯罪的数量进行认定处罚。

案例 7，阿某某等贩卖、运输毒品案：被告人阿某某积极联系毒贩，向毒贩支付毒资并接收全部毒品，安排贩卖、运输毒品的路线和行程，在共同犯罪中起组织、策划作用，系主犯，应当对查获的全部 1037 克毒品承担刑事责任。[①]

案例 8，张某某走私、运输毒品案：被告人张某某组织、指挥他人走私、运输毒品，其行为已构成走私、运输毒品罪。张某某组织、领导多名骨干分子和一般成员走私、运输毒品，通过网络招募数十名人员，控制其人身自由，指挥、安排上述人员探路、邮寄或携带运输毒品，系毒品犯罪集团的首要分子，应按照集团所犯的全部罪行处罚。[②]

案例 9，刘某、王某某、夏某某等贩卖、制造毒品案：王某某、夏某某共同贩卖芬太尼等毒品数量大，王某某系主犯，但具有如实供述、立功情节，对其判处无期徒刑，剥夺政治权利终身，并处没收个人全部财产；夏某某系从犯，对其判处有期徒刑 10 年，并处罚金人民币 10 万元。[③]

3　对主从犯的处罚应遵循怎样的原则？

《昆明会议纪要》进一步强调了对于共同犯罪中有多个主犯的，处罚上也应做到区别对待，强调对于有多名主犯的共同犯罪案件，应进一步区分主犯中罪行更为严重者，通过合理、平衡的量刑梯次

---

① 参见最高人民法院刑事审判第一、二、三、四、五庭主办:《刑事审判参考》第 955 号案例。

② 最高人民法院 2023 年依法严惩毒品犯罪和涉毒次生犯罪典型案例之一。

③ 最高人民法院 2020 年十大毒品（涉毒）犯罪典型案例之三。

实现罚当其罪。[①]《大连会议纪要》明确:“应当全面考察各主犯或者共同犯罪人在共同犯罪中实际发挥作用的差别，主观恶性和人身危险性方面的差异，对罪责或者人身危险性更大的主犯或者共同犯罪人依法判处更重的刑罚。”而《昆明会议纪要》除了对主犯发挥作用、主观恶性和人身危险性的差异考察外，增加了对“具体犯罪情节、危害后果”的差异考察，虽然仍是以社会危害性与人身危险性为基础的评判，但在用语上将“罪责或者人身危险性”改为“罪行”，不仅减少了人身危险性的重复使用，还减少了理论用语可能产生的歧义，更加凸显了《昆明会议纪要》的用词准确性。

对于从犯处罚,《昆明会议纪要》新增“本案从犯的涉案毒品数量可能大于他案主犯，但对本案从犯的处罚并非必然重于他案主犯”，强调不能仅根据涉案毒品数量简单跨案比较，仍应以其在本案中的地位和作用为依据准确适用刑罚，依法体现从宽。[②]

此外,《昆明会议纪要》将《大连会议纪要》中关于共同犯罪死刑问题的规定进一步具体化，并调整至“死刑适用问题”部分，关于该问题，请关注本书第四章的相关论述。

4　非共同犯罪是否不再合并审理？

《昆明会议纪要》删除了《大连会议纪要》中“没有实施毒品犯罪的共同故意，仅在客观上为相互关联的毒品犯罪上下家，不构成

---

① 参见李睿懿等:《〈全国法院毒品案件审判工作会议纪要〉的理解与适用》，载《法律适用》2023年第10期。

② 参见李睿懿等:《〈全国法院毒品案件审判工作会议纪要〉的理解与适用》，载《法律适用》2023年第10期。

共同犯罪，但为了诉讼便利可并案审理”的规定。但这并不意味着对于非共同犯罪不再并案审理，一般情况下，就共同犯罪或关联犯罪而言，并案审理是原则。2021 年《刑诉法解释》第 220 条规定，“对一案起诉的共同犯罪或者关联犯罪案件，被告人人数众多、案情复杂，人民法院经审查认为，分案审理更有利于保障庭审质量和效率的，可以分案审理。分案审理不得影响当事人质证权等诉讼权利的行使。对分案起诉的共同犯罪或者关联犯罪案件，人民法院经审查认为，合并审理更有利于查明案件事实、保障诉讼权利、准确定罪量刑的，可以并案审理”；第 269 条规定，“审理过程中，法庭认为有必要的，可以传唤同案被告人、分案审理的共同犯罪或者关联犯罪案件的被告人等到庭对质”。因此，对于关联犯罪也可以并案审理。

5　毒品共同犯罪中的共同故意包括共谋吗？还是只用明知即可？共谋是否等于意思联络？

对于毒品共同犯罪的故意，理论上有两种观点：“明知说”认为，行为人只要明知毒品进而主动加入其他共同犯罪人的毒品犯罪行为中，即可认定存在共同的犯罪故意。“共谋说”认为，共同犯罪故意包括认识与意志两方面因素，认识因素是指行为人需要与其他人存在意思联络，认识到自己与他人共同实施行为；意志因素是指行为人明知其行为可能发生的危害后果，但仍愿意与其他人配合，共同实施毒品犯罪。[①] 按照“共谋说”，共同犯罪人之间需要有

① 参见张汝铮：《毒品犯罪认定研究》，辽宁人民出版社 2021 年版，第 136 页。

意思联络。意思联络是共同犯罪人双方在犯罪意思上互相沟通[①]，“以明示或暗示的方法表明愿意共同实施某种犯罪”[②]。但是如果没有互换的意思联络，只有单方面的一方有与他人联络的意思（“明知说”），是否成立共同犯罪？如案例10的情况，是否应该认定为共同犯罪？

案例10，杨某某贩卖毒品案：2017年8月5日，被告人杨某某明知李某某贩卖毒品，而驾驶轿车，将李某某送至某公园附近，由李某某向沙某某出售毒品海洛因。

如果肯定片面共犯的成立，此时应该认定杨某某为贩卖毒品罪的共犯。所谓“片面共犯”，是指一方认识到自己是在与他人共同实施犯罪行为，而另一方却并不知情而实施了犯罪行为。对于片面共犯的成立范围，学者们观点不一，有学者认为片面共犯难以成立，意思联络一定要有意思的互换，要求双向的互动；有学者认为片面共犯是成立的，但只存在片面帮助犯、教唆犯。[③]支持片面共犯成立的观点认为，根据罪刑法定原则、主客观相一致原则和罪责自负原则，片面共犯在立法上成立，在司法中也是可以被认定的。立法方面，《刑法》第25条第1款规定，“共同犯罪是指二人以上共同故意犯罪”，根据最高人民法院、最高人民检察院、公安部《办理毒品犯罪案件适用法律若干问题的意见》第2条和《昆明会议纪要》的有关规定，走私、贩卖、运输、非法持有毒品主观故意中的“明知”，是指行为人知道或者应当知道所实施的行为是走私、贩卖、运输、

---

① 参见高铭暄、马克昌主编:《刑法学》（第8版），北京大学出版社2017年版，第166页。

② 马克昌主编:《犯罪通论》（第3版），武汉大学出版社1999年版，第510页。

③ 参见石经海主编:《中国刑法学总论》，中国人民大学出版社2023年版，第228页。

非法持有毒品行为。此外，《刑法》第350条第2款明确规定："明知他人制造毒品而为其生产、买卖、运输前款规定的物品*的，以制造毒品罪的共犯论处。"如果不存在意思联络，提供制毒物品的一方明知他人制造毒品，并为其提供相应帮助行为的，同样成立共犯。司法认定中，对于认识到自己是在与他人共同实施毒品犯罪行为的一方，以共同犯罪定罪处罚；对于不知情而实施了犯罪行为的一方，按照单个犯罪定性处罚。①

案例拓展

1 典型案例

（1）陈某某等贩卖、制造毒品案——最高人民法院2012年六起毒品犯罪及吸毒诱发的严重犯罪典型案例之六

典型意义：明知他人利用麻黄碱类复方制剂制造毒品，仍为其提供帮助的，以制造毒品罪的共犯论处。

（2）郑某某等制造毒品、非法生产、买卖制毒物品案——最高人民法院2022年十大毒品（涉毒）犯罪典型案例之四

典型意义：当前制造毒品犯罪日益呈现团伙作案、分工精细、分段进行等特点，有必要予以全链条、全方位打击处理。明知他人制造毒品而向其提供制毒原料的，构成制造毒品罪的共犯，依法应予严惩。

---

* 制毒物品。——笔者注

① 参见石经海主编:《中国刑法学总论》，中国人民大学出版社2023年版，第228页。

2 《刑事审判参考》案例

（1）张某某、刘某某、李某某贩卖毒品案——对于毒品共同犯罪，在毒品数量较大的情况下，是否应区分各共同犯罪人的地位、作用和刑事责任（《刑事审判参考》第367号案例）

裁判规则提炼：对于毒品共同犯罪应当区分主犯和从犯。在共同犯罪中起意贩毒、为主出资、毒品所有者以及其他起主要作用的是主犯；在共同犯罪中起次要或者辅助作用的是从犯。对于确有证据证明在共同犯罪中起次要或者辅助作用的，不能因为其他共同犯罪人未归案而不认定为从犯，甚至将其认定为主犯或者按主犯处罚。只要认定了从犯，无论主犯是否到案均应依照并援引刑法关于从犯的规定处罚。对于无法区分主、从犯的，要根据行为人在共同犯罪中的作用和罪责大小确定刑罚。对于犯罪集团的首要分子，应按集团毒品犯罪的总数量处罚，对一般共同犯罪的主犯，应当按其组织、指挥的毒品犯罪数量处罚，对于从犯，应当按照其个人直接参与实施的毒品犯罪数量处罚。共同犯罪中能分清主、从犯的，不能因为涉案的毒品数量特别巨大，就一律将被告人认定为主犯并判处重刑甚至死刑。受雇于他人实施毒品犯罪的，应根据其在犯罪中的作用具体认定为主犯或者从犯。受他人指使实施毒品犯罪并在犯罪中起次要作用的，一般应认定为从犯。

（2）李某某、王某某等贩卖、运输毒品，非法买卖、运输枪支弹药案——运输毒品不排除被人雇用的如何判罚（《刑事审判参考》第553号案例）

裁判规则提炼：当前，毒品犯罪的组织性、隐蔽性日益增强，一些犯罪分子千方百计掩盖罪证，到案后拒不供认罪行，试图逃避刑事处罚。虽然被告人供述是重要的直接证据，可以全面、具体地反映案件过程，并为收集其他证据提供线索，但在没有被告人口供的情况下，通过严格审查判断其他证据，形成证据体系，也可以对被告人定罪处刑。本案通过证据分析能够认定李某某邀约、遥控指挥其他被告人先后五次贩卖、运输海洛因的犯罪事实，达到定案的证明标准，法院据此将其认定为主犯。

（3）夏某某制造毒品、非法持有枪支案——如何认定制造毒品犯罪的“幕后老板”（《刑事审判参考》第 743 号案例）

裁判规则提炼：制造毒品属于源头性毒品犯罪，具有严重的社会危害性，历来是司法机关打击的重点。制造毒品涉及招募制毒人员、购买制毒原料和设备、租赁制毒场所、加工配制毒品等诸多环节，人员组成常常较为复杂。居于制毒链条终端的“幕后老板”，往往只是选定制毒组织者，提供制毒资金、原料和设备，传授制毒方法，通过“代理人”来掌控整个制毒活动。而直接实施制毒的人员多系临时纠集，彼此间原来并不相识，多以绰号相称，很多环节又系单线联系，加上“幕后老板”很少亲自实施制毒行为，也不直接出面向具体制毒者发布指令，具体制毒者多不知道在为谁制造毒品，故具有极强的隐蔽性。同时，与走私、贩卖毒品类似，制造毒品的犯罪分子多为职业性犯罪，每一次作案都会精心策划，并具有一定的反侦查能力。尤其是“幕后老板”在被抓获后，常以没有组织、指使他人制造毒品为由进行辩解，以逃脱应有的法律制裁。因此，准确认定“幕后老板”及其在制造毒品犯罪中的地位、作用，对于严惩严重毒品犯罪至关重要。对于“幕后老板”拒不认罪或者翻供的，要结合案件的具体情况，从各证据与待证事实的关联程度、各证据之间的联系等方面进行综合审查判断，做到不枉不纵。

（4）蒋某某贩卖毒品案——明知他人贩卖毒品而代为保管甲基苯丙胺的行为该如何认定（《刑事审判参考》第 767 号案例）

裁判规则提炼：窝藏毒品罪和非法持有毒品罪的客观方面都可以表现为对毒品的非法持有，贩卖毒品罪的客观方面也往往包含非法持有毒品的行为表现。对于替他人藏匿毒品的行为，不能一概认定为窝藏毒品罪或非法持有毒品罪，而应当根据具体情况分析被告人的主观意图，准确适用法律。

（5）杨某某等非法买卖制毒物品案——利用麻黄碱类复方制剂加工、提炼制毒物品并非法贩卖的如何定性（《刑事审判参考》第 802 号案例）

裁判规则提炼：向他人贩卖制毒物品，没有证据证实行为人明知他人用于制造毒品的，不应认定为制造毒品罪的共犯。

（6）高某某等贩卖、运输毒品，介绍卖淫案——如何准确区分各被告人在毒品共同犯罪中的地位、作用（《刑事审判参考》第 1279 号案例）

裁判规则提炼：要从预谋、出资、分配利润、购买和出售毒品等多个角度准确区分各被告人在毒品共同犯罪中的地位、作用。

相关规范

1.《刑法》规定

第 25 条 【共同犯罪的概念】共同犯罪是指二人以上共同故意犯罪。

二人以上共同过失犯罪，不以共同犯罪论处；应当负刑事责任的，按照他们所犯的罪分别处罚。

第 26 条 【主犯】组织、领导犯罪集团进行犯罪活动的或者在共同犯罪中起主要作用的，是主犯。

三人以上为共同实施犯罪而组成的较为固定的犯罪组织，是犯罪集团。

对组织、领导犯罪集团的首要分子，按照集团所犯的全部罪行处罚。

对于第三款规定以外的主犯，应当按照其所参与的或者组织、指挥的全部犯罪处罚。

第 27 条 【从犯】在共同犯罪中起次要或者辅助作用的，是从犯。

对于从犯，应当从轻、减轻处罚或者免除处罚。

第 28 条 【胁从犯】对于被胁迫参加犯罪的，应当按照他的犯罪情节减轻处罚或者免除处罚。

第 29 条 【教唆犯】教唆他人犯罪的，应当按照他在共同犯罪中所起的作用处罚。教唆不满十八周岁的人犯罪的，应当从重处罚。

如果被教唆的人没有犯被教唆的罪，对于教唆犯，可以从轻或者减轻处罚。

第 347 条 【走私、贩卖、运输、制造毒品罪】走私、贩卖、运输、制造毒品，无论数量多少，都应当追究刑事责任，予以刑事处罚。

走私、贩卖、运输、制造毒品，有下列情形之一的，处十五年有期徒刑、无期徒刑或者死刑，并处没收财产：

（一）走私、贩卖、运输、制造鸦片一千克以上、海洛因或者甲基苯丙胺五十克以上或者其他毒品数量大的；

（二）走私、贩卖、运输、制造毒品集团的首要分子；

（三）武装掩护走私、贩卖、运输、制造毒品的；

（四）以暴力抗拒检查、拘留、逮捕，情节严重的；

（五）参与有组织的国际贩毒活动的。

走私、贩卖、运输、制造鸦片二百克以上不满一千克、海洛因或者甲基苯丙胺十克以上不满五十克或者其他毒品数量较大的，处七年以上有期徒刑，并处罚金。

走私、贩卖、运输、制造鸦片不满二百克、海洛因或者甲基苯丙胺不满十克或者其他少量毒品的，处三年以下有期徒刑、拘役或者管制，并处罚金；情节严重的，处三年以上七年以下有期徒刑，并处罚金。

单位犯第二款、第三款、第四款罪的，对单位判处罚金，并对其直接负责的主管人员和其他直接责任人员，依照各该款的规定处罚。

利用、教唆未成年人走私、贩卖、运输、制造毒品，或者向未成年人出售毒品的，从重处罚。

对多次走私、贩卖、运输、制造毒品，未经处理的，毒品数量累计计算。

2. 其他规定

（1）最高人民法院、最高人民检察院、公安部《办理毒品犯罪案件适用法律若干问题的意见》（公通字〔2007〕84 号）

二、关于毒品犯罪嫌疑人、被告人主观明知的认定问题

走私、贩卖、运输、非法持有毒品主观故意中的“明知”，是指行为人知道或者应当知道所实施的行为是走私、贩卖、运输、非法持有毒品行为。具有下列情形之一，并且犯罪嫌疑人、被告人不能做出合理解释的，可以认定其“应当知道”，但有证据证明确属被蒙骗的除外：

（一）执法人员在口岸、机场、车站、港口和其他检查站检

查时，要求行为人申报为他人携带的物品和其他疑似毒品物，并告知其法律责任，而行为人未如实申报，在其所携带的物品内查获毒品的；

（二）以伪报、藏匿、伪装等蒙蔽手段逃避海关、边防等检查，在其携带、运输、邮寄的物品中查获毒品的；

（三）执法人员检查时，有逃跑、丢弃携带物品或逃避、抗拒检查等行为，在其携带或丢弃的物品中查获毒品的；

（四）体内藏匿毒品的；

（五）为获取不同寻常的高额或不等值的报酬而携带、运输毒品的；

（六）采用高度隐蔽的方式携带、运输毒品的；

（七）采用高度隐蔽的方式交接毒品，明显违背合法物品惯常交接方式的；

（八）其他有证据足以证明行为人应当知道的。

(2)《国家禁毒委员会办公室通告》（2023 年 11 月 16 日）

第 2 条　根据《中华人民共和国刑法》相关规定，明知他人将使用某种非列管化学品及设备非法制造麻醉药品或精神药品而仍然为其生产、销售、运输或进出口非列管化学品及设备的，按照制造毒品犯罪共犯论处。

3. 往届纪要（已失效）

(1) 2000 年《南宁会议纪要》

毒品共同犯罪是指二人以上共同故意实施走私、贩卖、运输、制造毒品等犯罪行为。共同犯罪不应以案发后其他共同犯罪人是否到案为条件。仅在客观上相互关联的毒品犯罪行为，如买卖毒品的双方，不一定构成共犯，但为了诉讼便利可并案审理。审理毒品共同犯罪案件应当注意以下几个方面的问题：

一是要正确区分主犯和从犯。在共同犯罪中起意贩毒、为主出资、毒品所有者以及其他起主要作用的是主犯；在共同犯罪中起次要或者辅助作用的是从犯。对于确有证据证明在共同犯罪中起次要或者辅助作用的，不能因为其他共同犯罪人未归案而不认定为从犯，甚至将其认定为主犯或按主犯处罚。只要认定了从犯，无论主犯是否到案，均应依照并援引刑法关于从犯的规定从轻、减轻或者免除处罚。

二是要正确认定共同犯罪案件中主犯和从犯的毒品犯罪数量。对于毒品犯罪集团的首要分子，应按集团毒品犯罪的总数量处罚；对一般共同犯罪的主犯，应当按其组织、指挥的毒品犯罪数量处罚；对于从犯，应当按其个人直接参与实施的毒品犯罪数量处罚。

三是要根据行为人在共同犯罪中作用和罪责的大小确定刑罚。不同案件不能简单地类比，这一案件的从犯参与毒品犯罪的数量可能比另一案件的主犯参与毒品犯罪的数量大，但对这一案件从犯的处罚不是必然重于另一案件的主犯。共同犯罪中能分清主从犯的，不能因为涉案的毒品数量特别巨大，就一律将被告人认定为主犯并判处重刑甚至死刑。受雇于他人实施毒品犯罪的，应根据其在犯罪中的作用具体认定为主犯或从犯。受他人指使实施毒品犯罪并在犯罪中起次要作用的，一般应认定为从犯。

（2）2008年《大连会议纪要》

毒品犯罪中，部分共同犯罪人未到案，如现有证据能够认定已到案被告人为共同犯罪，或者能够认定为主犯或者从犯的，应当依法认定。没有实施毒品犯罪的共同故意，仅在客观上为相互关联的毒品犯罪上下家，不构成共同犯罪，但为了诉讼便利可并案审理。审理毒品共同犯罪案件应当注意以下几个方面的问题：

一是要正确区分主犯和从犯。区分主犯和从犯，应当以各共同犯罪人在毒品共同犯罪中的地位和作用为根据。要从犯意提起、具体行为分工、出资和实际分得毒赃多少以及共犯之间相互关系等方面，比较各个共同犯罪人在共同犯罪中的地位和作用。在毒品共同犯罪中，为主出资者、毒品所有者或者起意、策划、纠集、组织、雇佣、指使他人参与犯罪以及其他起主要作用的是主犯；起次要或者辅助作用的是从犯。受雇佣、受指使实施毒品犯罪的，应根据其在犯罪中实际发挥的作用具体认定为主犯或者从犯。对于确有证据证明在共同犯罪中起次要或者辅助作用的，不能因为其他共同犯罪人未到案而不认定为从犯，甚至将其认定为主犯或者按主犯处罚。只要认定为从犯，无论主犯是否到案，均应依照刑法关于从犯的规定从轻、减轻或者免除处罚。

二是要正确认定共同犯罪案件中主犯和从犯的毒品犯罪数量。对于毒品犯罪集团的首要分子，应按集团毒品犯罪的总数量处罚；对一般共同犯罪的主犯，应按其所参与的或者组织、指挥的毒品犯罪数量处罚；对于从犯，应当按照其所参与的毒品犯罪的数量处罚。

三是要根据行为人在共同犯罪中的作用和罪责大小确定刑罚。不同案件不能简单类比，一个案件的从犯参与犯罪的毒品数量可能比另一案件的主犯参与犯罪的毒品数量大，但对这一案件从犯的处罚不是必然重于另一案件的主犯。共同犯罪中能分清主从犯的，不能因为涉案的毒品数量特别巨大，就不分主从犯而一律将被告人认定为主犯或者实际上都按主犯处罚，一律判处重刑甚至死刑。对于共同犯罪中有多个主犯或者共同犯罪人的，处罚上也应做到区别对待。应当全面考察各主犯或者共同犯罪人在共同犯罪中实际发挥作用的差别，主观恶性和人身危险性方面的差异，对罪责或者人身危险性更大的主犯或者共同犯罪人依法判处更重的刑罚。

第二节　居间介绍买卖毒品的认定和处罚

要点提示

（1）居间介绍买卖毒品与居中倒卖毒品的区别；

（2）同时与贩毒者、购毒者共谋的行为认定；

（3）居间介绍买卖毒品与牟利的关系；

（4）对居间介绍买卖毒品行为的处罚。

纪要原文

对于居间介绍买卖毒品行为，应当准确认定，并与居中倒卖毒品行为相区别。居间介绍者在毒品交易中处于中间人地位，发挥介绍联络作用，通常与交易一方构成共同犯罪，但不以牟利为要件。受购毒者或者贩毒者委托，为其提供交易信息、介绍交易对象、居中协调交易数量、价格，或者提供其他帮助，促成毒品交易的，属于居间介绍买卖毒品。居中倒卖者则属于毒品交易主体，与前后环节的交易对象是上下家关系，直接与上家、下家联系，自主决定交易毒品的数量、价格并赚取差价。

受贩毒者委托，为其居间介绍贩卖毒品的，与贩毒者构成贩卖毒品共同犯罪。明知购毒者以贩卖为目的购买毒品，受委托为其介绍联络贩毒者的，与购毒者构成贩卖毒品共同犯罪。受以吸食为目的的购毒者委托，为其提供购毒信息或者介绍认识贩毒者，毒品数量达到刑法第三百四十八条规定的最低数量标准的，一般与购毒者构成非法持有毒品共同犯罪；同时与贩毒者、购毒者共谋，联络促成双方交易的，与贩毒者构成贩卖毒品共同犯罪。

居间介绍者实施帮助行为，对促成毒品交易起次要或者辅助作用，一般应当认定为从犯。以居间介绍者的身份介入毒品交易，但在交易中实际已超出居间介绍者的地位，对交易的发起和达成起重要作用的，可以认定为主犯。

要点评注

1 何为居间介绍买卖毒品？居间介绍买卖毒品与居中倒卖毒品如何区分？

《武汉会议纪要》介绍了“居间介绍买卖毒品”行为的特征，并与“居中倒卖毒品”行为相区别，即“居间介绍者在毒品交易中处于中间人地位，发挥介绍联络作用，通常与交易一方构成共同犯罪，但不以牟利为要件；居中倒卖者属于毒品交易主体，与前后环节的交易对象是上下家关系，直接参与毒品交易并从中获利”。《昆明会议纪要》在此基础上，进一步对“居间介绍”的行为方式进行了列举，即“受购毒者或者贩毒者委托，为其提供交易信息、介绍交易对象、居中协调交易数量、价格，或者提供其他帮助，促成毒品交易”；并丰富了“居中倒卖”的行为特征，即“居中倒卖者则属于毒品交易主体，与前后环节的交易对象是上下家关系，直接与上家、下家联系，自主决定交易毒品的数量、价格并赚取差价”。“居间介绍”与“居中倒卖”最主要的区别，即“居间介绍”是毒品交易的中间环节，而“居中倒卖”则是毒品交易的主体方。

案例1，马某某贩卖毒品案：被告人马某某通过网络聊天分别与网名为“笑脸”的人以及宋某某多次联系贩卖毒品事宜。在马某某分别与“笑脸”和宋某某商谈毒品交易方式的过程中，由于“笑脸”提出先付款再发货，宋某某提出先验货再付款，而使得交易受阻。为促成毒品交易，被告人马某某最终自己出资向“笑脸”支付了26000元，“笑脸”才将毒品快递至北京。此后，马某某又另行与宋某某商定了交易毒品的数量、价格及交易方式，并且亲自赴京收货进而向下家宋某某交付毒品，直接参与了毒品的交易，因此，综合分析马某某在毒品交易中的全部行为，一审法院认为，其已经超出了居间介绍者的地位，对交易的发起和最终达成都起到了至关重要的作用，更符合居中倒卖毒品的行为特征。[①]

根据《昆明会议纪要》列举的行为特征，马某某与交易的对象是上下家关系，其与上下家直接联系，决定交易毒品的价格、数量等，应当被认定为居中倒卖者。

案例2，孙某某等贩卖毒品案：被告人王某某联系被告人孙某某，对孙某某提供的毒品样品进行验货，并与孙某某谈好毒品交易价格为21.5万元/公斤。王某某随后通知梁某某等人到达州市交易毒品，并告知毒品价格为25万元/公斤。王某某先指使了李某某将毒品样品送给梁某某等人验货，后与梁某某一起将12万元定金交给孙某某。孙某某从上家处购得毒品后电话通知王某某进行交易。王某某驾车将孙某某接到马某某等人所在的酒店，孙某某在酒店外等候，由王

---

① 北京高级人民法院刑事二审裁定书，（2015）高刑终字第470号。

某某、梁某某将孙某某提供的毒品拿到马某某等人所在房间，马某某等人收货后将剩余37万元毒资交给王某某。①

根据《昆明会议纪要》规定，本案交易的毒品、毒资均经过王某某之手，王某某与孙某某、梁某某等人分别构成独立交易关系，孙某某是王某某的上家，梁某某、马某某等人是王某某的下家，王某某自主决定交易毒品的价格并赚取差价，应认定为居中倒卖者。

2　受以吸食为目的的购毒者委托的居间介绍买卖毒品行为该如何定性？

《武汉会议纪要》明确，“受以吸食为目的的购毒者委托，为其介绍联络贩毒者，毒品数量达到刑法第三百四十八条规定的最低数量标准的，一般与购毒者构成非法持有毒品罪的共同犯罪”。《昆明会议纪要》除了介绍联络贩毒者外，还增加了“为其提供购毒信息”的行为，符合目前购买毒品方式多样的特征，完善了为吸毒者居间介绍购买毒品的行为样态。对于众多“以贩养吸”的购毒者，如果行为人明知购毒者有贩卖目的，则还是与购毒者构成贩卖毒品共同犯罪，不属于仅“以吸食为目的”的购毒者购毒情况。

案例3，陆某某等贩卖毒品案：被告人杨某某购买毒品，一方面用于自我吸食，另一方面用于贩卖，而被告人谈某某明知被告人杨某某系贩毒人员，还为其联系毒品卖主，并开车送被告人杨某某与贩毒者陆某某见面直至交易成功后又将其送回，其居间介绍毒品交易的行为已经构成贩卖毒品罪。法院认为其与被告人杨某某构成共同犯罪，

① 参见最高人民法院刑事审判第一、二、三、四、五庭主办:《刑事审判参考》第1230号案例。

即为购买人提供毒源信息，联系介绍帮助购买毒品的，应认定为居间介绍人，与购买人构成贩卖毒品罪的共犯。[①]

3 对于同时与贩毒者、购毒者共谋，联络促成双方交易的行为，如何定性？

《武汉会议纪要》规定，“同时与贩毒者、购毒者共谋，联络促成双方交易的，通常认定与贩毒者构成贩卖毒品的共同犯罪”。而《昆明会议纪要》规定，“同时与贩毒者、购毒者共谋，联络促成双方交易的，与贩毒者构成贩卖毒品共同犯罪”，取消了“通常”的表述，实际上即为“应当”的规定，因贩卖毒品罪一般较非法持有毒品等罪更为严厉，如此规定更加大了对这种情况的处罚力度。[②]此外，这里“共谋”的表述，也是依据我国刑法共同犯罪理论，对司法实践中典型的居间介绍买卖毒品的共同犯罪认定予以规范，也体现出居间介绍人并不具有独立地位，在犯意和犯罪行为上依附于交易一方的本质特征。

案例 4，齐某某贩卖、运输毒品案：齐某某主观上与贩毒者及购毒者信某甲、信某乙均无共同的犯罪故意，客观上也不是为贩毒者与信某甲、信某乙提供交易机会，以促成贩毒者与信某甲、信某乙的毒品交易，而是其本人实际参与交易，即先作为下家与贩毒者达成交易，再作为上家与购毒者信某甲、信某乙达成交易，其与前后环节的交易对象都是上下家关系，显然不属于居间介绍。居间人主观

---

① 江苏省扬州市中级人民法院刑事二审裁定书，(2013) 扬刑终字第 0059 号。

② 参见李睿懿等:《〈全国法院毒品案件审判工作会议纪要〉的理解与适用》，载《法律适用》2023 年第 10 期。

上有共同犯罪的故意，客观上有贩卖毒品或者为毒品犯罪分子提供信息帮助的行为，故不论其是否获利都可以构成贩卖毒品罪的共犯。①

4 是否只要牟利，就不构成居间介绍买卖毒品？

《昆明会议纪要》强调了“居中倒卖毒品”行为的牟利性，延续了《武汉会议纪要》的规定，认为“居间介绍买卖毒品”不以牟利为要件。“居间介绍”与“居中倒卖”的区别在于行为人是不是实质交易主体，与牟利与否无关。例如，行为人高价进货后低价售出，实则亏损，并未牟利，但其系交易主体，与前后对象是上下家关系，应认定为居中倒卖。被告人仅仅是发挥介绍联络作用，促成毒品交易的，不能因为其牟利，而否定其居间介绍买卖毒品行为的性质。即便居间介绍和居中倒卖定性结果一致，但是在存在共同犯罪的情况下，主从犯认定存在差异可能对量刑会产生不同影响，还需准确认定。

案例 5，李某居间介绍毒品交易案：被告人李某在毒品交易中起居中介绍作用，同时跟买卖双方商谈，促成交易，还提供了交易场所，虽未获利，但依法应当认定为与袁某构成共同犯罪。②

案例 6，胡某某、李某某等贩卖毒品案：被告人胡某某从被告人李某某处联系了价格便宜的冰毒后，又联系吸食毒品的被告人戴某某、刘某某去购买。胡某某按照李某某通知，从程某某手里收取戴某某的毒资 8400 元、向刘某

---

① 参见最高人民法院刑事审判第一、二、三、四、五庭主办:《刑事审判参考》第 1385 号案例。
② 湖北省高级人民法院 2023 年打击毒品犯罪五大典型案例之四。

某收取毒资1200元，然后携款通过李某某以事先约定的每克280元的价格购得冰毒35克，李某某向胡某某从中索取1～2克冰毒作为报酬。辩护人提出，李某某属于居间介绍买卖毒品，应判定为从犯，然而法院认为，“李某某让胡某某给付其部分毒品系从中牟利行为，属于变相加价贩卖毒品”。

案例6中，法院的判决理由主要在于牟利的情况，但从《昆明会议纪要》的规定来看，需要从行为的性质来判断。

5 是否只要是居间介绍买卖毒品，就是从犯？

《昆明会议纪要》基本延续《武汉会议纪要》的规定，认为“居间介绍者实施帮助行为，对促成毒品交易起次要或者辅助作用，一般应当认定为从犯”，只是相对于《武汉会议纪要》的“应当认定”，《昆明会议纪要》的用词为“一般应当”，行文更加严谨。同时，两个纪要都强调，对于在交易中实际已超出居间介绍者的地位，对交易的发起和达成起重要作用的，可以认定为主犯。因此，主从犯认定应当坚持考察行为人的地位、作用，包括是否积极促成交易的发起和达成，是否介入交易的实质环节，如负责交接毒品、交付毒资等。

案例7，陈某某、庄某某贩卖毒品案：被告人庄某某在本案中的作用主要体现在为毒品交易双方牵线介绍，虽然介入到交易的具体过程之中，但其作用在根本上仍属于帮助性质，故法院将其认定为从犯，予以减轻处罚。被告人陈某某作为一方独立的交易主体，对交易达成起主要作用，构成“居中倒卖”，应认定为主犯。[①]

案例拓展

1 典型案例

（1）郭某甲、郭某乙贩卖、运输毒品案——最高人民法院2014年九十八例未成年人审判工作典型案例之二十五

典型意义：本案是一起未成年在校生居间介绍贩毒者购买并共同运输毒品的案例，争议焦点在于以免费吸食毒品为好处而居间介绍买卖毒品的行为是否构成贩卖毒品罪。近年来，一些在读的学生因交友不慎误吸食毒品，或出于好奇吸食毒品，从而染上毒瘾。由于缺少稳定的资金来源，在生活费花完后，他们只能铤而走险筹集毒资，想方设法获取毒品，最终走上犯罪道路。

（2）李某某居间介绍毒品交易案——湖北省高级人民法院打击毒品犯罪五大典型案例之四

典型意义：为毒品交易的双方提供居间服务，撮合交易，即使未从中牟利，但属于明知他人从事毒品犯罪而提供帮助，与贩毒分子构成共同犯罪。

（3）马某某贩卖毒品案——江苏省盐城市中级人民法院2020年毒品犯罪案件典型案例之三

典型意义：毒品犯罪分子通常为了追逐巨额利益铤而走险，但贩卖毒品罪并不以谋取高额利润为必备要件。本案中，被告人马某

---

① 参见最高人民法院刑事审判第一、二、三、四、五庭主办:《刑事审判参考》第1179号案例。

某虽未获得直接经济利益，但其明知他人贩卖大宗毒品，仍牵线搭桥，积极促成上下线商谈毒品交易，帮助接洽并参与具体的冰毒交易过程，依法构成贩卖毒品罪。其虽以居间介绍者的身份介入毒品交易，但对毒品交易的发起和达成起重要作用，依法应认定为主犯。

2 《刑事审判参考》案例

（1）马某某等贩卖毒品案——居间介绍买卖毒品的定性（《刑事审判参考》第248号案例）

裁判规则提炼：被告人马某某、罗某某在得知王某可出卖毒品的情况下，仍积极居间介绍为其联系寻找买主；被告人胡某某受马某某委托之后找到购毒者“亚龙”，在明知“亚龙”为贩卖毒品而准备购买毒品的情况下，仍积极从中帮助其购买毒品。马某某、罗某某、胡某某共同促成了王某和“亚龙”的见面，在双方就毒品交易价格、数量、定金支付、交易时间、地点进行确定时亦在场。其后，三被告人还共同携带“亚龙”交付的购毒资金按时前往约定的交易地点协助进行毒品交易。三被告人虽不是毒品买卖的直接当事人，但他们的行为均已构成贩卖毒品罪的帮助犯。

（2）房某某、许某某非法买卖制毒物品案——非法买卖制毒物品中的举荐行为性质认定（《刑事审判参考》第606号案例）

裁判规则提炼：明知他人实施走私或者非法买卖制毒化学品犯罪，而为其运输、储存、代理进出口或者以其他方式提供便利的，以走私或者非法买卖制毒物品罪的共犯论处。因为居间介绍人所实施的中介犯罪行为在整个犯罪中起着重要作用，积极促成毒品交易的完成，处于“承上启下”的地位，并起着不可替代的重要作用，是毒品犯罪中不可缺少的环节，因此居间人在毒品犯罪中一般应认定为主犯。

（3）陈某某、庄某某贩卖毒品案——居间介绍买卖、居中倒卖毒品行为如何区分（《刑事审判参考》第 1179 号案例）

裁判规则提炼：在毒品交易中居中介绍，联络双方，并非通过赚取交易差价获利的，是毒品交易的居间介绍者。居间介绍者不具有独立的毒品交易主体地位，与交易的一方构成共同犯罪。

相关规范

1.《刑法》规定

第 25 条 【共同犯罪的概念】共同犯罪是指二人以上共同故意犯罪。

二人以上共同过失犯罪，不以共同犯罪论处；应当负刑事责任的，按照他们所犯的罪分别处罚。

第 26 条 【主犯】组织、领导犯罪集团进行犯罪活动的或者在共同犯罪中起主要作用的，是主犯。

三人以上为共同实施犯罪而组成的较为固定的犯罪组织，是犯罪集团。

对组织、领导犯罪集团的首要分子，按照集团所犯的全部罪行处罚。

对于第三款规定以外的主犯，应当按照其所参与的或者组织、指挥的全部犯罪处罚。

第 27 条 【从犯】在共同犯罪中起次要或者辅助作用的，是从犯。

对于从犯，应当从轻、减轻处罚或者免除处罚。

第28条 【胁从犯】对于被胁迫参加犯罪的，应当按照他的犯罪情节减轻处罚或者免除处罚。

第29条 【教唆犯】教唆他人犯罪的，应当按照他在共同犯罪中所起的作用处罚。教唆不满十八周岁的人犯罪的，应当从重处罚。

如果被教唆的人没有犯被教唆的罪，对于教唆犯，可以从轻或者减轻处罚。

第347条 【走私、贩卖、运输、制造毒品罪】走私、贩卖、运输、制造毒品，无论数量多少，都应当追究刑事责任，予以刑事处罚。

走私、贩卖、运输、制造毒品，有下列情形之一的，处十五年有期徒刑、无期徒刑或者死刑，并处没收财产：

（一）走私、贩卖、运输、制造鸦片一千克以上、海洛因或者甲基苯丙胺五十克以上或者其他毒品数量大的；

（二）走私、贩卖、运输、制造毒品集团的首要分子；

（三）武装掩护走私、贩卖、运输、制造毒品的；

（四）以暴力抗拒检查、拘留、逮捕，情节严重的；

（五）参与有组织的国际贩毒活动的。

走私、贩卖、运输、制造鸦片二百克以上不满一千克、海洛因或者甲基苯丙胺十克以上不满五十克或者其他毒品数量较大的，处七年以上有期徒刑，并处罚金。

走私、贩卖、运输、制造鸦片不满二百克、海洛因或者甲基苯丙胺不满十克或者其他少量毒品的，处三年以下有期徒刑、拘役或者管制，并处罚金；情节严重的，处三年以上七年以下有期徒刑，并处罚金。

单位犯第二款、第三款、第四款罪的，对单位判处罚金，并对其直接负责的主管人员和其他直接责任人员，依照各该款的规定处罚。

利用、教唆未成年人走私、贩卖、运输、制造毒品，或者向未成年人出售毒品的，从重处罚。

对多次走私、贩卖、运输、制造毒品，未经处理的，毒品数量累计计算。

2. 其他规定

最高人民法院、最高人民检察院、公安部《关于办理制毒物品犯罪案件适用法律若干问题的意见》（公通字〔2009〕33号）

第1条第5款　明知他人实施走私或者非法买卖制毒物品犯罪，而为其运输、储存、代理进出口或者以其他方式提供便利的，以走私或者非法买卖制毒物品罪的共犯论处。

3. 往届纪要（已失效）

（1）2008年《大连会议纪要》

有证据证明行为人不以牟利为目的，为他人代购仅用于吸食的毒品，毒品数量超过刑法第三百四十八条规定的最低数量标准的，对托购者、代购者应以非法持有毒品罪定罪。代购者从中牟利，变相加价贩卖毒品的，对代购者应以贩卖毒品罪定罪。明知他人实施毒品犯罪而为其居间介绍、代购代卖的，无论是否牟利，都应以相关毒品犯罪的共犯论处。

（2）2015年《武汉会议纪要》

办理贩卖毒品案件，应当准确认定居间介绍买卖毒品行为，并与居中倒卖毒品行为相区别。居间介绍者在毒品交易中处于中间人地位，发挥介绍联络作用，通常与交易一方构成共同犯罪，但不以牟利为要件；居中倒卖者属于毒品交易主体，与前后环节的交易对象是上下家关系，直接参与毒品交易并从中获利。居间介绍者受贩毒者委托，为其介绍联络购毒者的，与贩毒者构成贩卖毒品罪的共同犯罪；明知购毒者以贩卖为目的购买毒品，受委托为其介绍联络贩毒者的，与购毒者构成贩卖毒品罪的共同犯罪；受以吸食为目的的购毒者委托，为其介绍联络贩毒者，毒品数量达到刑法第三百四十八条规定的最低数量标准的，一般与购毒者构成非法持有毒品罪的共同犯罪；同时与贩毒者、购毒者共谋，联络促成双方交易的，通常认定与贩毒者构成贩卖毒品罪的共同犯罪。居间介绍者实施为毒品交易主体提供交易信息、介绍交易对象等帮助行为，对促成交易起次要、辅助作用的，应当认定为从犯；对于以居间介绍者的身份介入毒品交易，但在交易中超出居间介绍者的地位，对交易的发起和达成起重要作用的被告人，可以认定为主犯。

第三节　运输毒品共同犯罪的认定与处罚

—— 要点提示 ——

（1）运输毒品共同犯罪的认定；

（2）对单纯受雇运输毒品行为的处罚。

纪要原文

二人以上同行运输毒品的，应当从是否明知他人带有毒品、有无共同运输毒品的犯意联络、有无实施配合、掩护他人运输毒品的行为等方面，综合审查认定是否构成共同犯罪。

受雇于同一雇主同行运输毒品，但受雇者之间没有共同犯罪故意，或者虽然明知他人受雇运输毒品，但各自的运输行为相对独立，既未实施配合、掩护他人运输毒品的行为，又分别按照各自运输的毒品数量获取报酬的，不认定为共同犯罪，受雇者对各自运输的毒品承担刑事责任。受雇于同一雇主分段运输同一宗毒品，但受雇者之间没有共谋的，也不认定为共同犯罪。雇用他人运输毒品的雇主，以及其他对受雇者起到一定组织、指挥作用的人员，与各受雇者分别构成运输毒品共同犯罪，对运输的全部毒品承担刑事责任。

要点评注

1 是否只要在一起运输毒品，就构成运输毒品的共同犯罪？

《昆明会议纪要》延续《武汉会议纪要》的规定，强调共同犯罪的共同故意与行为，将共同犯罪区别于同时犯，对“既未实施配合、掩护他人运输毒品的行为，又分别按照各自运输的毒品数量获取报酬的，不认定为共同犯罪”。《昆明会议纪要》还强调，“受雇者对各自运输的毒品承担刑事责任”，此为提示性规定。

案例1，吕某某、曾某某运输毒品案：二被告人于2005年6月5日从云南曲靖火车站乘昆明开往北京的T62次旅客列车前往湖南省娄底市，途中被乘警查获，从二被告人身上缴获了数量不等的毒品海洛因，经查，二被告人相互认识，毒品系被告人吕某某出资购买，但二人约定毒品归各自所有，被告人曾某某承诺回娄底市后即将吕某某为其垫资购买毒品的钱予以归还。在本案例中，二被告分别构成运输毒品罪，并对各自运输的毒品承担刑事责任。[①]

但是，不同运输阶段之间，共同的运输人往往会“串联”，在此情况下，前后分段运输人则有可能存在关联。此时，根据共同犯罪原理，仍应从是否有共同故意、分工行为来判断是否构成共同犯罪。

案例2，李某某、杨某某运输毒品案：上诉人李某某、谢某某分别独自携带毒品，先后乘坐商务车及杨某某等驾驶的摩托车运输毒品，根据二人的供述，其是帮他人运输

① 参见最高人民法院刑事审判第一、二、三、四、五庭主办：《刑事审判参考》第374号案例。

> 毒品，二人系受雇于他人，同行各自运输毒品，分别获取报酬，并无分工协作，二人不构成共同犯罪。但在运输过程中杨某某明知二人运输毒品，仍协助二人运输毒品，实施了探路、绕过检查站等行为，杨某某在运输途中与二人分别形成了运输毒品罪的共犯。①

《昆明会议纪要》延续《武汉会议纪要》的规定，认为“受雇于同一雇主分段运输同一宗毒品，但受雇者之间没有共谋的，也不认定为共同犯罪”。这同样是对刑法共同犯罪规定的遵循，缺乏共同故意的，不能认定为共同犯罪。此外，《昆明会议纪要》弱化了对毒品数量的强调，在本部分中亦删除了“数量”的表述。

2　单纯受雇运输毒品的，是否可以从轻处罚？

《昆明会议纪要》没有在共同犯罪部分就该问题予以规定，但《大连会议纪要》规定，“毒品犯罪中，单纯的运输毒品行为具有从属性、辅助性特点，且情况复杂多样。部分涉案人员系受指使、雇佣的贫民、边民或者无业人员，只是为了赚取少量运费而为他人运输毒品，他们不是毒品的所有者、买家或者卖家，与幕后的组织、指使、雇佣者相比，在整个毒品犯罪环节中处于从属、辅助和被支配地位，所起作用和主观恶性相对较小，社会危害性也相对较小。因此，对于运输毒品犯罪中的这部分人员，在量刑标准的把握上，应当与走私、贩卖、制造毒品和前述具有严重情节的运输毒品犯罪分子有所区别，不应单纯以涉案毒品数量的大小决定刑罚适用的轻

① 云南省高级人民法院刑事二审裁定书，（2019）云刑终 989 号。

重”。因此，根据纪要精神，单纯受雇运输毒品的行为，属于单纯运输毒品行为，行为人系受雇、受指使参与运输毒品犯罪，对其的处罚应体现从轻精神。

> 案例3，邱某某等走私、运输毒品案：邱某某虽然被认定为走私、运输毒品，但其并不是毒品的所有者、买家或者卖家，本质上是单纯受雇于雇主才从事走私、运输毒品行为。法院认为，对于运输毒品犯罪中的这部分人员，在量刑标准的把握上，应当与走私、贩卖、制造毒品和具有严重情节的运输毒品犯罪分子有所区别，不应单纯以涉案毒品数量的大小决定刑罚适用的轻重。[①]

案例拓展

1 典型案例

（1）古某某贩卖毒品案——陕西省高级人民法院2022年毒品（涉毒）犯罪十大典型案例之三

典型意义：明知他人进行毒品犯罪活动仍提供帮助的，构成毒品犯罪的共犯。本案中，闫某某、郭某某、王某某共同预谋出资购买大量毒品用于贩卖，被告人古某某事先虽然没有参与预谋，只是为赚取运费而开车运送闫某某等人往返，但在出发前，古某某通过闫某某等人意图找车在前面探路等安排，已经意识到闫某某等人是在贩卖毒品。在毒品交易过程中，闫某某等人并未刻意回避古某某，古某某目睹了闫某某等人从车上拿走巨额现金、拿回大袋毒品并在

① 参见最高人民法院刑事审判第一、二、三、四、五庭主办：《刑事审判参考》第852号案例。

车上分配毒品的过程。在此情形下，古某某仍驾车为闫某某等人提供服务，已构成贩卖毒品的帮助犯，应予惩处。本案告诫人们，在为他人提供服务时，一定要清楚服务对象的行为是否合法，如果服务对象的行为属犯罪行为，而仍然自愿为其提供服务，有可能与他人构成共同犯罪；刑法对毒品犯罪处刑严厉，一旦被认定为毒品犯罪的共犯，可能被处以重刑。

（2）钟某某贩卖毒品案——江苏省盐城市中级人民法院 2021 年打击毒品犯罪十大典型案例之十

典型意义：贩卖毒品通常是为了牟利，但行为人明知他人贩毒而提供帮助的，即使未获利也构成共同犯罪。本案中，被告人钟某某明知夏某某购买毒品并销售，仍为夏某某提供驾驶帮助，构成贩卖、运输毒品罪的共犯，法院依法对其判处相应刑罚。

2 《刑事审判参考》案例

（1）马某某运输毒品案——被告人在受雇运输毒品过程中意识到是毒品的，该如何认定（《刑事审判参考》第 28 号案例）

裁判规则提炼：运输毒品的犯罪人多为他人雇用而实施犯罪，其主观恶性因案各异：有的运输之前就知道是毒品，有的在运输中才推测出是毒品，有的意识到自己运输的是违禁品，这反映出同是运输毒品，不同案件的被告人主观恶性不同，对此，应当作为酌定情节在处刑时予以考虑。

（2）吕某某、曾某某运输毒品案——如何区分共犯与同时犯（《刑事审判参考》第 374 号案例）

裁判规则提炼：二被告人无视国家法律，明知是毒品而采用携带的方法乘坐旅客列车进行长途运输，其行为已分别构成运输毒品罪。但二被告人并没有共同运输毒品的主观故意和客观行为，因此不构成共同犯罪，而是同时犯。

（3）傅某某、朱某某贩卖、运输毒品案——如何定性接应方与运输方的行为（《刑事审判参考》第 1053 号案例）

裁判规则提炼：对接驳转运毒品的行为，如无法证明接应一方与贩卖、运输毒品一方有贩卖毒品共同故意的，接应毒品的行为应认定为运输毒品罪。

相关规范

1.《刑法》规定

第 25 条 【共同犯罪的概念】共同犯罪是指二人以上共同故意犯罪。

二人以上共同过失犯罪，不以共同犯罪论处；应当负刑事责任的，按照他们所犯的罪分别处罚。

第 26 条 【主犯】组织、领导犯罪集团进行犯罪活动的或者在共同犯罪中起主要作用的，是主犯。

三人以上为共同实施犯罪而组成的较为固定的犯罪组织，是犯罪集团。

对组织、领导犯罪集团的首要分子，按照集团所犯的全部罪行处罚。

对于第三款规定以外的主犯，应当按照其所参与的或者组织、指挥的全部犯罪处罚。

第 27 条 【从犯】在共同犯罪中起次要或者辅助作用的，是从犯。

对于从犯，应当从轻、减轻处罚或者免除处罚。

第 28 条 【胁从犯】对于被胁迫参加犯罪的，应当按照他的犯罪情节减轻处罚或者免除处罚。

第 29 条 【教唆犯】教唆他人犯罪的，应当按照他在共同犯罪中所起的作用处罚。教唆不满十八周岁的人犯罪的，应当从重处罚。

如果被教唆的人没有犯被教唆的罪，对于教唆犯，可以从轻或者减轻处罚。

第 347 条 【走私、贩卖、运输、制造毒品罪】走私、贩卖、运输、制造毒品，无论数量多少，都应当追究刑事责任，予以刑事处罚。

走私、贩卖、运输、制造毒品，有下列情形之一的，处十五年有期徒刑、无期徒刑或者死刑，并处没收财产：

（一）走私、贩卖、运输、制造鸦片一千克以上、海洛因或者甲基苯丙胺五十克以上或者其他毒品数量大的；

（二）走私、贩卖、运输、制造毒品集团的首要分子；

（三）武装掩护走私、贩卖、运输、制造毒品的；

（四）以暴力抗拒检查、拘留、逮捕，情节严重的；

（五）参与有组织的国际贩毒活动的。

走私、贩卖、运输、制造鸦片二百克以上不满一千克、海洛因或者甲基苯丙胺十克以上不满五十克或者其他毒品数量较大的，处七年以上有期徒刑，并处罚金。

走私、贩卖、运输、制造鸦片不满二百克、海洛因或者甲基苯丙胺不满十克或者其他少量毒品的，处三年以下有期徒刑、拘役或者管制，并处罚金；情节严重的，处三年以上七年以下有期徒刑，并处罚金。

单位犯第二款、第三款、第四款罪的，对单位判处罚金，并对其直接负责的主管人员和其他直接责任人员，依照各该款的规定处罚。

利用、教唆未成年人走私、贩卖、运输、制造毒品，或者向未成年人出售毒品的，从重处罚。

对多次走私、贩卖、运输、制造毒品，未经处理的，毒品数量累计计算。

2. 往届纪要（已失效）

2015 年《武汉会议纪要》

两人以上同行运输毒品的，应当从是否明知他人带有毒品，有无共同运输毒品的意思联络，有无实施配合、掩护他人运输毒品的行为等方面综合审查认定是否构成共同犯罪。受雇于同一雇主同行运输毒品，但受雇者之间没有共同犯罪故意，或者虽然明知他人受雇运输毒品，但各自的运输行为相对独立，既没有实施配合、掩护他人运输毒品的行为，又分别按照各自运输的毒品数量领取报酬的，不应认定为共同犯罪。受雇于同一雇主分段运输同一宗毒品，但受雇者之间没有犯罪共谋的，也不应认定为共同犯罪。雇用他人运输毒品的雇主，及其他对受雇者起到一定组织、指挥作用的人员，与各受雇者分别构成运输毒品罪的共同犯罪，对运输的全部毒品数量承担刑事责任。

第四章　毒品犯罪死刑适用问题

第一节　死刑适用的一般规定

—— 要点提示 ——

（1）死刑适用的原则；

（2）死刑适用中的“数量”与“情节”；

（3）死刑的适用情形；

（4）死刑案件的证据要求。

纪要原文

要毫不动摇地坚持依法从严惩处毒品犯罪的方针，突出打击重点，依法严惩走私、制造和大宗贩卖毒品等源头性犯罪，依法严惩毒品犯罪集团首要分子、职业毒犯、累犯、毒品再犯等犯罪分子，依法严惩具有武装掩护毒品犯罪、以暴力抗拒查缉情节严重、参与有组织的国际贩毒活动等严重情节的犯罪分子，对其中罪行极其严重、依法应当判处死刑的，坚决依法判处，充分发挥死刑对于预防和惩治毒品犯罪的重要作用。同时，应当全面、准确地贯彻宽严相济刑事政策，体现区别对待，做到罚当其罪，综合考虑毒品数量、犯罪性质、情节、危害后果及被告人的主观恶性、人身危险性等因素，严格审慎地决定死刑适用，确保死刑只适用于极少数罪行极其严重的犯罪分子。

（一）一般规定

毒品数量是量刑的重要情节，但不是唯一情节。在对被告人决定死刑适用时，应当坚持“毒品数量＋其他情节”的标准，不能仅因涉案毒品数量远超过实际掌握的死刑适用数量标准，就不加区分地判处一案多名被告人死刑，还应充分考虑不同被告人的不同犯罪情节。

毒品数量接近实际掌握的死刑适用数量标准，具有累犯，毒品再犯，利用、教唆未成年人走私、贩卖、运输、制造毒品，或者向未成年人出售毒品等法定从重处罚情节的，可以判处被告人死刑。

毒品数量刚超过实际掌握的死刑适用数量标准，具有多次走私、贩卖、运输、制造毒品，向多人贩卖毒品，在戒毒、监管场所贩卖毒品，向在校学生贩卖毒品，组织、利用残疾人等特定人员实施毒品犯罪，或者国家工作人员利用职务便利实施毒品犯罪等情节的，可以判处被告人死刑。

毒品数量达到实际掌握的死刑适用数量标准，具有下列情形之一的，可以不判处被告人死刑：（1）被告人自首或者立功的；（2）已查明的毒品数量未达到实际掌握的死刑适用数量标准，被告人到案后坦白司法机关尚未掌握的其他毒品犯罪，累计数量达到实际掌握的死刑适用数量标准的；（3）经鉴定，毒品纯度明显低于同类毒品正常纯度，掺杂掺假后数量达到实际掌握的死刑适用数量标准，或者有证据表明毒品纯度明显偏低但因客观原因无法鉴定的；（4）原本意图实施的毒品犯罪数量未达到实际掌握的死刑适用数量标准，确系或者不排除因受隐匿身份人员引诱，毒品数量达到实际掌握的死刑适用数量标准的；（5）其他不是必须判处死刑的。

毒品数量达到实际掌握的死刑适用数量标准，同时具有法定、酌定从严和从宽处罚情节的，应当在全面考察犯罪的事实、性质、情节和对社会危害程度的基础上，结合被告人的主观恶性、人身危险性等因素，审慎决定是否适用死刑。

审理毒品死刑案件，应当严格贯彻证据裁判原则，始终坚持证据审查判断认定的最高标准和最严要求，确保办案质量。全案未查获毒品的，一般不判处被告人死刑。主要犯罪事实中未查获毒品的，判处被告人死刑应当特别慎重。

要点评注

1　死刑适用的总体原则是什么？

在每次毒品犯罪会议纪要中，关于死刑的适用问题都是最主要的内容，《昆明会议纪要》也使用了最多的篇幅讨论死刑适用的问题。《昆明会议纪要》延续了《大连会议纪要》和《武汉会议纪要》对毒品犯罪死刑适用的总体原则，强调要“毫不动摇地坚持依法从严惩处毒品犯罪的方针”，“充分发挥死刑对于预防和惩治毒品犯罪的重要作用”，“应当全面、准确地贯彻宽严相济刑事政策，体现区别对待，做到罚当其罪”。[①]《昆明会议纪要》对于毒品犯罪死刑适用继续秉持十分严格慎重的立场，“从严惩处”仍然是基本方针，同时更加重视区别对待，强调突出打击重点，贯彻宽严相济刑事政策。在四个适用死刑的选择性罪名当中，走私、大宗贩卖和制造毒品犯罪是打击重点；对于犯罪主体来说，累犯、毒品再犯、毒品犯罪集团首要分子是打击重点；犯罪情节上，武装掩护毒品犯罪、利用未成年人实施毒品犯罪等情节是打击重点。区别对待则主要在于区别行为

①《昆明会议纪要》中的死刑均指死刑立即执行。参见李睿懿等:《〈全国法院毒品案件审判工作会议纪要〉的理解与适用》，载《法律适用》2023 年第 10 期。

人特点、行为类型、犯罪情节、毒品类型等。

2 死刑适用中如何看待“数量”与“情节”?

《昆明会议纪要》首次明确提出了“毒品数量+其他情节”的标准，针对不同数量层级，匹配了轻重有别的“其他情节”，体现了“毒品数量+其他情节”的梯度性。涉及具体数量标准时，各地也可以根据当地毒品犯罪形势和惩治毒品犯罪的实际需要，按照基础数量标准的一定倍数掌握。此外，《昆明会议纪要》并未设置数量“特别巨大”标准。

3 什么情形可以判处死刑?

《昆明会议纪要》在《大连会议纪要》相关规定的基础上作了修改完善，分别以毒品数量“接近”“刚超过”实际掌握的死刑适用数量为标准，规定了两种情形。对于“接近”实际掌握的死刑适用数量标准，应理解为略低于实际掌握的死刑适用标准，但不能有较大差距。对于具有累犯、毒品再犯等法定从重处罚情节的被告人，在决定死刑适用时，也应根据其前罪的性质和罪行轻重体现区别对待，不能简单化、“一刀切”。鉴于“达到”涵盖了毒品数量刚超过和超过实际掌握的死刑适用数量标准较多的情况，《昆明会议纪要》将《大连会议纪要》规定的毒品数量“达到”实际掌握的死刑适用数量标准，改为“刚超过”，以与后文的严重情节相匹配。同时，结合2016年最高人民法院《关于审理毒品犯罪案件适用法律若干问题的解释》第4条的内容，对该数量标准下可以判处死刑的具体情节作了调整，其中《大连会议纪要》规定的“在毒品犯罪中诱使、容留多人吸毒"的情节，根据该解释规定精神，应按照数罪并罚的原则处理，故不再作为可以判处死刑的情节规定。①

4 什么样的情况可以不判处死刑？

《昆明会议纪要》对《大连会议纪要》相关规定作了较大修改，将原规定的 9 种情形减为 5 种，其中删除 2 种、调位 2 种，并对保留的除兜底项之外的 4 种情形均作了修改。《昆明会议纪要》删除了《大连会议纪要》的第 5 项，"以贩养吸的被告人，被查获的毒品数量刚达到实际掌握的死刑数量标准的"；删除了第 8 项，"家庭成员共同实施毒品犯罪，其中起主要作用的被告人已被判处死刑立即执行，其他被告人罪行相对较轻的"。《昆明会议纪要》将《大连会议纪要》的第 1 项"具有自首、立功等法定从宽处罚情节的"中的"等法定从宽处罚情节"删除，主要考虑重要坦白情节已在第 2 项中作出规定，从犯系法定应当从宽处罚的情节，与本条可以不判处死刑的前提不对应，其他法定从宽处罚情节可以通过兜底项解决。将第 2 项"已查获的毒品数量未达到实际掌握的死刑数量标准，到案后坦白尚未被司法机关掌握的其他毒品犯罪，累计数量超过实际掌握的死刑数量标准的"中的"已查获"改为"已查明"。"已查明"既包括已查获毒品的情况，又包括虽未查获毒品但司法机关根据现有证据已掌握涉案毒品犯罪的情况，与下文的司法机关"尚未"掌握相对应。将第 3 项中的毒品"含量极低"改为"纯度明显低于同类毒品正常纯度"，将该项中的毒品"可能大量掺假"改为"纯度明

① 参见李睿懿等:《〈全国法院毒品案件审判工作会议纪要〉的理解与适用》，载《法律适用》2023 年第 10 期。

显偏低”，用语更加规范，涵盖范围也更广。将第 4 项因“特情引诱”毒品数量才达到实际掌握的死刑数量标准的表述，改为因“受隐匿身份人员引诱”，增加了“不排除”受引诱的情形，并进一步明确了原本意图实施的毒品犯罪数量未达到死刑的适用前提。[①]第 6 项于“关于毒品共同犯罪的死刑适用”、第 7 项于“关于运输毒品罪的死刑适用”中有所体现。

5 死刑案件的证据有什么要求？

《昆明会议纪要》更严格地把握了毒品犯罪死刑适用的证据要求，新增了“全案未查获毒品的，一般不判处被告人死刑”的规定，使用“一般”的表述，为个别特殊案件保留了一定死刑适用空间。因为毒品案件中，需要坚持证据认定的最高标准和证据审查的最严要求。毒品实物既是证实被告人实施毒品犯罪的铁证，又是量刑经得起法律和历史检验的保障。对于死刑案件，未查获毒品实物的，无法进行毒品成分和含量鉴定，难以确保涉案物品均系毒品，也不能排除毒品含量明显偏低的可能。[②]此外，《昆明会议纪要》在死刑适用部分，也体现了严谨的证据适用规则。例如，在运输毒品犯罪的死刑适用中，将《武汉会议纪要》中系“初犯、偶犯”的规定，改为“不排除系初次运输毒品”这一更加严谨的表达。

---

① 参见李睿懿等:《〈全国法院毒品案件审判工作会议纪要〉的理解与适用》，载《法律适用》2023 年第 10 期。

② 参见李睿懿等:《〈全国法院毒品案件审判工作会议纪要〉的理解与适用》，载《法律适用》2023 年第 10 期。

案例拓展

1　指导性案例

刘某某贩卖毒品二审抗诉案——最高人民检察院2023年第四十五批指导性案例（检例第179号）

要旨：对于人民法院以存在“合理怀疑”为由宣告被告人无罪的案件，人民检察院认为在案证据能够形成完整的证据链，且被告人的无罪辩解没有证据证实的，应当提出抗诉。同时，对于确有必要的，要补充完善证据，对人民法院认为存在的“合理怀疑”作出解释，以准确排除“合理怀疑”，充分支持抗诉意见和理由。对于查清事实后足以定罪量刑的抗诉案件，如未超出起诉指控范围，人民检察院可以建议人民法院依法直接改判。

2　典型案例

（1）石某某、刘某贩卖、运输毒品案——最高人民检察院2023年“依法严惩毒品犯罪　强化禁毒综合治理”十大典型案事例之一

典型意义：检察机关办理毒品犯罪抗诉案件，要坚持全案审查和重点审查相结合的原则，针对一、二审裁判错误存在的问题，梳理争议焦点，积极履行调查核实和引导侦查职能，全面细致补充证据，有针对性地做好案件证据调查、复核、补证工作。充分发挥检察一体化优势，上级检察机关加强协调、指导，通过接续抗诉等形式，切实监督纠正错误裁判，实现司法办案不枉不纵的效果，维护司法公正和权威。针对毒品犯罪被告人零口供的情形，检察机关要综合运用在案证据，根据被告人实施毒品犯罪时的具体情形，包括

犯罪的方式、过程及其他不合理辩解、不合常识常情常理之处，来认定其是否主观明知。同时要加强串并案分析，提升发现线索能力，尤其要重视毒品犯罪上下家证据的挖掘，实现对毒品犯罪的全链条打击。

（2）阮某某贩卖、运输毒品案——最高人民法院2023年十起依法严惩毒品犯罪和涉毒次生犯罪典型案例之三

典型意义：未成年人心智不够成熟，分辨是非能力较弱，好奇心强，容易受到不良周边环境的影响，被不法分子利用、教唆参与毒品犯罪，或者成为被引诱、教唆、欺骗吸食毒品以及出售毒品的对象。本案是一起利用、教唆未成年人参与贩卖毒品的典型案例。被告人阮某某指使未成年人阮某甲代收毒品、准备工具分装毒品未果，后又指使阮某甲到宾馆拍照、录像确认毒品买家情况，将阮某甲引上歧途。阮某某曾因严重暴力犯罪被判处重刑，刑满释放之后五年内又实施严重毒品犯罪，系累犯，主观恶性深，人身危险性大。人民法院对阮某某依法从重处罚并适用死刑，突出了对毒品犯罪的打击重点，亦较好地体现了对未成年人的特殊保护。

（3）蔡某某、林某某贩卖、运输毒品案——最高人民法院2023年十起依法严惩毒品犯罪和涉毒次生犯罪典型案例之四

典型意义：宽严相济是我国的基本刑事政策。人民法院在坚持整体从严惩处毒品犯罪、突出打击重点的同时，也注重全面、准确贯彻宽严相济刑事政策，做到以严为主、宽以济严、罚当其罪。对于罪行较轻，或者具有从犯、自首、立功、初犯等法定、酌定从宽处罚情节的毒品犯罪分子，体现区别对待，依法给予从宽处罚，以

达到分化瓦解毒品犯罪分子、预防和减少毒品犯罪的效果。本案是一起犯罪分子自境外回国投案构成自首的重大毒品案件。二被告人系当地公检法三机关联合向社会发布的《关于敦促涉毒在逃人员投案自首的通告》中所列在逃犯罪嫌疑人，在境外看到该追逃通告后通过亲属与当地公安机关联系，主动要求投案，并在投案过程中克服地域、语言、交通等困难，投案意愿坚定，反映其良好的认罪悔罪态度，也节约了司法资源。人民法院充分考虑二被告人积极响应司法机关发布的敦促投案自首通告，主动自境外回国投案，并如实供述主要犯罪事实的情节，对二人予以从宽处罚，对其他在逃人员具有示范感召意义，实现了政治效果、社会效果、法律效果的有机统一。

（4）张某某走私、运输毒品案——最高人民法院 2023 年十起依法严惩毒品犯罪和涉毒次生犯罪典型案例之一

典型意义：走私毒品属于源头性毒品犯罪，人民法院在审理此类案件时始终严格贯彻从严惩处的政策要求，并将走私毒品犯罪集团中的首要分子、骨干成员作为严惩重点，对于其中符合判处死刑条件的，坚决依法判处。本案是一起典型的犯罪集团将大量毒品走私入境的跨国毒品犯罪案件。该案参与人员众多，涉案毒品数量巨大，仅查获在案的甲基苯丙胺片剂就达数万克、甲基苯丙胺和海洛因均达数千克。

（5）李某某走私、贩卖、运输毒品、组织越狱案——最高人民法院 2021 年十大毒品（涉毒）犯罪典型案例之一

典型意义：我国毒品主要来自境外。云南是“金三角”毒品主要的渗透入境地和中转集散地，大宗走私、贩卖、运输毒品犯罪多

发，是遏制境外毒品向内地扩散的前沿阵地。本案就是一起境外购毒、走私入境、境内贩运的典型案例。

（6）刘某某贩卖、运输毒品案——最高人民法院 2018 年八起毒品犯罪及涉毒次生犯罪典型案例之二

典型意义：利用信息网络和电子商务平台实施毒品犯罪，是当前毒品犯罪的新动向，物流配送的便捷性又加速了毒品从毒源地向其他省份扩散。一些不法分子利用信息网络和物流配送覆盖面广、易隐瞒真实身份等特点，通过 QQ、微信等方式联系商定毒品交易，以快递方式寄送毒品，此类案件在实践中时有发生。

（7）蔡某某贩卖、制造毒品案——最高人民法院 2017 年毒品犯罪及涉毒次生犯罪十大典型案例之二

典型意义：氯胺酮是一类精神药品，具有麻醉作用，滥用氯胺酮会使人产生认知障碍、幻觉，危害很大。近年来，滥用氯胺酮等合成毒品的人数呈上升之势，制造氯胺酮犯罪多发，个别地区较为突出。本案就是一起典型的制造、贩卖氯胺酮犯罪案件。

（8）唐某某走私、贩卖、运输毒品案——最高人民法院 2016 年毒品犯罪及吸毒诱发次生犯罪十大典型案例之一

典型意义：走私毒品属于源头性毒品犯罪，境外毒品被走私入境后，经犯罪分子层层转卖、运输，扩散至广大内地城市，进入吸食消费环节，造成了严重的社会危害。“金三角”缅北地区是国内消费市场上甲基苯丙胺片剂的主要来源地。本案就是一起典型的将甲基苯丙胺片剂从缅北地区走私入境的跨国毒品犯罪。该案参与人员、犯罪环节众多，涉案毒品数量、毒资数额特别巨大。

（9）洪某某制造毒品案——最高人民法院2016年毒品犯罪及吸毒诱发次生犯罪十大典型案例之二

典型意义：近年来，随着以甲基苯丙胺为代表的合成毒品在我国滥用人数的不断增长，制造合成毒品犯罪呈加剧之势，制造甲基苯丙胺犯罪突出。本案就是一起典型的制造甲基苯丙胺犯罪案件。

（10）舒某某贩卖毒品案——最高人民法院2016年毒品犯罪及吸毒诱发次生犯罪十大典型案例之三

典型意义：当前，毒品犯罪中累犯、再犯的比例较高，部分毒品犯罪分子在假释或者暂予监外执行期间又实施毒品犯罪，反映出较深的主观恶性和人身危险性，历来是毒品犯罪的重点惩治对象。本案就是一起毒品犯罪分子在假释考验期内又大量贩卖毒品，被依法判处死刑的典型案例。被告人舒某某系毒品上线，其掌握毒品来源，大量持毒待售，对促成毒品交易起到更大的作用。

（11）王某某走私毒品案——江苏省高级人民法院2022年六起毒品犯罪典型案例之二

典型意义：随着持续有力的打击整治，境内毒源得到进一步清理，但境外毒品输入问题值得高度关注。近年来，全省法院先后审理了一些来源于缅甸、老挝等国，经外省流入我省的毒品犯罪案件。本案就是一起从缅甸走私毒品入境的案件，被告人王某某求购毒品后，境外人员将毒品藏匿于货车中运至无锡，被当场查获。法院根据王某某犯罪的事实、性质和具体情节，对其判处死缓，彰显了对走私毒品犯罪从严打击的立场。

（12）宁某某等七人贩卖、运输、非法持有毒品案——贵州省人民检察院 2022 年十个打击毒品违法犯罪典型案例之六

典型意义：本案贩毒集团组织者、领导者在开庭前均未作有罪供述，系零口供审查起诉的典型案例。检察机关通过提前介入深挖涉案人员和线索，对毒品犯罪分子进行回溯式打击，对已贩卖未缴获的毒品数量全部予以认定；全面梳理犯罪集团的形成过程及主要分工，做到指控的每桩犯罪事实清楚，证据确实充分，提出的精准量刑建议被法院全部采纳；开展认罪认罚释法说理，加强与辩护人的沟通，以部分被告人认罪认罚的良好效果带动其他不认罪被告人认罪认罚，实现三个效果的有机统一。

（13）魏某某贩卖、运输毒品案——陕西省高级人民法院 2021 年十件毒品犯罪典型案例之一

典型意义：毒品犯罪严重危害人民群众的生命健康，其危害性大小一定程度上取决于毒品数量的多少。被告人魏某某从广东以公斤为交易单位大批量购买高纯度毒品，长距离运输回山西省太原市大肆贩卖，从中牟取暴利，直接造成毒品向社会扩散蔓延，极大地威胁了人民群众的生命和健康。太原市中级人民法院对其判处死刑体现了依法严惩大宗贩卖毒品等源头性犯罪的法律和政策精神。

（14）姚某某、李某某等人贩卖、运输毒品案——江苏省高级人民法院 2020 年六起毒品犯罪典型案例之一

典型意义：本案被告人姚某某、李某某等人多次通过将毒品藏进香烟盒、牛奶箱等伪装后开车运回泰州，还将 12 余公斤甲基苯丙胺藏入家具中通过物流托运至泰州，企图逃避打击。本案被告人众

多，不到半年时间就贩卖、运输毒品多达 32 公斤，在泰州地区形成较大影响力的贩毒网络，社会危害性极大，法院依法判处两名被告人死刑、两名被告人死缓，体现对大宗毒品犯罪的从重打击，对震慑毒品犯罪分子和预防毒品犯罪具有重要意义。

3 《刑事审判参考》案例

（1）张某某、刘某某、李某某贩卖毒品案——毒品大量掺假的情况认定（《刑事审判参考》第 367 号案例）

裁判规则提炼：《南宁会议纪要》规定："根据刑法的规定，对于毒品的数量不以纯度折算。但对于查获的毒品有证据证明大量掺假，经鉴定查明毒品含量极少，确有大量掺假成分的，在处刑时应酌情考虑。特别是掺假之后毒品的数量才达到判处死刑的标准的，对被告人可不判处死刑立即执行。为掩护运输而将毒品融入其他物品中，不应将其他物品计入毒品的数量。"这一规定清楚地表明，不管毒品含量是否属于极少，行为人在掺假之后毒品的数量才达到判处死刑的标准的，对被告人一般不判处死刑立即执行。三名被告人所从事的毒品海洛因犯罪，虽然在数量上多达 650 余克，但考虑到毒品有大量掺假，海洛因含量只有 17.33%，虽然不属于"毒品含量极少"的情形，但毕竟折合成纯海洛因后只有 110 余克，以此判处三名被告人死刑显属不妥当，最高人民法院从贯彻"少杀、慎杀"的刑事政策出发，结合本案的具体情况，改判三名被告人死缓。

（2）邱某某等走私、运输毒品案——受雇走私、运输毒品的处罚（《刑事审判参考》第 852 号案例）

裁判规则提炼：邱某某虽然被认定为走私、运输毒品，但其并不是毒品的所有者、买家或者卖家，本质上是单纯的受雇走私、运输毒品行为人。《大连会议纪要》明确规定：毒品犯罪中，单纯的运输毒品行为具有从属性、辅助性特点，且情况复杂多样。部分涉案人员系受指使、雇佣的贫民、边民或者无业人员，只是为了赚取少量运费而为他人运输毒品，他们不是毒品的所有者、买家或者卖家，与幕后的组织、指使、雇佣者相比，在整个毒品犯罪环节中处于从属、辅助和被支配地位，所起作用和主观恶性相对较小，社会危害性也相对较小。因此，对于运输毒品犯罪中的这部分人员，在量刑标准的把握上，应当与走私、贩卖、制造毒品和前述具有严重情节的运输毒品犯罪分子有所区别，不应单纯以涉案毒品数量的大小决定刑罚适用的轻重。

相关规范

1.《刑法》规定

第 48 条 【死刑、死缓的适用对象及核准程序】死刑只适用于罪行极其严重的犯罪分子。对于应当判处死刑的犯罪分子，如果不是必须立即执行的，可以判处死刑同时宣告缓期二年执行。

死刑除依法由最高人民法院判决的以外，都应当报请最高人民法院核准。死刑缓期执行的，可以由高级人民法院判决或者核准。

第 347 条 【走私、贩卖、运输、制造毒品罪】走私、贩卖、运输、制造毒品，无论数量多少，都应当追究刑事责任，予以刑事处罚。

走私、贩卖、运输、制造毒品，有下列情形之一的，处十五年有期徒刑、无期徒刑或者死刑，并处没收财产：

（一）走私、贩卖、运输、制造鸦片一千克以上、海洛因或者甲基苯丙胺五十克以上或者其他毒品数量大的；

（二）走私、贩卖、运输、制造毒品集团的首要分子；

（三）武装掩护走私、贩卖、运输、制造毒品的；

（四）以暴力抗拒检查、拘留、逮捕，情节严重的；

（五）参与有组织的国际贩毒活动的。

走私、贩卖、运输、制造鸦片二百克以上不满一千克、海洛因或者甲基苯丙胺十克以上不满五十克或者其他毒品数量较大的，处七年以上有期徒刑，并处罚金。

走私、贩卖、运输、制造鸦片不满二百克、海洛因或者甲基苯丙胺不满十克或者其他少量毒品的，处三年以下有期徒刑、拘役或者管制，并处罚金；情节严重的，处三年以上七年以下有期徒刑，并处罚金。

单位犯第二款、第三款、第四款罪的，对单位判处罚金，并对其直接负责的主管人员和其他直接责任人员，依照各该款的规定处罚。

利用、教唆未成年人走私、贩卖、运输、制造毒品，或者向未成年人出售毒品的，从重处罚。

对多次走私、贩卖、运输、制造毒品，未经处理的，毒品数量累计计算。

2. 往届纪要（已失效）

（1）2000年《南宁会议纪要》

近年来，人民法院始终把打击毒品犯罪作为刑事审判工作的一项重要任务，坚持“严打”方针，依法从重从严惩处了一大批毒品犯罪分子，为国家禁毒事业作出了重要贡献。但是，由于日趋严重的国际毒品犯罪对我国的渗透，加之国内贩毒分子在暴利驱动下疯狂实施毒品犯罪，使得我国由前些年的毒品过境国成为当前的毒品过境与消费并存的受害国。因此，当前和今后一个时期内我国的禁毒形势十分严峻。会议认为，人民法院作为审判机关，在禁毒斗争中担负着非常重要的任务，一定要从中华民族的兴衰存亡和国家长治久安的高度，深刻认识依法严厉打击毒品犯罪的必要性和紧迫性。要认真贯彻落实1999年国家禁毒委员会在包头市召开的全国禁毒工作会议精神，充分运用刑法武器严厉打击毒品犯罪。对毒枭、职业毒犯、累犯、惯犯、再犯等主观恶性大、危害严重以及那些具有将毒品走私入境，多次、大量贩出，向多人贩出，诱使多人吸毒，武装押运毒品，暴力拒捕等情节的毒品犯罪分子，要重点打击。对依法应当判处死刑的，必须坚决判处死刑，狠狠打击毒品犯罪分子的嚣张气焰，始终保持对毒品犯罪严打的高压态势，以有效遏制毒品犯罪发展蔓延的势头。

为有效打击毒品犯罪，强化对毒品犯罪的综合治理，在坚持从严惩处毒品犯罪的同时，处理具体毒品犯罪案件，还应注意以下几个方面的问题：一是要严格依法办案。无论实体上还是程序上，无论从重处罚还是从轻处罚，都要严格遵守法律的规定。特别是对可能判处死刑的案件，必须严格执行法律的规定和党的死刑政策，一定要把死刑案件办成铁案。二是要坚持惩办与宽大相结合的刑事政策。对于具有法定从轻、减轻处罚情节的犯罪，应当依法从宽处理，以达到分化瓦解犯罪分子和更加有效地遏制毒品犯罪的目的。三是要积极参与禁毒综合治理工作。禁毒是一项复杂的系统工程，人民法院要通过专项斗争、公开审判、法制宣传教育等多种有效的方式，积极参加禁毒的综合治理工作。

…………

关于毒品犯罪的数量。毒品犯罪数量对毒品犯罪的定罪，特别是量刑具有重要作用。但毒品数量只是依法惩处毒品犯罪的一个重要情节而不是全部情节。因此，执行量刑的数量标准不能简单化。特别是对被告人可能判处死刑的案件，确定刑罚必须综合考虑被告人的犯罪情节、危害后果、主观恶性等多种因素。对于毒品数量刚刚达到实际掌握判处死刑的标准，但纵观全案，危害后果不是特别严重，或者被告人的主观恶性不是特别大，或者具有可酌情从轻处罚等情节的，可不判处死刑立即执行。对于被告人被公安机关查获的毒品数量不够判处死刑的标准，但加上坦白交待的毒品数量，超过了判处死刑的数量标准的，一般应予从轻处罚，可不判处死刑立即执行。

关于毒品含量。根据刑法的规定，对于毒品的数量不以纯度折算。但对于查获的毒品有证据证明大量掺假，经鉴定查明毒品含量极少，确有大量掺假成分的，在处刑时应酌情考虑。特别是掺假之后毒品的数量才达到判处死刑的标准的，对被告人可不判处死刑立即执行。为掩护运输而将毒品融入其它物品中，不应将其它物品计入毒品的数量。

关于国家管制的刑法未明确规定数量标准的精神药品和麻醉药品的量刑数量标准。在有关司法解释出台前，审理这类案件时，应由有关专业部门确定涉案毒品的毒效、有毒成分的大小和多少、吸毒者对该毒品的依赖程度。因条件限制不能确定的，可以参考相关毒品非法交易的价格等因素，决定对被告人适用的刑罚，判处死刑的应当慎重掌握。

（2）2008年《大连会议纪要》

审理毒品犯罪案件，应当切实贯彻宽严相济的刑事政策，突出毒品犯罪的打击重点。必须依法严惩毒枭、职业毒犯、再犯、累犯、惯犯、主犯等主观恶性深、人身危险性大、危害严重的毒品犯罪分子，以及具有将毒品走私入境，多次、大量或者向多人贩卖，诱使多人吸毒，武装掩护、暴力抗拒检查、拘留或者逮捕，或者参与有组织的国际贩毒活动等情节的毒品犯罪分子。对其中罪行极其严重依法应当判处死刑的，必须坚决依法判处死刑。

毒品数量是毒品犯罪案件量刑的重要情节，但不是唯一情节。对被告人量刑时，特别是在考虑是否适用死刑时，应当综合考虑毒品数量、犯罪情节、危害后果、被告人的主观恶性、人身危险性以及当地禁毒形势等各种因素，做到区别对待。近期，审理毒品犯罪案件掌握的死刑数量标准，应当结合本地毒品犯罪的实际情况和依法惩治、预防毒品犯罪的需要，并参照最高人民法院复核的毒品死刑案件的典型案例，恰当把握。量刑既不能只片面考虑毒品数量，不考虑犯罪的其他情节，也不能只片面考虑其他情节，而忽视毒品数量。

对虽然已达到实际掌握的判处死刑的毒品数量标准，但是具有法定、酌定从宽处罚情节的被告人，可以不判处死刑；反之，对毒品数量接近实际掌握的判处死刑的数量标准，但具有从重处罚情节的被告人，也可以判处死刑。毒品数量达到实际掌握的死刑数量标准，既有从重处罚情节，又有从宽处罚情节的，应当综合考虑各方面因素决定刑罚，判处死刑立即执行应当慎重。

具有下列情形之一的，可以判处被告人死刑：（1）具有毒品犯罪集团首要分子、武装掩护毒品犯罪、暴力抗拒检查、拘留或者逮捕、参与有组织的国际贩毒活动等严重情节的；（2）毒品数量达到实际掌握的死刑数量标准，并具有毒品再犯、累犯，利用、教唆未成年人走私、贩卖、运输、制造毒品，或者向未成年人出售毒品等法定从重处罚情节的；（3）毒品数量达到实际掌握的死刑数量标准，并具有多次走私、贩卖、运输、制造毒品，向多人贩毒，在毒品犯罪中诱使、容留多人吸毒，在戒毒监管场所贩毒，国家工作人员利用职务便利实施毒品犯罪，或者职业犯、惯犯、主犯等情节的；（4）毒品数量达到实际掌握的死刑数量标准，并具有其他从重处罚情节的；（5）毒品数量超过实际掌握的死刑数量标准，且没有法定、酌定从轻处罚情节的。

毒品数量达到实际掌握的死刑数量标准，具有下列情形之一的，可以不判处被告人死刑立即执行：(1) 具有自首、立功等法定从宽处罚情节的；(2) 已查获的毒品数量未达到实际掌握的死刑数量标准，到案后坦白尚未被司法机关掌握的其他毒品犯罪，累计数量超过实际掌握的死刑数量标准的；(3) 经鉴定毒品含量极低，掺假之后的数量才达到实际掌握的死刑数量标准的，或者有证据表明可能大量掺假但因故不能鉴定的；(4) 因特情引诱毒品数量才达到实际掌握的死刑数量标准的；(5) 以贩养吸的被告人，被查获的毒品数量刚达到实际掌握的死刑数量标准的；(6) 毒品数量刚达到实际掌握的死刑数量标准，确属初次犯罪即被查获，未造成严重危害后果的；(7) 共同犯罪毒品数量刚达到实际掌握的死刑数量标准，但各共同犯罪人作用相当，或者责任大小难以区分的；(8) 家庭成员共同实施毒品犯罪，其中起主要作用的被告人已被判处死刑立即执行，其他被告人罪行相对较轻的；(9) 其他不是必须判处死刑立即执行的。

有些毒品犯罪案件，往往由于毒品、毒资等证据已不存在，导致审查证据和认定事实困难。在处理这类案件时，只有被告人的口供与同案其他被告人供述吻合，并且完全排除诱供、逼供、串供等情形，被告人的口供与同案被告人的供述才可以作为定案的证据。仅有被告人口供与同案被告人供述作为定案证据的，对被告人判处死刑立即执行要特别慎重。

(3) 2015年《武汉会议纪要》

当前，我国毒品犯罪形势严峻，审判工作中应当继续坚持依法从严惩处毒品犯罪的指导思想，充分发挥死刑对于预防和惩治毒品犯罪的重要作用。要继续按照《大连会议纪要》的要求，突出打击重点，对罪行极其严重、依法应当判处死刑的被告人，坚决依法判处。同时，应当全面、准确贯彻宽严相济刑事政策，体现区别对待，做到罚当其罪，量刑时综合考虑毒品数量、犯罪性质、情节、危害后果、被告人的主观恶性、人身危险性及当地的禁毒形势等因素，严格审慎地决定死刑适用，确保死刑只适用于极少数罪行极其严重的犯罪分子。

第二节　共同犯罪的死刑适用

—— 要点提示 ——

（1）共同犯罪的死刑适用标准；

（2）存在未到案被告人时的共同犯罪判罚；

（3）家族式毒品共同犯罪的死刑适用。

纪要原文

毒品共同犯罪案件的死刑适用，应当与涉案毒品数量、犯罪情节、社会危害性及被告人的主观恶性、人身危险性相适应。

涉案毒品数量超过实际掌握的死刑适用数量标准，但未达到数量巨大，依法应当判处死刑的，要进一步区分主犯间的罪责大小，一般只对其中罪责最大的一名主犯判处死刑。涉案毒品数量达到巨大以上，两名以上主犯的罪责均很突出，或者罪责稍小的主犯具有法定从重处罚情节，判处二人以上死刑符合罪刑相适应原则，并利于实现全案量刑平衡的，可以依法判处。涉案毒品数量刚超过实际掌握的死刑适用数量标准，共同犯罪人地位和作用相当或者责任大小难以区分，且均不具有法定从重处罚情节的，可以不判处被告人死刑。

对于部分共同犯罪人未到案的毒品案件，在案被告人罪行最为严重，或者在案被告人与未到案共同犯罪人均属罪行极其严重，即使共同犯罪人到案也不影响对在案被告人适用死刑的，可以依法判处在案被告人死刑。在案被告人的罪行不足以判处死刑，或者根据已查明的事实全案只宜判处未到案共同犯罪人死刑的，不能因为共同犯罪人未到案而对在案被告人适用死刑。在案被告人与未到案共同犯罪人的罪责大小难以准确认定，进而影响准确适用死刑的，不应对在案被告人判处死刑。

要点评注

1 共同犯罪的死刑适用标准是什么？可以判处二人以上死刑的情况是什么？

《昆明会议纪要》修改了《武汉会议纪要》的规定，将涉案毒品数量“刚超过实际掌握的死刑数量标准”改为“超过实际掌握的死刑适用数量标准，但未达到数量巨大”，此情况下要进一步区分主犯间的罪责大小。《昆明会议纪要》通过这一修改，明确了涉案毒品数量未达到巨大以上的，一般不得判处两名被告人死刑。“这样的规定的主要理由是，在涉案毒品数量超过实际掌握的死刑适用数量标准，但尚不属数量巨大的情况下，如果是一人犯罪，最多对此人判处死刑，而共同犯罪中各人的罪责相对分散，犯罪的整体危害也没有增加，故不能因为是共同犯罪反而增加判处死刑的人数。”[①] 此外，对于“刚超过”实际掌握的死刑适用数量标准，但是地位和作用相当、责任大小难以区分的共犯，新增“且均不具有法定从重处罚情节的，可以不判处被告人死刑”规定。

可以判处二人以上死刑的情况，《昆明会议纪要》基本上延续《武汉会议纪要》的规定，即“涉案毒品数量达到巨大以上，两名

① 方文军:《毒品犯罪司法实务精解》，法律出版社 2024 年版，第 428—429 页。

以上主犯的罪责均很突出，或者罪责稍小的主犯具有法定从重处罚情节，判处二人以上死刑符合罪刑相适应原则，并利于实现全案量刑平衡的，可以依法判处”。主要变化在于，删除了罪责稍小的主犯具有“重大酌定从重处罚情节”的情况，体现出对于判处死刑的谨慎立场。

2　存在未到案被告人时，其他共同犯罪人该如何判罚？

《昆明会议纪要》基本沿用了《武汉会议纪要》的规定，仅做了两处修改，一是对于“在案被告人与未到案共同犯罪人均属罪行极其严重，即使共同犯罪人到案也不影响对在案被告人适用死刑的，可以依法判处在案被告人死刑”新增“在案被告人罪行最为严重”的情形。二是将“或者共同犯罪人归案后全案只宜判处其一人死刑”改为“或者根据已查明的事实全案只宜判处未到案共同犯罪人死刑”，这一情形下，不能因为共同犯罪人未到案而对在案被告人适用死刑。如此更加明确了对在案共同犯罪人的判罚，以及从严惩处的立场。

3　家族式毒品共同犯罪的死刑适用标准是什么？

实践中，存在家族式制造、走私、贩卖、运输毒品的共同犯罪，参与人数众多，同时判处数人死刑，可能不符合刑罚人道主义。《昆明会议纪要》并未明确该种情况的处理原则，此时可以参考关于共同犯罪的死刑处理原则，即如果数量属于“超过实际掌握的死刑适用数量标准，但未达到数量巨大”的，一般只对其中罪责最大的一名主犯判处死刑；数量达到巨大以上，再考虑主犯是否罪责都很突出，且罪责稍小主犯是否具有法定从重处罚情节的情况；数量刚超过实际掌握的死刑适用数量标准，难以区分地位、作用、责任大小，且均不具有法定从重处罚情节的，可以不判处被告人死刑。

案例1，侯某某等走私、贩卖毒品案：2003年年底，被告人侯某某与儿子侯某甲、妹妹侯某乙（另案处理）等人越境到老挝，通过他人购买毒品12千克，其中500克属侯某某出资购买。三人携带该毒品入境后，由侯某乙的司机李某某（另案处理）驾车到贵州省贵阳市，四人乘王某某（另案处理）安排的轿车到安徽省阜阳市。侯某某与侯某乙将该毒品卖给王某某。2004年6月，侯某某与侯某甲从被告人李某甲处购得毒品1千克，李某甲又委托侯某某代卖毒品1千克。由侯某甲驾车将侯某某和杨某某、侯某丙送到云南省曲靖市火车站。侯某某与杨某某、侯某丙携带毒品2千克乘火车到阜阳市后，将毒品卖给王某某。2004年7月24日，侯某某与王某某联系毒品交易后，伙同李某甲、侯某甲、侯某丙、杨某某驾驶两辆汽车，携带毒品8.5千克从云南省前往阜阳市与王某某进行毒品交易。7月28日夜到阜阳市后，次日6时许，侯某丙同王某某电话约定交易地点后携带装有毒品的红色旅行箱到阜阳商厦门前将该箱交给王某某。王某某后将该箱交给同去的妻子王某甲。王某甲回到家中，按照王某某的安排，从所购毒品中称量出6.5千余克，分装成6大袋和1小袋交给前来购毒的被告人王某乙和张某某，并将剩余毒品放在家中。王某乙、张某某离开王某甲家时，被公安人员抓获。公安人员当场缴获二人携带的毒品6.583千克，从王某乙身上搜出盛放在一药瓶内的毒品18克，又从王某甲家中查获毒品2.006千克。

一审法院认为，被告人侯某某、李某甲、侯某甲从境外购买毒品并和被告人侯某丙、杨某某携带毒品到阜阳市贩卖，侯某丙又携带毒品和王某某进行交易；被告人王某甲不但接收毒品，且重新称量和分包毒品；被告人王某乙、张某某为销售而从王某甲处购买毒品。各被告人在本案中的行为主动、积极，均起主要作用。本案的毒品虽未流入社会造成危害，但涉案毒品数量大，对各被告人依法应予严惩。判处侯某某、李某甲、侯某甲、王某乙、侯某丙、王某甲死刑立即执行。二审法院认为，在共同犯罪中，侯某某、李某甲、侯某甲、王某乙起主要作用，系主犯，应当按照其参与的全部犯罪处罚。根据上诉人侯某丙、杨某某、王某甲、张某某在贩卖毒品过程中的地位、作用及本案的具体情节，对其四人判处死刑，可不立即执行。最高人民法院复核认为，被告人侯某某、李某甲、侯某甲将吗啡偷运入境并予以运输、贩卖，其行为均已构成走私、贩卖毒品罪，且走私、贩卖的毒品数量大；被告人王某乙以贩卖为目的购买吗啡，其行为已构成贩卖毒品罪，且贩卖的毒品数量大：均应依法惩处。一审、二审判决认定的犯罪事实清楚，证据确实、充分，定罪准确，对侯某某、李某甲的量刑适当。审判程序合法。鉴于侯某甲在走私、贩卖毒品共同犯罪中的地位和作用次于侯某某，王某乙涉案的毒品数量明显低于侯某甲，且毒品均未流入社会，对侯某甲、王某乙判处死刑，可不立即执行。①

本案是一起典型的家族式毒品共同犯罪案件，家族成员中有多人分别被判处死刑、死缓。其中，被告人侯某甲（儿子）参与了三起贩毒犯罪，从境外携带毒品入境并运输至安徽省阜阳市进行贩卖，涉及毒品数量巨大，在其家族共同犯罪中起主要作用，系主犯。但

---

① 参见最高人民法院刑事审判第一、二、三、四、五庭主办:《刑事审判参考》第530号案例。

是，侯某甲毕竟不是毒品共同犯罪的组织、领导者，而是在其父亲侯某某的带领下参与犯罪的，其对参与的毒品犯罪并未出资，其主要任务是驾车运输毒品。单纯从涉案毒品来看，侯某甲涉案的毒品数量巨大，论罪当判死刑，但是与其父亲侯某某相比，其所起作用相对较小、地位相对较低、主观恶性相对较小，虽同为主犯，量刑上也不能搞“一刀切”，而应区别对待，故对其可酌情从轻判处，在对作用更大、地位更高的其父侯某某判处死刑立即执行的情况下，可对其判处死缓。此外，本案被告人王某乙参与了第三起毒品犯罪，涉案毒品数量也很大，论罪应当判处死刑，但是，其携带的毒品尚未流入社会造成实际危害，况且其涉案的毒品数量比被告人侯某甲还要少些，如果对侯某甲适用死缓而对王某乙判处死刑立即执行，量刑上就不平衡，故对王某乙亦可酌情从轻判处死缓。据此，最高人民法院经复核分别改判被告人侯某甲、王某乙死缓是适当的，符合刑法的规定，也体现了宽严相济刑事政策的精神。

案例拓展

（1）常某某、吴某某运输毒品案——毒品共同犯罪的死刑适用原则（《刑事审判参考》第 1307 号案例）

裁判规则提炼：同一案件存在多名主犯的，在适用死刑时应遵循两个基本原则：一是慎重适用死刑，在符合法律规定和政策精神的情况下，尽量只对其中罪责最大的一名主犯适用死刑；二是不存在机械的死刑适用的“人数指标”，判处二人以上死刑符合罪刑相适应原则，并有利于全案量刑平衡的，可以依法判处。①对于涉案毒品数量刚超过实际掌握的死刑适用数量标准，依法应当适用死刑的，一般只对其中罪责最大的一名主犯适用死刑。②涉案毒品数量达到巨大以上，罪责稍次的主犯具有法定、重大酌定从重处罚情节，判处二人以上死刑符合罪刑相适应原则，并有利于全案量刑平衡的，可以依法判处。在涉案毒品数量达到巨大以上的情况下，判处罪责稍次的主犯死刑仍需具备两个条件：一是判处二人以上死刑符合罪刑相适应原则，并有利于全案量刑平衡；二是具有法定或重大酌定从重处罚情节。关于法定或重大酌定从重处罚情节的范围，通常包括：①累犯、毒品再犯、毒枭、职业毒犯等主观恶性深、人身危险性大的犯罪分子；②属于走私、制造毒品和大宗贩卖毒品等源头性犯罪的；③武装掩护走私、贩卖、运输、制造毒品的，或以暴力抗拒检查、拘捕，情节严重的；④利用、教唆未成年人实施毒品犯罪，或者向未成年人出售毒品的；⑤其他反映被告人主观恶性深、人身危险性大的情节。

（2）李某某贩卖毒品案——受雇佣贩毒的政策与证据规则（《刑事审判参考》第 821 号案例）

裁判规则提炼：如果是共同犯罪案件，则要根据行为人在共同犯罪中的作用和罪责大小确定刑罚。对于能够分清主从犯的，不能因为涉案的毒品数量特别巨大，就不分主从犯而一律将被告人认定为主犯或者实际上都按主犯处罚，从而判处重刑甚至死刑。对于共同犯罪中有多个主犯或者共同犯罪人的，处罚上也应当做到区别对待。应当全面考察各主犯或者共同犯罪人在共同犯罪中实际发挥作用的差别以及主观恶性和人身危险性方面的差异，对于实际发挥作用、主观恶性和人身危险性更大的主犯依法判处更重的刑罚。

（3）叶某某、跑某某走私、贩卖、运输毒品案——其他共犯在逃的判罚（《刑事审判参考》第1033号案例）

裁判规则提炼:《大连会议纪要》规定:“毒品犯罪中，部分共同犯罪人未到案，如现有证据能够认定已到案被告人为共同犯罪，或者能够认定为主犯或者从犯的，应当依法认定。”《大连会议纪要》还规定:“对于确有证据证明在共同犯罪中起次要或者辅助作用的，不能因为其他共同犯罪人未到案而不认定为从犯，甚至将其认定为主犯或者按主犯处罚。”根据上述规定，即便确有证据证明是主犯，在对其按主犯所参与的或者组织、指挥的全部犯罪处罚时，特别是适用死刑时，从“慎刑”的角度出发，也有必要和其他未到案共同犯罪人进行地位、作用的比较，以确认其是否是地位、作用最为突出的主犯，是否需要对全部罪行按照最严厉的刑罚予以惩处，甚至判处死刑。本案中，考虑到在逃的阿某某系毒品犯罪提议者，出资和筹资明显多于跑某某，直接与境外毒贩当面洽谈毒品交易，安排叶某某汇款，指挥毒品运输，在共同犯罪中的地位、作用比跑某某更为突出，在阿某某未归案的情况下，对跑某某的处理应当留有余地。

相关规范

往届纪要（已失效）

2015年《武汉会议纪要》

（四）死刑适用问题

…………

2. 毒品共同犯罪、上下家犯罪的死刑适用

毒品共同犯罪案件的死刑适用应当与该案的毒品数量、社会危害及被告人的犯罪情节、主观恶性、人身危险性相适应。涉案毒品数量刚超过实际掌握的死刑数量标准，依法应当适用死刑的，要尽量区分主犯间的罪责大小，一般只对其中罪责最大的一名主犯判处死刑；各共同犯罪人地位作用相当，或者罪责大小难以区分的，可以不判处被告人死刑；二名主犯的罪责均很突出，且均具有法定从重处罚情节的，也要尽可能比较其主观恶性、人身危险性方面的差异，判处二人死刑要特别慎重。涉案毒品数量达到巨大以上，二名以上主犯的罪责均很突出，或者罪责稍次的主犯具有法定、重大酌定从重处罚情节，判处二人以上死刑符合罪刑相适应原则，并有利于全案量刑平衡的，可以依法判处。

对于部分共同犯罪人未到案的案件，在案被告人与未到案共同犯罪人均属罪行极其严重，即使共同犯罪人到案也不影响对在案被告人适用死刑的，可以依法判处在案被告人死刑；在案被告人的罪行不足以判处死刑，或者共同犯罪人归案后全案只宜判处其一人死刑的，不能因为共同犯罪人未到案而对在案被告人适用死刑；在案被告人与未到案共同犯罪人的罪责大小难以准确认定，进而影响准确适用死刑的，不应对在案被告人判处死刑。

对于贩卖毒品案件中的上下家，要结合其贩毒数量、次数及对象范围，犯罪的主动性，对促成交易所发挥的作用，犯罪行为的危害后果等因素，综合考虑其主观恶性和人身危险性，慎重、稳妥地决定死刑适用。对于买卖同宗毒品的上下家，涉案毒品数量刚超过实际掌握的死刑数量标准的，一般不能同时判处死刑；上家主动联络销售毒品，积极促成毒品交易的，通常可以判处上家死刑；下家积极筹资，主动向上家约购毒品，对促成毒品交易起更大作用的，可以考虑判处下家死刑。涉案毒品数量达到巨大以上的，也要综合上述因素决定死刑适用，同时判处上下家死刑

符合罪刑相适应原则，并有利于全案量刑平衡的，可以依法判处。

一案中有多名共同犯罪人、上下家针对同宗毒品实施犯罪的，可以综合运用上述毒品共同犯罪、上下家犯罪的死刑适用原则予以处理。

办理毒品犯罪案件，应当尽量将共同犯罪案件或者密切关联的上下游案件进行并案审理；因客观原因造成分案处理的，办案时应当及时了解关联案件的审理进展和处理结果，注重量刑平衡。

第三节　上下家犯罪的死刑适用

—— 要点提示 ——

（1）上下家毒品犯罪的死刑适用标准；

（2）同时存在共同犯罪与上下家的死刑适用。

纪要原文

对于贩卖毒品的上下家，应当结合其贩毒数量、次数及对象范围，犯罪的主动性，对促成交易所发挥的作用，犯罪后果等因素，综合考虑其主观恶性和人身危险性，决定是否适用死刑。

对于买卖同宗毒品的上下家，涉案毒品数量超过实际掌握的死刑适用数量标准，但未达到数量巨大的，一般不同时判处死刑；上家持毒待售或者已掌握毒品来源，主动联络销售毒品，积极促成毒品交易的，可以考虑判处上家死刑；下家积极筹资，主动向上家约购毒品，对促成毒品交易起更大作用的，可以考虑判处下家死刑。涉案毒品数量达到巨大以上的，也应综合考量上述因素决定死刑适用，同时判处上下家死刑符合罪刑相适应原则，并利于实现全案量刑平衡的，可以依法判处。

多名共同犯罪人、上下家针对同宗或者部分同宗毒品实施犯罪的，综合运用前述毒品共同犯罪、上下家犯罪的死刑适用原则予以处理。

要点评注

1 上下家毒品犯罪的死刑适用标准是什么？是否一律“判上家不判下家（死刑）”？

《昆明会议纪要》修改了《武汉会议纪要》的规定，将涉案毒品数量“刚超过实际掌握的死刑数量标准”改为“超过实际掌握的死刑适用数量标准，但未达到数量巨大”，以此统一和“共同犯罪”的死刑适用标准，规定“对于买卖同宗毒品的上下家，涉案毒品数量超过实际掌握的死刑适用数量标准，但未达到数量巨大的，一般不同时判处死刑”。但是同时也延续《武汉会议纪要》的规定，规定“同时判处上下家死刑符合罪刑相适应原则，并利于实现全案量刑平衡的，可以依法判处”。

案例 1，张某某等贩卖毒品案：被告人张某某伙同被告人匡某某，在浙江省舟山市普陀区华发大酒店、普津大酒店等地，在匡某某参与验货的情况下，先后 4 次从被告人贺某某处购得甲基苯丙胺（冰毒）共计约 3300 克。张某某将上述部分毒品及从他人处购得的甲基苯丙胺片剂（俗称麻古）共计 163 粒（重 14.67 克）在舟山市普陀区多次贩卖给匡某某、周某某及张某某（另案处理）、贺某甲（另案处理）等人。被告人贺某某在舟山市普陀区华发大酒店 610 房间内贩卖给被告人匡某某甲基苯丙胺 10 克，贩卖给被告人洪某某甲基苯丙胺 2 克。一审、二审法院认为，被告人张某某、贺某某等人明知是毒品，单独或者伙同他人进行贩卖，五被告人的行为均已构成贩卖毒品罪。张某某曾因犯罪多次被判刑，且因犯贩卖毒品罪被判刑后，在暂予监外执行期间继续实施贩毒犯罪，犯罪主观恶性深，其贩毒时间长、次数多、数量大、纯度高，犯罪情节极其严重，判处其死刑立即执行。贺某某贩毒数量巨大，亦应予以严惩，根据贺某某的犯罪事实、情节等实际情况，对其判处死刑，可不立即执行。[①]

对于上下家判死刑的情形，《昆明会议纪要》新增了“上家持毒待售或者已掌握毒品来源”的情形，即规定“上家持毒待售或者已掌握毒品来源，主动联络销售毒品，积极促成毒品交易的，可以考虑判处上家死刑；下家积极筹资，主动向上家约购毒品，对促成毒品交易起更大作用的，可以考虑判处下家死刑”。虽然毒品犯罪死刑强调打击源头性犯罪，但对上下家问题，并非“一刀切”地着重打击“源头性”的上家，而是要结合“犯罪的主动性，对促成交易所发挥的作用”等因素，综合考虑其主观恶性和人身危险性。

案例 2，王某某等贩卖毒品案：被告人王某某与在达州市的被告人孙某某联系购买毒品，孙某某携带甲基苯丙胺样品到王某某等三人所在的达州市达川区兰新宾馆房间，与王某某谈妥甲基苯丙胺价格为每公斤 21.5 万元。王某某随后通知黄某等人到达州市交易毒品，价格为每公斤 25 万元。试吸、验货后，王某某等决定购买 2 公斤甲基苯丙胺。当日晚，梁某某携带 13 万元现金，和王某某一同乘坐轿车前往达州市通川区孙某某所在的长城饭店进行毒品交易。途中，王某某让车开到大竹县城，在其租用的大竹县新东

① 最高人民法院死刑复核裁定书，（2015）刑一复 85517898 号。

方名都房内，卖给梁某某甲基苯丙胺 122.91 克。而后，三人驾车返回长城饭店，王某某、梁某某交给孙某某毒品定金 12 万元。孙某某找来被告人段某一同去向赵某某（在逃）购买毒品。次日凌晨，孙某某在长城饭店停车场将 12 万元定金交给赵某某，同时收到赵某某的毒品。后孙某某与段某返回长城饭店房间，并通知王某某到该房间进行毒品交易。在等候期间，孙某某将毒品分成两份，一份准备交给王某某，另一份交由许某某（同案被告人，已判刑）收藏保管。王某某和梁某某下车将甲基苯丙胺拿到另一酒店茶房房间，并由王某某取走剩余购毒款 37 万元。此时，民警将在轿车内等候的孙某某等人抓获，王某某脱逃。民警当场从房间内查获甲基苯丙胺 858.25 克，从轿车上查获甲基苯丙胺 35.92 克、海洛因 4.98 克、氯胺酮 1.76 克。一审法院认为，孙某某、王某某在共同犯罪中是主犯，孙某某是毒品再犯，判处孙某某死刑、王某某死缓。二审法院认为孙某某在本案中属毒品的最上家，系毒品来源处；其又系毒品再犯，虽认罪态度好，亦不足以从轻处罚。孙某某贩卖毒品给王某某，王某某再将毒品贩卖给梁某某等，他们分别构成毒品买卖的上下家关系，作用相当，鉴于孙某某系毒品来源处，又系毒品再犯，一审对其量刑适当。

最高人民法院复核认为，从本案查明的事实和在案证据来看，在孙某某与王某某的上下家关系中，下家王某某行为更加积极、主动，对促成交易所起作用更大，处罚应当更重。具体表现为：第一，王某某首先提出犯意，备齐全款向孙某某约购毒品（王某某明知梁某某等人已备齐全款）；并且确定购毒数量。第二，在具体交易过程中，王某某从大竹县前往达州市找到孙某某提出购毒，主动将12万元定金交到孙某某处，并且将孙某某接到交易地点，王某某的行为更加积极主动。第三，孙某某虽然是王某某的上家，但其本身并没有毒品，毒品来自上家赵某某，孙某某仅是居中倒卖赚取差价。第四，在梁某某等人携全款跨省向王某某约购毒品，王某某两次提供毒品样品均未成交的情况下，王某某又向孙某某约购毒品，并提供租车接送孙某某、安排梁某某等人到达州市住宿等便利，以促成交易，反映出王某某贩毒犯意的坚决性和主观恶性之深。在判处王某某死刑缓期二年执行的情况下，对孙某某适用死刑立即执行，显得量刑不够均衡。[①]

2　同时存在共同犯罪与上下家的情况该如何适用死刑？

《昆明会议纪要》基本沿用了《武汉会议纪要》的规定，在存在多名共同犯罪人、上下家针对同宗毒品实施犯罪的情形中，新增“部分同宗”毒品实施犯罪的，综合运用共同犯罪、上下家犯罪的死刑适用原则处理。删除了并案处理的规定，原因参见第四章第一节要点4。

案例3，罗某某等贩卖、运输毒品案：被告人刘某某、罗某某电话约定：罗某某可以每千克2.7万元的价格向刘某某购买3千克甲基苯丙胺，后罗某某邀约被告人曹某某驾车到广东省为其运输毒品回重庆市贩卖，并为此租赁了轿车。刘某某与另一男子携带毒品到达罗某某、曹某某入住的九樟商务酒店房间，罗某某、曹某某一起验了货。刘某某在酒店门口

---

① 参见最高人民法院刑事审判第一、二、三、四、五庭主办：《刑事审判参考》第1230号案例。

的轿车内将甲基苯丙胺交给罗某某，收取罗某某毒资6.8万元，商定余款1.3万元事后再支付。罗某某将购买的甲基苯丙胺分装后，藏匿于轿车后备箱两侧夹层内，与曹某某轮流驾驶该车返回重庆市。一审法院认为，罗某某系该批毒品的所有人，实施了出资、联系上家、交接毒品、安排他人运输等行为，在共同犯罪中系主犯。曹某某受罗某某邀约参与犯罪，在本案中起次要作用，可认定为从犯。以贩卖毒品罪判处被告人刘某某死刑；以贩卖、运输毒品罪判处被告人罗某某死刑，缓期2年执行；以贩卖、运输毒品罪判处被告人曹某某无期徒刑。二审法院认为，刘某某贩毒数量大，具有犯罪前科，罪行极其严重，依法应当判处死刑，但鉴于本案不能排除他人与刘某某共同犯罪的可能性，现有证据也不能认定刘某某系上下家犯罪中最积极的人员，故对刘某某所判死刑可不立即执行。

案例拓展

张某某、王某某、周某某贩卖、运输毒品案——共犯及上下家的死刑适用（《刑事审判参考》第1265号案例）

裁判规则提炼：《武汉会议纪要》规定，毒品共同犯罪案件的死刑适用应当与该案的毒品数量、社会危害及被告人的犯罪情节、主观恶性、人身危险性相适应……涉案毒品数量达到巨大以上，二名以上主犯的罪责均很突出，或者罪责稍次的主犯具有法定、重大酌定从重处罚情节，判处二人以上死刑符合罪刑相适应原则，并有利于全案量刑平衡的，可以依法判处。根据该规定，本案涉案毒品数量已经达到了巨大以上，只判处王某某一人死刑不够妥当。对于既是共同犯罪又是上下家的被告人，要在分清主次的基础上根据各自的地位和作用依法确定是否适用死刑；对于单纯的上下家，要综合考虑各自在促成毒品交易中的作用大小，慎重决定适用死刑。

第四节　运输毒品犯罪的死刑适用

—— 要点提示 ——

（1）运输毒品犯罪死刑适用重点对象；

（2）受指使、雇用运输毒品的被告人的死刑适用。

纪要原文

对于运输毒品犯罪，应当准确把握打击重点。依法严惩运输毒品犯罪集团首要分子，组织、指使、雇用他人运输毒品的主犯或者职业毒犯、毒品再犯，以及具有武装掩护运输毒品、以暴力抗拒查缉情节严重、以运输毒品为业、多次运输毒品等严重情节的被告人，对其中依法应当判处死刑的，坚决依法判处。

对于涉嫌为实施走私、贩卖、制造毒品犯罪而运输毒品，由于认定走私、贩卖、制造毒品犯罪的证据不充分而认定为运输毒品犯罪的被告人，在决定死刑适用时，应当与单纯受指使、雇用为他人运输毒品的情形有所区别。

对于受人指使、雇用运输毒品的被告人，应当充分考虑其在毒品犯罪链条中所处的地位和实际发挥的作用，体现区别对待，不能单纯根据涉案毒品数量大小或者所获报酬多少决定死刑适用。要综合考虑其运输毒品的次数和距离、犯罪的主动性和独立性、在共同犯罪中的地位和作用、社会危害大小、获利方式、主观恶性、人身危险性，结合毒品数量等因素，慎重适用死刑。对于确属受人指使、雇用运输毒品的被告人，具有不排除系初次运输毒品；被雇用者严密指挥或同行人员监视，从属性、辅助性明显；与雇用者同行运输毒品，处于被支配地位；或者确因急迫生活困难而运输毒品等情形之一的，即使毒品数量超过实际掌握的死刑适用数量标准，也可以不判处死刑。对于不能排除受人指使、雇用运输毒品的被告人，符合上述条件的，也可以考虑不判处死刑。

多人受雇同行或者分段运输毒品的，在决定死刑适用时，除各被告人运输毒品的数量外，还应当综合考虑其具体犯罪情节、参与犯罪程度、与雇用者的关系及其主观恶性、人身危险性等因素，同时判处二人死刑应当特别慎重。

要点评注

1　运输毒品犯罪的死刑适用重点对象有哪些？

《昆明会议纪要》延续《大连会议纪要》《武汉会议纪要》精神，强调了运输毒品犯罪的打击重点是“运输毒品犯罪集团首要分子，组织、指使、雇用他人运输毒品的主犯或者职业毒犯、毒品再犯，以及具有武装掩护运输毒品、以暴力抗拒查缉情节严重、以运输毒品为业、多次运输毒品等严重情节的被告人”，根据实践中的情况，删除了“毒枭”等表述。

2　对于受指使、雇用运输毒品的被告人该如何处罚？

《昆明会议纪要》对于运输毒品犯罪的死刑问题的规定，最突出的特点是把受指使、雇用运毒者与幕后的指使、雇用者和出资、所有者进行区别对待。对于受指使、雇用的运毒者（“工具人”），一般不判处死刑；但是对幕后指使、雇用、出资、所有者（“幕后人”）

则还是会被判处运输毒品罪的死刑。《昆明会议纪要》细化了确属受指使、雇用运输毒品可不判处死刑的情形。在所列4种情形中，被告人明显处于从属、辅助、被支配地位或者具有初犯等酌情从宽处罚情节，主观恶性较小，在决定死刑适用时应区别对待。

案例1，何某某运输毒品案：2012年2月11日，被告人何某某租用他人轿车自湖南省道县运输毒品前往湖北省武汉市。次日7时35分，何某某驾车途经青郑高速公路武昌收费站，遇民警例行检查。民警从轿车后备箱内查获一黑色旅行包，从包内缴获疑似毒品包装物共计24包。经毒品检验鉴定，24包包装物内的红色圆形颗粒物均为甲基苯丙胺，净重13495.04克，平均含量为16.19%。一审法院判处何某某犯运输毒品罪，判处死刑。二审法院认为：何某某运输毒品数量大，后果严重，论罪依法应当判处死刑。但鉴于何某某系初犯，且系受他人雇用运输毒品，归案后认罪态度好，有悔罪表现，涉案毒品并未流入社会造成严重危害，对何某某判处死刑，可不必立即执行。①

案例2，邱某某等走私、运输毒品案：被告人邱某某和吉某某为牟取暴利，为他人到缅甸走私、运输毒品海洛因，邱某某当场被查获毒品海洛因8块，净重2825克，平均含量为56.4%；吉某某身上被查获毒品海洛因8块，净重2820克，平均含量为55.7%。一审、二审法院认为，被告人邱某某为牟取非法利益，伙同他人将毒品海洛因从境外运入我国境内的行为已触犯刑律，构成走私、运输毒品罪。走私、

① 参见湖北省武汉市中级人民法院一审刑事判决书，（2012）鄂武汉中刑初字第00186号；湖北省高级人民法院刑事二审判决书，（2012）鄂刑一终字第00117号。

运输毒品数量巨大，且系累犯，应当从重处罚，判处其死刑，剥夺政治权利终身，并处没收个人全部财产。最高人民法院经复核认为，被告人邱某某走私、运输海洛因入境，其行为构成走私、运输毒品罪。走私、运输毒品数量大，且系累犯，依法应当从重处罚。鉴于邱某某受雇用走私、运输毒品，在共同犯罪中的地位和作用小于在逃同案犯，归案后认罪态度好，对邱某某判处死刑，可不立即执行。①

案例 3，韦某某等运输毒品案：被告人韦某某在共同犯罪的运输毒品过程中起主要作用，且运输毒品数量大，但韦某某并非毒品货主，只是应购毒人韦某甲的邀约为其检验毒品质量，在韦某甲的指使下携带从广东省购买的毒品与韦某甲一起返回福建省。因此，对韦某某可以不判处死刑立即执行。②

《昆明会议纪要》新增“对于涉嫌为实施走私、贩卖、制造毒品犯罪而运输毒品，由于认定走私、贩卖、制造毒品犯罪的证据不充分而认定为运输毒品犯罪的被告人，在决定死刑适用时，应当与单纯受指使、雇用为他人运输毒品的情形有所区别”的规定。

《昆明会议纪要》对《武汉会议纪要》中以毒品数量是否达到巨大标准，作为此类案件判处被告人死刑的重要依据的规定，作出较大修改。根据存疑有利于被告人的原则，《昆明会议纪要》规定对于不能排除受人指使、雇用运输毒品的被告人，具备所列 4 种情形之一的，也可以考虑不判处死刑。这样规定的主要考虑：一是“不能

---

① 参见最高人民法院刑事裁定书，（2011）死刑复核第 852 号。

② 参见最高人民法院刑事审判第一、二、三、四、五庭主办：《刑事审判参考》第 366 号案例。

排除”并不是无根据的推测，同样要求有一定证据证明。如可以对被告人交代的雇主信息是否明确，是否属于涉毒人员，被告人是否与雇主在案发时段积极联系，被告人平时表现等情况进行审查。[①]二是实践中不能排除受雇的情形较为普遍，而确属受雇的证明标准往往较难达到。三是两者主要是证明标准上的差异，取决于案件的客观情况，多数情况下并不以被告人的主观意志为转移。[②]

案例4，封某某运输毒品案：被告人封某某购买手套、纸箱、透明胶等物用于在其位于四川省金堂县某小区的租赁房中封装涉案毒品，之后即租车将毒品运往重庆市。同日14时30分许，封某某携带毒品乘车到达重庆市璧山区大路镇。停留至同日18时许，封某某又携带毒品乘车返回金堂县，当其行至四川省遂宁市书房坝收费站时被公安机关抓获。公安机关当场从封某某乘坐的轿车后备箱中查获8536.73克甲基苯丙胺。一审法院认为，被告人封某某运输8536.73克毒品甲基苯丙胺，其行为已构成运输毒品罪。封某某曾因犯拐卖妇女罪被判处无期徒刑，本次犯罪中运输毒品数量巨大，罪行极其严重，依法判处其死刑，剥夺政治权利终身，并处没收个人全部财产。被告人封某某上诉提出，其受人指使、雇用运输毒品，原判量刑过重。二审法院认为，上诉人封某某二审中改变供述的动机具有合理性，变更后的供述能够与其他证据相互印证，不能排除封某某受人指使、雇用运输毒品的可能，不能确定封某某在

① 参见方文军：《毒品犯罪司法实务精解》，法律出版社2024年版，第418-419页。

② 参见李睿懿等：《〈全国法院毒品案件审判工作会议纪要〉的理解与适用》，载《法律适用》2023年第10期。

犯罪中的地位、作用，对其判处死刑，可不立即执行，依法改判其死刑，缓期 2 年执行。[①]

案例拓展

（1）冯某某运输毒品案——最高人民法院 2022 年十大毒品（涉毒）犯罪典型案例之二

典型意义：近年来，部分毒品犯罪分子为逃避法律制裁，不惜铤而走险，采用暴力手段抗拒检查、抓捕，增加了执法人员查缉毒品犯罪的风险，也对社会治安和人民群众的生命财产安全构成威胁。根据《刑法》第 347 条第 2 款的规定，走私、贩卖、运输、制造毒品，并具有以暴力抗拒检查、拘留、逮捕，情节严重情形的，处十五年有期徒刑、无期徒刑或者死刑。最高人民法院《关于审理毒品犯罪案件适用法律若干问题的解释》第 3 条第 2 款规定，以暴力抗拒检查、拘留、逮捕，情节严重，是指造成执法人员死亡、重伤、多人轻伤等情形。本案中，被告人冯某某在罪行被执法人员察觉后，为逃跑持刀连续捅刺执法人员致其重伤，属于暴力抗拒检查情节严重的情形。冯某某曾因犯拐卖妇女罪被判刑，刑满释放后短期内即再次实施本案犯罪，系累犯。冯某某对抗执法权威的行为及其前科情节，均反映出其较深的主观恶性和较大的人身危险性，依法应在法定量刑幅度内从重处罚。人民法院对其依法严惩并适用死刑，警示妄图以暴力对抗手段逃避法律追究的毒品犯罪分子，切勿心存侥幸。

---

① 参见重庆市第一中级人民法院刑事一审判决书，（2017）渝 01 刑初 66 号；重庆市高级人民法院刑事二审判决书，（2017）渝刑终 181 号。

（2）周某某运输毒品案——最高人民法院2020年十大毒品（涉毒）犯罪典型案例之二

典型意义：西南地区临近“金三角”，一直是我国严防境外毒品输入、渗透的重点地区，从云南省走私毒品入境并往内地省份扩散是该地区毒品犯罪的重要方式，也是历来重点打击的源头性毒品犯罪。本案就是一起境外“验货”、境内运输并藏匿毒品的典型案例。被告人周某某伙同他人专门购车用于运毒、专门租房用于藏毒、出境查验毒品、联系上家接取毒品，涉案毒品数量特别巨大，且其曾因犯罪被判处重刑，假释期满后又迅即实施毒品犯罪，系累犯，主观恶性深，不堪改造。根据在案证据，周某某涉嫌为贩卖而运输毒品，这种情形不同于单纯受指使、雇用为他人运输毒品，量刑时应体现从严。

（3）赵某某贩卖、运输毒品案——最高人民法院2019年十大毒品（涉毒）犯罪典型案例之二

典型意义：近年来，各省份的犯罪分子前往广东省购买毒品后运回当地进行贩卖，已成为我国毒品犯罪的一个重要特点。与此同时，公安机关加大了执法查缉力度，一些案件得以在运输途中被破获。本案就是一起典型的犯罪分子驾车从外省前往广东省购买毒品，携毒返程途中被查获的案件。被告人赵某某伙同他人跨省贩卖、运输甲基苯丙胺数量巨大，社会危害极大，且系共同犯罪中罪责最重的主犯，又系累犯和毒品再犯，主观恶性和人身危险性大。人民法院根据赵某某犯罪的事实、性质和具体情节，依法对其判处死刑，体现了对此类毒品犯罪的严惩。

（4）李某某贩卖、运输毒品案——最高人民法院 2017 年毒品犯罪及涉毒次生犯罪十大典型案例之一

典型意义：近年来，犯罪分子在广东省制造甲基苯丙胺和氯胺酮的情况较为突出，所制毒品流向湖南、湖北、浙江等周边省份甚至更远地区。湖南籍贩毒人员前往广东省购买毒品运回当地进行贩卖，是当前湖南省毒品犯罪的一个重要特点。本案就是一起典型的从广东省购买毒品后运回湖南省进行贩卖的案件。被告人李某某伙同他人在短期内多次从广东省惠东县购买甲基苯丙胺和氯胺酮运回湖南省益阳市进行贩卖，毒品数量巨大，社会危害大，且李某某曾因犯贩卖毒品罪被判处重刑，属累犯和毒品再犯，并具有盗窃前科，主观恶性深。人民法院根据李某某犯罪的事实、性质和具体情节，依法对其判处死刑，体现了对此类贩卖、运输毒品犯罪的严惩。

（5）杨某某运输毒品案——最高人民法院 2017 年毒品犯罪及涉毒次生犯罪十大典型案例之三

典型意义：为牟取高额报酬而组织他人运输毒品，不同于为挣取少量运费而受人指使、雇用运输毒品的情形，对前者应当依法予以严惩。尤其是组织怀孕妇女、病残人员等特殊群体运输毒品的，明显具有逃避法律制裁的目的，体现了更大的社会危害性和主观恶性，在政策把握上更应当体现严厉性。本案是一起典型的组织多名怀孕妇女运输毒品的犯罪案件，参与人员多，涉案毒品数量特别巨大，约定的非法报酬数额巨大。被告人杨某某系运输毒品共同犯罪中的组织者、直接实施者，罪责最为突出。杨某某曾因犯运输毒品罪被判处重刑，被假释后却不思悔改，变本加厉，在假释考验期内又犯运输毒品罪，系毒品再犯，主观恶性极深，应依法从重处罚。

人民法院根据杨某某犯罪的事实、性质和具体情节，综合考虑其主观恶性、人身危险性，对其判处死刑，体现了对此类运输毒品犯罪的严惩政策。

（6）封某某运输毒品案——山西省高级人民法院2021年十起毒品犯罪典型案例之二

典型意义：运输毒品的犯罪活动使毒品从生产领域进入流通领域，并且促进了毒品的非法交易和非法消费，是上下游毒品犯罪的一个重要环节。对于运输毒品犯罪集团首要分子，组织、指使、雇用他人运输毒品的主犯或者毒枭、职业毒犯、毒品再犯，以及具有武装掩护运输毒品、以运输为业、多次运输毒品等严重情节的被告人，应当判处死刑的，坚决依法判处。本案被告人封某某曾因犯重罪被判处死缓，刑满释放后刚超过5年又组织他人实施运输毒品的重罪，运输甲基苯丙胺达3956.44克，反映出其主观恶性和人身危险性极大，社会危害性极强，应当依法适用死刑。

相关规范

1.《刑法》规定

第347条【走私、贩卖、运输、制造毒品罪】走私、贩卖、运输、制造毒品，无论数量多少，都应当追究刑事责任，予以刑事处罚。

走私、贩卖、运输、制造毒品，有下列情形之一的，处十五年有期徒刑、无期徒刑或者死刑，并处没收财产：

（一）走私、贩卖、运输、制造鸦片一千克以上、海洛因或者甲基苯丙胺五十克以上或者其他毒品数量大的；

（二）走私、贩卖、运输、制造毒品集团的首要分子；

（三）武装掩护走私、贩卖、运输、制造毒品的；

（四）以暴力抗拒检查、拘留、逮捕，情节严重的；

（五）参与有组织的国际贩毒活动的。

走私、贩卖、运输、制造鸦片二百克以上不满一千克、海洛因或者甲基苯丙胺十克以上不满五十克或者其他毒品数量较大的，处七年以上有期徒刑，并处罚金。

走私、贩卖、运输、制造鸦片不满二百克、海洛因或者甲基苯丙胺不满十克或者其他少量毒品的，处三年以下有期徒刑、拘役或者管制，并处罚金；情节严重的，处三年以上七年以下有期徒刑，并处罚金。

单位犯第二款、第三款、第四款罪的，对单位判处罚金，并对其直接负责的主管人员和其他直接责任人员，依照各该款的规定处罚。

利用、教唆未成年人走私、贩卖、运输、制造毒品，或者向未成年人出售毒品的，从重处罚。

对多次走私、贩卖、运输、制造毒品，未经处理的，毒品数量累计计算。

2. 往届纪要（已失效）

2015 年《武汉会议纪要》

对于运输毒品犯罪，应当继续按照《大连会议纪要》的有关精神，重点打击运输毒品犯罪集团首要分子，组织、指使、雇用他人运输毒品的主犯或者毒枭、职业毒犯、毒品再犯，以及具有武装掩护运输毒品、以运输毒品为业、多次运输毒品等严重情节的被告人，对其中依法应当判处死刑的，坚决依法判处。

对于受人指使、雇用参与运输毒品的被告人，应当综合考虑毒品数量、犯罪次数、犯罪的主动性和独立性、在共同犯罪中的地位作用、获利程度和方式及其主观恶性、人身危险性等因素，予以区别对待，慎重适用死刑。对于有证据证明确属受人指使、雇用运输毒品，又系初犯、偶犯的被告人，即使毒品数量超过实际掌握的死刑数量标准，也可以不判处死刑；尤其对于其中被动参与犯罪，从属性、辅助性较强，获利程度较低的被告人，一般不应当判处死刑。对于不能排除受人指使、雇用初次运输毒品的被告人，毒品数量超过实际掌握的死刑数量标准，但尚不属数量巨大的，一般也可以不判处死刑。

一案中有多人受雇运输毒品的，在决定死刑适用时，除各被告人运输毒品的数量外，还应结合其具体犯罪情节、参与犯罪程度、与雇用者关系的紧密性及其主观恶性、人身危险性等因素综合考虑，同时判处二人以上死刑要特别慎重。

第五节　制造毒品犯罪死刑适用的一般规定

——要点提示——

（1）制造毒品犯罪死刑适用原则；

（2）毒品半成品、粗制毒品的死刑适用。

纪要原文

制造毒品是源头性犯罪，应当充分体现从严惩处的政策要求。已经制出粗制毒品或者半成品的，以制造毒品罪的既遂论处。应当综合考虑被告人制造毒品的种类、次数、规模，有无制出毒品成品，被查获时所处的制毒阶段，制出的毒品成品、半成品或者粗制毒品的数量、性状、含量及造成的危害后果等因素，决定死刑适用。

已制出的毒品成品数量达到实际掌握的死刑适用数量标准，又无法定、酌定从宽处罚情节的，可以判处被告人死刑。没有证据证明被告人曾制出毒品成品，仅查获毒品半成品，或者现有证据表明由于制毒原料、方法等问题实际无法制出毒品成品的，不得判处被告人死刑。已制出的毒品成品数量未达到实际掌握的死刑适用数量标准，或者仅制出粗制毒品的，判处被告人死刑应当慎重。

要点评注

1 制造毒品犯罪的死刑适用原则是什么？

《昆明会议纪要》新增了专门对“制造毒品犯罪的死刑适用”的规定，明确了制造毒品犯罪适用死刑的总体原则。强调“制造毒品是源头性犯罪，应当充分体现从严惩处的政策要求”，并规定了制造毒品犯罪决定适用死刑时应当综合考虑的各项因素，即“应当综合考虑被告人制造毒品的种类、次数、规模，有无制出毒品成品，被查获时所处的制毒阶段，制出的毒品成品、半成品或者粗制毒品的数量、性状、含量及造成的危害后果等因素，决定死刑适用”。

2 制造毒品半成品、粗制毒品该如何处罚？

制造毒品犯罪案件中，制造半成品毒品的问题比较突出。因此，《昆明会议纪要》专门对此问题进行了规定，针对制成品的不同情况应当区别对待。“毒品成品通常是指制造毒品过程中形成的可直接滥用的最终产物；毒品半成品通常是指制造毒品过程中形成的含有毒品成分，但尚不能直接滥用的中间产物；粗制毒品，系《大连会议纪要》提出的概念，当前司法实践中一般理解为制造毒品过程中形成的，尚不宜直接滥用，需要通过进一步加工，去除杂质、改进外观的接近毒品成物的产物。”[①]《昆明会议纪要》延续《大连会议纪要》的规定，重申已经制出粗制毒品或者半成品的，以制造毒品罪的既

---

① 李睿懿等:《〈全国法院毒品案件审判工作会议纪要〉的理解与适用》，载《法律适用》2023 年第 10 期。

遂论处。

《昆明会议纪要》根据制出物的不同情况规定了不同的死刑适用规则。之所以作这种区分，是因为制造毒品案件中，制出和未制出毒品成品的案件在量刑尤其是死刑适用问题上应当有所区别。一是可以判处死刑的情形，即“已制出的毒品成品数量达到实际掌握的死刑适用数量标准，又无法定、酌定从宽处罚情节的”。二是不得判处死刑的情形，即“没有证据证明被告人曾制出毒品成品，仅查获毒品半成品，或者现有证据表明由于制毒原料、方法等问题实际无法制出毒品成品的”。实践中，对于专门制造毒品半成品进行贩卖的案件能否适用死刑，存在认识分歧。经研究认为，此类犯罪与后续制造毒品成品或者直接贩卖毒品成品的犯罪在社会危害性上仍有一定区别，一般不宜直接判处死刑；但是，如果被告人与其他制造、贩卖毒品的犯罪分子构成共同犯罪，论罪应当判处死刑的，可以依法判处。[①] 三是慎用死刑的情形，即“已制出的毒品成品数量未达到实际掌握的死刑适用数量标准，或者仅制出粗制毒品的”。研究认为，查获和经查实此前制出的毒品成品数量较低的，由于社会危害性相对较小，原则上不宜判处死刑；只有毒品成品达到一定数量，且半成品数量巨大、纯度较高的，才具有同等社会危害性，可以考虑判处死刑。仅制出粗制毒品的，鉴于其已较为接近毒品成品，仅在品质、外观上与成品存在一定差别，与仅制出毒品半成品的案件量刑不能等量齐观，故《昆明会议纪要》保留了对仅制出粗制毒品

---

① 参见李睿懿等:《〈全国法院毒品案件审判工作会议纪要〉的理解与适用》，载《法律适用》2023年第10期。

案件适用死刑的空间。但仅制出粗制毒品的，与制出毒品成品的在社会危害的现实性、紧迫性上也有区别。[①]下列案例就是制造毒品半成品的情况。

案例1，江某某等制造毒品案：被告人江某某与王某某负责制造毒品，徐某某负责筹集制毒资金、寻找制毒地点及销售毒品，获得利润后，徐某某占4成，江某某与王某某各占3成。民警在出租屋附近将准备外出的徐某某抓获，然后前往该出租屋将正在制造毒品的江某某、王某某等抓获。当场缴获疑似冰毒1.1克、黄色液体14035克和80.7克、褐色泥状物666克及制毒工具、辅料等。经鉴定14035克黄色液体中的甲基苯丙胺含量为6.06%。一审法院鉴于本案制造毒品系粗制品，尚未完全制成，甲基苯丙胺含量仅为6.06%，毒品含量较低，且未流入社会的情节，判处被告人徐某某无期徒刑、被告人江某某、王某某有期徒刑15年。[②]

案例2，林某某制造毒品案：被告人林某某购买了用来制造甲基苯丙胺的液体，并将液体带回位于广东省惠来县东埔管区东下村的家中进行熬煮、冷却，制造甲基苯丙胺。公安机关在惠来县东埔农场东埔管区东下村林某某家抓获林某某，现场查获一锅净重3.5千克的黄褐色液体（检出甲基苯丙胺成分，含量为29.55%）、一锅净重0.65千克的黄褐色液体（检出甲基苯丙胺成分，含量为37.54%）、一锅净重2.425千克的褐色液体（检出甲基苯丙胺成分，含量为14.74%）、

① 参见李睿懿等：《〈全国法院毒品案件审判工作会议纪要〉的理解与适用》，载《法律适用》2023年第10期。

② 参见四川省自贡市中级人民法院刑事一审判决书，（2017）川03刑初4号。

一盒净重3.55千克的黄褐色液体（检出甲基苯丙胺成分，含量为17.63%）、一桶净重8.55千克的黑色液体（检出甲基苯丙胺成分，含量为9.15%）及煤气炉、铁盆、铁筛等制毒工具。一审、二审法院判处林某某制造毒品罪，死刑。

最高人民法院经复核认为，制造毒品案件中缴获的含有甲基苯丙胺成分的液体或固液混合毒品与毒品消费、流通环节能直接吸食的成品毒品，在毒品性质上并不完全一样。由于毒品具有滥用性、依赖性、危害性、管制性四大特征，因此，在定义毒品成品时，通常是指可以直接用于销售和滥用的毒品，而毒品半成品通常是指未制成成品前的中间产品。通过化学方法制造毒品的，一般应已经全部或者部分完成化学反应，对于以制造甲基苯丙胺为最终目的的犯罪，只有制成含有甲基苯丙胺成分的晶体的，才能视为制出成品，制出含甲基苯丙胺成分的液体、固液混合物等的，应视为制出半成品。本案中，被告人林某某购入原料即为毒品半成品，由于加工工艺等问题，林某某始终未能制出成品。从林某某的犯罪手段来看，林某某制毒所用工具均来自普通家庭厨房所用，并非专门用来加工毒品的器皿，说明林某某非长期制毒人员，其应不属于制毒惯犯，且其采取的加工工艺简单，也并未实际制造出毒品成品。综合考虑被告人的犯罪情节、危害后果及主观恶性，并考虑其归案后能够如实供述主要犯罪事实，依法可以从轻处罚，故最高人民法院裁定依法不核准林某某死刑。①

① 参见最高人民法院刑事审判第一、二、三、四、五庭主办:《刑事审判参考》第1228号案例。

案例拓展

（1）梁某某、黎某某制造毒品案——最高人民法院 2022 年十大毒品（涉毒）犯罪典型案例之一

典型意义：制造毒品属于源头性毒品犯罪，历来是我国禁毒斗争的打击重点。近年来，广东等地的规模化制毒活动在持续严厉打击和有效治理之下，逐步得到遏制，但制毒活动出现了向周边省市转移的现象，国内其他地区分散、零星制毒犯罪仍时有发生，且犯罪手段呈现分段式、隐秘化等特点。本案是一起发生在广西的家族式重大制毒犯罪，参与人数多、制毒规模大，涉案人员大多具有亲属关系。同案人在梁某某、黎某某指挥下实施制毒犯罪，从广东购入制毒原料，跨省运输至广西农村地区进行制造。案发时在制毒场地查获甲基苯丙胺晶体 419.2 千克、含甲基苯丙胺成分的固液混合物 143.92 千克及制毒物品氯麻黄碱 148.42 千克，毒品数量特别巨大。梁某某、黎某某系该制毒团伙中罪责最为突出的主犯，罪行极其严重。人民法院依法对二人适用死刑，体现了突出打击重点、严惩源头性毒品犯罪的严正立场。

（2）马某某等非法生产、买卖、运输制毒物品案——最高人民法院 2021 年十大毒品（涉毒）犯罪典型案例之八

典型意义：近年来，受制造毒品犯罪数量增长影响，制毒物品流入非法渠道的形势十分严峻。本案就是一起非法生产、买卖、运输制毒物品的典型案例。溴素、甲苯可用于制造盐酸羟亚胺，盐酸羟亚胺可用于制造毒品氯胺酮，均是国家严格管控的易制毒化学品。

根据最高人民法院《关于审理毒品犯罪案件适用法律若干问题的解释》第 8 条的规定，被告人马某某等八人实施制毒物品犯罪均属情节特别严重，人民法院依法判处相应刑罚，体现了对源头性毒品犯罪的坚决惩处。

（3）郑某某、黄某某等制造毒品案——海南省高级人民法院 2017—2022 年七起毒品犯罪典型案例之一

典型意义：制造毒品属于源头性毒品犯罪，历来是我国禁毒斗争的打击重点。本案是一起重大制毒犯罪，参与人数多、制毒规模大、涉案人员大多具有亲友关系。本案被告人制造毒品数量特别巨大，人民法院依法对该制毒团伙的多名主犯适用死刑、对从犯适用死刑缓期二年执行，体现了突出打击重点、严惩源头性毒品犯罪的严正立场。

相关规范

《刑法》规定

第 347 条 【走私、贩卖、运输、制造毒品罪】走私、贩卖、运输、制造毒品，无论数量多少，都应当追究刑事责任，予以刑事处罚。

走私、贩卖、运输、制造毒品，有下列情形之一的，处十五年有期徒刑、无期徒刑或者死刑，并处没收财产：

（一）走私、贩卖、运输、制造鸦片一千克以上、海洛因或者甲基苯丙胺五十克以上或者其他毒品数量大的；

（二）走私、贩卖、运输、制造毒品集团的首要分子；

（三）武装掩护走私、贩卖、运输、制造毒品的；

（四）以暴力抗拒检查、拘留、逮捕，情节严重的；

（五）参与有组织的国际贩毒活动的。

走私、贩卖、运输、制造鸦片二百克以上不满一千克、海洛因或者甲基苯丙胺十克以上不满五十克或者其他毒品数量较大的，处七年以上有期徒刑，并处罚金。

走私、贩卖、运输、制造鸦片不满二百克、海洛因或者甲基苯丙胺不满十克或者其他少量毒品的，处三年以下有期徒刑、拘役或者管制，并处罚金；情节严重的，处三年以上七年以下有期徒刑，并处罚金。

单位犯第二款、第三款、第四款罪的，对单位判处罚金，并对其直接负责的主管人员和其他直接责任人员，依照各该款的规定处罚。

利用、教唆未成年人走私、贩卖、运输、制造毒品，或者向未成年人出售毒品的，从重处罚。

对多次走私、贩卖、运输、制造毒品，未经处理的，毒品数量累计计算。

第六节　非传统毒品犯罪的死刑适用

—— 要点提示 ——

新型毒品犯罪的死刑适用。

纪要原文

甲基苯丙胺片剂中的甲基苯丙胺含量相对较低，危害性亦有所不同，其死刑适用数量标准可以按照甲基苯丙胺的2倍左右掌握。

综合考虑致瘾癖性、毒害性、滥用范围和犯罪形势等因素，氯胺酮（俗称“K粉”，下同）的死刑适用数量标准可以按照海洛因的10倍以上掌握。走私、贩卖、制造氯胺酮，数量超过上述标准，且犯罪情节严重、社会危害大，或者具有法定从重处罚情节的，可以判处死刑。

涉案毒品为刑法、司法解释未规定定罪量刑数量标准的新类型毒品的，一般不判处被告人死刑。对于刑法、司法解释规定了定罪量刑数量标准的新类型毒品，实施走私、制造或者大宗贩卖等源头性犯罪，毒品数量远超过实际掌握的死刑适用数量标准，被告人系犯罪集团首要分子、其他罪责更为突出的主犯，或者具有法定从重处罚情节，不判处死刑难以体现罚当其罪的，可以判处死刑。

要点评注

新型毒品犯罪该如何适用死刑？

《昆明会议纪要》基本延续《武汉会议纪要》的规定，对甲基苯丙胺片剂和氯胺酮的死刑适用数量进行了规定，按2倍左右和10倍以上的标准掌握。原则性规定仍然延续，即“涉案毒品为刑法、司法解释未规定定罪量刑数量标准的新类型毒品的，一般不判处被告人死刑”。对于“刑法、司法解释规定了定罪量刑数量标准的新类型毒品”以及新增“实施走私、制造或者大宗贩卖等源头性犯罪，毒品数量远超过实际掌握的死刑适用数量标准，被告人系犯罪集团首要分子、其他罪责更为突出的主犯，或者具有法定从重处罚情节”，不判处死刑难以体现罚当其罪的，可以判处死刑。

案例1，赵某某贩卖、运输毒品案：2005年9月初，储某某（同案被告人，已判刑）受被告人赵某某指使寻找卖毒品的人，并通过徐某某（同案被告人，已判刑）与孙某某（另案处理）联系交易毒品。同年9月12日，经储某某、徐某某事先联系，赵某某在浙江省杭州市凯悦酒店房间内对孙某某提供的“麻果”样品进行试货后表示其能提供品质较好的缅甸产“麻果”，但需1万粒起批。后经储某某、徐某某居间联系，双方约定交易“麻果”1万粒。陈某某将50包“麻果”运至杭州市华辰大酒店房间，并将房卡交给赵某某。次日凌晨，赵某某指使储某某持该房卡将上述“麻果”从杭州市华辰大酒店房间携带至杭州湾大酒店房间。随后储某某将其中4包“麻果”交给徐某某保管，徐某某即将其中3包藏匿于杭州市江干区龙洲旅馆房间。而后，储某某、徐某某二人在该房间，将剩余的46包“麻果”以35元/粒的价格贩卖给孙某某介绍的买家。在交易过程中，被公安机关当场抓获，共查获片状“麻果”925.7649克。一审、二审法院认为，被告人赵某某明知是毒品而进行贩卖并指使他人进行运输，其行为已构成贩卖、运输毒品罪。所贩卖、运输的毒品数量大，认罪态度极差，判处被告人赵某某死刑。

最高人民法院复核认为，鉴于本案查获的片状“麻果”虽含有甲基苯丙胺成分，亦夹杂其他物质，且毒品全部查获，对赵某某判处死刑，可不立即执行。“麻果”是一种含甲基苯丙胺和咖啡因并夹杂其他物质的混合型新类型毒品。本案查获的“麻果”外观为红色药丸或红色粉末，经鉴定，从“麻果”中检出甲基苯丙胺及咖啡因成分，故一审、二审均认定赵某某贩卖、运输甲基苯丙胺925余克。但本案查获的“麻果”外观与甲基苯丙胺差异明显，且成分复杂，很难确定“麻果”中甲基苯丙胺的确切含量。在实践中，已经发现在“麻果”中掺有大量淀粉、香料等成分而甲基苯丙胺含量极低的案例，且“麻果”的成瘾性及对人造成的危害与甲基苯丙胺也有较大区别。有资料显示，“麻果”是一种新型软性毒品，成瘾性不明显，而冰毒则对人体具有强烈的兴奋及致幻作用，且持久力强，一次便可上瘾，被称为“毒品之王”。毒品数量虽然直接反映了被告人犯罪对社会的危害性，刑法也规定以毒品的数量作为量刑的主要依据，但是如果不同毒品的定罪量刑数量标准过度差异化，仍有损于刑罚的公正。本案如果仅以查获“麻果”的重量作为认定甲基苯丙胺的数量对被告人量刑，显然对被告人不公，也会有失刑罚的衡平，涉及适用死刑则更需慎重。本案查获的红色片状“麻果”虽含有甲基苯丙胺成分，但在已知夹杂其他成分的情况下未做含量鉴定，适用死刑更应慎重，且本案毒品全部查获，未流入社会，故最高人民法院未核准被告人赵某某死刑。[①]

案例拓展

（1）严某某贩卖、制造毒品，董某某贩卖、运输毒品案——最高人民法院2023年十起依法严惩毒品犯罪和涉毒次生犯罪典型案例之二

典型意义：甲卡西酮于2005年在我国被列为第一类精神药品进行管制，但在国内无合法生产、经营途径，也没有任何合法用途。甲卡西酮作为新类型毒品，对人体健康可产生较为严重的伤害，能导致急性健康问题和毒品依赖，过量使用易造成不可逆的永久脑部损伤甚至死亡。本案是一起大量制造、贩卖甲卡西酮的典型案例。被告人严某某组织多人大量制造甲卡西酮，不仅提供制毒工艺和主要原料，还负责贩卖；被告人董某某出资购毒，指挥多人接运和交易毒品，并组织向外贩卖。二人在毒品制售链条中处于核心地位、发挥关键作用，致使3600余千克毒品流入社会，另查获甲卡西酮1400余千克，具有严重的社会危害。制造毒品和大宗贩卖毒品属于源头性毒品犯罪，历来是我国禁毒斗争的打击重点。人民法院依法

① 参见最高人民法院刑事审判第一、二、三、四、五庭主办:《刑事审判参考》第536号案例。

对严某某、董某某判处死刑，体现了对性质严重、情节恶劣、社会危害大的新型毒品犯罪惩处力度的不断加大。

（2）唐某某制造毒品案——最高人民法院 2021 年十大毒品（涉毒）犯罪典型案例之二

典型意义：近年来，我国制造甲基苯丙胺等合成毒品犯罪突出，甲基苯丙胺已成为国内滥用人数最多的毒品，防控形势严峻。本案就是一起大量制造甲基苯丙胺的典型案例。被告人唐某某纠集多人制造甲基苯丙胺，不仅是制毒原料、工具、核心技术的提供者，还是制毒关键环节的操作者，对毒品的顺利制造起着决定性作用。本案查获的甲基苯丙胺成品达 8000 余克，另查获毒品半成品近 17,000 克，社会危害极大，且唐某某系累犯，主观恶性深，人身危险性大。人民法院依法对唐某某判处死刑，体现了对制造类毒品犯罪的严厉惩处。

（3）吴某、吴某甲贩卖、运输、制造毒品案——最高人民法院 2020 年十大毒品（涉毒）犯罪典型案例之一

典型意义：近年来，我国面临境外毒品渗透和国内制毒犯罪蔓延的双重压力，特别是制造毒品犯罪形势严峻，在个别地区尤为突出。本案就是一起大量制造甲基苯丙胺后予以运输、贩卖的典型案例。被告人吴某、吴某甲纠集多人参与犯罪，在选定的制毒工场制出毒品后组织运输、联系贩卖，形成“产供销一条龙”式犯罪链条。吴某、吴某甲犯罪所涉毒品数量特别巨大，仅查获的甲基苯丙胺成品即达 1 吨多，另查获 800 余千克毒品半成品，还有大量毒品已流入社会，社会危害极大，罪行极其严重。人民法院依法对二人均判处死刑，体现了对制造毒品类源头性犯罪的严惩立场。

（4）刘某等贩卖、制造毒品案——最高人民法院2020年十大毒品（涉毒）犯罪典型案例之三

典型意义：芬太尼类物质滥用当前正成为国际社会面临的新毒品问题，此类犯罪在我国也有所发生。为防范芬太尼类物质犯罪发展蔓延，国家相关部门在以往明确管控25种芬太尼类物质的基础上，又于2019年10月1日将芬太尼类物质列入《非药用类麻醉药品和精神药品管制品种增补目录》进行整类列管。本案系国内第一起有影响的芬太尼类物质犯罪案件，涉及芬太尼、呋喃芬太尼、阿普唑仑、去甲西泮、4-氯甲卡西酮、3，4-亚甲二氧基乙卡西酮等多种新类型毒品，部分属于新精神活性物质。人民法院根据涉案毒品的种类、数量、危害和被告人刘某、蒋某某、王某某、夏某某犯罪的具体情节，依法对四人从严惩处，特别是对刘某判处死刑缓期执行，充分体现了对此类犯罪的有力惩处。

（5）杨某某、赵某某贩卖、运输毒品案——最高人民法院2019年十大毒品（涉毒）犯罪典型案例之三

典型意义：新精神活性物质通常是不法分子为逃避法律管制，修改被管制毒品的化学结构而得到的毒品类似物，具有与管制毒品相似或更强的兴奋、致幻、麻醉等效果，被联合国毒品和犯罪问题办公室确定为继海洛因、甲基苯丙胺之后的第三代毒品，对人体健康危害很大。本案所涉毒品5F-AMB属于合成大麻素类新精神活性物质，于2015年10月1日被国家相关部门列入《非药用类麻醉药品和精神药品管制品种增补目录》。人民法院根据涉案新精神活性物质的种类、数量、危害和被告人杨某某、赵某某犯罪的具体情节，依法对二被告人均判处死刑缓期二年执行，体现了对此类犯罪的从严惩处。

（6）施某某、林某某制造毒品案——最高人民法院 2019 年十大毒品（涉毒）犯罪典型案例之一

典型意义：据统计，甲基苯丙胺已取代海洛因成为我国滥用人数最多的毒品种类，国内制造甲基苯丙胺等毒品的犯罪形势也较为严峻，在部分地方尤为突出。本案就是一起典型的大量制造甲基苯丙胺犯罪案件。被告人施某某、林某某分别纠集人员共同制造甲基苯丙胺，专门租赁场地作为制毒场所，大量购置麻黄素等制毒原料及各种制毒设备、工具，公安人员在制毒场所查获成品甲基苯丙胺约 149 千克，另查获含甲基苯丙胺成分的液体和固液混合物约 621 千克，所制造的毒品数量特别巨大。制造毒品犯罪属于刑事政策上应予严惩的重点类型，人民法院根据二被告人犯罪的事实、性质和具体情节，依法对二人均判处死刑，体现了对源头性毒品犯罪的严厉惩处，充分发挥了刑罚的威慑作用。

（7）何某某制造毒品案——最高人民法院 2018 年八起毒品犯罪及涉毒次生犯罪典型案例之一

典型意义：近年来，随着以甲基苯丙胺为代表的合成毒品在我国滥用人数的不断增长，国内制造合成毒品犯罪呈加剧之势，个别地区制造甲基苯丙胺犯罪问题突出。本案就是一起典型的制造甲基苯丙胺的犯罪案件。被告人何某某在承租房内制造甲基苯丙胺，从其住处和制毒场所查获的甲基苯丙胺成品数量达 3.7 万余克，还查获含甲基苯丙胺成分的固体、液体共计 3 万余克，何某某另非法持有枪支，其行为具有严重的社会危害性。人民法院根据何某某犯罪的事实、性质和具体情节，依法对其判处死刑，体现了对制造毒品这类源头性毒品犯罪的严厉惩处，充分发挥了刑罚的威慑作用。

相关规范

往届纪要（已失效）

2015 年《武汉会议纪要》

3. 新类型、混合型毒品犯罪的死刑适用

甲基苯丙胺片剂（俗称“麻古”等）是以甲基苯丙胺为主要毒品成分的混合型毒品，其甲基苯丙胺含量相对较低，危害性亦有所不同。为体现罚当其罪，甲基苯丙胺片剂的死刑数量标准一般可以按照甲基苯丙胺（冰毒）的 2 倍左右掌握，具体可以根据当地的毒品犯罪形势和涉案毒品含量等因素确定。

涉案毒品为氯胺酮（俗称“K 粉”）的，结合毒品数量、犯罪性质、情节及危害后果等因素，对符合死刑适用条件的被告人可以依法判处死刑。综合考虑氯胺酮的致瘾癖性、滥用范围和危害性等因素，其死刑数量标准一般可以按照海洛因的 10 倍掌握。

涉案毒品为其他滥用范围和危害性相对较小的新类型、混合型毒品的，一般不宜判处被告人死刑。但对于司法解释、规范性文件明确规定了定罪量刑数量标准，且涉案毒品数量特别巨大，社会危害大，不判处死刑难以体现罚当其罪的，必要时可以判处被告人死刑。

第七节　死缓限制减刑适用

—— 要点提示 ——

毒品犯罪的死缓限制减刑的适用标准。

纪要原文

对于实施毒品犯罪论罪应当判处死刑，因案件的具体情况而被判处死缓的累犯，具有武装掩护毒品犯罪，以暴力抗拒查缉情节严重，或者曾因暴力犯罪被判处十年有期徒刑以上刑罚等情形之一的，为实现罚当其罪、确保量刑平衡，可以决定限制减刑。

要点评注

毒品犯罪死缓限制减刑该如何适用？

这是《昆明会议纪要》新增的规定。从立法本意看，《刑法修正案（八）》是将死缓限制减刑作为死刑替代措施而设置的，主要适用于严重暴力犯罪。因此，实践中有的地方在对因毒品犯罪被判处死缓的累犯适用限制减刑的问题上畏手畏脚。但也有个别法院由于没有吃透立法精神和制度意旨，存在不恰当适用死缓限制减刑的情况。《昆明会议纪要》结合立法意旨，将武装掩护毒品犯罪、以暴力抗拒查缉情节严重、曾因暴力犯罪被判处 10 年有期徒刑以上刑罚等 3 种具有暴力犯罪因素的情形纳入因毒品犯罪被判处死缓的累犯适用限制减刑的范围，引导各地规范适用；同时，用“等”字为诸如涉案毒品数量巨大，因量刑平衡、被告人具有从宽处罚情节等客观原因而判处死缓等情形预留了适用空间，以充分发挥其死刑替代功能。[①]从《昆明会议纪要》可以看出，这样的规定目的不在于鼓励对毒品犯罪适用死缓限制减刑，而在于通过明确死缓限制减刑的适用条件，防止其被滥用。[②]

相关规范

《刑法》规定

第 50 条 【死缓变更】判处死刑缓期执行的，在死刑缓期执行期间，如果没有故意犯罪，二年期满以后，减为无期徒刑；如果确有重大立功表现，二年期满以后，减为二十五年有期徒刑；如果故意犯罪，情节恶劣的，报请最高人民法院核准后执行死刑；对于故意犯罪未执行死刑的，死刑缓期执行的期间重新计算，并报最高人民法院备案。

对被判处死刑缓期执行的累犯以及因故意杀人、强奸、抢劫、绑架、放火、爆炸、投放危险物质或者有组织的暴力性犯罪被判处死刑缓期执行的犯罪分子，人民法院根据犯罪情节等情况可以同时决定对其限制减刑。

---

① 参见李睿懿等：《〈全国法院毒品案件审判工作会议纪要〉的理解与适用》，载《法律适用》2023 年第 10 期。

② 参见方文军：《毒品犯罪如何适用死缓限制减刑》，载《人民法院报》2024 年 3 月 14 日，第 5 版。

第五章　毒品犯罪量刑相关问题

第一节　自首、立功的认定与处理

—— 要点提示 ——

（1）毒品犯罪的自首认定；

（2）毒品犯罪的立功认定；

（3）亲友帮助的认定；

（4）毒品犯罪立功的规定。

纪要原文

毒品犯罪中的自首情节具有较高司法价值，对于自首的被告人，一般应当依法从宽处罚。对于积极响应司法机关发布的敦促涉毒在逃人员投案自首通告，在通告期限内自行或者经亲属劝说、陪同投案，并如实供述犯罪事实的被告人，从宽处罚的幅度应当更大；有的虽不构成自首，量刑时也应充分考虑其自动投案情节，尽可能地兑现政策。

认定立功情节，应当充分考虑毒品犯罪线索发现、案件侦破及抓捕工作的特殊性。按照公安机关的安排，经现场或即时视频通讯方式指认、辨认其他犯罪嫌疑人（包括同案犯），或者通过打电话、发信息、即时通讯等方式将其他犯罪嫌疑人（包括同案犯）约至指定地点，公安机关据此抓获该人员的；以及通过打电话、发信息、即时通讯等方式稳控其他犯罪嫌疑人（包括同案犯），对抓获该人员起到实质性协助作用的，可以认定为协助公安机关抓捕其他犯罪嫌疑人（包括同案犯）。具有到案后规劝其他犯罪嫌疑人（包括同案犯）投案、提供线索协助公安机关查获大量案外毒品等情形之一的，可以认定为其他有利于国家和社会的突出表现。

被告人提供毒品共同犯罪人、上下家的姓名、住址、体貌特征等基本情况，或者提供犯罪前、犯罪中使用、掌握的上述人员的联络方式、藏匿地址，公安机关据此抓获该人员的，虽不认定有立功表现，但量刑时可酌情考虑。

对于具有立功情节的被告人，是否从宽处罚及从宽处罚的幅度，应当根据犯罪性质、具体情节、危害后果、毒品数量及其主观恶性、人身危险性，结合立功的类型、价值大小等因素综合考量，以功是否足以抵罪为标准。对于部分被告人具有立功情节的案件，要注意共同犯罪人及上下家之间的量刑平衡。犯罪集团首要分子、罪责相对较大的主犯检举揭发其他罪行相对较轻的犯罪分子，或者协助抓获从犯、罪责相对较小的主犯构成立功的，量刑时应当从严掌握，如果被告人罪行极其严重，只有一般立功表现，功不足以抵罪的，可不予从宽处罚；如果其检举揭发的是其他案件中罪行同样严重的犯罪分子，或者协助抓获的是其他首要分子、罪责相对较大的主犯，功足以抵罪的，可以从轻或者减轻处罚。对于从犯、罪责相对较小的主犯立功，特别是协助抓获首要分子、罪责相对较大的主犯的，应当充分体现政策，依法从轻、减轻或者免除处罚。

要点评注

1 对于毒品犯罪自首该如何认定？不认定为自首也可以从宽处罚吗？

《昆明会议纪要》新增了关于“自首”问题的系统的规定，即

“对于自首的被告人，一般应当依法从宽处罚。对于积极响应司法机关发布的敦促涉毒在逃人员投案自首通告，在通告期限内自行或者经亲属劝说、陪同报案，并如实供述犯罪事实的被告人，从宽处罚的幅度应当更大；有的虽不构成自首，量刑时也应充分考虑其自动投案情节，尽可能地兑现政策。”与《刑法》第67条的“可以”从宽相比，毒品犯罪对于自首的处罚“一般应当”从宽，体现出毒品犯罪更加强调的自首价值。这是因为对于毒品案件而言，侦查、取证、认证难度都大，自首的价值不可忽视，需要更好地发挥自首在毒品案件中的作用。“一般应当”从宽也体现出，对于毒品犯罪的自首而言，从宽是原则，不从宽是例外。

认定自首需要满足《刑法》第67条、最高人民法院《关于处理自首和立功具体应用法律若干问题的解释》《关于处理自首和立功若干具体问题的意见》的相关规定，根据《昆明会议纪要》的规定，对于不符合自首，但有投案情节的，量刑时应当充分考虑（如案例1）。

案例1，李某某贩卖、运输毒品案：被告人李某某伙同他人从四川省成都市购买毒品甲基苯丙胺10966.64克用于贩卖，并安排他人运至重庆市，其行为构成贩卖、运输毒品罪。李某某在运输毒品的共同犯罪中起主要作用，是主犯，依法应当按照其所参与的全部犯罪处罚。李某某曾因犯贩卖毒品罪被判过刑，又犯贩卖、运输毒品罪，是毒品再犯；又因犯盗窃罪被判处有期徒刑，刑罚执行完毕以后，在五年内再犯应当判处有期徒刑以上刑罚之罪，是累犯，均应依法从重处罚。李某某系自动投案，但在侦查阶段未如实供述自己的罪行，不能认定为自首。其在检察机关审查起诉阶段和一审开庭审理时均如实供述自己的罪行，认罪态度较好，可酌情对其从轻处罚。故核准其死刑缓期二年执行。①

2 对于毒品犯罪立功该如何认定？不能认定为立功，但对哪些情况量刑时可以酌情考虑？

《昆明会议纪要》根据毒品犯罪形势发展变化，在原有的几种典型立功情形的规定中，增加了新的行为方式和内容。对于其他司法解释、规范性文件已经规定的立功情形，则不再重复列举。其中，经现场指认、辨认抓获，约至指定地点抓获其他犯罪嫌疑人（包括同案犯）构成立功的情形，均源于2010年《关于处理自首和立功若干具体问题的意见》的规定。《昆明会议纪要》增加了通过即时视频通讯方式指认、辨认和通过即时通讯方式约至指定地点的内容；配合稳控抓获的情形吸收了《大连会议纪要》的相关规定，考虑到毒品犯罪分子警惕性较高，将其约至指定地点难度较大，《昆明会议纪要》明确只要能够按照司法机关安排通过打电话、发信息或即时通讯等方式稳控对方，对抓获该人员起到实质性协助作用，就可以认定构成协助抓捕型立功。②

案例2，王某某等走私、贩卖、运输、制造毒品案：2015年9月，被告人王某某到云南省个旧市老厂镇找被告

---

① 参见重庆市高级人民法院死刑复核裁定书，（2020）渝刑核62051387号。

② 参见李睿懿等：《〈全国法院毒品案件审判工作会议纪要〉的理解与适用》，载《法律适用》2023年第10期。

人张某某帮忙联系购买毒品。9月9日，二人一起到个旧市老厂镇杨某某（另案处理）家购得海洛因。次日，张某某、王某某二人将海洛因运回贵州省兴义市王某某租住屋分装、藏匿。当晚21时许，王某某携带部分海洛因准备外出贩卖时被民警查获，当场从王某某身上缴获海洛因一包，重99克。随后，民警到王某某租住屋内抓获张某，并从其身上缴获海洛因一包，重4.61克，从房间内茶几下查获海洛因1包，重63克。兴义市公安局禁毒大队民警根据王某某关于杨某某住址和体貌特征的供述，参考王某某在抓捕过程中的个别指引，在云南省个旧市老厂镇将毒品上线杨某某抓获。一审法院判处被告人王某某有期徒刑15年，剥夺政治权利5年，并处没收个人财产4万元；判处被告人张某某有期徒刑10年，剥夺政治权利1年，并处罚金1万元。一审宣判后，被告人王某某不服，以协助公安机关抓获同案犯杨某某，有立功表现为由，提出上诉。二审法院认为，公安机关根据王某某交代的杨某某大致居住区域和远程指引，经过逐户排查盘问抓获杨某某。王某某的行为不构成立功。①

《昆明会议纪要》总结了可以认定为构成立功的其他有利于国家和社会的突出表现的两种情形：一是被告人到案后规劝其他犯罪嫌疑人（包括同案犯）投案的情形；二是被告人提供线索协助查获大量案外毒品的情形（如案例3）。

案例3，魏某某走私、运输毒品案：被告人魏某某明知

① 贵州省黔西南布依族苗族自治州中级人民法院刑事一审判决书，（2016）黔23刑初49号；贵州省高级人民法院刑事二审裁定书，（2016）黔刑终597号，参见《人民司法（案例）》2017年第35期。

是毒品还从缅甸携带进入我国云南省，构成走私、运输毒品罪，被公安机关例行盘问时能如实交代自己的罪行，构成自首；被抓获后又能协助公安机关抓获同案犯王某某，并向公安机关提供线索协助查获甲基苯丙胺9643克，一审、二审法院认为其构成重大立功，判处有期徒刑十年。[①]

本案中，魏某某协助公安机关查获的大量案外毒品，并不能查到货主。可能不属于最高人民法院《关于处理自首和立功具体应用法律若干问题的解释》的第5条情形，但是这种行为使得大量毒品不流入社会，属于有利于国家和社会的突出表现，《昆明会议纪要》出台以后，可以比较清晰地对其认定为立功。

《昆明会议纪要》规定了虽然不能认定为立功，但量刑时可酌情考虑的情况，即"被告人提供毒品共同犯罪人、上下家的姓名、住址、体貌特征等基本情况，或者提供犯罪前、犯罪中使用、掌握的上述人员的联络方式、藏匿地址，公安机关据此抓获该人员的"。

案例4，周某某等贩卖毒品案：2009年8月8日，被告人周某某在广东省东莞市凤岗镇"阿亮"处，以每克300元的价格购进毒品海洛因130克，以每粒13元的价格购进麻古700多粒及底粉约500克。后被告人周某某将130克高纯度海洛因和底粉搅拌加工出约500克毒品海洛因，其中，240克被贩卖给被告人刘某某。被告人周某某将700多粒麻古卖出100多粒后，将剩余500余粒麻古交由刘某某带至家中保管。同年8月18日晚，被告人周某某在广东省陆丰市毒贩"朝亮"处，以每克320元的价格购进冰毒

① 参见最高人民法院刑事审判第一、二、三、四、五庭主办：《刑事审判参考》第753号案例。

180 克。2009 年 8 月 18 日，被告人刘某某从被告人周某某处购买毒品海洛因 240 克，并于 2009 年 8 月 22 日将其中的 20 余克海洛因以每克 180 元的价格贩卖给吸毒人员汤某某。2009 年 8 月 22 日 20 时许，被告人李某某以每克 220 元的价格贩卖毒品海洛因 20 克给何某某，收取毒资 4400 元。

一审法院认为：被告人周某某、刘某某、李某某为获取非法利益，贩卖毒品，其行为均构成贩卖毒品罪。被告人刘某某在与他人共同贩卖毒品的犯罪过程中起辅助作用，是从犯。李某某以自己是从犯，并有自首和立功情节，提出上诉。二审法院认为：2009 年 7 月，公安机关经侦查已基本掌握了李某某的犯罪事实，为避免惊动其他犯罪嫌疑人，在抓获周某某、刘某某后才对上诉人李某某实施抓捕，李某某到案后坦白了已被公安机关掌握的向何某某贩卖毒品的事实，属于认罪态度好，不是自首；李某某在被公安机关强制戒毒期间交代了其贩卖毒品给何某某的具体细节及何某某的手机号码，对公安机关抓获何某某有一定的协助作用，但并没有起到明显的必要作用，李某某的行为并不构成立功。①

《关于处理自首和立功若干具体问题的意见》第 5 条规定，犯罪分子提供司法机关尚未掌握的其他案件犯罪嫌疑人的联络方式，使司法机关抓获其他犯罪嫌疑人的，属于协助司法机关抓捕其他犯罪嫌疑人；犯罪分子提供犯罪中掌握、使用的同案犯的联络方式，司法机关据此抓捕同案犯的，不认定为协助司法机关抓捕同案犯。故本案中，李某某的行为不能被认定为立功，但是根据《昆明会议纪

① 参见湖南省岳阳市中级人民法院刑事一审判决书，（2010）岳中刑一初字第 15 号；湖南省高级人民法院刑事二审裁定书，（2010）湘高刑一终字第 218 号。

要》的精神，量刑时可以酌情考虑这一情节。

3 被告人亲友为了使被告人得到从轻处罚，检举、揭发他人犯罪或者协助司法机关抓捕其他犯罪人的，是否可以视为立功？如果不能视为立功，能否对被告人从轻处罚？

《大连会议纪要》明确规定："被告人亲属为了使被告人得到从轻处罚，检举、揭发他人犯罪或者协助司法机关抓捕其他犯罪人的，不能视为被告人立功。"被告人亲友并不是立功的主体，如案例5。

案例5，田某某等贩卖毒品案：2005年4月26日11时许，被告人田某某将毒品甲基苯丙胺4480克交给被告人孔某某贩卖。被告人孔某某在昆明市金龙百货停车场以人民币37万元将该批毒品贩卖给被告人黄某某、李某某。被告人黄某某、李某某又将该批毒品贩卖给被告人崔某某。被告人崔某某接到毒品后在昆明市汇都国际酒店停车场被公安人员抓获，当场查获崔某某在逃跑时丢弃的毒品甲基苯丙胺4480克。当日下午，被告人田某某、孔某某携带甲基苯丙胺4500克准备再次贩卖给被告人黄某某、李某某。公安人员在昆明市交三桥十字路口分别抓获被告人田某某和孔某某，并缴获甲基苯丙胺4500克和其收取的毒资人民币37万元。同时，在昆明市金格购物中心抓获被告人黄某某、李某某。云南省昆明市中级人民法院经审理认为，被告人田某某、崔某某、孔某某、黄某某、李某某贩卖毒品，其行为均已构成贩卖毒品罪。在共同犯罪中，被告人田某某提供毒品贩卖，是主犯，应依法惩处。被告人崔某某购买毒品的行为，社会危害性相对较小，可酌情从轻处罚。被告人孔某某居间介绍，起次要作用，是从犯，依法应从轻处罚。被告人黄某某、李某某居中加价倒卖，社会危害严重，依法应从重处罚。以贩卖毒品罪，判处被告人田某某死刑，崔某某死缓，黄某某死缓，李某某死缓，孔某某无期徒刑。

云南省公安厅禁毒局向二审法院提交了证明：被告人田某某到案后，其亲属向公安机关提供他人犯罪线索，抓获贩毒嫌疑人一人，缴获毒品海洛因11780克；被告人孔某某到案后，其亲属向公安机关提供他人犯罪线索，抓获贩毒嫌疑人一人，缴获毒品海洛因11060克。云南省高级人民法院经审理认为，上诉人田某某、孔某某及其二人的辩护人提出“代立功”从轻处罚的问题，因为刑法规定的立功主体必须是犯罪分子本人，上诉人田某某、孔某某归案后并没有提供任何其他案件线索，也没有其他立功表现，以案发数月后他人实施的行为代替自己立功并据此对被告人从轻处罚于法无据，对该上诉理由及辩护意见不予采纳。[①]

那么不认定立功，是否可以从轻处罚？对此，《昆明会议纪要》并无明确规定，实务中有争议。有意见认为，犯罪分子亲友代为“立功”存在很多弊端，容易引发不良效果，如贿买立功线索、引诱他人犯罪等，故不能鼓励、提倡，不能作为原则性从宽处罚情节，只能根据案件的具体情况酌情考虑。[②]

4　对于毒品犯罪的立功该如何量刑？何时可以“功罪相抵”？

关于立功情节对量刑的影响。《昆明会议纪要》丰富完善了《大

---

① 参见最高人民法院刑事审判第一、二、三、四、五庭主办：《刑事审判参考》第414号案例。

② 参见方文军：《毒品犯罪司法实务精解》，法律出版社2024年版，第356-357页。

连会议纪要》的原有规定，新增了判断“功是否足以抵罪”的具体考量因素，即以被告人的罪行严重程度和主观恶性、人身危险性为基础，结合其立功类型、价值大小等因素综合考量（如案例6）。

> 案例6，张某某走私、运输毒品案：被告人张某某组织、领导多名骨干分子和一般成员走私、运输毒品，通过网络招募数十名人员，控制其人身自由，指挥、安排上述人员探路、邮寄或携带运输毒品，系毒品犯罪集团的首要分子，应按照集团所犯的全部罪行处罚。张某某组织、指挥他人走私、运输毒品数量巨大，社会危害极大，罪行极其严重，应依法惩处。张某某协助公安机关抓捕一名运毒人员，提供线索使得公安机关查获甲基苯丙胺片剂2593克，均已构成一般立功。虽然张某某归案后如实供述所犯罪行，且有立功情节，但根据其犯罪的事实、性质、情节和对于社会的危害程度，不足以从轻处罚。据此，依法对被告人张某某判处并核准死刑，剥夺政治权利终身，并处没收个人全部财产。①

本案是最高人民法院发布的典型案例，最高人民法院在阐述典型意义时指出：走私毒品属于源头性毒品犯罪，人民法院在审理此类案件时始终严格贯彻从严惩处的政策要求，并将走私毒品犯罪集团中的首要分子、骨干成员作为严惩重点，对于其中符合判处死刑条件的，坚决依法判处。本案是一起典型的犯罪集团将大量毒品走私入境的跨国毒品犯罪案件。该案参与人员众多，涉案毒品数量巨大，仅查获在案的甲基苯丙胺片剂就达数万克、甲基苯丙胺和海洛

---

① 参见最高人民法院2023年十起依法严惩毒品犯罪和涉毒次生犯罪典型案例之一。

因均达数千克。以被告人张某某为首要分子的毒品犯罪集团盘踞在境外，以高额回报为诱饵，通过网络招募人员，组织、指挥数十人将大量、多种毒品走私入境后运往全国多个省份。虽然张某某具有坦白、一般立功情节，但根据其犯罪性质、具体情节、危害后果、毒品数量及主观恶性、人身危险性，结合立功的类型、价值大小等因素综合考量，其功不足以抵罪，故依法不予从宽。人民法院对张某某判处死刑，体现了对走私毒品犯罪集团首要分子的严厉惩治，充分发挥了刑罚的威慑作用。同时，提醒社会公众特别是年轻人群体，不要为挣“快钱”“大钱”铤而走险，应通过正规招聘渠道求职，自觉增强防范意识。

案例拓展

（1）蔡某某、林某某贩卖、运输毒品案——最高人民法院2023年十起依法严惩毒品犯罪和涉毒次生犯罪典型案例之四：积极响应敦促投案自首通告，主动自境外回国自首，依法从轻处罚

典型意义：宽严相济是我国的基本刑事政策。人民法院在坚持整体从严惩处毒品犯罪、突出打击重点的同时，也注重全面、准确贯彻宽严相济刑事政策，做到以严为主、宽以济严、罚当其罪。对于罪行较轻，或者具有从犯、自首、立功、初犯等法定、酌定从宽处罚情节的毒品犯罪分子，体现区别对待，依法给予从宽处罚，以达到分化瓦解毒品犯罪分子、预防和减少毒品犯罪的效果。本案是一起犯罪分子自境外回国投案构成自首的重大毒品案件。二被告人系当地公检法三机关联合向社会发布的《关于敦促涉毒在逃人员投

案自首的通告》中所列在逃犯罪嫌疑人，在境外看到该追逃通告后通过亲属与当地公安机关联系，主动要求投案，并在投案过程中克服地域、语言、交通等困难，投案意愿坚定，反映其良好的认罪悔罪态度，也节约了司法资源。人民法院充分考虑二被告人积极响应司法机关发布的敦促投案自首通告，主动自境外回国投案，并如实供述主要犯罪事实的情节，对二人予以从宽处罚，对其他在逃人员具有示范感召意义，实现了政治效果、社会效果、法律效果的有机统一。

（2）邱某某贩卖、运输毒品案——最高人民法院2022年十大毒品（涉毒）犯罪典型案例之三：通过非法手段获取他人犯罪线索并检举，不构成立功，且系毒品再犯，罪行极其严重

典型意义：刑法设立立功制度，主要目的在于通过对犯罪分子承诺并兑现从宽处罚，换取其积极揭露他人罪行，以便司法机关及时发现、查处犯罪，节约司法资源。同时，检举揭发他人犯罪也在一定程度上反映出犯罪分子弃恶从善的愿望，有利于促成其悔过自新。但是，构成立功要求犯罪分子检举线索的来源必须合法，否则就背离了立功制度创设的初衷和价值取向，且违反相关法律法规，破坏公序良俗。《关于处理自首和立功若干具体问题的意见》第4条规定，犯罪分子通过贿买、暴力、胁迫等非法手段，获取他人犯罪线索并“检举揭发”的，不能认定为有立功表现。本案中，被告人邱某某携款向上家求购大量毒品并跨省长途运输，罪行极其严重，且系毒品再犯，论罪应处死刑。邱某某到案后检举揭发范某某贩卖毒品线索，公安机关据此侦破范某某贩毒一案，范某某被判处无期徒刑以上刑罚。经再审查明，上述检举线索系邱某某亲属通过贿买

的非法手段获取后交由邱某某检举揭发，根据《关于处理自首和立功若干具体问题的意见》的规定，即便检举线索查证属实，邱某某的行为也不构成立功。人民法院依法启动再审，对邱某某改判死刑，彰显了对严重毒品犯罪绝不姑息的态度和实事求是、有错必纠的决心。

（3）金某某贩卖毒品案——山西省高级人民法院五起毒品犯罪典型案例之二

典型意义：毒品犯罪审判工作既要发挥刑罚功能，严厉打击罪行严重的犯罪分子，又要贯彻宽严相济的刑事政策，突出打击重点，体现区别对待。对于罪行较轻，或者具有初犯、从犯、自首、立功等法定、酌定从宽处罚情节的毒品犯罪分子，根据罪刑相适应原则，依法给予从宽处罚，以分化瓦解毒品犯罪分子，预防和减少毒品犯罪。

山西省的一些毒品犯罪分子为牟取暴利，前往广东省等地贩卖运输毒品，且贩毒数量惊人，社会危害性大。被告人金某某从广东省贩卖运输甲基苯丙胺（冰毒）达30,000克，数量巨大，又系累犯，属于重点打击的毒品犯罪分子，依法应当判处死刑。被告人金某某被抓获后，真诚认罪悔罪，积极协助公安机关抓获同案犯廖某某（廖某某因罪行严重被判处死刑），同时金某某检举揭发犯罪嫌疑人莫某某窝藏毒品的事实，在金某某的指认下，公安人员在莫某某的住处查获大量毒品，消除了该批毒品流入社会的隐患。金某某的行为依法构成重大立功。山西省高级人民法院从轻判处被告人金某某死刑，缓期二年执行，剥夺政治权利终身，并处没收个人全部财产。该判决充分体现了对毒品犯罪分子既要严厉打击，又要分化瓦解、宽严相济的刑事政策。

相关规范

1.《刑法》规定

第 67 条 【自首】犯罪以后自动投案，如实供述自己的罪行的，是自首。对于自首的犯罪分子，可以从轻或者减轻处罚。其中，犯罪较轻的，可以免除处罚。

被采取强制措施的犯罪嫌疑人、被告人和正在服刑的罪犯，如实供述司法机关还未掌握的本人其他罪行的，以自首论。

犯罪嫌疑人虽不具有前两款规定的自首情节，但是如实供述自己罪行的，可以从轻处罚；因其如实供述自己罪行，避免特别严重后果发生的，可以减轻处罚。

第 68 条 【立功】犯罪分子有揭发他人犯罪行为，查证属实的，或者提供重要线索，从而得以侦破其他案件等立功表现的，可以从轻或者减轻处罚；有重大立功表现的，可以减轻或者免除处罚。

2. 其他规定

(1) 最高人民法院《关于处理自首和立功具体应用法律若干问题的解释》

第 1 条 根据刑法第六十七条第一款的规定，犯罪以后自动投案，如实供述自己的罪行的，是自首。

（一）自动投案，是指犯罪事实或者犯罪嫌疑人未被司法机关发觉，或者虽被发觉，但犯罪嫌疑人尚未受到讯问、未被采取强制措施时，主动、直接向公安机关、人民检察院或者人民法院投案。

犯罪嫌疑人向其所在单位、城乡基层组织或者其他有关负责人员投案的；犯罪嫌疑人因病、伤或者为了减轻犯罪后果，委托他人先代为投案，或者先以信电投案的；罪行未被司法机关发觉，仅因形迹可疑被有关组织或者司法机关盘问、教育后，主动交代自己的罪行的；犯罪后逃跑，在被通缉、追捕过程中，主动投案的；经查实确已准备去投案，或者正在投案途中，被公安机关捕获的，应当视为自动投案。

并非出于犯罪嫌疑人主动，而是经亲友规劝、陪同投案的；公安机关通知犯罪嫌疑人的亲友，或者亲友主动报案后，将犯罪嫌疑人送去投案的，也应当视为自动投案。

犯罪嫌疑人自动投案后又逃跑的，不能认定为自首。

（二）如实供述自己的罪行，是指犯罪嫌疑人自动投案后，如实交代自己的主要犯罪事实。

犯有数罪的犯罪嫌疑人仅如实供述所犯数罪中部分犯罪的，只对如实供述部分犯罪的行为，认定为自首。

共同犯罪案件中的犯罪嫌疑人，除如实供述自己的罪行，还应当供述所知的同案犯，主犯则应当供述所知其他同案的共同犯罪事实，才能认定为自首。

犯罪嫌疑人自动投案并如实供述自己的罪行后又翻供的，不能认定为自首，但在一审判决前又能如实供述的，应当认定为自首。

第2条 根据刑法第六十七条第二款的规定，被采取强制措施的犯罪嫌疑人、被告人和已宣判的罪犯，如实供述司法机关尚未掌握的罪行，与司法机关已掌握的或者判决确定的罪行属不同种罪行的，以自首论。

第3条 根据刑法第六十七条第一款的规定，对于自首的犯罪分子，可以从轻或者减轻处罚；对于犯罪较轻的，可以免除处罚。具体确定从轻、减轻还是免除处罚，应当根据犯罪轻重，并考虑自首的具体情节。

第 4 条　被采取强制措施的犯罪嫌疑人、被告人和已宣判的罪犯，如实供述司法机关尚未掌握的罪行，与司法机关已掌握的或者判决确定的罪行属同种罪行的，可以酌情从轻处罚；如实供述的同种罪行较重的，一般应当从轻处罚。

第 5 条　根据刑法第六十八条第一款的规定，犯罪分子到案后有检举、揭发他人犯罪行为，包括共同犯罪案件中的犯罪分子揭发同案犯共同犯罪以外的其他犯罪，经查证属实；提供侦破其他案件的重要线索，经查证属实；阻止他人犯罪活动；协助司法机关抓捕其他犯罪嫌疑人（包括同案犯）；具有其他有利于国家和社会的突出表现的，应当认定为有立功表现。

第 6 条　共同犯罪案件的犯罪分子到案后，揭发同案犯共同犯罪事实的，可以酌情予以从轻处罚。

第 7 条　根据刑法第六十八条第一款的规定，犯罪分子有检举、揭发他人重大犯罪行为，经查证属实；提供侦破其他重大案件的重要线索，经查证属实；阻止他人重大犯罪活动；协助司法机关抓捕其他重大犯罪嫌疑人（包括同案犯）；对国家和社会有其他重大贡献等表现的，应当认定为有重大立功表现。

前款所称“重大犯罪”、“重大案件”、“重大犯罪嫌疑人”的标准，一般是指犯罪嫌疑人、被告人可能被判处无期徒刑以上刑罚或者案件在本省、自治区、直辖市或者全国范围内有较大影响等情形。

(2)《关于处理自首和立功若干具体问题的意见》

一、关于“自动投案”的具体认定

《解释》第一条第（一）项规定七种应当视为自动投案的情形，体现了犯罪嫌疑人投案的主动性和自愿性。根据《解释》第一条第（一）项的规定，犯罪嫌疑人具有以下情形之一的，也应当视为自动投案：1. 犯罪后主动报案，虽未表明自己是作案人，但没有逃离现场，在司法机关询问时交代自己罪行的；2. 明知他人报案而在现场等待，抓捕时无拒捕行为，供认犯罪事实的；3. 在司法机关未确定犯罪嫌疑人，尚在一般性排查询问时主动交代自己罪行的；4. 因特定违法行为被采取劳动教养、行政拘留、司法拘留、强制隔离戒毒等行政、司法强制措施期间，主动向执行机关交代尚未被掌握的犯罪行为的；5. 其他符合立法本意，应当视为自动投案的情形。

罪行未被有关部门、司法机关发觉，仅因形迹可疑被盘问、教育后，主动交代了犯罪事实的，应当视为自动投案，但有关部门、司法机关在其身上、随身携带的物品、驾乘的交通工具等处发现与犯罪有关的物品的，不能认定为自动投案。

交通肇事后保护现场、抢救伤者，并向公安机关报告的，应认定为自动投案，构成自首的，因上述行为同时系犯罪嫌疑人的法定义务，对其是否从宽、从宽幅度要适当从严掌握。交通肇事逃逸后自动投案，如实供述自己罪行的，应认定为自首，但应依法以较重法定刑为基准，视情决定对其是否从宽处罚以及从宽处罚的幅度。

犯罪嫌疑人被亲友采用捆绑等手段送到司法机关，或者在亲友带领侦查人员前来抓捕时无拒捕行为，并如实供认犯罪事实的，虽然不能认定为自动投案，但可以参照法律对自首的有关规定酌情从轻处罚。

二、关于“如实供述自己的罪行”的具体认定

《解释》第一条第（二）项规定如实供述自己的罪行，除供述自己的主要犯罪事实外，还应包括姓名、年龄、职业、住址、前科等情况。犯罪嫌疑人供述的身份等情况与真实情况虽有差别，但不影响定罪量刑的，应认定为如实供述自己的罪行。犯罪嫌疑人自动投案后隐瞒自己的真实身份等情况，影响对其定罪量刑的，不能认定为如实供述自己的罪行。

犯罪嫌疑人多次实施同种罪行的，应当综合考虑已交代的犯罪事实与未交代的犯罪事实的危害程度，决定是否认定为如实供述主要犯罪事实。虽然投案后没有交代全部犯罪事实，但如实交代的犯罪情节重于未交代的犯罪情节，或者如实交代的犯罪数额多于未交代的犯罪数额，一般应认定为如实供述自己的主要犯罪事实。无法区分已交代的与未交代的犯罪情节的严重程度，或者已交代的犯罪数额与未交代的犯罪数额相当，一般不认定为如实供述自己的主要犯罪事实。

犯罪嫌疑人自动投案时虽然没有交代自己的主要犯罪事实，但在司法机关掌握其主要犯罪事实之前主动交代的，应认定为如实供述自己的罪行。

三、关于“司法机关还未掌握的本人其他罪行”和“不同种罪行”的具体认定

犯罪嫌疑人、被告人在被采取强制措施期间，向司法机关主动如实供述本人的其他罪行，该罪行能否认定为司法机关已掌握，应根据不同情形区别对待。如果该罪行已被通缉，一般应以该司法机关是否在通缉令发布范围内作出判断，不在通缉令发布范围内的，应认定为还未掌握，在通缉令发布范围内的，应视为已掌握；如果该罪行已录入全国公安信息网络在逃人员信息数据库，应视为已掌握。如果该罪行未被通缉、也未录入全国公安信息网络在逃人员信息数据库，应以该司法机关是否已实际掌握该罪行为标准。

犯罪嫌疑人、被告人在被采取强制措施期间如实供述本人其他罪行，该罪行与司法机关已掌握的罪行属同种罪行还是不同种罪行，一般应以罪名区分。虽然如实供述的其他罪行的罪名与司法机关已掌握犯罪的罪名不同，但如实供述的其他犯罪与司法机关已掌握的犯罪属选择性罪名或者在法律、事实上密切关联，如因受贿被采取强制措施后，又交代因受贿为他人谋取利益行为，

构成滥用职权罪的，应认定为同种罪行。

四、关于立功线索来源的具体认定

犯罪分子通过贿买、暴力、胁迫等非法手段，或者被羁押后与律师、亲友会见过程中违反监管规定，获取他人犯罪线索并“检举揭发”的，不能认定为有立功表现。

犯罪分子将本人以往查办犯罪职务活动中掌握的，或者从负有查办犯罪、监管职责的国家工作人员处获取的他人犯罪线索予以检举揭发的，不能认定为有立功表现。

犯罪分子亲友为使犯罪分子“立功”，向司法机关提供他人犯罪线索、协助抓捕犯罪嫌疑人的，不能认定为犯罪分子有立功表现。

五、关于“协助抓捕其他犯罪嫌疑人”的具体认定

犯罪分子具有下列行为之一，使司法机关抓获其他犯罪嫌疑人的，属于《解释》第五条规定的“协助司法机关抓捕其他犯罪嫌疑人”：1. 按照司法机关的安排，以打电话、发信息等方式将其他犯罪嫌疑人（包括同案犯）约至指定地点的；2. 按照司法机关的安排，当场指认、辨认其他犯罪嫌疑人（包括同案犯）的；3. 带领侦查人员抓获其他犯罪嫌疑人（包括同案犯）的；4. 提供司法机关尚未掌握的其他案件犯罪嫌疑人的联络方式、藏匿地址的，等等。

犯罪分子提供同案犯姓名、住址、体貌特征等基本情况，或者提供犯罪前、犯罪中掌握、使用的同案犯联络方式、藏匿地址，司法机关据此抓捕同案犯的，不能认定为协助司法机关抓捕同案犯。

六、关于立功线索的查证程序和具体认定

被告人在一、二审审理期间检举揭发他人犯罪行为或者提供侦破其他案件的重要线索，人民法院经审查认为该线索内容具体、指向明确的，应及时移交有关人民检察院或者公安机关依法

处理。

侦查机关出具材料，表明在三个月内还不能查证并抓获被检举揭发的人，或者不能查实的，人民法院审理案件可不再等待查证结果。

被告人检举揭发他人犯罪行为或者提供侦破其他案件的重要线索经查证不属实，又重复提供同一线索，且没有提出新的证据材料的，可以不再查证。

根据被告人检举揭发破获的他人犯罪案件，如果已有审判结果，应当依据判决确认的事实认定是否查证属实；如果被检举揭发的他人犯罪案件尚未进入审判程序，可以依据侦查机关提供的书面查证情况认定是否查证属实。检举揭发的线索经查确有犯罪发生，或者确定了犯罪嫌疑人，可能构成重大立功，只是未能将犯罪嫌疑人抓获归案的，对可能判处死刑的被告人一般要留有余地，对其他被告人原则上应酌情从轻处罚。

被告人检举揭发或者协助抓获的人的行为构成犯罪，但因法定事由不追究刑事责任、不起诉、终止审理的，不影响对被告人立功表现的认定；被告人检举揭发或者协助抓获的人的行为应判处无期徒刑以上刑罚，但因具有法定、酌定从宽情节，宣告刑为有期徒刑或者更轻刑罚的，不影响对被告人重大立功表现的认定。

七、关于自首、立功证据材料的审查

人民法院审查的自首证据材料，应当包括被告人投案经过、有罪供述以及能够证明其投案情况的其他材料。投案经过的内容一般应包括被告人投案时间、地点、方式等。证据材料应加盖接受被告人投案的单位的印章，并有接受人员签名。

人民法院审查的立功证据材料，一般应包括被告人检举揭发材料及证明其来源的材料、司法机关的调查核实材料、被检举揭发人的供述等。被检举揭发案件已立案、侦破，被检举揭发人被采取强制措施、公诉或者审判的，还应审查相关的法律文书。证据材料应加盖接收被告人检举揭发材料的单位的印章，并有接收人员签名。

人民法院经审查认为证明被告人自首、立功的材料不规范、不全面的，应当由检察机关、侦查机关予以完善或者提供补充材料。

上述证据材料在被告人被指控的犯罪一、二审审理时已形成的，应当经庭审质证。

八、关于对自首、立功的被告人的处罚

对具有自首、立功情节的被告人是否从宽处罚、从宽处罚的幅度，应当考虑其犯罪事实、犯罪性质、犯罪情节、危害后果、社会影响、被告人的主观恶性和人身危险性等。自首的还应考虑投案的主动性、供述的及时性和稳定性等。立功的还应考虑检举揭发罪行的轻重、被检举揭发的人可能或者已经被判处的刑罚、提供的线索对侦破案件或者协助抓捕其他犯罪嫌疑人所起作用的大小等。

具有自首或者立功情节的，一般应依法从轻、减轻处罚；犯罪情节较轻的，可以免除处罚。类似情况下，对具有自首情节的被告人的从宽幅度要适当宽于具有立功情节的被告人。

虽然具有自首或者立功情节，但犯罪情节特别恶劣、犯罪后果特别严重、被告人主观恶性深、人身危险性大，或者在犯罪前即为规避法律、逃避处罚而准备自首、立功的，可以不从宽处罚。

对于被告人具有自首、立功情节，同时又有累犯、毒品再犯等法定从重处罚情节的，既要考虑自首、立功的具体情节，又要考虑被告人的主观恶性、人身危险性等因素，综合分析判断，确定从宽或者从严处罚。累犯的前罪为非暴力犯罪的，一般可以从宽处罚，前罪为暴力犯罪或者前、后罪为同类犯罪的，可以不从宽处罚。

在共同犯罪案件中，对具有自首、立功情节的被告人的处罚，应注意共同犯罪人以及首要分子、主犯、从犯之间的量刑平衡。犯罪集团的首要分子、共同犯罪的主犯检举揭发或者协助司法机关抓捕同案地位、作用较次的犯罪分子的，从宽处罚与否应当从严掌握，如果从轻处罚可能导致全案量刑失衡的，一般不从轻处罚；如果检举揭发或者协助司法机关抓捕的是其他案件中罪行同样严重的犯罪分子，一般应依法从宽处罚。对于犯罪集团的一般成员、共同犯罪的从犯立功的，特别是协助抓捕首要分子、主犯的，应当充分体现政策，依法从宽处罚。

3. 往届纪要（已失效）

（1）2000年《南宁会议纪要》

关于认定被告人协助公安机关抓获同案犯构成立功的问题。认定被告人是否构成该项立功，应当根据被告人在公安机关抓获同案犯中是否确实起到了协助作用。如经被告人当场指认、辨认抓获了同案犯；带领公安人员抓获了同案犯；被告人提供了不为有关机关掌握或者有关机关按照正常工作程序无法掌握的同案犯藏匿的线索，抓获了同案犯等情况，均属于协助司法机关抓获同案犯，应认定为立功。

（2）2008年《大连会议纪要》

共同犯罪中同案犯的基本情况，包括同案犯姓名、住址、体貌特征、联络方式等信息，属于被告人应当供述的范围。公安机关根据被告人供述抓获同案犯的，不应认定其有立功表现。被告人在公安机关抓获同案犯过程中确实起到协助作用的，例如，经被告人现场指认、辨认抓获了同案犯；被告人带领公安人员抓获了同案犯；被告人提供了不为有关机关掌握或者有关机关按照正常工作程序无法掌握的同案犯藏匿的线索，有关机关据此抓获了同案犯；被告人交代了与同案犯的联系方式，又按要求与对方联络，积极协助公安机关抓获了同案犯等，属于协助司法机关抓获同案犯，应认定为立功。

关于立功从宽处罚的把握，应以功是否足以抵罪为标准。在毒品共同犯罪案件中，毒枭、毒品犯罪集团首要分子、共同犯罪的主犯、职业毒犯、毒品惯犯等，由于掌握同案犯、从犯、马仔的犯罪情况和个人信息，被抓获后往往能协助抓捕同案犯，获得立功或者重大立功。对其是否从宽处罚以及从宽幅度的大小，应当主要看功是否足以抵罪，即应结合被告人罪行的严重程度、立功大小综合考虑。要充分注意毒品共同犯罪人以及上、下家之间的量刑平衡。对于毒枭等严重毒品犯罪分子立功的，从轻或者减轻处罚应当从严掌握。如果其罪行极其严重，只有一般立功表现，功不足以抵罪的，可不予从轻处罚；如果其检举、揭发的是其他犯罪案件中罪行同样严重的犯罪分子，或者协助抓获的是同案中的其他首要分子、主犯，功足以抵罪的，原则上可以从轻或者减轻处罚；如果协助抓获的只是同案中的从犯或者马仔，功不足以抵罪，或者从轻处罚后全案处刑明显失衡的，不予从轻处罚。相反，对于从犯、马仔立功，特别是协助抓获毒枭、首要分子、主犯的，应当从轻处罚，直至依法减轻或者免除处罚。

被告人亲属为了使被告人得到从轻处罚，检举、揭发他人犯罪或者协助司法机关抓捕其他犯罪人的，不能视为被告人立功。同监犯将本人或者他人尚未被司法机关掌握的犯罪事实告知被告人，由被告人检举揭发的，如经查证属实，虽可认定被告人立功，但是否从宽处罚、从宽幅度大小，应与通常的立功有所区别。通过非法手段或者非法途径获取他人犯罪信息，如从国家工作人员处贿买他人犯罪信息，通过律师、看守人员等非法途径获取他人犯罪信息，由被告人检举揭发的，不能认定为立功，也不能作为酌情从轻处罚情节。

第二节　累犯、再犯的认定问题

——— 要点提示 ———

（1）毒品再犯的认定；

（2）同时构成累犯和毒品再犯时的判罚；

（3）未成年人的毒品再犯认定。

纪要原文

根据刑法规定，因走私、贩卖、运输、制造、非法持有毒品罪被判过刑的被告人，无论是在刑罚执行完毕或者赦免后，还是在缓刑、假释、暂予监外执行期间或者缓刑考验期满后，又犯刑法分则第六章第七节规定之罪的，均应认定为毒品再犯。对于上述在前罪缓刑、假释或者暂予监外执行期间又犯罪的被告人，应当对其所犯新的毒品犯罪依法从重处罚后，再与前罪依法并罚。

累犯、毒品再犯是法定从重处罚情节，即使本次毒品犯罪情节较轻，也要体现从严惩处的精神。尤其对于曾因严重暴力犯罪被判刑的累犯、刑罚执行完毕后短期内又实施毒品犯罪的再犯，以及在缓刑、假释或者暂予监外执行期间又实施毒品犯罪的再犯，应当严格依法从重处罚。

对于同时构成累犯和毒品再犯的被告人，在裁判文书中应当同时引用刑法关于累犯和毒品再犯的条款。对于因同一毒品犯罪前科同时构成累犯和毒品再犯的，量刑时不得重复从重处罚。对于因不同犯罪前科分别构成累犯和毒品再犯的，从重处罚幅度一般应大于上述情形。对于因不同现行犯罪分别构成累犯和毒品再犯的，应当对其所犯各罪分别予以从重处罚。

要点评注

1 何时成立毒品再犯？

《昆明会议纪要》对《大连会议纪要》和《武汉会议纪要》做了补充，除了“在刑罚执行完毕”“缓刑、假释、暂予监外执行期间”增加了“赦免后”和“缓刑考验期满后”这些时间条件，因走私、贩卖、运输、制造、非法持有毒品罪被判过刑的被告人，均应认定为毒品再犯，即“因走私、贩卖、运输、制造、非法持有毒品罪被判过刑的被告人，无论是在刑罚执行完毕或者赦免后，还是在缓刑、假释、暂予监外执行期间或者缓刑考验期满后，又犯刑法分则第六章第七节规定之罪的，均应认定为毒品再犯”。此外，因走私、贩卖、运输、制造、非法持有毒品罪被判过刑，在服刑期间又实施毒品犯罪的，也应认定为毒品再犯，但该情况较为少见，不具典型性，故未作明确规定。[①] 对于在前罪缓刑、假释、暂予监外执行期间又犯罪的毒品再犯，应该先对其新犯的毒品犯罪从重处罚后，再与前罪并罚，体现出对于毒品犯罪再犯从严惩处的立场。实际上，不管是理论上还是实践中，都对“缓刑、假释、暂予监外执行期间”

① 参见李睿懿等:《〈全国法院毒品案件审判工作会议纪要〉的理解与适用》，载《法律适用》2023年第10期。

犯罪的是否应该认定为毒品再犯有争议。① 理论上一般认为，毒品再犯是一种“特殊的一般累犯”，那么累犯关于“刑罚执行完毕或者赦免后”的规定也应该适用于毒品再犯。但是从各个纪要的情况来看，实践中采取的并不是一般累犯的原理。② 对“被判过刑”理解为包括刑罚已执行完毕或赦免，以及尚未开始执行、已开始执行但尚未执行完毕等判刑后所有阶段。事实上，最高人民法院也曾认为“暂予监外执行期间”再犯的，不应认定为《刑法》第356条规定的毒品再犯。详见案例1、案例2。

案例1，李某某贩卖、运输毒品案：被告人李某某于1991年因贩卖毒品罪被判处有期徒刑十五年，与前罪尚未执行完毕的刑罚并罚，决定执行有期徒刑二十年。1995年6月因病监外执行，2004年至2005年多次贩卖毒品，2005年3月被抓获。一审法院认为，被告人李某某因贩卖毒品罪判过刑，在前罪刑罚监外执行期间贩卖、运输海洛因175.5克，系毒品犯罪的再犯，应依法从重处罚；李某某又系前罪刑罚执行完毕以前重新犯罪，应当数罪并罚。二审法院认为，被告人李某某贩卖、运输海洛因的行为，已构成贩卖、运输毒品罪，贩卖、运输毒品数量大，且因犯贩卖毒品罪被判过刑，系毒品犯罪的再犯，罪行极其严重，依法应从重处罚；李某某又系前罪刑罚执行完毕以前重新犯罪，

① 理论上有认为，缓刑、假释、暂予监外执行期间又犯毒品犯罪的，涉及重复重罚问题。参见李怀胜、祝炳岩:《对司法解释中毒品再犯规则的批判性思考——以刑法中的再次犯罪评价体系为视角》，载《中国刑事法杂志》2010年第9期。

② 从历史解释的角度看，根据全国人大常委会1990年制定的《关于禁毒的决定》可以看出，毒品再犯不用具备累犯的特征。参见方文军:《毒品犯罪司法实务精解》，法律出版社2024年版，第311-314页。

应当数罪并罚。

最高人民法院复核认为，被告人李某某贩卖、运输海洛因的行为，已构成贩卖、运输毒品罪。且系在前罪刑罚执行完毕以前重新犯罪，根据《刑法》第71条、第69条的规定，应当依法实行数罪并罚。并罚的方法是“先减后并”，即对已执行的刑期不计算在新判决决定的刑期以内，而是在前罪没有执行的刑罚和后罪所判处的刑罚的基础上，依照《刑法》第69条的规定，决定执行的刑罚。被告人李某某后罪被判处的刑罚是死刑，缓期二年执行，剥夺政治权利终身，并处没收个人全部财产。因此，与其前罪未执行完毕的刑罚并罚的结果是：执行死刑，缓期二年执行，剥夺政治权利终身，并处没收个人全部财产。上述“先减后并”的并罚方法，与一般的并罚方法相比，具有决定执行刑罚的最低期限较高，实际执行的刑罚可以超过一般数罪并罚最高刑的期限，犯罪分子执行刑罚的时间越长而又犯新罪、数罪并罚时决定执行刑罚的最低期限越高的特点，实际上已经体现了从重。因此，被告人李某某犯贩卖、运输毒品罪，但不属于《刑法》第356条规定的再犯，并认为李某某属于可不立即执行死刑的犯罪分子，改判李某某死刑，缓期二年执行。①

如果依据《昆明会议纪要》的规定，本案可能会被认定为毒品再犯。在《大连会议纪要》之后的案例中，最高人民法院就发生了转变：

① 参见最高人民法院刑事审判第一、二、三、四、五庭主办：《刑事审判参考》第392号案例。

案例2，贺某某贩卖、运输毒品案：被告人贺某某，1996年5月13日因犯运输毒品罪被判处死刑，缓期二年执行，2005年3月17日因病保外就医。因涉嫌犯贩卖、运输毒品罪于2007年4月28日被逮捕。一审法院认为，被告人贺某某因毒品犯罪被判过刑，又犯贩卖、运输毒品罪，根据《刑法》第356条之规定，应从重处罚。被告人贺某某在服刑期间因病获保外就医暂予监外执行期间又犯罪，根据《刑法》第71条之规定，应数罪并罚。最高人民法院复核认为，对于在刑罚尚未开始执行或尚未执行完毕期间以及刑罚执行完毕或赦免五年后再犯毒品犯罪的犯罪分子，显然其前罪所判处的刑罚对其尚未起到应有的震慑效果，刑罚未能实现特殊预防的目的，犯罪分子再次以身试法，反映其主观恶性较深，人身危险性高，因此应当予以从重处罚。将《刑法》第356条理解为毒品再犯而非毒品累犯，更能符合和体现立法原意。故认定为毒品再犯。[①]

2 同时构成累犯和毒品再犯该如何处罚？

《昆明会议纪要》新增了累犯和毒品再犯竞合的情形。《武汉会议纪要》规定了因同一毒品犯罪前科和因不同犯罪前科同时构成累犯和毒品再犯的两种竞合情形。《昆明会议纪要》新增了因不同现行犯罪分别构成累犯和毒品再犯的情形。考虑被告人具有不同犯罪前科或者同时犯数罪的情况，区分累犯与毒品再犯竞合的三种情形，规定分别适用不同的从重处罚规则。“对于因同一毒品犯罪前科同时构成

① 参见最高人民法院刑事审判第一、二、三、四、五庭主办：《刑事审判参考》第542号案例。

累犯和毒品再犯的，量刑时不得重复从重处罚。对于因不同犯罪前科分别构成累犯和毒品再犯的，从重处罚幅度一般应大于上述情形。对于因不同现行犯罪分别构成累犯和毒品再犯的，应当对其所犯各罪分别予以从重处罚。”对于因不同现行犯罪分别构成累犯和毒品再犯的情形，《昆明会议纪要》规定，应当对其所犯各罪分别从重处罚。

3　未成年人是否构成毒品再犯？

关于未成年人是否构成毒品再犯的问题，各个纪要中都没有明确规定。理论上有几种观点，有认为根据有利于被告人的类推解释或当然解释，由于未满 18 周岁的人不构成累犯，则不满 18 周岁的人也不能以毒品再犯从重处罚[①]；也有认为，既然《刑法》第 356 条没有排除未成年人能构成毒品犯罪的可能性，应当认定未成年人可以构成毒品再犯[②]。实践中，往往适用后一种意见（如案例 3）。

> 案例 3，陈某某贩卖毒品案：被告人陈某某（男，1994 年 5 月 8 日出生）于 2013 年 10 月 22 日 21 时许，以人民币 3900 元的价格将 14.79 克毒品甲基苯丙胺卖给云某某和颜某某；2014 年 8 月 9 日 2 时许，陈某某又以人民币 3000 元的价格，将 50.04 克毒品氯胺酮片剂卖给吴某某。经查，2012 年 4 月 10 日，陈某某因犯贩卖毒品罪被广东省深圳市福田区人民法院判处有期徒刑 6 个月，并处罚金人民币 500 元，同年 10 月 9 日刑满释放。

---

① 参见周光权:《论量刑上的禁止不利评价原则》，载《政治与法律》2013 年第 1 期；刘宪权、周舟:《特殊群体从宽处罚规定司法适用分析》，载《华东政法大学学报》2011 年第 6 期。

② 参见乔梅、高蕴嶙:《未成年人毒品犯罪前科应作为认定毒品再犯的依据》，载《人民检察》2016 年第 7 期。

广东省深圳市福田区人民法院于2015年3月20日作出（2014）深福法刑初字第1707号刑事判决:（1）被告人陈某某犯贩卖毒品罪，判处有期徒刑9年，并处罚金人民币5000元。（2）缴获的毒品依法予以销毁，缴获的作案工具手机依法予以没收，收缴国库。宣判后，被告人陈某某以量刑过重为由提出上诉。广东省深圳市中级人民法院于2015年6月4日作出（2015）深中法刑一终字第619号刑事裁定：驳回上诉，维持原判。

上述裁判发生法律效力后，广东省人民检察院以原审被告人陈某某前科犯罪时不满18周岁，一审、二审裁判认定其构成累犯，属适用法律错误为由，向广东省高级人民法院提出抗诉。

广东省高级人民法院于2020年12月23日作出（2018）粤刑再8号刑事判决：原审被告人陈某某无视国家法律，明知是毒品而予以贩卖，数量较大，其行为已构成贩卖毒品罪。陈某某系1994年5月8日出生，被广东省深圳市福田区人民法院以贩卖毒品罪判处有期徒刑6个月时未满18周岁。陈某某曾因犯贩卖毒品罪被判处有期徒刑，又犯贩卖毒品罪，是毒品再犯，应对其从重处罚。但是，陈某某在前科犯罪时未满18周岁，根据《刑法》第65条第1款的规定，在本案中不构成累犯，原判认定其属累犯是错误的，依法应予纠正。广东省人民检察院的抗诉意见成立，予以采纳。（1）撤销广东省深圳市中级人民法院作出的（2015）深中法刑一终字第619号刑事裁定。（2）维持广东省深圳市福田区人民法院作出的（2014）深福法刑初字第1707号刑事判决第一项中对原审被告人陈某某的定罪及罚金刑部分以及第二项。（3）撤销广东省深圳市福田区人民法院作出的（2014）深福法刑初字第1707号刑事判决第一项中对原审被告人陈某某的主刑部分。（4）原审被告人陈某某犯贩卖毒品罪，判处有期徒刑8年，并处罚金人民币5000元。[①]

案例拓展

（1）林某某贩卖毒品案——最高人民法院2015年毒品犯罪及吸毒诱发次生犯罪十大典型案例之七：多次零包贩卖毒品，且系累犯和毒品再犯，依法严惩

典型意义：近年来，受毒品消费市场持续膨胀影响，涉案毒品数量在10克以下的零包贩毒案件数量增长迅速，且此类案件数量在贩卖毒品案件乃至全部毒品犯罪案件数量中均占有较高比例。零包贩毒是毒品犯罪的末端环节，直接导致毒品进入吸食、消费领域，社会危害性不容忽视。因此，严厉打击零包贩毒犯罪，是有效遏制毒品问题蔓延和毒品犯罪数量增长的重要手段。本案中，被告人林某某每次贩卖海洛因仅0.1克，共贩卖海洛因1.4克，虽然数量较少，

① 参见最高人民法院中国应用法学研究所编：《人民法院案例选》（总第176辑），人民法院出版社2022年版。《刑事诉讼法》第286条规定："犯罪的时候不满十八周岁，被判处五年有期徒刑以下刑罚的，应当对相关犯罪记录予以封存。犯罪记录被封存的，不得向任何单位和个人提供，但司法机关为办案需要或者有关单位根据国家规定进行查询的除外。依法进行查询的单位，应当对被封存的犯罪记录的情况予以保密。"但是最高人民法院、最高人民检察院、公安部、司法部《关于未成年人犯罪记录封存的实施办法》（2022年5月30日生效施行）第9条第2款规定，被告人负有如实报告其未成年犯罪记录的法定义务。被封存犯罪记录的未成年人因涉嫌再次犯罪接受司法机关调查时，应当主动、如实地供述其犯罪记录情况，不得回避、隐瞒。该办法第18条第2款还同时规定，被封存犯罪记录的未成年人，成年后又故意犯罪的，人民法院应当在裁判文书中载明其之前的犯罪记录。

但其多次并向多名吸毒人员贩卖毒品，具有较大的社会危害性。根据相关司法解释的规定，其犯罪行为属于《刑法》第 347 条第 4 款规定的“情节严重”，依法应当判处三年以上七年以下有期徒刑。林某某有三次犯罪前科，且两次因犯贩卖毒品罪被判刑，仍不思悔改，又贩卖毒品，主观恶性较深。人民法院根据其犯罪事实，及其系累犯、毒品再犯的情节，在法定量刑幅度内对其从重判处刑罚，较好地贯彻了严厉打击末端毒品犯罪的刑事政策。

（2）被告人吴某某等 14 人贩卖、运输毒品案——浙江省高级人民法院2020年毒品犯罪十大典型案例之一：贩卖毒品数量特别巨大、且有累犯、毒品再犯等从重情节的，被依法从严惩处

典型意义：本案是一起发生在浙江省的特大贩卖、运输氯胺酮案件，具有以下特征：一是贩运毒品数量特别巨大，共计贩卖、运输氯胺酮 372.9 千克。这是近年来浙江省法院审理的涉案毒品数量最大的案件。二是本案是金字塔型的传统毒品销售体系模式的典型案例。从本案中我们可以看到大宗毒品从贩运进浙江省到末端贩卖之间的全部环节，了解到传统贩毒方式中毒品是如何扩散蔓延的。本案贩毒网络层级分明，处于顶层是吴某某、毛某某、葛某某人，处于第二层级是范某某、方某某、尹某某、季某某、邱某某，处于第三层级是张某某、毛某甲等人，通过层级分销最终将毒品送至吸毒者手中。三是本案除查获 100 千克氯胺酮外，其余的 270 余千克氯胺酮已流入社会。如此巨量的毒品在不长时间内被迅速销售，说明在部分地区存在巨大的氯胺酮吸毒群体。四是本案有 7 名被告人系累犯和毒品再犯。这也说明毒品犯罪中毒品再犯始终是一个比较突出的问题。本案具有多个从严惩处的情节，毒枭、职业毒犯、从源头贩运大宗毒品、毒品

累犯、再犯等，人民法院共计判决1人死刑、2人死缓、6人无期徒刑、3人有期徒刑15年、1人有期徒刑12年、1人有期徒刑8年，这一结果充分体现了对毒品犯罪依法从严惩处的一贯政策。

相关规范

1.《刑法》规定

第65条　【一般累犯】被判处有期徒刑以上刑罚的犯罪分子，刑罚执行完毕或者赦免以后，在五年以内再犯应当判处有期徒刑以上刑罚之罪的，是累犯，应当从重处罚，但是过失犯罪和不满十八周岁的人犯罪的除外。

前款规定的期限，对于被假释的犯罪分子，从假释期满之日起计算。

第356条　【毒品犯罪的再犯】因走私、贩卖、运输、制造、非法持有毒品罪被判过刑，又犯本节规定之罪的，从重处罚。

2. 其他规定

最高人民法院《关于贯彻宽严相济刑事政策的若干意见》（法发〔2010〕9号）

11、要依法从严惩处累犯和毒品再犯。凡是依法构成累犯和毒品再犯的，即使犯罪情节较轻，也要体现从严惩处的精神。尤其是对于前罪为暴力犯罪或被判处重刑的累犯，更要依法从严惩处。

3. 往届纪要（已失效）

（1）2000年《南宁会议纪要》

关于同时构成再犯和累犯的被告人适用法律和量刑的问

题。对依法同时构成再犯和累犯的被告人，今后一律适用刑法第三百五十六条规定的再犯条款从重处罚，不再援引刑法关于累犯的条款。

（2）2008 年《大连会议纪要》

根据刑法第三百五十六条规定，只要因走私、贩卖、运输、制造、非法持有毒品罪被判过刑，不论是在刑罚执行完毕后，还是在缓刑、假释或者暂予监外执行期间，又犯刑法分则第六章第七节规定的犯罪的，都是毒品再犯，应当从重处罚。

因走私、贩卖、运输、制造、非法持有毒品罪被判刑的犯罪分子，在缓刑、假释或者暂予监外执行期间又犯刑法分则第六章第七节规定的犯罪的，应当在对其所犯新的毒品犯罪适用刑法第三百五十六条从重处罚的规定确定刑罚后，再依法数罪并罚。

对同时构成累犯和毒品再犯的被告人，应当同时引用刑法关于累犯和毒品再犯的条款从重处罚。

（3）2015 年《武汉会议纪要》

累犯、毒品再犯是法定从重处罚情节，即使本次毒品犯罪情节较轻，也要体现从严惩处的精神。尤其对于曾因实施严重暴力犯罪被判刑的累犯、刑满释放后短期内又实施毒品犯罪的再犯，以及在缓刑、假释、暂予监外执行期间又实施毒品犯罪的再犯，应当严格体现从重处罚。

对于因同一毒品犯罪前科同时构成累犯和毒品再犯的被告人，在裁判文书中应当同时引用刑法关于累犯和毒品再犯的条款，但在量刑时不得重复予以从重处罚。对于因不同犯罪前科同时构成累犯和毒品再犯的被告人，量刑时的从重处罚幅度一般应大于前述情形。

第三节　特定人员参与毒品犯罪的处理

—— 要点提示 ——

特定人员参与毒品犯罪的处理原则。

纪要原文

对于毒品犯罪分子为逃避打击，组织、利用残疾人、严重疾病患者、怀孕或者正在哺乳自己婴儿的妇女等特定人员实施毒品犯罪的案件，要做到区别对待，依法准确惩处。对于利用、教唆上述特定人员实施毒品犯罪的组织者、指挥者和教唆者，应当依法从严惩处，该判处重刑直至死刑的，坚决依法判处。对于被利用、被诱骗参与毒品犯罪的特定人员，可以从宽处罚。

对于利用自身特殊状况积极实施毒品犯罪，以及曾在取保候审、监视居住或者暂予监外执行期间又实施毒品犯罪的特定人员，应当从严把握上述强制措施和暂予监外执行的适用条件。

要点评注

特定人员参与毒品犯罪的处理原则？是否对于特定人员一律从宽处罚？

《昆明会议纪要》延续《大连会议纪要》的规定，对于组织、利用特定人员实施毒品案件的组织者、指挥者和教唆者，应当依法从严惩处；对于被利用或诱骗的参与毒品犯罪的特定人员，可以从宽处罚。《昆明会议纪要》根据实践情况及法律规定，删除了未成年人、急性传染病两个例证。

《昆明会议纪要》还增加了“对于利用自身特殊状况积极实施毒品犯罪，以及曾在取保候审、监视居住或者暂予监外执行期间又实施毒品犯罪的特定人员，应当从严把握上述强制措施和暂予监外执行的适用条件”的规定，进一步体现了从严惩治毒品的政策。

案例1，陈某某贩卖毒品、容留他人吸毒案：根据（2017）闽0181刑初352号刑事判决，以罪犯陈某某犯贩卖毒品罪、容留他人吸毒罪，数罪并罚，决定执行有期徒刑15年，剥夺政治权利5年，并处没收财产人民币10万元，并处罚金人民币5000元。本案生效后，罪犯陈某某或以其“怀孕”为由、或以其“哺乳”为由，向福州中院申请暂予监外执行。福州中院经审查后分别于2018年1月25日、2018年8月20日、2019年5月23日决定对罪犯陈某某暂予监外执行。后罪犯陈某某先后以其“怀孕”“哺乳”为由，向本院申请暂予监外执行。本院经审查后分别于2020年2月27日、2020年10月26日、2021年10月28日、2022年7月11日、2023年6月30日决定对罪犯陈某某暂予监外执行，期限至2023年8月2日止。罪犯陈某某于2023年8月3日再次以其尚在哺乳期为由，向本院提出继续暂予监外执行的申请，并向本院提交了其子陈某甲出生医学证明、福清市××镇玉仑村民委员会出具的证明、其所生育5个小孩的户口本、其与其所生育的5个小孩的合照、保证人资格审查表。福清市人民检察院于2023年8月18日出具融检暂征函〔2023〕16号《对法院暂予监外执行征求意见回复函》，认为罪犯陈某某系正在哺乳自己婴儿的妇女，鉴于其多次怀孕逃避监禁刑的惩处，建议本院对罪犯陈某某暂予监外执行从严审批。本院于2023年8月23日立案后，在法定期限内依法向社会公示，公示期满后未收到任何异议。经查：罪犯陈某某于2023年7月25日生育一子，确系正在哺乳自己婴儿的妇女，不宜收监执行。依照《刑事诉讼法》第265条第1款第2项的规定，决定对罪犯陈某某暂予监外执行。①

本案中的犯罪人，并不属于《昆明会议纪要》中规定的利用自身特殊情况积极实施毒品犯罪和在暂予监外执行期间又实施毒品犯罪的特定人员，只是利用自身特殊情况逃避监禁刑。

案例拓展

（1）杨某某运输毒品案——最高人民法院2017年毒品犯罪及涉毒次生犯罪十大典型案例之三：假释考验期内组织怀孕妇女运输毒品，数量特别巨大，且系毒品再犯，罪行极其严重

典型意义：为牟取高额报酬而组织他人运输毒品，不同于为挣取少量运费而受人指使、雇用运输毒品的情形，对前者应当依法予以严惩。尤其是组织怀孕妇女、病残人员等特殊群体运输毒品的，明显具有逃避法律制裁的目的，体现了更大的社会危害性和主观恶性，在政策把握上更应当体现严厉性。本案是一起典型的组织多名怀孕妇女运输毒品的犯罪案件，参与人员多，涉案毒品数量特别巨大，约

① 参见福建省福清市人民法院刑罚与执行变更审查决定书，（2023）闽0181刑更40号。

定的非法报酬数额巨大。被告人杨某某系运输毒品共同犯罪中的组织者、直接实施者，罪责最为突出。杨某某曾因犯运输毒品罪被判处重刑，被假释后却不思悔改，变本加厉，在假释考验期内又犯运输毒品罪，系毒品再犯，主观恶性极深，应依法从重处罚。人民法院根据杨某某犯罪的事实、性质和具体情节，综合考虑其主观恶性、人身危险性，对其判处死刑，体现了对此类运输毒品犯罪的严惩政策。

（2）小学老师贩卖毒品案——辽宁省高级人民法院2014年公布五起典型涉毒案之三

典型意义：本案中赵某某是小学老师，在校表现优秀，因遭遇严重车祸，虽幸存下来但留下巨大身体残疾，因克服疼痛偶然接触了冰毒，并认识了张某某。故对其定罪免刑。

相关规范

1. 现行规定

最高人民法院《关于审理毒品犯罪案件适用法律若干问题的解释》（法释〔2016〕8号）

第4条　走私、贩卖、运输、制造毒品，具有下列情形之一的，应当认定为刑法第三百四十七条第四款规定的“情节严重”：

（一）向多人贩卖毒品或者多次走私、贩卖、运输、制造毒品的；

（二）在戒毒场所、监管场所贩卖毒品的；

（三）向在校学生贩卖毒品的；

（四）组织、利用残疾人、严重疾病患者、怀孕或者正在哺乳自己婴儿的妇女走私、贩卖、运输、制造毒品的；

（五）国家工作人员走私、贩卖、运输、制造毒品的；

（六）其他情节严重的情形。

2. 往届纪要（已失效）

2008 年《大连会议纪要》

近年来，一些毒品犯罪分子为了逃避打击，雇佣孕妇、哺乳期妇女、急性传染病人、残疾人或者未成年人等特定人员进行毒品犯罪活动，成为影响我国禁毒工作成效的突出问题。对利用、教唆特定人员进行毒品犯罪活动的组织、策划、指挥和教唆者，要依法严厉打击，该判处重刑直至死刑的，坚决依法判处重刑直至死刑。对于被利用、被诱骗参与毒品犯罪的特定人员，可以从宽处理。

要积极与检察机关、公安机关沟通协调，妥善解决涉及特定人员的案件管辖、强制措施、刑罚执行等问题。对因特殊情况依法不予羁押的，可以依法采取取保候审、监视居住等强制措施，并根据被告人具体情况和案情变化及时变更强制措施；对于被判处有期徒刑或者拘役的罪犯，符合刑事诉讼法第二百一十四条规定情形的，可以暂予监外执行。

第六章　毒品犯罪涉案财物处理、财产刑适用问题

第一节　毒品犯罪涉案财物的认定

—— 要点提示 ——

（1）毒品犯罪案件中违法所得的范围认定；

（2）涉案财产灭失、混同时的处置路径；

（3）涉案财物认定的证明标准问题；

（4）毒品案件犯罪嫌疑人、被告人逃匿或死亡，无法到案的，涉案财物的处置问题。

纪要原文

应当更加注重从经济上制裁毒品犯罪，切实加大制裁力度，依法追缴被告人的违法所得及其收益，充分发挥财产刑的作用。不能因为被告人没有财产，或者其财产难以查清、难以分割或者难以执行，就不判处财产刑或者判处与主刑不相匹配的财产刑。对于未依照相关规定，全面收集证明被告人财产状况的证据并随案移送财产清单和相关证据材料的，应当要求有关机关收集并移送。

应当更加注重审查证明涉案财物及其孳息的来源、性质、用途和权属情况的证据，并在裁判文书中写明对涉案财物及其孳息的具体处理情况。对查封、扣押、冻结的财物及其孳息，经查确

属毒品犯罪的违法所得及其收益、供毒品犯罪所用的本人财物或者依法应当追缴的其他涉案财物的，应当判决没收上缴国库，但法律另有规定的除外。对于被告人将依法应当追缴的毒品犯罪涉案财物用于投资、置业，因此形成的财产及其收益；或者将依法应当追缴的毒品犯罪涉案财物与其他合法财产共同用于投资、置业，因此形成的财产中与涉案财物对应的份额及其收益，均应予以追缴。

审理黑社会性质组织、恶势力组织实施的毒品犯罪案件，依法应当追缴、没收的涉案财产无法找到、灭失或者与其他合法财产混合且不可分割的，可以判决追缴、没收其他等值财产或者混合财产中的等值部分。有证据证明被告人在毒品犯罪期间获得的财产高度可能属于黑社会性质组织犯罪的违法所得及其孳息、收益，被告人不能说明财产合法来源的，应当判决追缴、没收。

重大毒品犯罪案件的犯罪嫌疑人、被告人逃匿，在通缉一年后不能到案，或者犯罪嫌疑人、被告人死亡，依照刑法规定应当追缴其违法所得及其他涉案财产的，适用刑事诉讼法有关犯罪嫌疑人、被告人逃匿、死亡案件违法所得没收程序审理。经审理认为申请没收的财产高度可能属于违法所得及其他涉案财产的，应当裁定没收。

要点评注

1　毒品犯罪案件中违法所得的具体范围为何？是否需扣除犯罪成本？

《昆明会议纪要》在历届会议纪要的基础上，更加注重对毒品犯罪的经济制裁力度，对于违法所得的追缴作出了以下几点修改：一是明确了“切实加大制裁力度，依法追缴被告人的违法所得及其收益”的原则要求；二是吸收相关法律规定，明确应当追缴用毒品犯罪涉案财物投资、置业所形成的财产及其收益；三是吸收最高人民法院《关于刑事裁判涉财产部分执行的若干规定》第10条规定，明确在毒品犯罪涉案财物与其他合法财产共同用于投资、置业所形成的混合财产中，追缴与涉案财物对应的份额及其收益的规定。

基于此，毒品案件中违法所得主要包括以下两类：一是毒品犯罪的直接违法所得，是指犯罪分子因实施犯罪活动而直接取得的全部财物，包括金钱或者物品。[①]如运输毒品过程中收到的佣金，贩卖毒品中的非法获利。在财产形态上，也不拘泥于毒品犯罪不法财产的原始形态，可以追缴“毒品犯罪涉案财物用于投资、置业，因此形成的财产”及与合法财产混合时“与涉案财物对应的份额”。二是毒品犯罪的间接违法所得，是指不仅包括毒品犯罪直接获得的财物本身，还包括违法所得的财物产生的收益，主要为“毒品犯罪涉案财物用于投资、置业，因此形成的”收益及与合法财产混合时“与涉案财物对应的”收益。对于毒品犯罪违法所得范围的争议，司法实践中主要集中在以下两点：一是违法所得认定是否需要扣除犯罪成本；二是间接违法所得的限度为何，是包括一切直接违法所得产生的收益，还是有一定的限度标准。

对于违法所得是否需要扣除犯罪成本，学界及实务界存在不同的观点：一是“纯利法”，认为就没收违法所得而言，只能采取纯益主义，不该扣除犯罪成本。[②]二是“毛利法”，认为违法所得没收范

---

① 参见王爱立主编：《中华人民共和国刑法释义》，法律出版社2021年版，第100页。

② 参见张明楷：《论刑法中的没收》，载《法学家》2012年第3期。

围应扣除犯罪的支出或成本。[①] 三是“行为区分说”，认为对于经营利益型的犯罪，应扣除相应的经营成本，而对于取得利益型的犯罪（如盗窃罪、贪污罪、受贿罪等），则无须扣除所谓的成本开支。[②] 四是“行为人区分说”，认为我国违法所得的成本扣除应当采用“区分主体的违法成本扣除规则”[③] 等。

司法实践中也存在“纯利法”与“毛利法”的不同做法。

“纯利法”，案例1，汝某贩卖毒品案：汝某贩卖甲基苯丙胺200余克，一审法院认定，追缴被告人汝某犯罪所得人民币3万余元（实际收取的毒资）。被告人上诉称，“原判认定其非法所得3万余元错误，其实际获利是8000元（扣除购毒成本后的实际获利）”。对此，二审法院认为：“贩卖毒品的违法所得是指毒品卖出后所获得的全部收益，而不是扣除成本后的纯利润，原判认定汝某的违法所得是3万余元正确，汝某提出其获得的纯利润8000元是违法所得的上诉理由不能成立。”可见，法院认为不应扣除犯罪成本，按照非法贩卖毒品的全部收益认定违法所得数额。

“毛利法”，案例2，李某2等贩卖毒品案：2020年某日，被告人李某1、骆某、刘某、张某某、李某2、党某某为谋取非法利益贩卖毒品，其中被告人刘某贩卖冰毒30克，以每克600元的价格将该30克冰毒出售给骆某的朋友，共计18000元，实际获利8000元；被告人骆某帮助其贩卖，获

① 参见［日］岛田聪一郎：《最近德国围绕Verfall的讨论》，载［日］川端博等编：《理论刑法学的探究》，成文堂2009年版，第191页及以下。

② 参见李长坤：《论违法所得及其他涉案财物的界定——兼论对没收程序司法解释第6条的理解》，载《法律适用》2017年第13期。

③ 李巨洋：《论没收违法所得是否应当扣除成本》，载《湖北社会科学》2021年第11期。

得好处费 1000 元；被告人李某 2 分六次贩卖冰毒 6.5 克，实际获利 3900 元；被告人党某某以 2500 元的价格从李某处购买 1 克冰毒后，以 2999 元的价格出售给董某某，获利 499 元。对此法院判处没收被告人骆某违法所得 1000 元，被告人刘某违法所得 8000 元，被告人李某 2 违法所得 3900 元，被告人党某某违法所得 499 元。法院采取的扣除行为人犯罪成本，以实际获利认定违法所得数额。

对于间接违法所得的范围边界，学界及实务界存在不同的界分标准。有学者认为应“限于违法所得的财物直接产生的收益”①；有观点认为以“以直接关联性原则”为界分标准②；有学界从间接收益获得的行为本身是否合乎规范、行为经流转后的产物及其可能存在的样态作为判断依据等③；还有观点认为应遵循比例原则的要求，以毒品犯罪违法所得所产生的直接收益为限。具体为，利用违法所得直接产生的非经营性和非劳动加工收益应属于违法所得没收的收益范围，如孳息、借贷获取利息、射幸行为获得的收益等；利用违法所得直接经营、劳动加工产生的收益不宜纳入违法所得没收的范围。

2 依法应当没收的涉案财产灭失、混同时，该如何处置？

《昆明会议纪要》吸收《反有组织犯罪法》第 45 条第 2 款的规定，明确对黑社会性质组织、恶势力组织实施的毒品犯罪案件（以

---

① 张明楷:《论刑法中的没收》，载《法学家》2012 年第 3 期。

② 参见谢雄伟:《论刑事违法所得没收的本质、内涵与计算方法》，载《法学论坛》2016 年第 5 期。

③ 参见李迎寒:《刑法中违法所得的泛化适用及其纠偏》，载《财经法学》2022 年第 6 期。

下简称黑恶势力组织毒品犯罪案件）中的涉案财物采取等值没收的方式，即“依法应当追缴、没收的涉案财产无法找到、灭失或者与其他合法财产混合且不可分割的，可以判决追缴、没收其他等值财产或者混合财产中的等值部分”。该规定在对接现有立法的同时，强调了对黑恶势力组织毒品犯罪案件涉案财物的没收与追缴不拘于毒品不法财产的原始形态，有力地堵塞了犯罪分子通过转移、掩饰、毁灭、混同等手段使不法财产逃避没收的途径。[①] 在具体适用过程中需注意以下几点。

一是仅限于有明确规定的特定案件，即黑恶势力组织毒品犯罪案件。依据《反有组织犯罪法》第 2 条第 1 款的规定，具体指的是《刑法》第 294 条规定的组织、领导、参加黑社会性质组织犯罪，以及黑社会性质组织、恶势力组织实施的犯罪。需要注意的是，在恶势力组织的认定过程中，不能简单地仅以“三人三次”就认定为恶势力组织，还需综合行为人的组织特征、手段特征、危害特征进行系统有机评价，重点考察行为是否具有纠集性、行为手段上是否存在一定的暴力性、危害结果上是否存在恶势力自身具有的固有危害而非仅是犯罪行为本身就存在的危害、是否具有发展成黑社会性质组织的可能，避免机械理解恶势力的人数次数要求。

二是具备追缴、没收不能情形，即涉案财产无法找到、灭失或者与其他合法财产混合且不可分割的这三种情形。首先，“无法找到”是指侦查机关穷尽所有侦查手段和方法仍无法查清财产下落，或者虽能查清财产下落但因财产被转移至境外而难以采取有效措施。在

---

① 参见万志鹏：《论〈反有组织犯罪法〉中的刑事特别没收》，载《江西社会科学》2022 年第 2 期。

涉案财产被转移境外的情况下，如果追缴、没收确实存在执行困境，应该允许适用“等值追缴及没收”规则。[①]其次，“灭失”应当包括物理灭失和价值灭失减损。即使涉案财产价值减损，但行为人曾享受过该不法利益，仍应当予以剥夺。最后，“与其他合法财产混合且不可分割”应当包含与其他人的合法财产混合和与行为人的合法财产混合两种情形。

三是应以等值财产为数额上限，即追缴、没收的限度范围以其他等值财产或者混合财产中的等值部分为限。但需要注意的是，从《反有组织犯罪法》第5条规定的尊重和保障人权原则及第41条第2款“应当为犯罪嫌疑人、被告人及其扶养的家属保留必需的生活费用和物品”的规定出发，在毒品犯罪涉案财物等值没收时，原则上应当追缴、没收等值数额的财产，但是如果追缴、没收等值数额的财产将对行为人及其家庭的最低限度生活产生影响，应当根据尊重和保障人权原则予以酌情减轻。

3 毒品犯罪案件中的涉案财物认定应采取何种证明标准？

对于刑事案件中涉案财物认定的证明标准，一般是依据《刑诉法解释》第279条第3款规定的“不能确认查封、扣押、冻结的财物及其孳息属于违法所得或者依法应当追缴的其他涉案财物的，不得没收”予以认定，采取与定罪量刑同一的“证据确实、充分，排除合理怀疑”证明标准，但在某些情况下可以降低违法所得的认定标准，财物“高度可能”属于违法所得的情况下就可以予以没收。

---

① 参见石经海、魏艺山:《“等值追缴及没收”规则的规范考察与优化适用——以〈反有组织犯罪法〉第45条第2款为中心》，载《安徽大学学报（哲学社会科学版）》2023年第4期。

针对该问题，《昆明会议纪要》明确了可以对黑恶势力组织毒品犯罪案件涉案财物、重大毒品犯罪案件涉案财物采取推定没收的规定："有证据证明被告人在毒品犯罪期间获得的财产高度可能属于黑社会性质组织犯罪的违法所得及其孳息、收益……应当判决追缴、没收"，"重大毒品犯罪案件的犯罪嫌疑人、被告人逃匿……经审理认为申请没收的财产高度可能属于违法所得及其他涉案财产的，应当裁定没收。"如此规定，对接了《反有组织犯罪法》第 45 条第 3 款、最高人民法院、最高人民检察院《关于适用犯罪嫌疑人、被告人逃匿、死亡案件违法所得没收程序若干问题的规定》第 17 条的规定。在具体适用过程中需注意以下几点：

一是仅适用于立法明确规定的特定案件。依据纪要及现有相关立法规定，仅有在黑恶势力组织毒品犯罪案件，及重大毒品犯罪案件中，才可以降低违法所得及相关涉案财物的证明标准。对于前者，主要依据《刑法》及《反有组织犯罪法》等相关司法解释的规定界定黑社会性质组织、恶势力组织的范围。对于后者，《刑诉法解释》第 610 条将《刑事诉讼法》第 298 条第 1 款规定的"重大犯罪案件"界定为"在省、自治区、直辖市或者全国范围内具有较大影响的犯罪案件，或者犯罪嫌疑人、被告人逃匿境外的犯罪案件"。

二是需满足相关的时间、程序等条件。并非只要是黑恶势力组织毒品犯罪案件、重大毒品犯罪案件均可以适用推定没收，还需其他特定的时间、程序等条件。具体而言，首先，在黑恶势力组织毒品犯罪案件中，推定没收适用要符合一定的时间条件、范围条件、对象条件。在时间条件上，违法所得等相关财物必须是被告人在毒品犯罪期间获得的；在范围条件上，必须是属于黑社会性质组织犯罪所得的财物，行为人虽为黑社会性质组织、恶势力组织成员，但个人实施的非黑社会性质组织犯罪的违法所得不能适用推定没收；在对象条件上，依据纪要及《反有组织犯罪法》的规定仅限于“违法所得及其孳息、收益”，其他涉案财物，如供犯罪所用的本人财物则不能适用。其次，在重大毒品犯罪案件中，推定没收需要符合特定的主体条件、程序条件、对象条件。在主体条件上，只有在行为人通缉一年后不能到案，或者犯罪嫌疑人、被告人死亡时才能启动推定没收；在程序条件上，只能由检察院向法院提出没收申请，法院收到申请后发出公告，并在公告期满后对没收申请进行审理；在对象条件上，其与黑恶势力组织毒品犯罪案件推定没收的对象不同，包括违法所得及其他涉案财产。

三是要求达到“高度可能”的盖然性。无论是黑恶势力组织毒品犯罪案件，还是重大毒品犯罪案件，均强调财产“高度可能”属于违法所得，如此规定是通过降低证明和界分不法财产的证明标准，来挣脱实践中毒品犯罪不法财产的高度隐蔽性及认定取证困难的桎梏。然而，实践及学界对于“高度可能”的认定存在一定的争议。有观点认为“高度可能”等于“排除合理怀疑”；有观点认为“高度可能”仍是“优势证据”标准；还有观点认为“高度可能”相当于“明显优势证据”，是一种略低于“排除合理怀疑”，但又高于“优势证据”的证明标准。[①]对此，基于纪要精神与公民合法财产权的保障，司法实践中，对于推定没收的适用，一方面，要严格把握推定没收的适用条件，包括前述提及的案件具体程序条件、时间条件、对象

① 参见李静然：《论毒品犯罪违法所得追缴机制的完善》，载《法律适用》2020 年第 20 期。

条件等；另一方面，要严格把握“高度可能”的判断，需根据案件的具体证据情况，结合司法实践和生活经验，重视被告人提出的边界是否有实施依据、对相关财产能否说明合法来源、相关解释是否合理等，在审慎地审查判断后得出结论。

4　毒品犯罪案件犯罪嫌疑人、被告人逃匿或死亡，无法到案的，能处置其涉案财产吗？

在特定案件类型，符合一定对象条件、程序条件时可以启动违法所得特别没收程序，处置相关违法所得及其他涉案财产。《昆明会议纪要》纪要对接《刑事诉讼法》第298条及《刑诉法解释》第609条的规定，明确“重大毒品犯罪案件的犯罪嫌疑人、被告人逃匿……适用刑事诉讼法有关犯罪嫌疑人、被告人逃匿、死亡案件违法所得没收程序审理”。如上规定，克服了重大毒品犯罪中涉毒行为人逃匿而导致的“行为人未受宣判则财产无法被没收”的法律障碍，以最大限度破除犯罪人的投机心理，最大限度地实现追赃挽损。在具体适用过程中需注意以下几点：

其一，在适用对象上，只有在重大毒品犯罪案件中，且犯罪嫌疑人、被告人潜逃并通缉时间在1年以上，或者犯罪嫌疑人、被告人死亡的，才可以适用违法所得特别没收程序。可见，除了行为人死亡情形之外，潜逃时间是启动该程序的关键，只有当潜逃并通缉时间在1年以上时才可适用。若潜逃的犯罪嫌疑人、被告人在特别程序的审理期间归案，应当终止该程序的审理，将违法所得特别没收程序并入对犯罪嫌疑人、被告人定罪量刑的普通刑事定罪程序。

其二，在适用程序上，由人民检察院向人民法院提出没收违法所得的申请。对于人民检察院提起的没收违法所得的申请，人民法院应当在30日以内审查完毕，重点考察是否属于没收违法所得申请受案范围和本院管辖及是否符合“有证据证明有犯罪事实”标准。法院受理申请后，应当发出公告，公告期间为6个月。犯罪嫌疑人、被告人的近亲属和其他利害关系人有权申请参加诉讼，也可以委托诉讼代理人参加诉讼。公告期满后，人民法院应当组成合议庭对申请没收违法所得的案件进行审理。利害关系人参加诉讼的，人民法院应当开庭审理。

其三，在证据要求上，依据《人民检察院刑事诉讼规则》第523条规定，人民检察院应当承担违法所得特别没收程序的举证责任。依据《刑诉法解释》第621条的规定需证明“申请没收的财产属于违法所得及其他涉案财产”或“申请没收的财产具有高度可能属于违法所得及其他涉案财产的”。在此基础上，对于申请没收的财产经查证确属违法所得及其他涉案财产，除依法返还被害人的以外，人民法院应当裁定予以没收。

5　毒品犯罪案件涉案财物处置的程序规范要求有哪些？

《昆明会议纪要》除了强调对毒品犯罪涉案财物的实体认定外，还强调加强财产刑、涉案财物相关证据材料的收集等程序规范，主要包括以下两点：

一是强调“全面收集证明被告人财产状况的证据并随案移送财产清单和相关证据材料……”“更加注重审查证明涉案财物及其孳息的来源、性质、用途和权属情况的证据”等规定。如此规定，是从毒品犯罪涉案财物“侦审执”联动的角度出发，对司法实践中涉案财物查证不到位、查控任意性较大、协同处置不顺畅、“挂而不判”等涉案财物处置前端失范问题的回应①，以杜绝因未全面审查毒品犯罪人的财产状况而导致财产刑执行难的情况出现②。

二是进一步强调了“在裁判文书中写明对涉案财物及其孳息的具体处理情况”的程序规范要求，以此防止因侦控重点聚焦于毒品定罪量刑事实，忽略涉案财物审查，而造成非刑罚处置措施失效，涉案财物追缴难，预防毒品犯罪财产性判项漏判、不判、模糊判决等问题。

案例拓展

袁某贩卖、制造毒品、洗钱案——最高人民检察院 2023 年发布“依法严惩毒品犯罪　强化禁毒综合治理”十大典型案事例；

万某某等贩卖毒品、洗钱案（贩卖含有合成大麻素成分的电子烟油并“自洗钱”，依法数罪并罚）——最高人民法院发布 2022 年十大毒品（涉毒）犯罪典型案例；

王某某贩卖、制造毒品案——最高人民检察院 2021 年发布依法惩治新型毒品犯罪典型案例；

杨某洗钱案——最高人民检察院 2019 年依法惩治和预防毒品犯罪典型案例。

要旨：近年来，最高人民法院、最高人民检察院发布多个涉毒

---

① 参见梁健:《刑事涉案财物处置的失范与规范》，载《中国刑事法杂志》2022 年第 5 期。

② 参见朱建华、陈远平、陈其琨:《毒品犯罪涉案财物处置制度完善》，载《人民司法》2021 年第 19 期。

犯罪典型案例，强调要贯彻打击毒品犯罪和彻查追缴涉毒资产并重的办案理念，深入推进毒品犯罪“打财断血”工作，加大毒赃流向、涉案资产的性质、权属的查处力度及对毒品犯罪链条中的洗钱等次生犯罪的打击力度，斩断毒品犯罪的资金链条，彻底摧毁毒品犯罪的经济基础。

相关规范

1.《刑法》规定

第 64 条 【犯罪物品的处理】犯罪分子违法所得的一切财物，应当予以追缴或者责令退赔；对被害人的合法财产，应当及时返还；违禁品和供犯罪所用的本人财物，应当予以没收。没收的财物和罚金，一律上缴国库，不得挪用和自行处理。

2. 其他规定

(1)《刑事诉讼法》(2018 年修正)

第 298 条 对于贪污贿赂犯罪、恐怖活动犯罪等重大犯罪案件，犯罪嫌疑人、被告人逃匿，在通缉一年后不能到案，或者犯罪嫌疑人、被告人死亡，依照刑法规定应当追缴其违法所得及其他涉案财产的，人民检察院可以向人民法院提出没收违法所得的申请。

公安机关认为有前款规定情形的，应当写出没收违法所得意见书，移送人民检察院。

没收违法所得的申请应当提供与犯罪事实、违法所得相关的证据材料，并列明财产的种类、数量、所在地及查封、扣押、冻结的情况。

人民法院在必要的时候，可以查封、扣押、冻结申请没收的财产。

第 299 条　没收违法所得的申请，由犯罪地或者犯罪嫌疑人、被告人居住地的中级人民法院组成合议庭进行审理。

人民法院受理没收违法所得的申请后，应当发出公告。公告期间为六个月。犯罪嫌疑人、被告人的近亲属和其他利害关系人有权申请参加诉讼，也可以委托诉讼代理人参加诉讼。

人民法院在公告期满后对没收违法所得的申请进行审理。利害关系人参加诉讼的，人民法院应当开庭审理。

第 300 条　人民法院经审理，对经查证属于违法所得及其他涉案财产，除依法返还被害人的以外，应当裁定予以没收；对不属于应当追缴的财产的，应当裁定驳回申请，解除查封、扣押、冻结措施。

对于人民法院依照前款规定作出的裁定，犯罪嫌疑人、被告人的近亲属和其他利害关系人或者人民检察院可以提出上诉、抗诉。

第 301 条　在审理过程中，在逃的犯罪嫌疑人、被告人自动投案或者被抓获的，人民法院应当终止审理。

没收犯罪嫌疑人、被告人财产确有错误的，应当予以返还、赔偿。

(2)《反有组织犯罪法》(自 2022 年 5 月 1 日起施行)

第 45 条　有组织犯罪组织及其成员违法所得的一切财物及其孳息、收益，违禁品和供犯罪所用的本人财物，应当依法予以追缴、没收或者责令退赔。

依法应当追缴、没收的涉案财产无法找到、灭失或者与其他合法财产混合且不可分割的，可以追缴、没收其他等值财产或者混合财产中的等值部分。

被告人实施黑社会性质组织犯罪的定罪量刑事实已经查清，有证据证明其在犯罪期间获得的财产高度可能属于黑社会性质组织犯罪的违法所得及其孳息、收益，被告人不能说明财产合法来源的，应当依法予以追缴、没收。

（3）最高人民法院《关于适用〈中华人民共和国刑事诉讼法〉的解释》（法释〔2021〕1号）

第279条　法庭审理过程中，应当对查封、扣押、冻结财物及其孳息的权属、来源等情况，是否属于违法所得或者依法应当追缴的其他涉案财物进行调查，由公诉人说明情况、出示证据、提出处理建议，并听取被告人、辩护人等诉讼参与人的意见。

案外人对查封、扣押、冻结的财物及其孳息提出权属异议的，人民法院应当听取案外人的意见；必要时，可以通知案外人出庭。

经审查，不能确认查封、扣押、冻结的财物及其孳息属于违法所得或者依法应当追缴的其他涉案财物的，不得没收。

第609条　刑事诉讼法第二百九十八条规定的“贪污贿赂犯罪、恐怖活动犯罪等”犯罪案件，是指下列案件：

（一）贪污贿赂、失职渎职等职务犯罪案件；

（二）刑法分则第二章规定的相关恐怖活动犯罪案件，以及恐怖活动组织、恐怖活动人员实施的杀人、爆炸、绑架等犯罪案件；

（三）危害国家安全、走私、洗钱、金融诈骗、黑社会性质组织、毒品犯罪案件；

（四）电信诈骗、网络诈骗犯罪案件。

第610条　在省、自治区、直辖市或者全国范围内具有较大影响的犯罪案件，或者犯罪嫌疑人、被告人逃匿境外的犯罪案件，应当认定为刑事诉讼法第二百九十八条第一款规定的“重大犯罪案件”。

第 611 条　犯罪嫌疑人、被告人死亡，依照刑法规定应当追缴其违法所得及其他涉案财产，人民检察院提出没收违法所得申请的，人民法院应当依法受理。

第 612 条　对人民检察院提出的没收违法所得申请，人民法院应当审查以下内容：

（一）是否属于可以适用违法所得没收程序的案件范围；

（二）是否属于本院管辖；

（三）是否写明犯罪嫌疑人、被告人基本情况，以及涉嫌有关犯罪的情况，并附证据材料；

（四）是否写明犯罪嫌疑人、被告人逃匿、被通缉、脱逃、下落不明、死亡等情况，并附证据材料；

（五）是否列明违法所得及其他涉案财产的种类、数量、价值、所在地等，并附证据材料；

（六）是否附有查封、扣押、冻结违法所得及其他涉案财产的清单和法律手续；

（七）是否写明犯罪嫌疑人、被告人有无利害关系人，利害关系人的姓名、身份、住址、联系方式及其要求等情况；

（八）是否写明申请没收的理由和法律依据；

（九）其他依法需要审查的内容和材料。

前款规定的材料需要翻译件的，人民法院应当要求人民检察院一并移送。

第 613 条　对没收违法所得的申请，人民法院应当在三十日以内审查完毕，并按照下列情形分别处理：

（一）属于没收违法所得申请受案范围和本院管辖，且材料齐全、有证据证明有犯罪事实的，应当受理；

（二）不属于没收违法所得申请受案范围或者本院管辖的，应当退回人民检察院；

（三）没收违法所得申请不符合“有证据证明有犯罪事实”标准要求的，应当通知人民检察院撤回申请；

（四）材料不全的，应当通知人民检察院在七日以内补送；七日以内不能补送的，应当退回人民检察院。

人民检察院尚未查封、扣押、冻结申请没收的财产或者查封、扣押、冻结期限即将届满，涉案财产有被隐匿、转移或者毁损、灭失危险的，人民法院可以查封、扣押、冻结申请没收的财产。

第614条　人民法院受理没收违法所得的申请后，应当在十五日以内发布公告。公告应当载明以下内容：

（一）案由、案件来源；

（二）犯罪嫌疑人、被告人的基本情况；

（三）犯罪嫌疑人、被告人涉嫌犯罪的事实；

（四）犯罪嫌疑人、被告人逃匿、被通缉、脱逃、下落不明、死亡等情况；

（五）申请没收的财产的种类、数量、价值、所在地等以及已查封、扣押、冻结财产的清单和法律手续；

（六）申请没收的财产属于违法所得及其他涉案财产的相关事实；

（七）申请没收的理由和法律依据；

（八）利害关系人申请参加诉讼的期限、方式以及未按照该期限、方式申请参加诉讼可能承担的不利法律后果；

（九）其他应当公告的情况。

公告期为六个月，公告期间不适用中止、中断、延长的规定。

第615条　公告应当在全国公开发行的报纸、信息网络媒体、最高人民法院的官方网站发布，并在人民法院公告栏发布。必要时，公告可以在犯罪地、犯罪嫌疑人、被告人居住地或者被申请没收财产所在地发布。最后发布的公告的日期为公告日期。发布公告的，应当采取拍照、录像等方式记录发布过程。

人民法院已经掌握境内利害关系人联系方式的，应当直接送达含有公告内容的通知；直接送达有困难的，可以委托代为送达、邮寄送达。经受送达人同意的，可以采用传真、电子邮件等能够确认其收悉的方式告知公告内容，并记录在案。

人民法院已经掌握境外犯罪嫌疑人、被告人、利害关系人联系方式，经受送达人同意的，可以采用传真、电子邮件等能够确认其收悉的方式告知公告内容，并记录在案；受送达人未表示同意，或者人民法院未掌握境外犯罪嫌疑人、被告人、利害关系人联系方式，其所在国、地区的主管机关明确提出应当向受送达人送达含有公告内容的通知的，人民法院可以决定是否送达。决定送达的，应当依照本解释第四百九十三条的规定请求所在国、地区提供司法协助。

第 616 条　刑事诉讼法第二百九十九条第二款、第三百条第二款规定的“其他利害关系人”，是指除犯罪嫌疑人、被告人的近亲属以外的，对申请没收的财产主张权利的自然人和单位。

第 617 条　犯罪嫌疑人、被告人的近亲属和其他利害关系人申请参加诉讼的，应当在公告期间内提出。犯罪嫌疑人、被告人的近亲属应当提供其与犯罪嫌疑人、被告人关系的证明材料，其他利害关系人应当提供证明其对违法所得及其他涉案财产主张权利的证据材料。

利害关系人可以委托诉讼代理人参加诉讼。委托律师担任诉讼代理人的，应当委托具有中华人民共和国律师资格并依法取得执业证书的律师；在境外委托的，应当依照本解释第四百八十六条的规定对授权委托进行公证、认证。

利害关系人在公告期满后申请参加诉讼，能够合理说明理由的，人民法院应当准许。

第 618 条　犯罪嫌疑人、被告人逃匿境外，委托诉讼代理人申请参加诉讼，且违法所得或者其他涉案财产所在国、地区主管机关明确提出意见予以支持的，人民法院可以准许。

人民法院准许参加诉讼的，犯罪嫌疑人、被告人的诉讼代理人依照本解释关于利害关系人的诉讼代理人的规定行使诉讼权利。

第 619 条　公告期满后，人民法院应当组成合议庭对申请没收违法所得的案件进行审理。

利害关系人申请参加或者委托诉讼代理人参加诉讼的，应当开庭审理。没有利害关系人申请参加诉讼的，或者利害关系人及其诉讼代理人无正当理由拒不到庭的，可以不开庭审理。

人民法院确定开庭日期后，应当将开庭的时间、地点通知人民检察院、利害关系人及其诉讼代理人、证人、鉴定人、翻译人员。通知书应当依照本解释第六百一十五条第二款、第三款规定的方式，至迟在开庭审理三日以前送达；受送达人在境外的，至迟在开庭审理三十日以前送达。

第 620 条　开庭审理申请没收违法所得的案件，按照下列程序进行：

（一）审判长宣布法庭调查开始后，先由检察员宣读申请书，后由利害关系人、诉讼代理人发表意见；

（二）法庭应当依次就犯罪嫌疑人、被告人是否实施了贪污贿赂犯罪、恐怖活动犯罪等重大犯罪并已经通缉一年不能到案，或者是否已经死亡，以及申请没收的财产是否依法应当追缴进行调查；调查时，先由检察员出示证据，后由利害关系人、诉讼代理人出示证据，并进行质证；

（三）法庭辩论阶段，先由检察员发言，后由利害关系人、诉讼代理人发言，并进行辩论。

利害关系人接到通知后无正当理由拒不到庭，或者未经法庭许可中途退庭的，可以转为不开庭审理，但还有其他利害关系人参加诉讼的除外。

第621条 对申请没收违法所得的案件，人民法院审理后，应当按照下列情形分别处理：

（一）申请没收的财产属于违法所得及其他涉案财产的，除依法返还被害人的以外，应当裁定没收；

（二）不符合刑事诉讼法第二百九十八条第一款规定的条件的，应当裁定驳回申请，解除查封、扣押、冻结措施。

申请没收的财产具有高度可能属于违法所得及其他涉案财产的，应当认定为前款规定的“申请没收的财产属于违法所得及其他涉案财产”。巨额财产来源不明犯罪案件中，没有利害关系人对违法所得及其他涉案财产主张权利，或者利害关系人对违法所得及其他涉案财产虽然主张权利但提供的证据没有达到相应证明标准的，应当视为“申请没收的财产属于违法所得及其他涉案财产”。

第622条 对没收违法所得或者驳回申请的裁定，犯罪嫌疑人、被告人的近亲属和其他利害关系人或者人民检察院可以在五日以内提出上诉、抗诉。

第623条 对不服第一审没收违法所得或者驳回申请裁定的上诉、抗诉案件，第二审人民法院经审理，应当按照下列情形分别处理：

（一）第一审裁定认定事实清楚和适用法律正确的，应当驳回上诉或者抗诉，维持原裁定；

（二）第一审裁定认定事实清楚，但适用法律有错误的，应当改变原裁定；

（三）第一审裁定认定事实不清的，可以在查清事实后改变原裁定，也可以撤销原裁定，发回原审人民法院重新审判；

（四）第一审裁定违反法定诉讼程序，可能影响公正审判的，应当撤销原裁定，发回原审人民法院重新审判。

第一审人民法院对发回重新审判的案件作出裁定后，第二审人民法院对不服第一审人民法院裁定的上诉、抗诉，应当依法作出裁定，不得再发回原审人民法院重新审判；但是，第一审人民法院在重新审判过程中违反法定诉讼程序，可能影响公正审判的除外。

第 624 条　利害关系人非因故意或者重大过失在第一审期间未参加诉讼，在第二审期间申请参加诉讼的，人民法院应当准许，并撤销原裁定，发回原审人民法院重新审判。

第 625 条　在审理申请没收违法所得的案件过程中，在逃的犯罪嫌疑人、被告人到案的，人民法院应当裁定终止审理。人民检察院向原受理申请的人民法院提起公诉的，可以由同一审判组织审理。

第 626 条　在审理案件过程中，被告人脱逃或者死亡，符合刑事诉讼法第二百九十八条第一款规定的，人民检察院可以向人民法院提出没收违法所得的申请；符合刑事诉讼法第二百九十一条第一款规定的，人民检察院可以按照缺席审判程序向人民法院提起公诉。

人民检察院向原受理案件的人民法院提出没收违法所得申请的，可以由同一审判组织审理。

第 627 条　审理申请没收违法所得案件的期限，参照公诉案件第一审普通程序和第二审程序的审理期限执行。

公告期间和请求刑事司法协助的时间不计入审理期限。

第 628 条　没收违法所得裁定生效后，犯罪嫌疑人、被告人到案并对没收裁定提出异议，人民检察院向原作出裁定的人民法院提起公诉的，可以由同一审判组织审理。

人民法院经审理，应当按照下列情形分别处理：

（一）原裁定正确的，予以维持，不再对涉案财产作出判决；

（二）原裁定确有错误的，应当撤销原裁定，并在判决中对有关涉案财产一并作出处理。

人民法院生效的没收裁定确有错误的，除第一款规定的情形外，应当依照审判监督程序予以纠正。

第 629 条　人民法院审理申请没收违法所得的案件，本章没有规定的，参照适用本解释的有关规定。

(4)《人民检察院刑事诉讼规则》(高检发释字〔2019〕4 号)

(第十二章)第四节　犯罪嫌疑人、被告人逃匿、死亡案件违法所得的没收程序

第 512 条　对于贪污贿赂犯罪、恐怖活动犯罪等重大犯罪案件，犯罪嫌疑人、被告人逃匿，在通缉一年后不能到案，依照刑法规定应当追缴其违法所得及其他涉案财产的，人民检察院可以向人民法院提出没收违法所得的申请。

对于犯罪嫌疑人、被告人死亡，依照刑法规定应当追缴其违法所得及其他涉案财产的，人民检察院也可以向人民法院提出没收违法所得的申请。

第 513 条　犯罪嫌疑人、被告人为逃避侦查和刑事追究潜逃、隐匿，或者在刑事诉讼过程中脱逃的，应当认定为“逃匿”。

犯罪嫌疑人、被告人因意外事故下落不明满二年，或者因意外事故下落不明，经有关机关证明其不可能生存的，按照前款规定处理。

第 514 条　公安机关发布通缉令或者公安部通过国际刑警组织发布红色国际通报，应当认定为“通缉”。

第 515 条　犯罪嫌疑人、被告人通过实施犯罪直接或者间接产生、获得的任何财产，应当认定为“违法所得”。

违法所得已经部分或者全部转变、转化为其他财产的，转变、转化后的财产应当视为前款规定的“违法所得”。

来自违法所得转变、转化后的财产收益，或者来自已经与违法所得相混合财产中违法所得相应部分的收益，也应当视为第一

款规定的违法所得。

第516条　犯罪嫌疑人、被告人非法持有的违禁品、供犯罪所用的本人财物，应当认定为“其他涉案财产”。

第517条　刑事诉讼法第二百九十九条第三款规定的“利害关系人”包括犯罪嫌疑人、被告人的近亲属和其他对申请没收的财产主张权利的自然人和单位。

刑事诉讼法第二百九十九条第二款、第三百条第二款规定的“其他利害关系人”是指前款规定的“其他对申请没收的财产主张权利的自然人和单位”。

第518条　人民检察院审查监察机关或者公安机关移送的没收违法所得意见书，向人民法院提出没收违法所得的申请以及对违法所得没收程序中调查活动、审判活动的监督，由负责捕诉的部门办理。

第519条　没收违法所得的申请，应当由有管辖权的中级人民法院的同级人民检察院提出。

第520条　人民检察院向人民法院提出没收违法所得的申请，应当制作没收违法所得申请书。没收违法所得申请书应当载明以下内容：

（一）犯罪嫌疑人、被告人的基本情况，包括姓名、性别、出生年月日、出生地、户籍地、公民身份号码、民族、文化程度、职业、工作单位及职务、住址等；

（二）案由及案件来源；

（三）犯罪嫌疑人、被告人的犯罪事实及相关证据材料；

（四）犯罪嫌疑人、被告人逃匿、被通缉或者死亡的情况；

（五）申请没收的财产种类、数量、价值、所在地以及查封、扣押、冻结财产清单和相关法律手续；

（六）申请没收的财产属于违法所得及其他涉案财产的相关事实及证据材料；

（七）提出没收违法所得申请的理由和法律依据；

（八）有无近亲属和其他利害关系人以及利害关系人的姓名、身份、住址、联系方式；

（九）其他应当写明的内容。

上述材料需要翻译件的，人民检察院应当随没收违法所得申请书一并移送人民法院。

第 521 条　监察机关或者公安机关向人民检察院移送没收违法所得意见书，应当由有管辖权的人民检察院的同级监察机关或者公安机关移送。

第 522 条　人民检察院审查监察机关或者公安机关移送的没收违法所得意见书，应当审查下列内容：

（一）是否属于本院管辖；

（二）是否符合刑事诉讼法第二百九十八条第一款规定的条件；

（三）犯罪嫌疑人基本情况，包括姓名、性别、国籍、出生年月日、职业和单位等；

（四）犯罪嫌疑人涉嫌犯罪的事实和相关证据材料；

（五）犯罪嫌疑人逃匿、下落不明、被通缉或者死亡的情况，通缉令或者死亡证明是否随案移送；

（六）违法所得及其他涉案财产的种类、数量、所在地以及查封、扣押、冻结的情况，查封、扣押、冻结的财产清单和相关法律手续是否随案移送；

（七）违法所得及其他涉案财产的相关事实和证据材料；

（八）有无近亲属和其他利害关系人以及利害关系人的姓名、身份、住址、联系方式。

对于与犯罪事实、违法所得及其他涉案财产相关的证据材料，不宜移送的，应当审查证据的清单、复制件、照片或者其他证明文件是否随案移送。

第 523 条　人民检察院应当在接到监察机关或者公安机关移送的没收违法所得意见书后三十日以内作出是否提出没收违法所得申请的决定。三十日以内不能作出决定的，可以延长十五日。

对于监察机关或者公安机关移送的没收违法所得案件，经审查认为不符合刑事诉讼法第二百九十八条第一款规定条件的，应当作出不提出没收违法所得申请的决定，并向监察机关或者公安机关书面说明理由；认为需要补充证据的，应当书面要求监察机关或者公安机关补充证据，必要时也可以自行调查。

监察机关或者公安机关补充证据的时间不计入人民检察院办案期限。

第 524 条　人民检察院发现公安机关应当启动违法所得没收程序而不启动的，可以要求公安机关在七日以内书面说明不启动的理由。

经审查，认为公安机关不启动理由不能成立的，应当通知公安机关启动程序。

第 525 条　人民检察院发现公安机关在违法所得没收程序的调查活动中有违法情形的，应当向公安机关提出纠正意见。

第 526 条　在审查监察机关或者公安机关移送的没收违法所得意见书的过程中，在逃的犯罪嫌疑人、被告人自动投案或者被抓获的，人民检察院应当终止审查，并将案卷退回监察机关或者公安机关处理。

第 527 条　人民检察院直接受理侦查的案件，犯罪嫌疑人死亡而撤销案件，符合刑事诉讼法第二百九十八条第一款规定条件的，负责侦查的部门应当启动违法所得没收程序进行调查。

负责侦查的部门进行调查应当查明犯罪嫌疑人涉嫌的犯罪事实，犯罪嫌疑人死亡的情况，以及犯罪嫌疑人的违法所得及其他涉案财产的情况，并可以对违法所得及其他涉案财产依法进行查封、扣押、查询、冻结。

负责侦查的部门认为符合刑事诉讼法第二百九十八条第一款规定条件的，应当写出没收违法所得意见书，连同案卷材料一并移送有管辖权的人民检察院负责侦查的部门，并由有管辖权的人民检察院负责侦查的部门移送本院负责捕诉的部门。

负责捕诉的部门对没收违法所得意见书进行审查，作出是否提出没收违法所得申请的决定，具体程序按照本规则第五百二十二条、第五百二十三条的规定办理。

第528条　在人民检察院审查起诉过程中，犯罪嫌疑人死亡，或者贪污贿赂犯罪、恐怖活动犯罪等重大犯罪案件的犯罪嫌疑人逃匿，在通缉一年后不能到案，依照刑法规定应当追缴其违法所得及其他涉案财产的，人民检察院可以直接提出没收违法所得的申请。

在人民法院审理案件过程中，被告人死亡而裁定终止审理，或者被告人脱逃而裁定中止审理，人民检察院可以依法另行向人民法院提出没收违法所得的申请。

第529条　人民法院对没收违法所得的申请进行审理，人民检察院应当承担举证责任。

人民法院对没收违法所得的申请开庭审理的，人民检察院应当派员出席法庭。

第530条　出席法庭的检察官应当宣读没收违法所得申请书，并在法庭调查阶段就申请没收的财产属于违法所得及其他涉案财产等相关事实出示、宣读证据。

第531条　人民检察院发现人民法院或者审判人员审理没收违法所得案件违反法律规定的诉讼程序，应当向人民法院提出纠正意见。

人民检察院认为同级人民法院按照违法所得没收程序所作的第一审裁定确有错误的，应当在五日以内向上一级人民法院提出抗诉。

最高人民检察院、省级人民检察院认为下级人民法院按照违法所得没收程序所作的已经发生法律效力的裁定确有错误的，应当按照审判监督程序向同级人民法院提出抗诉。

第 532 条　在审理案件过程中，在逃的犯罪嫌疑人、被告人自动投案或者被抓获，人民法院按照刑事诉讼法第三百零一条第一款的规定终止审理的，人民检察院应当将案卷退回监察机关或者公安机关处理。

第 533 条　对于刑事诉讼法第二百九十八条第一款规定以外需要没收违法所得的，按照有关规定执行。

(5)《公安机关办理刑事案件程序规定》(2020 年修正)（中华人民共和国公安部令第 159 号）

（第十章）第三节　犯罪嫌疑人逃匿、死亡案件违法所得的没收程序

第 339 条　有下列情形之一，依照刑法规定应当追缴其违法所得及其他涉案财产的，经县级以上公安机关负责人批准，公安机关应当写出没收违法所得意见书，连同相关证据材料一并移送同级人民检察院：

（一）恐怖活动犯罪等重大犯罪案件，犯罪嫌疑人逃匿，在通缉一年后不能到案的；

（二）犯罪嫌疑人死亡的。

犯罪嫌疑人死亡，现有证据证明其存在违法所得及其他涉案财产应当予以没收的，公安机关可以进行调查。公安机关进行调查，可以依法进行查封、扣押、查询、冻结。

第 340 条　没收违法所得意见书应当包括以下内容：

（一）犯罪嫌疑人的基本情况；

（二）犯罪事实和相关的证据材料；

（三）犯罪嫌疑人逃匿、被通缉或者死亡的情况；

（四）犯罪嫌疑人的违法所得及其他涉案财产的种类、数量、

所在地；

（五）查封、扣押、冻结的情况等。

第341条 公安机关将没收违法所得意见书移送人民检察院后，在逃的犯罪嫌疑人自动投案或者被抓获的，公安机关应当及时通知同级人民检察院。

(6) 最高人民法院、最高人民检察院《关于适用犯罪嫌疑人、被告人逃匿、死亡案件违法所得没收程序若干问题的规定》（法释〔2017〕1号）

第17条 申请没收的财产具有高度可能属于违法所得及其他涉案财产的，应当认定为本规定第十六条规定的“申请没收的财产属于违法所得及其他涉案财产”。

巨额财产来源不明犯罪案件中，没有利害关系人对违法所得及其他涉案财产主张权利，或者利害关系人对违法所得及其他涉案财产虽然主张权利但提供的相关证据没有达到相应证明标准的，应当视为本规定第十六条规定的“申请没收的财产属于违法所得及其他涉案财产”。

(7) 最高人民法院《关于刑事裁判涉财产部分执行的若干规定》（法释〔2014〕13号）

第10条 对赃款赃物及其收益，人民法院应当一并追缴。

被执行人将赃款赃物投资或者置业，对因此形成的财产及其收益，人民法院应予追缴。

被执行人将赃款赃物与其他合法财产共同投资或者置业，对因此形成的财产中与赃款赃物对应的份额及其收益，人民法院应予追缴。

对于被害人的损失，应当按照刑事裁判认定的实际损失予以发还或者赔偿。

（8）最高人民法院、最高人民检察院、公安部《关于办理毒品犯罪案件收集与审查证据若干问题的意见》（自2019年5月1日起施行）

第34条　公安机关办理毒品犯罪案件，应当收集证明犯罪嫌疑人违法所得及其他涉案财物性质的证据材料。对毒品犯罪的违法所得及其收益，供毒品犯罪所用的本人财物，以及其他涉案财物，公安机关应当及时采取查封、扣押、冻结措施，并收集书证、犯罪嫌疑人供述、证人证言等相关证据材料随案移送。

犯罪嫌疑人将毒品犯罪的违法所得用于投资、置业形成的财产及其收益，应当依法查封、扣押、冻结。

犯罪嫌疑人将毒品犯罪的违法所得及其他涉案财物用于清偿债务、转让或者设定其他权利负担，具有下列情形之一的，应当依法查封、扣押、冻结：

（一）他人明知是毒品犯罪的违法所得或者其他涉案财物而接受的；

（二）他人无偿或者以明显低于市场价格取得上述财物的；

（三）他人通过非法债务清偿或者违法犯罪活动取得上述财物的；

（四）他人通过其他恶意方式取得上述财物的。

第55条　查封、扣押、冻结的涉案财物具有下列情形之一的，可以认定为毒品犯罪的违法所得及其收益：

（一）犯罪嫌疑人、被告人本人供认，且有相关书证、证人证言同案犯罪嫌疑人、被告人的供述等证据印证的；

（二）犯罪嫌疑人、被告人本人不予供认，但有相关书证、证人证言、同案犯罪嫌疑人、被告人的供述等证据证明，足以认定的；

（三）犯罪嫌疑人、被告人本人不予供认，且缺乏同案犯罪嫌疑人、被告人的供述等直接证据证明，但综合银行交易记录、购买证明、相关证人证言、视听资料等其他证据能够达到证据确实、充分标准，足以认定的。

对本意见第三十四条第二款、第三款规定的情形，相关证据确实、充分的，应当认定属于毒品犯罪的违法所得。

对犯罪嫌疑人、被告人逃匿或者死亡的毒品犯罪案件，人民检察院依法提出没收违法所得的申请，人民法院经审理认为申请没收的财产具有高度可能属于毒品犯罪的违法所得及其他涉案财产的，应当予以认定。

3. 往届纪要（已失效）

（1）2000 年《南宁会议纪要》

关于正确适用没收财产和罚金刑问题。刑法对多数毒品犯罪都规定了财产刑。司法实践中，应当严格依照法律的规定，注重从经济上制裁犯罪分子。除对被告人的违法所得应当依法予以追缴外，还要严格依法判处被告人罚金刑和没收财产刑。不能因为被告人没有财产，或者其财产难以查清、难以分割或难以执行，就不判处财产刑。

（2）2008 年《大连会议纪要》

刑法对毒品犯罪规定了并处罚金或者没收财产刑，司法实践中应当依法充分适用。不仅要依法追缴被告人的违法所得及其收益，还要严格依法判处被告人罚金刑或者没收财产刑，不能因为被告人没有财产，或者其财产难以查清、难以分割或者难以执行，就不依法判处财产刑。

（3）2015 年《武汉会议纪要》

办理毒品犯罪案件，应当依法追缴犯罪分子的违法所得，充分发挥财产刑的作用，切实加大对犯罪分子的经济制裁力度。对查封、扣押、冻结的涉案财物及其孳息，经查确属违法所得或者依法应当追缴的其他涉案财物的，如购毒款、供犯罪所用的本人财物、毒品犯罪所得的财物及其收益等，应当判决没收，但法律另有规定的除外。

第二节　毒品犯罪财产刑的认定

—— 要点提示 ——

（1）毒品犯罪财产刑认定的具体考量因素；

（2）毒品犯罪罚金刑数额确定的考量因素；

（3）毒品犯罪并处没收财产范围的认定。

纪要原文

应当更加注重从经济上制裁毒品犯罪，切实加大制裁力度，依法追缴被告人的违法所得及其收益，充分发挥财产刑的作用。不能因为被告人没有财产，或者其财产难以查清、难以分割或者难以执行，就不判处财产刑或者判处与主刑不相匹配的财产刑。对于未依照相关规定，全面收集证明被告人财产状况的证据并随案移送财产清单和相关证据材料的，应当要求有关机关收集并移送。

…………

判处罚金刑，应当结合毒品犯罪的性质、情节、危害后果及被告人的获利情况、经济状况等因素，合理确定罚金数额。对于决定并处没收财产的毒品犯罪，判处被告人有期徒刑的，应当按照上述确定罚金数额的原则，确定没收个人部分财产的数额；判处无期徒刑的，可以并处没收个人全部财产；判处死缓或者死刑的，应当并处没收个人全部财产。

要点评注

1 毒品犯罪中判处财产刑时的具体考量因素有哪些？

毒品犯罪作为典型的贪利性犯罪,《昆明会议纪要》强调要“加大制裁力度……充分发挥财产刑的作用……”，以消除毒品犯罪人的贪利性目的，在量刑基本原则及罚金刑、没收财产的量刑原则的基础上，纪要新增财产刑认定需与主刑匹配的裁量要求，拟消除实践中对毒品犯罪财产刑适用存在标准缺失、判处不统一、财产刑判处缺乏梯度性等诸多罪刑不均现象。基于此，在毒品犯罪判处财产刑时应把握以下重点：

首先，立足于量刑的一般原则。依据《刑法》第 52 条、第 61 条的规定，应当根据犯罪的事实、犯罪的性质、情节和对社会的危害程度来确定财产刑刑种及数额。在此基础上，具体可体现在贯彻罪刑相适应原则、刑罚个别化原则、依照刑事法律政策量刑的基本原则上。一是依据影响行为社会危害性及行为人人身危险性的犯罪事实与情节，结合具体案件行为人退赃退赔情况、悔罪态度等情况确定财产刑，保持财产刑处罚的梯度性，避免出现情节轻的处罚数额比情节重的处罚数额更高等有违罪刑均衡原则的情形；二是考虑毒品犯罪“加大制裁力度……充分发挥财产刑的作用……”的政策性因素，相较于其他一般犯罪应加大毒品犯罪财产刑的制裁力度。

其次，结合财产刑裁量的特殊性。对于毒品犯罪判处财产刑时，在考量量刑基本原则的基础上，还需依据最高人民法院《关于适用财产刑若干问题的规定》的具体要求及《昆明会议纪要》对财产刑裁量的要求，结合财产刑执行可能及地区差异的特殊性，坚持从以下原则出发：一是注重充分发挥财产刑在惩治和预防毒品犯罪上的独立价值，加大对毒品犯罪源头的经济制裁力度；二是在罪刑均衡的基础上，保持财产刑与主刑量刑相匹配的要求；三是根据案件具体情况及犯罪分子的财产状况，综合判断是否判处财产刑并确定财产刑数额；四是需要考虑一定的地区经济差异。

2　判处罚金刑时，罚金数额该如何确定？

对于毒品犯罪中罚金刑的裁量原则，《昆明会议纪要》延续《武汉会议纪要》的规定，强调“判处罚金刑，应当结合毒品犯罪的性质、情节、危害后果及被告人的获利情况、经济状况等因素，合理确定罚金数额”，对接《刑法》第 52 条、第 61 条及最高人民法院《关于适用财产刑若干问题的规定》的相关规定。结合司法实践中对于毒品犯罪司法实践的具体情形，在判处罚金刑数额时可以从以下两方面展开：

一是结合毒品犯罪犯罪情节及犯罪分子缴纳罚金的能力，具体包括毒品犯罪的性质、情节、危害后果及被告人的获利情况、经济状况等因素，合理确定罚金刑数额。重点考虑以下因素：（1）多次实施毒品犯罪的，可以适当增加罚金数额。（2）所涉毒品数量明显较大、违法所得数额明显较多、造成社会危害特别严重的，可以适当增加罚金数额；所涉毒品数量明显较小、违法所得数额明显较少或没有、造成社会危害特别轻微的，可以适当减少罚金数额。（3）对职业毒犯、累犯、毒品再犯，可以适当增加罚金数额。（4）对于青少年、老年人、患有严重疾病的人、残疾人等特殊犯罪群体，可以适当减少罚金数额。（5）对于有证据显示长期从事毒品犯罪活动牟取非法利益，且个人财产状况明显高于当地一般公众平均水平的，可以适当增加罚金数额；个人财产状况明显低于当地一般公众平均水平的，可以适当减少罚金数额。（6）对经济发展状况存在严重差距的地区，可以适当增加或减少罚金数额。

二是结合具体案件的情况判断，合理判断是否需要延期、减少和免除罚金刑。具有《刑法》第 53 条第 2 款规定“由于遭遇不能抗拒的灾祸等原因缴纳确实有困难的”延期缴纳、酌情减少或者免除事由的（如因遭受火灾、水灾、地震等灾祸而丧失财产；罪犯因重病、伤残等而丧失劳动能力，或者需要罪犯抚养的近亲属患有重病，需支付巨额医药费等，确实没有财产可供执行的情形），由罪犯本人、亲属或者犯罪单位向负责执行的人民法院提出书面申请，并提供相应的证明材料。人民法院审查后，根据实际情况，裁定延期缴纳、减少或者免除应当缴纳的罚金数额。

3 对于决定并处没收财产的，没收财产范围如何确定？

对于没收财产的适用，《昆明会议纪要》延续《武汉会议纪要》的规定，贯彻了主刑与财产刑相匹配的要求，进一步细化了没收财产适用的刑罚梯度性。具体而言，其在《刑法》第 347 条规定的法定刑的基础上，依据行为人主刑差异将没收财产的适用划分为三个幅度。

具体为，一是对于被判处有期徒刑的，判处没收个人部分财产，没收数额按照确定罚金数额的原则确定。依据立法规定，在毒品犯罪中，没收个人部分财产主要适用于走私、贩卖、运输、制造毒品罪行为人被判处 15 年有期徒刑，非法生产、买卖、运输制毒物品、走私制毒物品罪情节特别严重的，以及非法种植毒品原植物且种植罂粟3000株以上或者其他毒品原植物数量大这三种情况，此时应结合行为人的性质、情节、危害后果及被告人的获利情况、经济状况等因素进行综合认定判处没收的财产数额。二是判处无期徒刑的，可以并处没收个人全部财产。此时，依据具体的犯罪情节可以判处没收个人全部财产，也可以判处没收个人部分财产。对于具有走私毒品、制造毒品、多次贩卖毒品、职业毒犯、累犯、毒品再犯情形的，可以优先考虑并处没收个人全部财产。三是判处死缓或者死刑的，应当并处没收个人全部财产。

同时，并处没收个人财产的，需要注意以下几点：一是应当对犯罪人的财产进行充分调查，确定没收金钱的数额或其他个人财物的范围，防止因为追缴方式的差异导致没收财产刑与罚金刑轻重倒置；二是做好行为人财产的确权及分割工作[①]，防止侵犯他人、犯罪分子家属所有或者应有的财产；三是应当给犯罪分子个人及其扶养的家属保留必需的生活费用；四是对于犯罪分子在判决生效前所负他人的合法债务，经债权人提出请求，应当偿还。

相关规范

1.《刑法》规定

第52条 【罚金数额的裁量】判处罚金，应当根据犯罪情节决定罚金数额。

① 参见姚贝：《没收财产刑研究》，中国政法大学出版社2011年版，第109页。

第 53 条 【罚金的缴纳】罚金在判决指定的期限内一次或者分期缴纳。期满不缴纳的，强制缴纳。对于不能全部缴纳罚金的，人民法院在任何时候发现被执行人有可以执行的财产，应当随时追缴。

由于遭遇不能抗拒的灾祸等原因缴纳确实有困难的，经人民法院裁定，可以延期缴纳、酌情减少或者免除。

第 59 条 【没收财产的范围】没收财产是没收犯罪分子个人所有财产的一部或者全部。没收全部财产的，应当对犯罪分子个人及其扶养的家属保留必需的生活费用。

在判处没收财产的时候，不得没收属于犯罪分子家属所有或者应有的财产。

第 60 条 【以没收的财产偿还债务】没收财产以前犯罪分子所负的正当债务，需要以没收的财产偿还的，经债权人请求，应当偿还。

第 61 条 【量刑的一般原则】对于犯罪分子决定刑罚的时候，应当根据犯罪的事实、犯罪的性质、情节和对于社会的危害程度，依照本法的有关规定判处。

2. 其他规定

最高人民法院《关于适用财产刑若干问题的规定》（法释〔2000〕45 号）

第 1 条　刑法规定“并处”没收财产或者罚金的犯罪，人民法院在对犯罪分子判处主刑的同时，必须依法判处相应的财产刑；刑法规定“可以并处”没收财产或者罚金的犯罪，人民法院应当根据案件具体情况及犯罪分子的财产状况，决定是否适用财产刑。

第 2 条　人民法院应当根据犯罪情节，如违法所得数额、造成损失的大小等，并综合考虑犯罪分子缴纳罚金的能力，依法判处罚金。刑法没有明确规定罚金数额标准的，罚金的最低数额不能少于一千元。

对未成年人犯罪应当从轻或者减轻判处罚金，但罚金的最低数额不能少于五百元。

第 3 条 依法对犯罪分子所犯数罪分别判处罚金的，应当实行并罚，将所判处的罚金数额相加，执行总和数额。

一人犯数罪依法同时并处罚金和没收财产的，应当合并执行；但并处没收全部财产的，只执行没收财产刑。

第 4 条 犯罪情节较轻，适用单处罚金不致再危害社会并具有下列情形之一的，可以依法单处罚金：

（一）偶犯或者初犯；

（二）自首或者有立功表现的；

（三）犯罪时不满十八周岁的；

（四）犯罪预备、中止或者未遂的；

（五）被胁迫参加犯罪的；

（六）全部退赃并有悔罪表现的；

（七）其他可以依法单处罚金的情形。

第 5 条 刑法第五十三条规定的“判决指定的期限”应当在判决书中予以确定；“判决指定的期限”应为从判决发生法律效力第二日起最长不超过三个月。

第 6 条 刑法第五十三条规定的“由于遭遇不能抗拒的灾祸缴纳确实有困难的”，主要是指因遭受火灾、水灾、地震等灾祸而丧失财产；罪犯因重病、伤残等而丧失劳动能力，或者需要罪犯抚养的近亲属患有重病，需支付巨额医药费等，确实没有财产可供执行的情形。

具有刑法第五十三条规定“可以酌情减少或者免除”事由的，由罪犯本人、亲属或者犯罪单位向负责执行的人民法院提出书面申请，并提供相应的证明材料。人民法院审查以后，根据实际情况，裁定减少或者免除应当缴纳的罚金数额。

第7条 刑法第六十条规定的“没收财产以前犯罪分子所负的正当债务”，是指犯罪分子在判决生效前所负他人的合法债务。

第8条 罚金刑的数额应当以人民币为计算单位。

第9条 人民法院认为依法应当判处被告人财产刑的，可以在案件审理过程中，决定扣押或者冻结被告人的财产。

第10条 财产刑由第一审人民法院执行。

犯罪分子的财产在异地的，第一审人民法院可以委托财产所在地人民法院代为执行。

第11条 自判决指定的期限届满第二日起，人民法院对于没有法定减免事由不缴纳罚金的，应当强制其缴纳。

对于隐藏、转移、变卖、损毁已被扣押、冻结财产情节严重的，依照刑法第三百一十四条的规定追究刑事责任。

3. 往届纪要（已失效）

(1) 2000年《南宁会议纪要》

关于正确适用没收财产和罚金刑问题。刑法对多数毒品犯罪都规定了财产刑。司法实践中，应当严格依照法律的规定，注重从经济上制裁犯罪分子。除对被告人的违法所得应当依法予以追缴外，还要严格依法判处被告人罚金刑和没收财产刑。不能因为被告人没有财产，或者其财产难以查清、难以分割或难以执行，就不判处财产刑。

(2) 2008年《大连会议纪要》

十三、毒品案件财产刑的适用和执行问题

刑法对毒品犯罪规定了并处罚金或者没收财产刑，司法实践中应当依法充分适用。不仅要依法追缴被告人的违法所得及其收益，还要严格依法判处被告人罚金刑或者没收财产刑，不能因为被告人没有财产，或者其财产难以查清、难以分割或者难以执行，就不依法判处财产刑。

要采取有力措施，加大财产刑执行力度。要加强与公安机关、检察机关的协作，对毒品犯罪分子来源不明的巨额财产，依法及时采取查封、扣押、冻结等措施，防止犯罪分子及其亲属转移、隐匿、变卖或者洗钱，逃避依法追缴。要加强不同地区法院之间的相互协作配合。毒品犯罪分子的财产在异地的，第一审人民法院可以委托财产所在地人民法院代为执行。要落实和运用有关国际禁毒公约规定，充分利用国际刑警组织等渠道，最大限度地做好境外追赃工作。

（3）2015年《武汉会议纪要》

判处罚金刑时，应当结合毒品犯罪的性质、情节、危害后果及被告人的获利情况、经济状况等因素合理确定罚金数额。对于决定并处没收财产的毒品犯罪，判处被告人有期徒刑的，应当按照上述确定罚金数额的原则确定没收个人部分财产的数额；判处无期徒刑的，可以并处没收个人全部财产；判处死缓或者死刑的，应当并处没收个人全部财产。

第七章　毒品犯罪的缓刑、减刑、假释问题

第一节　毒品犯罪的缓刑适用问题

—— 要点提示 ——

（1）应当从严掌握毒品犯罪被告人的缓刑适用条件；

（2）缓刑适用的排除条件；

（3）严格控制缓刑适用的情形。

纪要原文

根据刑法规定，因走私、贩卖、运输、制造、非法持有毒品罪被判过刑的被告人，无论是在刑罚执行完毕或者赦免后，还是在缓刑、假释、暂予监外执行期间或者缓刑考验期满后，又犯刑法分则第六章第七节规定之罪的，均应认定为毒品再犯。对于上述在前罪缓刑、假释或者暂予监外执行期间又犯罪的被告人，应当对其所犯新的毒品犯罪依法从重处罚后，再与前罪依法并罚。

…………

应当从严掌握毒品犯罪被告人的缓刑适用条件。对于毒品再犯，一般不适用缓刑。对于不能排除有多次贩毒嫌疑的零包贩毒被告人，因认定构成贩卖毒品等犯罪的证据不足而认定为非法持有毒品罪的被告人，以及引诱、教唆、欺骗、强迫他人吸毒的被告人，应当严格控制缓刑适用。

要点评注

1 如何从严掌握毒品犯罪被告人的缓刑适用？

根据《昆明会议纪要》的规定，“应当从严掌握毒品犯罪被告人的缓刑适用条件”。在《刑法》第72条第1款规定的4项缓刑条件中，第4项“宣告缓刑对所居住社区没有重大不良影响”是一个相对客观的事实，不存在需要“从严掌握”的情况，因此，“从严掌握”应当集中于犯罪情节、悔罪表现和再犯可能性。

首先，对犯罪情节是否较轻的判断应当综合考量行为的社会危害性，而不能将判断核心完全聚焦于毒品数量。具体而言，包括涉案毒品数量、纯度，犯罪形态（如预备），犯罪目的（如自吸），是否受到胁迫，对毒品原植物及其种子、幼苗是否存在“明知”等。

其次，悔罪表现一般指反映悔罪心理的具体语言或行为，是悔罪这种心理活动的外化。[①]“悔罪”与“认罪”并不等同，不能因为毒品犯罪人认罪就认为其具有“悔罪表现”。就毒品犯罪的悔罪表现而言，只有当被告人的悔罪表现具有积极性时，才可能适用缓刑。积极悔罪的成立一般要求行为人在一定时间点前（及时性）通过积极主动的行为（自愿性）有效避免法益侵害发生或补偿已然造成的法益侵害（有效性）。[②]大体包括如下情况：一是中止犯罪，二是提起公诉前如实供述罪行，三是判决前积极协助相关部门打击犯

---

① 参见徐文文：《量刑中的悔罪制度新探讨》，载《中国应用法学》2021年第2期。

② 参见张志钢：《我国刑法中的积极悔罪条款：法理基础与立法模式》，载《环球法律评论》2023年第4期。

罪，四是提起公诉前积极退缴违法所得，五是判决前主动接受戒毒治疗。值得注意的是，立功的范围应当仅限于悔罪型立功。之所以排除量刑交易性质的立功，是因为其仅仅是为了提高诉讼效率而存在，不具有反映“悔罪”的功能。[①] 此外，“悔罪”的范围显然大于“悔改”，最高人民法院《关于办理减刑、假释案件具体应用法律的规定》（法释〔2016〕23 号）第 3 条对“确有悔改表现”的要求中就包含“认罪悔罪”。因此，若毒品罪犯属于“确有悔改表现”，也应当认为具有悔罪表现。对于“确有悔改表现”的认定，可以参考最高人民法院《关于办理减刑、假释案件具体应用法律的规定》（法释〔2016〕23 号）和《最高人民法院、最高人民检察院、公安部、司法部印发〈关于加强减刑、假释案件实质化审理的意见〉的通知》（法发〔2021〕31 号）的相关规定。

最后，再犯可能性的考察应重视主客观相统一。受病态的“毒品文化”影响，一些人开始尝试吸毒，另一些人则利用机会进行毒品犯罪。[②] 正因为文化因素影响巨大，对于受不良文化影响的毒品犯罪人，即使其有悔罪表现，也难以保证不会在这些不良文化的影响下再次实施毒品犯罪。因此，主观方面的考察可以从考察文化、价值观等因素入手。而在客观方面，教育背景、经济状况、生活环境、科学技术等都会对再犯可能性产生影响。对于有相对良好的教育背景和稳定收入，所在家庭、社区中无其他涉毒人员，从未或很少利用信息技术（或其他科学技术）实施涉毒行为的毒品犯罪人，其在

---

① 参见石经海:《量刑的个别化原理》，法律出版社 2021 年版，第 46-47 页。

② 参见刘建宏主编:《全球化视角下的毒品问题》，人民出版社 2014 年版，第 192、195 页。

客观上再实施毒品犯罪的概率相对较小。

2　毒品再犯是否一律不得适用缓刑？

根据《刑法》第356条和《昆明会议纪要》的规定，毒品再犯是指：因走私、贩卖、运输、制造、非法持有毒品罪被判过刑，在刑罚执行完毕或赦免后，或在缓刑、假释、暂予监外执行期间或者缓刑考验期满后，又犯《刑法》分则第6章第7节规定之罪。而根据《昆明会议纪要》的规定，“对于毒品再犯，一般不适用缓刑”。然而，这并不意味着所有毒品再犯一概不适用缓刑，只是应当严格控制缓刑适用条件。

第一，根据《刑法》第72条第1款的规定，符合全部4种条件的不满18周岁的人、怀孕的妇女和已满75周岁的人，应当宣告缓刑；最高人民法院《关于审理未成年人刑事案件具体应用法律若干问题的解释》（法释〔2006〕1号）第16条亦规定对符合初次犯罪，积极退赃或赔偿被害人经济损失，具备监护、帮教条件的未成年人适用缓刑确实不致再危害社会的，应当宣告缓刑。因此，对于符合上述情形的毒品再犯，应当适用缓刑。

第二，根据《昆明会议纪要》的规定，“对于不能排除有多次贩毒嫌疑的零包贩毒被告人，因认定构成贩卖毒品等犯罪的证据不足而认定为非法持有毒品罪的被告人，以及引诱、教唆、欺骗、强迫他人吸毒的被告人，应当严格控制缓刑适用”。可见，“应当严格控制缓刑适用”的情况有两种，一是有多次零包贩毒嫌疑且因认定构成贩卖毒品等犯罪的证据不足而认定为非法持有毒品罪，二是有多次零包贩毒嫌疑并引诱、教唆、欺骗、强迫他人吸毒。前一种情形由于《昆明会议纪要》的表述不存在争议，在此不再赘述。对于后一种情形，与《武汉会议纪要》相比，《昆明会议纪要》删除了“引诱、教唆、欺骗、强迫他人吸毒”前面的“实施”和后面的“犯罪及制毒物品犯罪”，这意味着，一方面，有多次零包贩毒嫌疑并引诱、教唆、欺骗、强迫他人吸毒的非实行犯（如起辅助作用的共同犯罪人）被纳入严格控制的范围内；另一方面，有多次零包贩毒嫌疑并引诱、教唆、欺骗、强迫他人制造毒品的被告人被排除出“严格控制”的范围，不得适用缓刑。

值得一提的是，尽管《昆明会议纪要》将《武汉会议纪要》规定的“应当严格限制缓刑适用”中的“严格限制”改为了“严格控制”。但根据《现代汉语词典》的解释，“限制”是指“规定范围，不许超过”①；“控制”是指“掌握住不使任意活动或越出范围”或“使处于自己的占有、管理或影响之下”②。可见，这一修改并不存在实质的含义改变。

相关规范

1.《刑法》规定

第 72 条 【适用条件】对于被判处拘役、三年以下有期徒刑的犯罪分子，同时符合下列条件的，可以宣告缓刑，对其中不满十八

① 中国社会科学院语言研究所词典编辑室编:《现代汉语词典》，商务印书馆 2016 年版，第 1425 页。

② 中国社会科学院语言研究所词典编辑室编:《现代汉语词典》，商务印书馆 2016 年版，第 748-749 页。

周岁的人、怀孕的妇女和已满七十五周岁的人，应当宣告缓刑：

（一）犯罪情节较轻；

（二）有悔罪表现；

（三）没有再犯罪的危险；

（四）宣告缓刑对所居住社区没有重大不良影响。

宣告缓刑，可以根据犯罪情况，同时禁止犯罪分子在缓刑考验期限内从事特定活动，进入特定区域、场所，接触特定的人。

被宣告缓刑的犯罪分子，如果被判处附加刑，附加刑仍须执行。

第 356 条 【毒品犯罪的再犯】因走私、贩卖、运输、制造、非法持有毒品罪被判过刑，又犯本节规定之罪的，从重处罚。

2. 其他规定

（1）最高人民法院《关于审理未成年人刑事案件具体应用法律若干问题的解释》（法释〔2006〕1 号）

第 16 条　对未成年罪犯符合刑法第七十二条第一款规定的，可以宣告缓刑。如果同时具有下列情形之一，对其适用缓刑确实不致再危害社会的，应当宣告缓刑：

（一）初次犯罪；

（二）积极退赃或赔偿被害人经济损失；

（三）具备监护、帮教条件。

（2）最高人民检察院法律政策研究室《关于对数罪并罚决定执行刑期为三年以下有期徒刑的犯罪分子能否适用缓刑问题的复函》（〔1998〕高检研发第 16 号）

山东省人民检察院研究室：

你院鲁检发研字［1998］第 10 号《关于对数罪并罚决定执行刑期三年以下的犯罪分子能否适用缓刑的请示》收悉，经研究，答复如下：

根据刑法第七十二条的规定，可以适用缓刑的对象是被判处拘役、三年以下有期徒刑的犯罪分子；条件是根据犯罪分子的犯罪情节和悔罪表现，适用缓刑确实不致再危害社会。对于判决宣告以前犯数罪的犯罪分子，只要判决执行的刑罚为拘役、三年以下有期徒刑，且符合根据犯罪分子的犯罪情节和悔罪表现，适用缓刑确实不致再危害社会的案件，依法可以适用缓刑。

（3）最高人民法院《关于贯彻宽严相济刑事政策的若干意见》（法发〔2010〕9号）

三、准确把握和正确适用依法从“宽”的政策要求

…………

16、对于所犯罪行不重、主观恶性不深、人身危险性较小、有悔改表现、不致再危害社会的犯罪分子，要依法从宽处理。对于其中具备条件的，应当依法适用缓刑或者管制、单处罚金等非监禁刑。同时配合做好社区矫正，加强教育、感化、帮教、挽救工作。

（4）《最高人民法院、最高人民检察院、公安部、司法部印发〈关于加强减刑、假释案件实质化审理的意见〉的通知》（法发〔2021〕31号）

（5）最高人民法院《关于办理减刑、假释案件具体应用法律的规定》（法释〔2016〕23号）

3. 往届纪要（已失效）

（1）2008年《大连会议纪要》

根据刑法第三百五十六条规定，只要因走私、贩卖、运输、制造、非法持有毒品罪被判过刑，不论是在刑罚执行完毕后，还是在缓刑、假释或者暂予监外执行期间，又犯刑法分则第六章第七节规定的犯罪的，都是毒品再犯，应当从重处罚。

因走私、贩卖、运输、制造、非法持有毒品罪被判刑的犯罪分子，在缓刑、假释或者暂予监外执行期间又犯刑法分则第六章第七节规定的犯罪的，应当在对其所犯新的毒品犯罪适用刑法第三百五十六条从重处罚的规定确定刑罚后，再依法数罪并罚。

(2) 2015年《武汉会议纪要》

要规范和限制毒品犯罪的缓刑适用，从严把握毒品罪犯减刑条件，严格限制严重毒品罪犯假释，确保刑罚执行效果……

…………

对于毒品犯罪应当从严掌握缓刑适用条件。对于毒品再犯，一般不得适用缓刑。对于不能排除多次贩毒嫌疑的零包贩毒被告人，因认定构成贩卖毒品等犯罪的证据不足而认定为非法持有毒品罪的被告人，实施引诱、教唆、欺骗、强迫他人吸毒犯罪及制毒物品犯罪的被告人，应当严格限制缓刑适用。

第二节　毒品犯罪的减刑、假释问题

—— 要点提示 ——

（1）应当从严掌握减刑条件，适当延长减刑起始时间、间隔时间，严格控制减刑幅度的情形；

（2）财产性判项的履行与否对认定是否“确有悔改表现”的影响；

（3）如何严格控制毒品罪犯的假释适用。

纪要原文

对于具有犯罪集团首要分子、累犯、毒品再犯等情节的毒品罪犯，应当从严掌握减刑条件，适当延长减刑起始时间、间隔时间，严格控制减刑幅度。应当严格审查毒品罪犯履行生效裁判中财产性判项的能力，对于确有履行能力而不履行或者不全部履行相关财产性判项的，一般不认定其确有悔改表现。对于刑法未禁止假释的上述毒品罪犯，应当严格控制假释适用。

要点评注

1　对何种毒品罪犯应当从严掌握减刑条件，适当延长减刑起始时间、间隔时间，严格控制减刑幅度？

《昆明会议纪要》规定，“对于具有犯罪集团首要分子、累犯、毒品再犯等情节的毒品罪犯，应当从严掌握减刑条件，适当延长减刑起始时间、间隔时间，严格控制减刑幅度”。与《武汉会议纪要》相比，《昆明会议纪要》将主体进行了调整：一是将“毒枭”改为“犯罪集团首要分子”，并删除了“职业毒犯”；二是删除了最后“延长实际执行刑期”的规定。上述修改可能基于以下理由。

前一项修改的理由在于，一方面，“毒枭”并非法律术语；另一方面，一些并不以毒品犯罪为唯一乃至首要犯罪的犯罪集团参与进毒品犯罪中，“职业毒犯”这一范围已经不足以应对司法实践的需要。因此，《昆明会议纪要》调整了从严掌握减刑条件的主体范围。值得一提的是，《昆明会议纪要》并未对“犯罪集团首要分子”这一情节作出任何限定。例如，不以毒品犯罪为“主业”的犯罪集团首要分子以犯罪集团名义实施毒品犯罪，对该首要分子是否应当严格掌握减刑条件？若该首要分子以个人的名义，且仅仅为了个人的目的独立实施了毒品犯罪，对其是否应当严格掌握减刑条件？对于这些问题，仍有待进一步明晰。

后一项修改则能够体现宽严相济的刑事政策。《最高人民法院、最高人民检察院、公安部、司法部印发〈关于加强减刑、假释案件实质化审理的意见〉的通知》（法发〔2021〕31号）明确了“坚持区别对待”的要求，指出“审理减刑、假释案件应当切实贯彻宽严相济刑事政策，具体案件具体分析，区分不同情形，依法作出裁定，最大限度地发挥刑罚的功能，实现刑罚的目的”。这意味着，即使毒品罪犯具有犯罪集团首要分子、累犯、毒品再犯等情节，只要在严格控制减刑幅度后适用减刑能够“最大限度地发挥刑罚的功能，实现刑罚的目的”，就无需再要求“延长实际执行刑期”。

2　财产性判项的履行与否对认定是否“确有悔改表现”有何种影响？

在减刑问题上，《昆明会议纪要》在《武汉会议纪要》的基础上规定：“对于确有履行能力而不履行或者不全部履行相关财产性判项的，一般不认定其确有悔改表现。”换言之，财产性判项的履行与否对“确有悔改表现”的认定具有重大意义。结合《最高人民法院、最高人民检察院、公安部、司法部印发〈关于加强减刑、假释案件实质化审理的意见〉的通知》(法发〔2021〕31号)关于履行财产性判项的相关规定可知，“确有履行能力而不履行或者不全部履行”包括三种情形：一是拒不交代赃款、赃物去向，二是隐瞒、藏匿、转移财产，三是有可供履行的财产拒不履行。此外，无特殊原因狱内消费明显超出规定额度标准的，一般不认定罪犯确有悔改表现。

值得一提的是，上述规定有一个前提，即财产性判项必须出自生效裁判。此外，“一般”一词也表明存在例外，例如，将财产用于近亲属的慢性疾病治疗等。因此，即使毒品罪犯未履行或未全部履行财产性判项，也仍然需要结合全部事实和证据，对是否“确有悔改表现”进行综合判断。

3　如何理解“严格控制假释适用”？

与《武汉会议纪要》相比，《昆明会议纪要》将“严格掌握假释条件”改为“严格控制假释适用”。假释条件本身就应当严格掌握，这一要求并不局限于毒品犯罪，其他犯罪同理。与减刑一样，假释同样需要“最大限度地发挥刑罚的功能，实现刑罚的目的”。因此，对毒品罪犯严格控制假释适用是为了刑罚功能与目的的实现，而严格掌握假释条件只是实现刑罚功能与目的的手段。

就如何“严格控制”而言，应当考察毒品犯罪的社会危害性和毒品罪犯的人身危险性，依照《刑法》第81条，《刑事诉讼法》第273条、第274条，最高人民法院《关于办理减刑、假释案件具体应用法律若干问题的规定》（法释〔2012〕2号，已失效），最高人民法院《关于办理减刑、假释案件具体应用法律的规定》（法释〔2016〕23号），《最高人民法院、最高人民检察院、公安部、司法部印发〈关于加强减刑、假释案件实质化审理的意见〉的通知》（法发〔2021〕31号），最高人民法院《关于罪犯因漏罪、新罪数罪并罚时原减刑裁定应如何处理的意见》（法〔2012〕44号），最高人民法院《关于审理未成年人刑事案件具体应用法律若干问题的解释》第18条等相关法律规范的规定，依法审查是否符合条件并严格控制假释适用。

相关规范

1.《刑法》规定

第78条　【减刑条件与限度】被判处管制、拘役、有期徒刑、无期徒刑的犯罪分子，在执行期间，如果认真遵守监规，接受教育改造，确有悔改表现的，或者有立功表现的，可以减刑；有下列重大立功表现之一的，应当减刑：

（一）阻止他人重大犯罪活动的；

（二）检举监狱内外重大犯罪活动，经查证属实的；

（三）有发明创造或者重大技术革新的；

（四）在日常生产、生活中舍己救人的；

（五）在抗御自然灾害或者排除重大事故中，有突出表现的；

（六）对国家和社会有其他重大贡献的。

减刑以后实际执行的刑期不能少于下列期限：

（一）判处管制、拘役、有期徒刑的，不能少于原判刑期的二分之一；

（二）判处无期徒刑的，不能少于十三年；

（三）人民法院依照本法第五十条第二款规定限制减刑的死刑缓期执行的犯罪分子，缓期执行期满后依法减为无期徒刑的，不能少于二十五年，缓期执行期满后依法减为二十五年有期徒刑的，不能少于二十年。

第 81 条 【假释的适用条件】被判处有期徒刑的犯罪分子，执行原判刑期二分之一以上，被判处无期徒刑的犯罪分子，实际执行十三年以上，如果认真遵守监规，接受教育改造，确有悔改表现，没有再犯罪的危险的，可以假释。如果有特殊情况，经最高人民法院核准，可以不受上述执行刑期的限制。

对累犯以及因故意杀人、强奸、抢劫、绑架、放火、爆炸、投放危险物质或者有组织的暴力性犯罪被判处十年以上有期徒刑、无期徒刑的犯罪分子，不得假释。

对犯罪分子决定假释时，应当考虑其假释后对所居住社区的影响。

2. 其他规定

（1）《刑事诉讼法》

第 273 条 罪犯在服刑期间又犯罪的，或者发现了判决的时候所没有发现的罪行，由执行机关移送人民检察院处理。

被判处管制、拘役、有期徒刑或者无期徒刑的罪犯，在执行期间确有悔改或者立功表现，应当依法予以减刑、假释的时候，由执行机关提出建议书，报请人民法院审核裁定，并将建议书副本抄送人民检察院。人民检察院可以向人民法院提出书面意见。

第 274 条 人民检察院认为人民法院减刑、假释的裁定不当，应当在收到裁定书副本后二十日以内，向人民法院提出书面纠正意见。人民法院应当在收到纠正意见后一个月以内重新组成合议庭进行审理，作出最终裁定。

（2）最高人民法院《关于办理减刑、假释案件具体应用法律的规定》（法释〔2016〕23 号）

（3）《最高人民法院、最高人民检察院、公安部、司法部印发〈关于加强减刑、假释案件实质化审理的意见〉的通知》（法发〔2021〕31 号）

（4）最高人民法院《关于罪犯因漏罪、新罪数罪并罚时原减刑裁定应如何处理的意见》（法〔2012〕44 号）

（5）最高人民法院《关于审理未成年人刑事案件具体应用法律若干问题的解释》（法释〔2006〕1 号）

3. 往届纪要（已失效）

（1）2008 年《大连会议纪要》

根据刑法第三百五十六条规定，只要因走私、贩卖、运输、制造、非法持有毒品罪被判过刑，不论是在刑罚执行完毕后，还是在缓刑、假释或者暂予监外执行期间，又犯刑法分则第六章第七节规定的犯罪的，都是毒品再犯，应当从重处罚。

因走私、贩卖、运输、制造、非法持有毒品罪被判刑的犯罪分子，在缓刑、假释或者暂予监外执行期间又犯刑法分则第六章第七节规定的犯罪的，应当在对其所犯新的毒品犯罪适用刑法第三百五十六条从重处罚的规定确定刑罚后，再依法数罪并罚。

（2）2015年《武汉会议纪要》

要规范和限制毒品犯罪的缓刑适用，从严把握毒品罪犯减刑条件，严格限制严重毒品罪犯假释，确保刑罚执行效果。

办理毒品犯罪案件，应当依法追缴犯罪分子的违法所得，充分发挥财产刑的作用，切实加大对犯罪分子的经济制裁力度。对查封、扣押、冻结的涉案财物及其孳息，经查确属违法所得或者依法应当追缴的其他涉案财物的，如购毒款、供犯罪所用的本人财物、毒品犯罪所得的财物及其收益等，应当判决没收，但法律另有规定的除外。判处罚金刑时，应当结合毒品犯罪的性质、情节、危害后果及被告人的获利情况、经济状况等因素合理确定罚金数额。对于决定并处没收财产的毒品犯罪，判处被告人有期徒刑的，应当按照上述确定罚金数额的原则确定没收个人部分财产的数额；判处无期徒刑的，可以并处没收个人全部财产；判处死缓或者死刑的，应当并处没收个人全部财产。

对于具有毒枭、职业毒犯、累犯、毒品再犯等情节的毒品罪犯，应当从严掌握减刑条件，适当延长减刑起始时间、间隔时间，严格控制减刑幅度，延长实际执行刑期。对于刑法未禁止假释的前述毒品罪犯，应当严格掌握假释条件。

第八章　毒品犯罪相关程序性问题

第一节　隐匿身份人员实施侦查案件的处理问题

—— 要点提示 ——

（1）特情引诱与特情介入的关系；

（2）“犯意引诱”定义、认定及其救济模式；

（3）“数量引诱”定义、认定及其救济模式；

（4）“间接引诱”定义、认定及其救济模式；

（5）无法排除存在不规范使用特情引诱时的定罪量刑要点。

纪要原文

七、隐匿身份人员实施侦查案件的处理问题

对于有证据证明被告人正在准备或者已经着手实施毒品犯罪，隐匿身份人员采取贴靠、接洽手段破获案件，不存在犯罪引诱的，应当依法处理。

隐匿身份人员在侦查活动中违反刑事诉讼法等相关规定，诱使本无犯意的人实施毒品犯罪的，属于“犯意引诱”。隐匿身份人员向被引诱人提供毒品或者毒资、购毒渠道的，其所提供的毒品、毒资、被引诱人从其提供的渠道购买的毒品及其证实被引诱人实施毒品犯罪的证据材料，不得作为认定被引诱人实施毒品犯罪的证据。排除上述证据后，在案证据达不到认定被引诱人有罪的证明标准的，应当依法作出证据不足、指控的犯罪不能成立的无罪判决。

隐匿身份人员诱使他人超出其原本意图实施的毒品犯罪数量，实施了更大数量的毒品犯罪的，属于“数量引诱”。对于因受“数量引诱”实施毒品犯罪的被告人，一般应当从轻处罚。特别是对于因受“数量引诱”而实施了对应更高量刑幅度或刑种的毒品犯罪的被告人，量刑时更应充分体现从宽。

被引诱人又诱使本无犯意的其他人实施毒品犯罪，或者诱使其他人超出原本意图实施了更大数量的毒品犯罪的，属于“间接引诱”。对于受“间接引诱”实施毒品犯罪的被告人，参照前述关于“犯意引诱”或者“数量引诱”的规定处理。

存在或者不排除存在其他不规范使用隐匿身份人员实施侦查的情形，影响定罪量刑的，应当作出有利于被告人的处理。

要点评注

1 有特情介入的毒品犯罪案件是否必然存在特情引诱？

有特情介入侦查的案件并非一律都存在特情引诱的情形。对于不存在犯罪引诱的案件，《昆明会议纪要》明确应当依法处理，并在《大连会议纪要》的基础上，将“已持有毒品待售或者有证据证明已准备实施大宗毒品犯罪者”改为“有证据证明被告人正在准备或者已经着手实施毒品犯罪”，删去了“大宗毒品犯罪者”的限制，准确界定其适用范围。

特情介入，即隐匿身份人员实施侦查时依据《刑事诉讼法》第153条的规定采取的一种特殊的合法化的侦查措施。在使用规范的情况下，并不会出现特情诱惑的情形，只有在使用不规范的情况下才会产生犯意引诱、数量引诱等情况。换言之，在毒品犯罪中，隐匿身份人员实施侦查存在多种情况，对于毒品犯罪分子已持有毒品待售或已准备实施毒品犯罪，而仅仅通过特情来贴靠、接洽毒品犯罪分子，即特情介入仅提供给被告人毒品犯罪可能成功实现的一个机会，属于机会引诱，而非特情引诱。

对此，如何鉴别规范合法的机会引诱与不规范使用导致的特情引诱成为司法实践中的难点与重点问题，其核心行为人“实施毒品、犯罪的犯意系出自其本意、自发地产生”，即“证据证明被告人正在准备或者已经着手实施毒品犯罪”。主要可以从以下几方面进行综合分析认定:（1）特情介入前，行为人是否已经具有实施毒品犯罪的主观意图，如接到买家的购毒请求后即刻答应，并无推脱或拒绝，或长期从事毒品交易;（2）特情介入前，行为人是否有正在准备或者已经着手实施毒品犯罪的客观表现，如持毒代售或接到求购请求后联系上家购买毒品;（3）行为人实施毒品犯罪的行为完全独立，实施与否、实施毒品数量系出自其本意、自发地产生，而非基于侦查机关的刻意诱惑、促成。

案例 1，刘某等贩卖、运输毒品，非法买卖枪支、弹药案：刘某、林某某、刘某某等人在未与特情联系的情况下，在天津市自行向他人售出海洛因 310 克，又在北京市自行向他人售出海洛因 75 克。在自行出售海洛因受阻的情况下，刘某某等人才与特情联系，欲向特情提供的“买主”出售剩余的海洛因。对此，法院认为，本案属于特情介入但不存在特情引诱，原因在于“本案贩卖毒品的犯意是被告人方自行找到特情主动提出的，这表明被告人有实施毒品犯罪的主观意图在前，特情介入在后”，“本案被告人……购买海洛因 1000 克后，并没有直接将海洛因贩卖给特情介绍的‘买主’。而是甩掉特情，先自行直接向他人贩卖……这说明，被告人贩卖毒品的行为完全是一种独立的行为，并不受外界的引诱与控制”。

对于属于特情介入的案件，并不构成特情引诱的，应依法定罪量刑，但由于特情介入确实“加快”了犯罪进程，在量刑时，可以依据案件具体情况酌情从宽处罚。

案例 2，包某某贩卖毒品案：最高人民法院经复核认为，被告人包某某为牟取非法利益，向他人出售毒品海洛因 300.7 克，其行为构成贩卖毒品罪，且毒品数量大，应依法惩处。包某某系毒品再犯，且系累犯，依法应从重处罚。但鉴于包某某认罪态度较好，其贩卖毒品行为系在侦查人员控制下实施，毒品尚未流入社会，社会危害性相对较小，故对包某某可不判处死刑立即执行。[①]

2 什么是“犯意引诱”？存在“犯意引诱”的案件该如何处理？

“犯意引诱”是指隐匿身份人员在侦查活动中违反《刑事诉讼法》等相关规定，诱使本无犯意的人实施毒品犯罪的情形。

对于“犯意引诱”，《昆明会议纪要》在《大连会议纪要》的基础上，修改完善了其含义，明确“隐匿身份人员在侦查活动中违反刑事诉讼法等相关规定，诱使本无犯意的人实施毒品犯罪的”属于

---

① 参见最高人民法院刑事审判第一、二、三、四、五庭主办:《刑事审判参考》第 639 号案例。

“犯意引诱”；同时，对接相关规定将“犯意引诱”中“量刑减让”的救济模式修正为“非法证据排除”的救济模式，并增加了可能作出“无罪判决”的提示性规定。

在司法实践中，对于“犯意引诱”的认定，主要集中为鉴别“犯意引诱”与“机会引诱”的区别，鉴别“犯意引诱”与“数量引诱”的区别。对于前者，如前所述，需综合考量行为人是否有犯意及特情介入的方式和强度，区分“机会引诱”与“犯意引诱”的关键在于特情介入之前行为人的犯罪故意是否已经产生。如果判明其在被诱惑之前就具有实施犯罪的犯罪心理准备或意图，即可认为其具有犯罪倾向，应追究刑事责任，其犯罪行为不是“犯意引诱”的结果，此种情形即属于“机会引诱”。[①] 需要注意的是不能仅以行为人存在毒品犯罪前科就认定不存在“犯意引诱”，还需结合行为人在具体案件中的主动性、积极性、侦查人员的参与等情形综合考量。对于后者的区别，主要体现为“数量引诱”系行为人在特情介入之前就已经具有毒品犯罪的主观故意，仅毒品犯罪的数量出现了由小变大的量的增长，而“犯意引诱”系行为人在特情介入之前没有实施毒品犯罪的主观意图，发生犯罪故意从无到有的质的变化。

> 案例 3，刘某某贩卖毒品案：2012 年 10 月 23 日 9 时许，公安人员查获涉嫌吸毒违法嫌疑人潘某某。潘某某供述其曾在一名“大姐”（上诉人刘某某）处吸过毒。侦查机关认为刘某某有贩卖毒品的嫌疑。潘某某主动要求配合侦查机关抓获刘某某。同月 24 日 10 时许，潘某某与刘

---

① 参见汪礼滔、陈娥：《特情介入对毒品犯罪量刑的影响》，载《人民司法》2010 年第 12 期。

某某约定在青某灯具市场进行毒品交易。二人在约定地点见面后，潘某某以 400 元的价格从刘某某手中购买毒品 1 包，交易后二人被当场抓获。对此法院认为，相关证据证实，公诉机关指控被告人刘某某实施的第三起贩卖毒品犯罪，系刘某某在没有贩卖毒品故意的情况下，受侦查机关安排的特情引诱而产生犯意，进而实施了贩卖毒品犯罪，属于典型的“犯意引诱”，依法定罪，但在量刑上予以从轻处罚。

需要注意的是，对于存在“犯意引诱”案件的处理，《昆明会议纪要》将《大连会议纪要》“犯意引诱”中“量刑减让”的救济模式修正为“非法证据排除”的救济模式。其中，排除非法证据仅针对“犯意引诱”中的部分情形，而不是全部情形，依据《昆明会议纪要》的规定，仅限于隐匿身份人员向被引诱人提供毒品或者隐匿身份人员向被引诱人提供毒资、购毒渠道这两种引诱强度较高的情况，即“犯意引诱 + 提供毒品”与“犯意引诱 + 提供毒资和购毒渠道”这两种情形。[①] 因此，在实践中对于涉及此两类情况的“犯意引诱”的案件不能仅在量刑上予以从宽，而是不得将隐匿身份人员所提供的毒品、毒资，被引诱人从其提供的渠道购买的毒品及其证实被引诱人实施毒品犯罪的证据材料作为认定被引诱人实施毒品犯罪的证据。在排除相关证据后，若在案相关证据仍然可以证明行为人实施了相关毒品犯罪，则依法定罪量刑，若在案证据达不到认定行为人有罪的证明标准的，应当做出无罪判决。上述案例 3 中，对于被告

① 参见方文军:《诱惑侦查的类型及其法律后果——以 2023 年毒品犯罪“昆明”会议纪要为中心展开》，载《法律适用》2024 年第 2 期。

人第三起贩卖毒品案件就不能仅在量刑上予以从轻处罚。

3　什么是“数量引诱”？存在“数量引诱”的案件该如何处理？

“数量引诱”是指隐匿身份人员诱使他人超出其原本意图实施的毒品犯罪数量，实施了更大数量的毒品犯罪的情形。

对于“数量引诱”的界定，《昆明会议纪要》主要作出了三方面修改：一是将“数量引诱”的定义从“只有实施数量较小的毒品犯罪的故意……实施了数量较大……”修改为“超出其原本意图实施的毒品犯罪数量”，拓宽了“数量引诱”的认定空间；二是在原来“应当依法从轻处罚”的基础上增加了“一般”二字；三是新增加大因“数量引诱”而跨越“量刑幅度或刑种”的从宽幅度的规定。

司法实践中，对于“数量引诱”的认定主要从以下几个方面展开：一是排除“犯意引诱”的存在，也即行为人在特情介入之前已经具有实施毒品犯罪的主观故意，此时可以是存在实施毒品犯罪概况的故意，也可以是存在实施具体毒品犯罪的故意。二是存在隐匿身份人员诱使他人超出其原本意图实施的毒品犯罪数量的情形，对于具体的数量要求，并不要求“打算实施的毒品犯罪数量所适用的刑罚幅度或刑种轻于特情人员提出的数量所应适用的刑罚”，只要“超出其原本意图实施的毒品犯罪数量”即可。如隐匿身份侦查人员在购买毒品时要求“能不能多些”“越多越好”或在行为人持有待售的基础上要求行为人积极“补货”等情形。

案例4，包某某贩卖毒品案：法院认定，从包某某的供述看，翟某某要求购买300克毒品的数量是确定的，但翟某某这次购买毒品的数量远远超过其所供之前经常从包某某处购买的数量，不能排除翟某某为了立功而要求购买毒品越多越好的可能性，包某某是在翟某某的要求下才贩卖了数量如此之大的毒品，故本案不能排除存在“数量引诱”。最高人民法院复核认为，考虑本案由于特情介入，存在“数量引诱”的因素，且毒品交易系在侦查机关控制下进行，毒品尚未流入社会，社会危害性相对较低，故可以从轻处罚，对被告人包某某判处死刑，可不立即执行。一审、二审判处被告人包某某死刑立即执行不当，不予核准。[①]

对于存在“数量引诱”案件的处理，《昆明会议纪要》规定“一般应当从轻处罚”，即从轻处罚是原则，只有在无从轻处罚空间的特殊情形时不予以从宽，主要是对于行为人本身意图实施毒品犯罪数量已超过实际掌握的死刑适用数量标准，且应判处死刑的情形，此时即使受到“数量引诱”要实施更大数量的毒品犯罪，也无从轻处罚的空间。[②]同时，对于因受“数量引诱”而实施了对应更高量刑幅度或刑种的毒品犯罪的被告人，量刑时应加大从宽幅度。

4 什么是“间接引诱”？存在“间接引诱”的案件该如何处理？

“间接引诱”是指被引诱人又诱使本无犯意的其他人实施毒品犯罪，或者诱使其他人超出原本意图实施了更大数量的毒品犯罪的情形。

---

① 参见最高人民法院刑事审判第一、二、三、四、五庭主办:《刑事审判参考》第 639 号案例。

② 参见李睿懿等:《〈全国法院毒品案件审判工作会议纪要〉的理解与适用》，载《法律适用》2023 年第 10 期。

《大连会议纪要》及《南宁会议纪要》均未对“间接引诱”进行明确规定,《昆明会议纪要》首次明确了“间接引诱”的含义及处理原则。具体而言,“间接引诱”是指被引诱人又诱使本无犯意的其他人实施毒品犯罪,或者诱使其他人超出原本意图实施了更大数量的毒品犯罪的情形,其既包括“犯意引诱”的情形,又包括“数量引诱”的情形,主要发生在共同犯罪人和贩卖毒品上下家之中。如被引诱人向其上家购买毒品贩卖、被引诱人与其他共同犯罪人合谋等情形。

> 案例5,陈某某贩卖毒品案:2013年10月,陈某某用手机拨打被告人符某的手机,通话中陈某某表示有老板想购买1000克K粉毒品,被告人符某同意交易,最后双方约定价钱为28500元。被告人符某接着用其手机拨打被告人陈某某的手机联系要1000克K粉毒品。被告人陈某某向其上家购得1000克K粉毒品后将K粉毒品交给被告人符某。法院认为,“被告人符某贩卖氯胺酮毒品1012.73克,系侦查机关安排特情人员介入对被告人符某在犯意和数量上实施的犯罪引诱……对被告人符某应当从轻处罚”,“关于上诉人陈某某……加之其确实受特情间接引诱实施毒品犯罪,毒品没有实际流入社会造成危害,酌情可以从轻处罚”。

对于存在“间接引诱”案件的处理,《昆明会议纪要》明确“参照前述关于‘犯意引诱’或者‘数量引诱’的规定处理”。因此,在处理“间接引诱”的案件中,在认定存在“间接引诱”的情形时,还需结合具体案件,判断被间接引诱者是属于“犯意引诱”还是“数量引诱”或“机会引诱”。对于属于“犯意引诱”的则在符合一定要求的情况下可以采取“非法证据排除”的救济模式,对于符合

“数量引诱”的则依据案件具体情形在量刑上予以从宽处罚，对于属于“机会引诱”的一般不作为从宽处罚情节，依法定罪处罚。但需要注意的是，在对被间接引诱者定罪量刑过程中，还需结合案件具体情况分析特情引诱对间接受引诱者的实际作用，在通常情况下，被间接引诱者的意志自由程度通常高于被直接受引诱者[①]，在从宽处罚幅度上可以体现一定区别。

5 无法排除存在不规范使用特情引诱时，该如何定罪量刑？

在毒品犯罪中，无法排除存在不规范使用特情引诱时，应当作出有利于被告人的处理。《昆明会议纪要》在第七点“隐匿身份人员实施侦查案件的处理问题”中新增“存在或者不排除存在其他不规范使用隐匿身份人员实施侦查的情形，影响定罪量刑的，应当作出有利于被告人的处理”的原则性规定；在死刑适用规定中放宽“特情引诱”不适用死刑的要求，增加“不排除因受隐匿身份人员引诱”可以不判处被告人死刑的规定。如此规定，全面贯彻了证据裁判原则的要求，更进一步加强了打击犯罪与保障人权之间的平衡。

具体而言，在定罪量刑过程中，若无法排除存在“犯意引诱”的可能时，则隐匿身份人员所提供相关证据及其证实被引诱人实施毒品犯罪的相关证据不能采信，应作为非法证据予以排除；若无法排除存在“数量引诱”的可能时，则在定罪量刑过程中应当依法从宽处罚；若在行为人所涉毒品数量已达到实际判处死刑的数量标准，且符合死刑适用的情形，但无法排除其存在特情引诱的情形时，则

① 参见方文军:《诱惑侦查的类型及其法律后果——以 2023 年毒品犯罪“昆明”会议纪要为中心展开》，载《法律适用》2024 年第 2 期。

可以不判处行为人死刑。

案例拓展

1. 刘某等贩卖、运输毒品，非法买卖枪支、弹药案——有特情介入的毒品犯罪案件并不必然存在“特情引诱”(《刑事审判参考》第 164 号案例)

裁判规则提炼：特情介入并不等于“特情引诱”，对具体案件是否认定存在“特情引诱”、存在何种类型的“特情引诱”，必须严格以相关规定为依据。同时，对特情介入的案件在量刑时，也要看案件中的毒品在行为人自己的意志支配下是否已脱离公安机关的控制，并流向社会、危害社会。

2. 王某某、刘某某贩卖毒品案——对不存在“特情引诱”，但有特情介入因素的案件，在量刑时应考虑特情介入这一因素(《刑事审判参考》第 537 号案例)

裁判规则提炼：对于被告人在主观上本有贩毒的故意，且相关证据也能证明的案件中，虽有特情介入，但不属于“特情引诱”，特情介入应作为量刑情节予以考虑。

3. 申某某、汪某某贩卖毒品案——如何认定毒品犯罪案件中的“数量引诱”(《刑事审判参考》第 538 号案例)

裁判规则提炼：行为人实施数量较大的毒品犯罪与特情人员的引诱之间应当具有因果关系，即只有行为人放弃原先较小数量而选择更大的毒品数量是特情人员引诱造成的，才符合“数量引诱”的条件。

（注:《昆明会议纪要》对“数量引诱”的界定作出了修改，应以纪要规定内容为准。）

4. 包某某贩卖毒品案——在毒品犯罪案件中，如何区别“犯意引诱”和“数量引诱”；对被告人是否判处死刑立即执行，应当充分考虑“数量引诱”的因素（《刑事审判参考》第639号案例）

裁判规则提炼:“数量引诱”与“犯意引诱”的根本区别在于:“数量引诱”系行为人在特情介入之前就已经具有毒品犯罪的主观故意，而“犯意引诱”系行为人在特情介入之前没有实施毒品犯罪的主观意图。特情介入是影响量刑的重要因素……对因“数量引诱”实施毒品犯罪的被告人，应当依法从轻处罚，即使毒品数量超过实际掌握的死刑数量标准，一般也不判处死刑立即执行。对不能排除“数量引诱”的案件，在考虑是否对被告人判处死刑立即执行时，要留有余地。

（注:《昆明会议纪要》对“犯意引诱”的界定及救济模式进行了修改，应以纪要规定内容为准。）

5. 刘某某贩卖毒品案——不以牟利为目的，为他人代购用于吸食的毒品，毒品数量未达到非法持有毒品罪的定罪标准的，不应认定为犯罪；对于因“犯罪引诱”而实施毒品犯罪的被告人，应当依法定罪，但在量刑时应当体现从宽处罚（《刑事审判参考》第1014号案例）

裁判规则提炼：在“犯意引诱”的情况下，取得的证实行为人实施毒品交易的证据，只要不属于《刑事诉讼法》第54条[①]规定的

---

① 现为第56条。

非法证据，就可以作为定案的根据，证据达到确实、充分标准的，应当依法定罪，但在量刑时应当考虑“犯意引诱”的情节，对被告人依法从轻处罚。

（注:《昆明会议纪要》对“犯意引诱”的界定及救济模式进行了修改，应以纪要规定内容为准。）

6. 陈某某、庄某某贩卖毒品案——对在公安特情参与下的居间介绍居中倒卖者如何量刑？（《刑事审判参考》第 1179 号案例）

裁判规则提炼：对于具有随时实施大宗毒品犯罪的能力，且有一定证据显示其曾经贩卖毒品的犯罪分子，公安机关实际是运用了特情接洽的方式抓获贩毒分子，并缴获大量毒品，故不属于“犯意引诱”。但基于被告人的涉毒行为处于特情人员及其他公安人员密切监控之下，其行为的社会危害性被限制在特定范围之内，故应从宽处罚。

相关规范

1. 现行规定

(1)《刑事诉讼法》(2018 年修正)

第 153 条　为了查明案情，在必要的时候，经公安机关负责人决定，可以由有关人员隐匿其身份实施侦查。但是，不得诱使他人犯罪，不得采用可能危害公共安全或者发生重大人身危险的方法。

对涉及给付毒品等违禁品或者财物的犯罪活动，公安机关根据侦查犯罪的需要，可以依照规定实施控制下交付。

(2)《公安机关办理刑事案件程序规定》(2020年修正)(公安部令第159号)

第271条　为了查明案情，在必要的时候，经县级以上公安机关负责人决定，可以由侦查人员或者公安机关指定的其他人员隐匿身份实施侦查。

隐匿身份实施侦查时，不得使用促使他人产生犯罪意图的方法诱使他人犯罪，不得采用可能危害公共安全或者发生重大人身危险的方法。

第272条　对涉及给付毒品等违禁品或者财物的犯罪活动，为查明参与该项犯罪的人员和犯罪事实，根据侦查需要，经县级以上公安机关负责人决定，可以实施控制下交付。

第273条　公安机关依照本节规定实施隐匿身份侦查和控制下交付收集的材料在刑事诉讼中可以作为证据使用。

使用隐匿身份侦查和控制下交付收集的材料作为证据时，可能危及隐匿身份人员的人身安全，或者可能产生其他严重后果的，应当采取不暴露有关人员身份等保护措施。

(3) 最高人民法院、最高人民检察院、公安部《关于办理毒品犯罪案件收集与审查证据若干问题的意见》

第48条　对有关人员隐匿身份实施侦查的案件，应当注重审查是否履行批准手续，犯罪嫌疑人、被告人的犯意如何产生，涉案毒品、毒资的来源和去向，毒品数量如何确定，隐匿身份人员在侦查活动中所起的作用等。

隐匿身份人员在侦查活动中收集的材料作为证据使用的，必要时，应当采取不暴露其身份等保护措施。

隐匿身份人员在侦查活动中诱使本无犯意的人实施毒品犯罪，并向其提供涉案毒品，或者向其提供毒资和购毒渠道的，所提供的毒品、毒资以及从其提供的渠道购买的毒品不得作为认定被引诱人员实施毒品犯罪的证据。

2. 往届纪要（已失效）

（1）2000 年《南宁会议纪要》

（三）关于毒品案件中特情引诱犯罪问题

运用特情侦破案件是有效打击毒品犯罪的手段。在审判实践中应当注意的是，有时存在被使用的特情未严格遵守有关规定，在介入侦破案件中有对他人进行实施毒品犯罪的犯意引诱和数量引诱的情况。“犯意引诱”是指行为人本没有实施毒品犯罪的主观意图，而是在特情诱惑和促成下形成犯意，进而实施毒品犯罪。对具有这种情况的被告人，应当从轻处罚，无论毒品犯罪数量多大，都不应判处死刑立即执行。“数量引诱”是指行为人本来只有实施数量较小的毒品犯罪的故意，在特情引诱下实施了数量较大甚至达到可判处死刑数量的毒品犯罪。对具有此种情况的被告人，应当从轻处罚，即使超过判处死刑的毒品数量标准，一般也不应判处死刑立即执行。

对于特情在使用中是否严格遵守有关规定情况不明的案件，应主动同公安缉毒部门联系，了解有关情况。对无法查清是否存在犯意引诱和数量引诱的案件，在考虑是否对被告人判处死刑立即执行时，要留有余地。

被告人受特情间接引诱而实施毒品犯罪的，参照上述规定处理。

对于特情提供的情况，必须经过查证属实，符合刑事诉讼法和司法解释规定的证据条件的，才能作为证据使用。

因特情介入，其犯罪行为一般都在公安机关的控制之下，毒品一般也不易流入社会，其社会危害程度大大减轻，这在量刑时，应当加以考虑。

（2）2008年《大连会议纪要》

六、特情介入案件的处理问题

运用特情侦破毒品案件，是依法打击毒品犯罪的有效手段。对特情介入侦破的毒品案件，要区别不同情形予以分别处理。

对已持有毒品待售或者有证据证明已准备实施大宗毒品犯罪者，采取特情贴靠、接洽而破获的案件，不存在犯罪引诱，应当依法处理。

行为人本没有实施毒品犯罪的主观意图，而是在特情诱惑和促成下形成犯意，进而实施毒品犯罪的，属于“犯意引诱”。对因“犯意引诱”实施毒品犯罪的被告人，根据罪刑相适应原则，应当依法从轻处罚，无论涉案毒品数量多大，都不应判处死刑立即执行。行为人在特情既为其安排上线，又提供下线的双重引诱，即“双套引诱”下实施毒品犯罪的，处刑时可予以更大幅度的从宽处罚或者依法免予刑事处罚。

行为人本来只有实施数量较小的毒品犯罪的故意，在特情引诱下实施了数量较大甚至达到实际掌握的死刑数量标准的毒品犯罪的，属于“数量引诱”。对因“数量引诱”实施毒品犯罪的被告人，应当依法从轻处罚，即使毒品数量超过实际掌握的死刑数量标准，一般也不判处死刑立即执行。

对不能排除“犯意引诱”和“数量引诱”的案件，在考虑是否对被告人判处死刑立即执行时，要留有余地。

对被告人受特情间接引诱实施毒品犯罪的，参照上述原则依法处理。

第二节　毒品犯罪主观明知的证明问题

——要点提示——

（1）运用证据认定明知；

（2）推定明知的具体情形。

纪要原文

被告人到案后否认明知是毒品的，应当综合运用在案证据加以证明，必要时可要求检察机关补充提供相关证据。综合被告人供述，相关证人证言，从涉毒场所、物品上提取的痕迹、生物检材，从被告人体内或者贴身隐秘处查获的毒品，从被告人体表、随身物品上提取的毒品残留物，以及调取的物流寄递单据、资金交易记录、通信记录、行程轨迹信息等证据，足以证明被告人明知是毒品的，可以依法认定。

被告人到案后否认明知是毒品，又缺乏其他证据证明其明知的，可以根据其实施毒品犯罪的方式、过程及毒品被查获时的情形，结合其年龄、文化程度、生活状况、职业背景、是否有毒品违法犯罪经历及与共同犯罪人之间的关系等情况，综合分析判断。运用此方法认定明知的，应当认真审查被告人的辩解是否有事实依据、对异常行为的解释是否合理、是否存在被蒙骗的可能等，防止认定错误，在决定对被告人是否适用死刑时更要特别慎重。

具有下列情形之一，被告人不能作出合理解释的，可以认定其明知走私、贩卖、运输、非法持有的是毒品，但有证据证明其确实不知情或者确系被蒙骗的除外：（1）执法人员在口岸、机场、车站、港口、邮局、快递站点等场所检查时，要求申报为他人运输、携带、寄递的物品和其他毒品疑似物，并告知法律责任，但被告人未如实申报，在其运输、携带、寄递的物品中查获毒品的；（2）以伪报、藏匿、伪装等蒙蔽手段逃避海关、边防等检查，或者行程路线故意绕开检查站点，在其运输、携带、寄递的物品中查获毒品的；（3）在执法人员检查时有逃跑、藏匿、丢弃、试图销毁其携带的物品、弃车逃离或者其他逃避、抗拒检查行为，在其携带的物品或者遗弃的车辆中查获毒品的；（4）采用高度隐蔽方式运输、携带、交接物品，明显违背合法物品的惯常运输、携带、交接方式，从中查获毒品的；（5）以虚假的身份、地址或者物品名称办理托运、寄递手续，从托运、寄递的物品中查获毒品的；（6）采用隐匿真实身份、支付不等值报酬等不合理方式，指使、雇用他人运输、携带、寄递物品或者代为接收物流寄递的物品，从中查获毒品的；（7）为获取不同寻常的高额、不等值报酬，为他人运输、携带、寄递物品或者接收物流寄递的物品，从中查获毒品的；（8）其他可以认定被告人明知的情形。

要点评注

1　如何运用证据认定明知？

毒品犯罪属于故意犯罪，要求行为人主观上必须明知是毒品而运输、制造、贩卖、走私等，否则不构成毒品犯罪。实践中，犯罪嫌疑人到案后常以主观上不明知是毒品进行辩解，但主观通常先于客观，判断被告人是否明知系毒品，不能仅凭其事后辩解，而应当对案件的事实、证据进行全面分析，根据被告人实施毒品犯罪行为的过程、方式、毒品被查获时的情形等证据，结合被告人的年龄、阅历、智力等情况，综合分析判断，才能得出客观结论。《昆明会议纪要》丰富完善了运用证据证明明知的原则。《昆明会议纪要》规定了，对于被告人否认明知是毒品的案件，首先应当综合运用在案证据加以证明，并列举了据以判断明知的证据种类。其中，对于被告人体内或者贴身隐秘处藏匿毒品的情形，《大连会议纪要》将其作为推定明知内容加以规定，《昆明会议纪要》根据实践反映，将其调整为运用证据认定明知的判断因素。①

《昆明会议纪要》强调，在综合运用在案证据仍无法证明被告人明知是毒品时，才可以运用推定来认定明知，防止盲目扩大推定适用范围。新增了运用推定认定明知应当注意审查的是否构成反证的提示性内容，防止不当运用推定，导致认定错误。再者，首次在规范性文件中明确，对于运用推定认定明知的案件，在决定对被告人是否适用死刑时更要特别慎重，这是坚持死刑案件最高证据标准的具体体现。

案例 1，龙某某运输毒品案：2006 年 5 月 15 日，被告人龙某某将甲基苯丙胺和海洛因运至云南省昆明市，住宿于昆明市小坝湘昆招待所。当晚，王某某（同案被告人，已判处死刑）到该招待所，从龙某某处接取了甲基苯丙胺。在王某某离开招待所时，公安人员将其抓获。抓捕时，王某某藏于裤兜内的自制手枪被击发，一公安人员右手被打伤。公安人员当场从王某某携带的纸袋和背包内查获甲基苯丙胺 4145.3 克，从其右侧裤袋内查获自制手枪 1 支、子

① 参见李睿懿等：《〈全国法院毒品案件审判工作会议纪要〉的理解与适用》，载《法律适用》2023 年第 10 期。

弹6发。同时，公安人员在招待所房间将龙某某抓获，当场从房间内查获海洛因687.7克。一审判处被告人龙某某犯运输毒品罪，判处死刑。一审宣判后，被告人上诉提出，不知道所带物品是毒品。二审法院经审理认为，龙某某从云南边境将海洛因687.6克和甲基苯丙胺4145.3克运至昆明，在王某某所携带毒品包装物内层检见龙某某的指纹，公安机关出具的侦破情况以及王某某的供述均证实龙某某主观上明知是毒品。

最高人民法院复核认为，本案中，被告人龙某某归案后，虽一再辩解不明知其运输的是毒品，但综合全案证据能够证明该辩解不能成立。主要根据是：第一，从王某某接取的8包甲基苯丙胺的其中1包的第5层包装袋上提取到了龙某某的指纹，这一事实证明龙某某接触过毒品的内包装，可直接否定龙某某称“没动过毒品”的辩解。第二，龙某某同时将数量巨大的海洛因和甲基苯丙胺两种毒品运至昆明市，并将海洛因称为“白的”，却又辩解不知道带的是毒品，有违常理。第三，本案毒品交接时间是凌晨，地点是地处偏僻的私人招待所，且同案犯王某某的供述证实，接取毒品时龙某某让他另开房间，第一次到他房间没有交给他毒品，第二次到他房间才将毒品交给他。此情节表明，龙某某在交接毒品时十分谨慎，完全不合常理，可以间接印证其主观上明知毒品的事实。对此，最高人民法院2008年12月印发的《大连会议纪要》指出，对于被告人“采用高度隐蔽的方式交接物品，明显违背合法物品惯常交接方式，从中查获毒品的”，被告人对此不能作出合理解释，亦无证据证明确属被蒙骗的，可以认定被告人明知是毒品。从本案被告人龙某某将毒品交接给同案被告人王某某的过程看，完全符合此种情形，也符合推定其明知是毒品而运输的条件。第四，云南省系我国毒品的输出地，龙某某长期在边境地区活动，根据本案“货物”的包装、外形等特征，其作为具有正常辨认能力的成年人，辩称不知道是毒品，难以令人信服。第五，龙某某归案后未如实供述，在侦查阶段的五次供述中，只有两次供述的内容与本案查明的部分事实有关，其余三次供述对所有犯罪事实均予以否认，且供述内容有多处矛盾。例如，关于毒品，有时称“不晓得是什么”，有时称“是衣服”，有时又称“是两块方的东西，叫‘白的’”；关于同案被告人王某某，有时称“不认识，没有和他通过电话”，有时又称“他打电话和我联系，我让他来湘昆（招待所）拿东西”；关于其本人是否接触过毒品，有时称“没动过，没打开看过”，有时又称“佤族男人拿给我一包东西，用塑料袋装着，我又装到一个编织袋里”；等等。从这一系列矛盾多变的供述看，龙某某接受讯问时在不断进行思想斗争，但这反而印证其具有避重就轻、逃避罪责的故意。①

本案中，既存在运用证据加以证明的情节，即证人证言、从涉毒物品上提取的痕迹等；又包括了推定明知的“采用高度隐蔽的方式交接物品，明显违背合法物品惯常交接方式，从中查获毒品的”情形。

2 推定明知的具体情形有哪些？

《昆明会议纪要》对推定明知的具体情形加以完善，将《大连会

① 参见最高人民法院刑事审判第一、二、三、四、五庭主办：《刑事审判参考》第549号案例。

议纪要》列举的10种情形修改整合为8种，特别是针对物流寄递逐渐成为毒品贩运重要方式的新特点，增加了相关内容。其中，第1项是由《大连会议纪要》第1项规定修改完善而来的，增加了邮局、快递站点等场所和运输、寄递等行为方式；第2项是由《大连会议纪要》第2项、第8项规定合并而来的；第3项是由《大连会议纪要》第3项规定修改完善而来的，增加了藏匿、试图销毁携带的物品以及弃车逃离等行为方式；第4项是由《大连会议纪要》第6项、第7项规定合并而来的；第5项是由《大连会议纪要》第9项规定修改完善而来的，增加了采用虚假物品名称的手段和寄递的行为方式；第6项属于新规定，专门对指使、雇用他人运输毒品或者指使、雇用他人携带、寄递物品或者接收物流寄递的毒品者的推定明知作出规定；第7项是由《大连会议纪要》第5项规定修改完善而来的，增加了寄递物品或者代为接收物流寄递的物品等行为方式。

案例2，宋某某等运输毒品案：被告人宋某某与同案被告人叶某某（已被判处死刑，缓期二年执行）、杨某某（在逃）事先预谋运送毒品到福建省。2005年1月20日，三人携带一内藏有4包海洛因的深蓝色长方形行李包（由宋某某随身携带），乘坐客车从四川省出发，1月23日22时许，抵达福建省石狮市。宋某某与叶某某、杨某某转乘杨某甲驾驶的闽CT××××号出租车欲将毒品运往福州市，途经泉州市城东出城登记站接受例行检查时，宋某某和叶某某被公安人员抓获，当场查获海洛因998克。杨某某逃脱。据叶某某供述，杨某某是毒品的所有人，其与宋某某均受雇于杨某某，叶某某是受杨某某指令监视宋某某的。从监视与被监视的关系看，叶某某的地位有可能高于宋某某。

> 但这方面的证据不足，仅有叶某某一人的供述。因此，宋某某、叶某某在共同犯罪中的地位与作用，根据现有证据尚不足以认定。

就本案来说，被告人对其行李包内是否藏有毒品，在侦查阶段作过“明知”的供述，但到了审判阶段，则作了“不明知”的辩解。在这种情况下，仅根据被告人宋某某的供述，是难以认定其是否明知包内藏有毒品的，故有必要在充分分析案件证据的基础上，根据法律逻辑推定被告人是否具有主观明知。根据本案证据分析，可以得出被告人宋某某明知其所携带的行李包内藏有毒品海洛因的结论。一是证人杨某甲（出租车司机）证言、公安机关的抓获经过、同案被告人叶某某供述均证实在公安机关例行检查中，当检查到宋某某所携带的行李包时，被告人宋某某弃包逃跑而被抓获的事实。被告人宋某某逃跑的事实，虽然不能直接证明其明知行李包内藏有毒品，但可以反映出被告人宋某某在接受公安机关例行检查时的心态，行李包内若没有毒品为何要逃跑？对此，被告人宋某某没有合理的解释。二是在抓获现场查获了毒品海洛因。此事实可以与被告人宋某某逃跑的事实相互印证。三是同案被告人叶某某关于运输毒品经过的供述。叶某某供述虽然没有直接证明被告人宋某某对包内藏有毒品是明知的，却可以间接印证宋某某明知包内藏有毒品的事实。例如，叶某某供述称，宋某某在路上很小心谨慎，包不离身；另外杨某某也让他盯好宋某某。四是被告人宋某某自己的供述。被告人宋某某在公安机关侦查阶段共有 4 次讯问记录。除第一次即被抓获的当天的供述为无罪供述外，其余的均为有罪供述，供认“我们运那些毒品去福州是事实”。因此，虽然到法院审理阶段，被告人宋某某不承认其明知行李包内藏有毒品的问题，但因其曾经所作的有罪供述和被告人叶某某的供述及缴获的毒品等证据以及宋某某在抓获现场弃包逃跑的事实，相互印证了被告人宋某某明知其所携带的行李包内放有毒品的事实。故被告人宋某某关于其不知行李包内藏有毒品海洛因的翻供，与事实和证据不符，不能成立。[①]

案例拓展

1 指导性案例

（1）王某贩卖、制造毒品案——最高人民检察院第三十七批指导性案例（检例第150号）

指导意义：对于生产、销售含有国家管制的麻醉药品、精神药品成分的食品的行为，应当区分不同情形依法惩处。行为人利用未被国家管制的化学品为原料，生产、销售含有国家管制的麻醉药品、精神药品成分的食品，明知该成分具有毒品属性的，应当认定为贩卖、制造毒品罪。行为人对化学品可生成毒品的特性或者相关成分具有毒品属性不明知，如果化学品系食品原料，超限量、超范围添加足以造成严重食物中毒事故或者其他严重食源性疾病的，依法构成生产、销售不符合安全标准的食品罪；如果化学品系有毒、有害非食品原料，依法构成生产、销售有毒、有害食品罪。行为人犯贩卖、制造毒品罪，同时构成生产、销售不符合安全标准的食品罪或者生产、销售有毒、有害食品罪的，应当按照处罚较重的罪名追究

① 参见最高人民法院刑事审判第一、二、三、四、五庭主办:《刑事审判参考》第405号案例。

刑事责任。行为人对于相关毒品成分主观上是否明知，不能仅凭其口供，还应当根据其对相关物质属性的认识、从业经历、生产制作工艺、产品标签标注、销售场所及价格等情况综合认定。

（2）马某某走私、贩卖毒品案——最高人民检察院第三十七批指导性案例（检例第 151 号）

指导意义：审查涉案麻醉药品、精神药品的用途和行为人主观认知，依法认定走私、贩卖麻醉药品、精神药品行为的性质。麻醉药品、精神药品可以在医疗、教学、科研用途上合法使用，也会被违法犯罪分子作为毒品使用。行为人向走私、贩卖毒品的犯罪分子或者吸毒人员贩卖国家管制的麻醉药品、精神药品，应当以贩卖毒品罪追究刑事责任。行为人出于其他非法用途，走私、贩卖国家管制的麻醉药品、精神药品，应当以走私、贩卖毒品罪追究刑事责任。行为人未核实购买人购买麻醉药品、精神药品具体用途，但知道其不是用于合法用途，为非法获利，基于放任的故意，向用于非法用途的人贩卖的，应当认定为贩卖毒品罪。对于“非法用途”，可以从行为人买卖麻醉药品、精神药品是否用于医疗等合法目的予以认定。判断行为人对涉案毒品性质是否明知，除审查其供述外，还应结合其认知能力、学历、从业背景、是否曾有同类药物服用史、是否使用虚假身份交易等证据进行综合认定。

（3）郭某某欺骗他人吸毒案——最高人民检察院第三十七批指导性案例（检例第 152 号）

指导意义：针对不同情形，依法认定涉案麻醉药品、精神药品为毒品。麻醉药品、精神药品的镇静、安眠等药用功效，往往成为行为人抗辩其毒品属性的借口，对此检察机关应当严格审查。对于有证据证明行为人明知系国家管制的麻醉药品、精神药品，仍利用其毒品属性和用途的，应当依法认定相关物品为毒品；行为人对于涉案物品系毒品主观上是否明知，应当根据其年龄、职业、生活阅历、有无吸贩毒史以及对物品的交付、使用方式等证据，运用经验法则和逻辑规则综合分析判断。

2 典型案例

（1）石某某、刘某贩卖、运输毒品案——最高人民检察院 2023 年“依法严惩毒品犯罪　强化禁毒综合治理”十大典型案事例之一

典型意义：检察机关办理毒品犯罪抗诉案件，要坚持全案审查和重点审查相结合的原则，针对一、二审裁判错误存在的问题，梳理争议焦点，积极履行调查核实和引导侦查职能，全面细致补充证据，有针对性地做好案件证据调查、复核、补证工作。充分发挥检察一体化优势，上级检察机关加强协调、指导，通过接续抗诉等形式，切实监督纠正错误裁判，实现司法办案不枉不纵的效果，维护司法公正和权威。针对毒品犯罪被告人零口供的情形，检察机关要综合运用在案证据，根据被告人实施毒品犯罪时的具体情形，包括犯罪的方式、过程及其他不合理辩解、不合常识常情常理之处，来认定其是否主观明知。同时要加强串并案分析，提升发现线索能力，尤其要重视毒品犯罪上下家证据的挖掘，实现对毒品犯罪的全链条打击。

（2）马某某等人贩卖、运输毒品案——最高人民检察院发布 2016 年检察机关依法惩治毒品犯罪典型案例之四

典型意义：毒品犯罪案件特别是运输毒品案件中，被告人到案

后否认其明知是毒品的情形较为常见。主观明知的认定一直以来是办理毒品犯罪案件的难点问题，虽然相关司法解释和规范性文件已对推定明知作出规定，但在具体适用上还存在一定的认识分歧。本案就是在被告人否认明知是毒品的情形下，检察机关综合运用在案的其他证据，并根据被告人实施犯罪时的具体情形，包括犯罪的方式、过程等，结合其个人情况，如马某某本人是吸毒人员等，来认定其主观明知，从而抗诉成功的案例。

（3）王某某贩卖合成大麻素新型毒品案——北京市高级人民法院 2023 年四起毒品犯罪典型案例之二

典型意义：本案是北京法院审结的首例贩卖大量合成大麻素电子烟及烟油等新型毒品犯罪案件。2021 年 7 月 1 日，我国将合成大麻素整类列管为毒品，至此，我国列管的新精神活性物质已达 188 种。合成大麻素作为新精神活性物质，系第三代毒品，毒理作用比海洛因、吗啡等传统毒品更加强烈，吸食后会引起偏执、焦虑、恐慌、被害妄想等反应，由此诱发的恶性暴力犯罪案件屡有发生。其多依附于电子烟、糖果、饮料等常见消费品，伪装性、欺骗性极强，多数案件仅从交易中间环节侦破，贩毒分子经常否认主观明知。本案中，法庭根据此类新类型毒品的特点，全面分析王某某在交易环节及案发前后的异常表现和细节，高度重视电子证据的挖掘使用，认定王某某具有贩卖合成大麻素的主观明知。王某某作为北京地区合成大麻素电子烟油制品的重要代理，不仅囤货数量大，且积极在餐厅、KTV、健身馆等公共场所推销，危害巨大，法庭综合考虑涉案新类型毒品致瘾癖性、数量、一般含量、传播方式、社会危害性等因素，依法对王某某从重量刑，对贩毒犯罪分子形成有力震慑。

相关规范

往届纪要

2008年《大连会议纪要》(已失效)

毒品犯罪中，判断被告人对涉案毒品是否明知，不能仅凭被告人供述，而应当依据被告人实施毒品犯罪行为的过程、方式、毒品被查获时的情形等证据，结合被告人的年龄、阅历、智力等情况，进行综合分析判断。

具有下列情形之一，被告人不能做出合理解释的，可以认定其“明知”是毒品，但有证据证明确属被蒙骗的除外:(1)执法人员在口岸、机场、车站、港口和其他检查站点检查时，要求行为人申报为他人携带的物品和其他疑似毒品物，并告知其法律责任，而行为人未如实申报，在其携带的物品中查获毒品的;(2)以伪报、藏匿、伪装等蒙蔽手段，逃避海关、边防等检查，在其携带、运输、邮寄的物品中查获毒品的;(3)执法人员检查时，有逃跑、丢弃携带物品或者逃避、抗拒检查等行为，在其携带或者丢弃的物品中查获毒品的;(4)体内或者贴身隐秘处藏匿毒品的;(5)为获取不同寻常的高额、不等值报酬为他人携带、运输物品，从中查获毒品的;(6)采用高度隐蔽的方式携带、运输物品，从中查获毒品的;(7)采用高度隐蔽的方式交接物品，明显违背合法物品惯常交接方式，从中查获毒品的;(8)行程路线故意绕开检查站点，在其携带、运输的物品中查获毒品的;(9)以虚假身份或者地址办理托运手续，在其托运的物品中查获毒品的;(10)有其他证据足以认定行为人应当知道的。

第三节　毒品犯罪的管辖问题

——要点提示——

（1）毒品犯罪的犯罪地的确认方法；

（2）“利用计算机网络实施的毒品犯罪”这一情节对犯罪地认定的影响；

（3）并案审理的一般原则；

（4）对分案起诉的毒品共同犯罪或者关联犯罪案件可以进行并案审理的情形；

（5）分案审理的一般要求。

纪要原文

毒品犯罪的犯罪地，包括犯罪预谋地，毒资筹集地，交易进行地，毒品制造地，毒品和毒资、毒赃的藏匿地、转移地，走私或者贩运毒品的途经地、目的地等。主要利用计算机网络实施的毒品犯罪，犯罪地还包括用于实施犯罪行为的网络服务使用的服务器所在地，网络服务提供者所在地，犯罪过程中被告人、被害人使用的信息网络系统所在地等。

对于毒品案件中一人犯数罪、上下家犯罪、共同犯罪及共同犯罪的被告人实施其他犯罪的，一般应当并案审理。对于上下家犯罪的被告人实施的其他犯罪，以及他人实施的包庇毒品犯罪分子、窝藏毒品、为毒品犯罪洗钱等关联犯罪，并案审理有利于查明案件事实的，可以并案审理。对于分案起诉的毒品共同犯罪或者关联犯罪案件，合并审理更有利于查明案件事实、保障诉讼权利、准确定罪量刑的，可以并案审理。

因客观原因造成毒品共同犯罪或者密切关联的上下家犯罪分案审理且无法并案的，应当及时了解关联案件的审理进展和处理结果，充分保障被告人的质证权等诉讼权利，并注重量刑平衡。

要点评注

1　线下毒品犯罪的犯罪地包括哪些？

根据《昆明会议纪要》的规定，“毒品犯罪的犯罪地，包括犯罪预谋地，毒资筹集地，交易进行地，毒品制造地，毒品和毒资、毒赃的藏匿地、转移地，走私或者贩运毒品的途经地、目的地等”。与《大连会议纪要》相比，首先，《昆明会议纪要》在管辖问题上不再直接规定毒品犯罪的地域管辖原则，而是仅以列举的方式指出毒品犯罪地。至于由何地管辖，则需依照相关法律规范确定。其次，“毒品生产地”也被修改为“毒品制造地”，以更好对接罪名、罪状。最后，“运输途经地”也被扩张为“走私或者贩运毒品的途经地”，以对应对目的地的规定，并更好应对实务中常见的跨境运输毒品现象，以及避免因贩卖和运输难以区分而无法确定犯罪地的问题。此外，最高人民法院、最高人民检察院、公安部《关于印发〈办理毒品犯罪案件适用法律若干问题的意见〉的通知》（公通字〔2007〕84 号）中关于毒品案件犯罪地的认定方法也被《昆明会议纪要》取代，不再适用。

值得一提的是，《刑诉法解释》第 3 条至第 12 条规定了犯罪地在海上、列车上、航空器上等特殊情形的管辖原则，此外，最高人民法院、最高人民检察院、中国海警局《关于海上刑事案件管辖等有关问题的通知》(海警〔2020〕1号)(以下简称《海上管辖通知》)同样专门规定了海上犯罪的管辖原则。鉴于当前有大量毒品犯罪发生在交通工具内(包括海上),因此,上述毒品犯罪可直接依照《刑诉法解释》和《海上管辖通知》确定,不能直接依靠犯罪地确定管辖地。

2　毒品罪犯主要利用计算机网络实施的毒品犯罪时的犯罪地包括哪些?

近年来,由于信息网络技术被毒品罪犯大规模用于毒品犯罪,《昆明会议纪要》专门对毒品罪犯主要利用计算机网络实施的毒品犯罪时的犯罪地作了规定,包括用于实施犯罪行为的网络服务使用的服务器所在地,网络服务提供者所在地,犯罪过程中被告人、被害人使用的信息网络系统所在地[①]等。值得注意的是,与《刑诉法解释》第2条相比,《昆明会议纪要》虽然并未直接规定被侵害的信息网络系统及其管理者所在地、被害人被侵害时所在地和被害人财产遭受损失地,但在规定的最后使用了"等"字进行兜底,因此,上述地点并非不能作为主要利用计算机网络实施毒品犯罪时的犯罪地。

此外,对于上述犯罪地处于交通工具上时(如将用于毒品犯罪的服务器搭建在船上),同样需要依照《刑诉法解释》和《海上管辖

---

① 被害人使用的信息网络系统所在地管辖原则主要适用于引诱、教唆、欺骗他人吸毒的情况。参见李睿懿等:《〈全国法院毒品案件审判工作会议纪要〉的理解与适用》,载《法律适用》2023年第10期。

通知》认定管辖地。

3 对于毒品案件中上下家犯罪、共同犯罪及关联犯罪等应当如何审理？

《昆明会议纪要》规定："对于毒品案件中一人犯数罪、上下家犯罪、共同犯罪及共同犯罪的被告人实施其他犯罪的，一般应当并案审理。对于上下家犯罪的被告人实施的其他犯罪，以及他人实施的包庇毒品犯罪分子、窝藏毒品、为毒品犯罪洗钱等关联犯罪，并案审理有利于查明案件事实的，可以并案审理。"

首先，与《武汉会议纪要》相比，《昆明会议纪要》将"应当尽量"改为"一般应当"，从文义来看，对并案审理的"应当"程度进行了弱化，表明了例外情形的存在。

其次，除"共同犯罪"外，《昆明会议纪要》不再直接使用《武汉会议纪要》使用的"上下游犯罪"的表述，而是改回与《大连会议纪要》一致的"上下家"，并将"一人犯数罪""共同犯罪的被告人实施其他犯罪"也纳入"一般应当并案审理"的范畴。此项修改旨在通过一体打击，确保量刑均衡、涉毒资产追缴到位。[①]

最后，在"并案审理有利于查明案件事实"的前提下，将"他人实施的包庇毒品犯罪分子、窝藏毒品、为毒品犯罪洗钱等关联犯罪"转入"可以"而非"应当"并案审理的范围内，同时将"上下家犯罪的被告人实施的其他犯罪"也纳入其中。由于《刑诉法解释》第220条第2款规定："对分案起诉的共同犯罪或者关联犯罪案件，

---

① 参见李睿懿等：《〈全国法院毒品案件审判工作会议纪要〉的理解与适用》，载《法律适用》2023年第10期。

人民法院经审查认为，合并审理更有利于查明案件事实、保障诉讼权利、准确定罪量刑的，可以并案审理。”因此，虽然《昆明会议纪要》在对上下家犯罪的被告人实施的其他犯罪和他人实施的关联犯罪中并未要求并案应当有利于“保障诉讼权利、准确定罪量刑”，但此处对“可以”的认定仍然应从人权保障和准确定罪量刑两方面进行考量。在满足“有利于查明案件事实”这一前提下，只要并案处理不会侵害毒品犯罪被告人的正当权利，并且能起到准确定罪量刑的作用，原则上就不应当排除并案处理。若是仅仅不会损害毒品犯罪被告人的正当权利，但准确定罪量刑的效果不够明显，则属于“可以”的范畴，可以进一步结合诉讼效率等因素进行考量。若是并案处理会损害被告人权利，或不利于准确定罪量刑，则不应进行并案处理。例如，《刑诉法解释》第 24 条第 2 款指出：“人民法院发现被告人还有其他犯罪被审查起诉、立案侦查、立案调查的，可以参照前款规定协商人民检察院、公安机关、监察机关并案处理，但可能造成审判过分迟延的除外。”“可能造成审判过分迟延”意味着办案期限与羁押期限的不当延长[①]，是对毒品犯罪被告人正当权利的损害。

4 何种情形下可以对分案起诉的毒品共同犯罪或者关联犯罪案件进行并案审理？

根据《昆明会议纪要》和《刑诉法解释》第 220 条第 2 款的规定，检察机关分案起诉的毒品共同犯罪或者关联犯罪案件，在符合

---

① 参见刘仁文:《刑事案件并案处理的检视与完善》，载《政治与法律》2023 年第 11 期。

“有利于查明案件事实、保障诉讼权利、准确定罪量刑”的情况下，人民法院可以决定并案审理。此处对“可以”的判断与前述无异，故不再赘述。

5 分案审理毒品共同犯罪或者密切关联的上下家犯罪的条件是什么？审理时应当注意什么？

《昆明会议纪要》对《武汉会议纪要》关于分案审理的规定作了一定修改，将前提设置为因客观原因分案审理且无法并案的情形，同时根据《刑诉法解释》第220条第1款的规定，提示分案审理不得影响当事人质证权等诉讼权利的行使。例如，对于分案审理的共同犯罪案件，即使同犯罪人因相关原因确实无法出庭，也应对其供述和辩解进行举证、质证，而不能仅质证另案裁判文书。[①] 同时，分案审理应当体现庭审功能实质化原则，并提高诉讼效率。[②] 此外，还应关注同案人的地位作用等问题，注意量刑平衡。

相关规范

1. 现行规定

(1)《刑事诉讼法》

第25条　刑事案件由犯罪地的人民法院管辖。如果由被告人居住地的人民法院审判更为适宜的，可以由被告人居住地的人民

---

① 参见李睿懿等:《〈全国法院毒品案件审判工作会议纪要〉的理解与适用》，载《法律适用》2023年第10期。

② 参见许身健:《共同犯罪分案审理问题研究》，载《国家检察官学院学报》2022年第1期。

法院管辖。

第26条　几个同级人民法院都有权管辖的案件，由最初受理的人民法院审判。在必要的时候，可以移送主要犯罪地的人民法院审判。

第27条　上级人民法院可以指定下级人民法院审判管辖不明的案件，也可以指定下级人民法院将案件移送其他人民法院审判。

（2）最高人民法院、最高人民检察院、公安部《关于办理信息网络犯罪案件适用刑事诉讼程序若干问题的意见》（法发〔2022〕23号）

（3）最高人民法院《关于适用〈中华人民共和国刑事诉讼法〉的解释》（法释〔2021〕1号）

（4）最高人民法院、最高人民检察院、中国海警局《关于海上刑事案件管辖等有关问题的通知》（海警〔2020〕1号）

（5）最高人民法院、最高人民检察院、公安部《关于印发〈办理毒品犯罪案件适用法律若干问题的意见〉的通知》（公通字〔2007〕84号）

一、关于毒品犯罪案件的管辖问题

根据刑事诉讼法的规定，毒品犯罪案件的地域管辖，应当坚持以犯罪地管辖为主、被告人居住地管辖为辅的原则。

“犯罪地”包括犯罪预谋地，毒资筹集地，交易进行地，毒品生产地，毒资、毒赃和毒品的藏匿地、转移地，走私或者贩运毒品的目的地以及犯罪嫌疑人被抓获地等。

“被告人居住地”包括被告人常住地、户籍地及其临时居住地。

对怀孕、哺乳期妇女走私、贩卖、运输毒品案件，查获地公安机关认为移交其居住地管辖更有利于采取强制措施和查清犯罪事实的，可以报请共同的上级公安机关批准，移送犯罪嫌疑人居住地公安机关办理，查获地公安机关应继续配合。

公安机关对侦办跨区域毒品犯罪案件的管辖权有争议的，应本着有利于查清犯罪事实，有利于诉讼，有利于保障案件侦查安全的原则，认真协商解决。经协商无法达成一致的，报共同的上级公安机关指定管辖。对即将侦查终结的跨省（自治区、直辖市）重大毒品案件，必要时可由公安部商最高人民法院和最高人民检察院指定管辖。

为保证及时结案，避免超期羁押，人民检察院对于公安机关移送审查起诉的案件，人民法院对于已进入审判程序的案件，被告人及其辩护人提出管辖异议或者办案单位发现没有管辖权的，受案人民检察院、人民法院经审可以依法报请上级人民检察院、人民法院指定管辖，不再自行移送有管辖权的人民检察院、人民法院。

（6）最高人民法院、最高人民检察院、公安部、国家安全部、司法部、全国人大常委会法制工作委员会《关于实施刑事诉讼法若干问题的规定》

2. 刑事诉讼法第二十四条中规定："刑事案件由犯罪地的人民法院管辖。"刑事诉讼法规定的"犯罪地"，包括犯罪的行为发生地和结果发生地。

3. 具有下列情形之一的，人民法院、人民检察院、公安机关可以在其职责范围内并案处理：

（一）一人犯数罪的；

（二）共同犯罪的；

（三）共同犯罪的犯罪嫌疑人、被告人还实施其他犯罪的；

（四）多个犯罪嫌疑人、被告人实施的犯罪存在关联，并案处理有利于查明案件事实的。

(7)《人民检察院刑事诉讼规则》(高检发释字〔2019〕4号)

2. 往届纪要(已失效)

(1) 2000年《南宁会议纪要》

毒品共同犯罪是指二人以上共同故意实施走私、贩卖、运输、制造毒品等犯罪行为。共同犯罪不应以案发后其他共同犯罪人是否到案为条件。仅在客观上相互关联的毒品犯罪行为，如买卖毒品的双方，不一定构成共犯，但为了诉讼便利可并案审理。

(2) 2008年《大连会议纪要》

毒品犯罪中，部分共同犯罪人未到案，如现有证据能够认定已到案被告人为共同犯罪，或者能够认定为主犯或者从犯的，应当依法认定。没有实施毒品犯罪的共同故意，仅在客观上为相互关联的毒品犯罪上下家，不构成共同犯罪，但为了诉讼便利可并案审理。

…………

毒品犯罪的地域管辖，应当依照刑事诉讼法的有关规定，实行以犯罪地管辖为主、被告人居住地管辖为辅的原则。考虑到毒品犯罪的特殊性和毒品犯罪侦查体制，“犯罪地”不仅可以包括犯罪预谋地、毒资筹集地、交易进行地、运输途经地以及毒品生产地，也包括毒资、毒赃和毒品藏匿地、转移地、走私或者贩运毒品目的地等。“被告人居住地”，不仅包括被告人常住地和户籍所在地，也包括其临时居住地。

对于已进入审判程序的案件，被告人及其辩护人提出管辖异议，经审查异议成立的，或者受案法院发现没有管辖权，而案件由本院管辖更适宜的，受案法院应当报请与有管辖权的法院共同的上级法院依法指定本院管辖。

（3）2015年《武汉会议纪要》

办理毒品犯罪案件，应当尽量将共同犯罪案件或者密切关联的上下游案件进行并案审理；因客观原因造成分案处理的，办案时应当及时了解关联案件的审理进展和处理结果，注重量刑平衡。

附　　录

最高人民法院《全国法院毒品案件审判工作会议纪要》（《昆明会议纪要》）

（法〔2023〕108号）

为全面贯彻落实党的二十大精神，深入学习贯彻习近平总书记对政法工作重要指示精神和中央政法工作会议精神，认真落实习近平总书记关于禁毒工作重要指示精神和党中央禁毒决策部署，进一步加强毒品案件审判工作，推进新时代新征程人民法院禁毒工作持续高质量发展，最高人民法院于2023年2月16日在云南省昆明市召开了全国法院毒品案件审判工作会议。参加会议的有各省、自治区、直辖市高级人民法院、解放军军事法院和新疆维吾尔自治区高级人民法院生产建设兵团分院主管刑事审判工作的副院长等。最高人民法院党组成员、副院长高憬宏、杨万明、沈亮、李勇出席会议，高憬宏、杨万明讲话。

会议深入学习了习近平总书记关于禁毒工作重要指示精神，总结了党的十八大以来人民法院禁毒工作取得的成绩，分析了当前我国毒品犯罪的总体形势和主要特点，研究了毒品案件审判工作面临的突出问题，明确了推进人民法院禁毒工作持续高质量发展的各项举措，并对当前和今后一段时期人民法院禁毒工作作出部署。

会议认为，最高人民法院2008年印发的《全国部分法院审理毒品犯罪案件工作座谈会纪要》（以下简称《大连会议纪要》）和2015年印发的《全国法院毒品犯罪审判工作座谈会纪要》（以下简称《武汉会议纪要》），较好地解决了毒品案件审判中存在的一些突出法律适用问题，在一定时期内发挥了重要指导作用。随着毒品犯罪形势不断发展变化，审判实践中出现了一些新情况新问题，需要及时应对、有效解决。与会代表对《大连会议纪要》和《武汉会议纪要》的内容进行了系统总结，对以上两个纪要没有作出规定或者规定不尽完善的突出问题进行了认真讨论，达成了共识。现纪要如下。

一、总体要求

禁毒工作事关国家安危、民族兴衰、人民福祉，厉行禁毒是党和政府的一贯立场和主张。党的十八大以来，在以习近平同志为核心的党中央坚强领导下，各地区、各有关部门按照国家禁毒委员会统一部署，深入开展新时代禁毒人民战争，全面落实综合治理措施，禁毒工作取得显著成效，禁毒斗争形势持续向好，彰显了党领导下中国特色毒品治理体系的强大优势。

依法审理毒品案件，积极开展禁毒工作，是人民法院担负的重要职责使命。各级人民法院始终坚持依法从严惩处毒品犯罪，持续加强毒品案件审判规范化建设，不断提升禁毒综合治理效能，各项工作取得明显成效，为推动禁毒斗争形势持续向好、推进更高水平的平安中国、法治中国建设提供了有力司法保障。

当前和今后一段时期，受国际国内多种因素影响，我国禁毒工作仍然面临诸多风险挑战，禁毒工作任务依然繁重艰巨。新时代新征程，各级人民法院要坚持以习近平新时代中国特色社会主义思想为指导，深入贯彻习近平法治思想，贯彻总体国家安全观，坚持以人民为中心的发展思想，深刻把握禁毒工作的政治性人民性法治性，进一步增强做好禁毒工作的政治责任感和历史使命感，充分发挥刑事审判职能，积极参与禁毒综合治理，推动人民法院禁毒工作持续高质量发展。

一是始终坚持党对禁毒工作的绝对领导。坚持党对禁毒工作的绝对领导，是走好中国特色毒品问题治理之路的根本要求，是打赢新时代禁毒人民战争、确保禁毒司法工作正确政治方向的根本保障。各级人民法院要把坚持和加强党的领导作为开展禁毒工作的首要政治要求，把党的领导贯穿禁毒工作各方面全过程。要深刻领悟“两个确立”的决定性意义，增强“四个意识”、坚定“四个自信”、做到“两个维护”，坚决贯彻落实习近平总书记关于禁毒工作重要指示精神和党中央禁毒决策部署。要自觉在同级党委领导下开展禁毒工作，及时向党委汇报法院禁毒工作情况，紧紧依靠党委政法委协调解决禁毒工作中遇到的问题。要加强法院党组对禁毒工作的组织领导，把禁毒工作纳入党组重要议事日程，压紧压实党组主体责任，统筹推进禁毒工作向纵深发展。

二是全面加强毒品案件审判工作。各级人民法院要毫不动摇地坚持依法从严惩处毒品犯罪，突出打击重点，注重打击效果，依法严惩源头性毒品犯罪、具有严重情节的毒品犯罪及主观恶性深、人身危险性大的毒品犯罪分子，加大对新型毒品犯罪、侵害青少年及危害农村地区毒品犯罪的惩处力度，依法严惩操纵、经营涉毒活动的黑恶势力、毒黑交织、枪毒合流的制贩毒团伙，深挖涉毒黑恶势力及其“保护伞”。要更加注重从经济上制裁毒品犯罪，加大涉毒资产追缴力度和财产刑判决执行力度，依法惩处涉毒洗钱和窝藏毒赃等下游犯罪。要织密刑事法网，对涉麻醉药品、精神药品及加工、贩卖非列管物质等行为，准确运用相关法律规定予以惩处，并促进行政执法与刑事司法有机衔接。要认真贯彻宽严相济刑事政策，在从严惩处的同时，做到宽以济严、宽严有度、罚当其罪。要牢牢把握案件质量生命线，坚决落实证据裁判原则，深入推进以审判为中心的刑事诉讼制度改革，严格规范审判程序，进一步提升毒品案件审判质效。

三是持续推进毒品案件审判规范化建设。各级人民法院要结合当地毒品犯罪形势特点，深入开展调查研究，及时总结审判经验，切实解决突出问题。要充分发挥典型案例的裁判规则引领作用，遴选毒品犯罪典型案例予以发布，并择优推荐参选指导性案例，为类案审判提供参考借鉴。各高级、中级人民法院要加大对下指导力度，在依法、有效发挥审判监督指导作用的同时，通过加强专业化队伍建设、召开专题会议、组织业务交流培训等，不断提高辖区法院毒品案件审判工作水平。最高人民法院将采取出台司法解释或者规范性文件、发布指导性案例等举措持续规范法律适用，通过案件审理、随案附函、集中通报等方式继续加强审判指导，并适时总结成熟实践经验，提出立法建议，推动完善相关法律。

四是不断完善参与禁毒综治工作机制。各级人民法院要主动延伸审判职能，落实好打防并举、综合施治方针，积极参与禁毒综合治理。要将禁毒宣传工作制度化，在“6.26”国际禁毒日期间等重要时间节点，集中开展禁毒宣传，形成严厉惩处毒品犯罪的强大声势。要健全常态化禁毒宣传机制，依托审判资源优势，采取多种形式开展日常禁毒法治教育，增强全社会尤其是青少年识毒、防毒、拒毒的意识和能力。要立足审判职能，就毒品案件审判中发现的治安隐患和社会管理漏洞，及时向有关部门提出加强源头治理、强化日常管理的司法建议，推动构建更为科学严密的禁毒防控体系。要树立禁毒工作“一盘棋”思想，在同级禁毒委员会组织协调下，认真履行成员单位职责，加强与其他部门、地区的沟通协作，在文件制定、信息共享、业务交流等方面建立长效合作机制，积极探索禁毒合作共治新举措，更好地凝聚禁毒工作合力。

二、罪名认定问题

（一）关于走私、贩卖、运输、制造、非法持有毒品行为

刑法第三百四十七条规定的走私、贩卖、运输、制造毒品罪

是选择性罪名，确定罪名时不以行为实施的先后、毒品数量或者危害大小排列，一律按照刑法条文规定的顺序表述。对同一宗毒品实施了不同种犯罪行为且有确凿证据证明的，应当按照犯罪行为的性质并列确定罪名，毒品数量不重复计算，不实行数罪并罚。对同一宗毒品可能实施了不同种犯罪行为，但根据证据只能认定其中一种或者几种行为，认定其他行为的证据不属确实、充分的，则按照依法能够认定的行为性质定罪。对不同宗毒品分别实施了不同种犯罪行为的，应对不同行为并列确定罪名，累计毒品数量，不实行数罪并罚。

检察机关起诉指控或者原审法院判决确定的选择性罪名不准确或顺序不当的，审理法院可以减少部分罪名或者改动罪名顺序；检察机关指控了相关犯罪事实，但未适用相应选择性罪名的，在充分听取控辩双方意见的基础上，可以根据审理认定的事实，增加或者变更为相应选择性罪名，但上诉案件不得加重刑罚或者对刑罚执行产生不利于被告人的影响。

对于从贩毒人员住所、车辆等处查获的毒品，一般应认定为其贩卖的毒品。确有证据证明查获的毒品并非贩毒人员用于贩卖，其行为另构成非法持有毒品罪、窝藏毒品罪等其他犯罪的，依法定罪处罚。

用毒品支付劳务报酬、偿还债务或者换取其他财产性利益的，以贩卖毒品罪定罪处罚。用毒品向他人换取毒品用于贩卖的，以贩卖毒品罪定罪处罚；双方以吸食为目的互换毒品，构成非法持有毒品罪等其他犯罪的，依法定罪处罚。

吸毒者因购买、存储毒品被查获，没有证据证明其有实施贩卖毒品等其他犯罪的故意，毒品数量达到刑法第三百四十八条规定的最低数量标准的，以非法持有毒品罪定罪处罚。吸毒者因运输毒品被查获，没有证据证明其有实施贩卖毒品等其他犯罪的故意，毒品数量达到上述最低数量标准的，一般以运输毒品罪定罪处罚。

购毒者接收贩毒者通过物流寄递方式交付的毒品，没有证据证明其有实施贩卖毒品等其他犯罪的故意，毒品数量达到刑法第三百四十八条规定的最低数量标准的，一般以非法持有毒品罪定罪处罚。代收者明知物流寄递的是毒品而代购毒者接收，没有证据证明其与购毒者有实施贩卖毒品等其他犯罪的共同故意，毒品数量达到上述最低数量标准的，对代收者一般以非法持有毒品罪定罪处罚。

制造毒品，除传统、典型的非法利用毒品原植物直接提炼和用化学方法加工、配制毒品的行为以外，还包括以改变毒品的成分和效用为目的用物理方法加工、配制毒品的行为。为欺骗购毒者或者逃避查缉等，对毒品掺杂使假，通过物理方法使毒品溶解、混合、吸附于某种物质，或者以自用为目的对少量毒品添加其他物质、改变形态的，不认定为制造毒品。

（二）关于代购毒品行为

明知他人实施毒品犯罪而为其代购毒品，未从中牟利的，以相关毒品犯罪的共犯论处。

代购者加价或者变相加价从中牟利的，以贩卖毒品罪定罪处罚。代购者收取、私自截留部分购毒款、毒品，或者通过在交通、食宿等开销外收取“介绍费”“劳务费”等方式从中牟利的，属于变相加价。代购者从托购者事先联系的贩毒者处，为托购者购买仅用于吸食的毒品，并收取、私自截留少量毒品供自己吸食的，一般不以贩卖毒品罪论处。

没有证据证明代购者明知他人实施毒品犯罪而为其代购毒品，代购者亦未从中牟利，代购毒品数量达到刑法第三百四十八条规定的最低数量标准，代购者因购买、存储毒品被查获的，以非法持有毒品罪定罪处罚；因运输毒品被查获的，一般以运输毒品罪定罪处罚。

对于辩称系代购毒品者，应当全面审查其所辩称的托购者、贩毒者身份、购毒目的、毒品价格及其实际获利等情况，综合判断其行为是否属于代购，并依照前述规定处理。向购毒者收取毒资并提供毒品，但购毒者无明确的托购意思表示，又没有其他证据证明存在代购行为的，一般以贩卖毒品罪定罪处罚。

（三）关于涉麻醉药品、精神药品行为

走私、贩卖、运输、制造国家规定管制的、没有医疗等合法用途的麻醉药品、精神药品的，一般以走私、贩卖、运输、制造毒品罪定罪处罚。

确有证据证明出于治疗疾病等相关目的，违反药品管理法规，未取得药品相关批准证明文件，生产国家规定管制的麻醉药品、精神药品，进口在境外也未合法上市的国家规定管制的麻醉药品、精神药品，或者明知是上述未经批准生产、进口的国家规定管制的麻醉药品、精神药品而予以销售，构成妨害药品管理罪的，依法定罪处罚。

明知是走私、贩卖毒品的犯罪分子或者吸毒人员，而向其贩卖国家规定管制的、具有医疗等合法用途的麻醉药品、精神药品的，以贩卖毒品罪定罪处罚。依法从事生产、运输、管理、使用国家规定管制的麻醉药品、精神药品的人员，实施刑法第三百五十五条规定的行为的，区分不同情形，分别以非法提供麻醉药品、精神药品罪或者贩卖毒品罪定罪处罚。

确有证据证明出于治疗疾病等相关目的，违反有关药品管理的国家规定，未经许可经营国家规定管制的、具有医疗等合法用途的麻醉药品、精神药品的，不以毒品犯罪论处；情节严重，构成其他犯罪的，依法处理。实施带有自救、互助性质的上述行为，一般可不作为犯罪处理；确须追究刑事责任的，应依法充分体现从宽。

因治疗疾病需要，在自用、合理数量范围内携带、寄递国家规定管制的、具有医疗等合法用途的麻醉药品、精神药品进出境的，不构成犯罪。

明知他人利用麻醉药品、精神药品实施抢劫、强奸等犯罪仍向其贩卖，同时构成贩卖毒品罪和抢劫罪、强奸罪等犯罪的，依照处罚较重的规定定罪处罚。案件存在其他情形，符合数罪并罚条件的，依法定罪处罚。

（四）关于其他涉毒行为

利用信息网络，设立用于实施贩卖毒品，非法买卖制毒物品，引诱、教唆、欺骗他人吸毒或者传授制造毒品、非法生产制毒物品的方法等违法犯罪活动的网站、通讯群组，或者发布实施上述违法犯罪活动的信息，情节严重的，以非法利用信息网络罪定罪处罚。实施上述行为，同时构成贩卖毒品罪、非法买卖制毒物品罪、引诱、教唆、欺骗他人吸毒罪、传授犯罪方法罪等犯罪的，依照处罚较重的规定定罪处罚。利用信息网络，组织他人吸毒，构成引诱、教唆、欺骗他人吸毒罪等犯罪的，依法定罪处罚。

盗窃、抢夺或者抢劫毒品，构成盗窃罪、抢夺罪或者抢劫罪的，根据情节轻重依法量刑。盗窃、抢夺或者抢劫毒品后实施贩卖毒品等毒品犯罪的，依法数罪并罚。

不以提炼毒品或者非法买卖为目的，种植罂粟、大麻等毒品原植物，构成非法种植毒品原植物罪的，可以酌情从宽处罚；犯罪情节轻微不需要判处刑罚的，可以免予刑事处罚。

三、毒品数量、含量问题

走私、贩卖、运输、制造、非法持有刑法、司法解释明确规定了定罪量刑数量标准的毒品的，按照相关标准依法定罪量刑。对于刑法、司法解释未规定定罪量刑数量标准的毒品，参考已有折算标准，综合考虑其毒害性、滥用情况、受管制程度、纯度及犯罪形势、交易价格等因素，依法定罪量刑。涉案毒品既无定罪量刑数量标准，亦无折算标准的，应当委托有关专业机构确定涉案毒品的致瘾癖性、毒害性、纯度等，综合考虑其滥用情况、受管制程度及犯罪形势、交易价格等因素，依法定罪量刑。

走私、贩卖、运输、制造、非法持有两种以上毒品，刑法、司法解释明确规定了定罪量刑数量标准的，可以根据现有定罪量刑数量标准，将不同种类的毒品分别折算为海洛因的数量，以折算后累加的毒品总量作为定罪量刑的根据，但在裁判文书中，应当客观表述涉案毒品的种类和数量，不表述折算的毒品数量；刑法、司法解释未规定定罪量刑数量标准的，参照前述规定，综合考虑相关因素，依法定罪量刑。

根据现有证据能够认定被告人实施了毒品犯罪，但未查获毒品实物的，应当根据在案证据依法认定毒品数量。有确实、充分的证据证实毒品交易金额和单价的，可以据此认定毒品数量。制造毒品的，不应单纯根据制毒原料制成毒品率估算毒品数量。无法根据现有证据认定涉案毒品具体数量的，可以在事实部分客观表述毒品交易的金额、次数或者制毒原料的数量等，表明其实施毒品犯罪的情节、危害。对于未查获实物的甲基苯丙胺片剂（俗称“麻古”等，下同）、MDMA 片剂（俗称“摇头丸”）等混合型毒品，可以根据在案证据证明的毒品粒数，参考相关案件中查获的同类毒品的一般重量计算毒品数量；在裁判文书中，则只客观表述根据在案证据认定的毒品粒数。

对于有吸毒情节的贩毒人员，一般应当按照其购买的毒品数量认定其贩毒数量，量刑时酌情考虑其吸食毒品的情节；购买的毒品数量无法查明的，按照能够证明的贩卖数量及查获的毒品数量认定其贩毒数量；确有证据证明其购买的部分毒品并非用于贩卖的，不计入其贩毒数量。

除司法解释另有规定或者为了逃避查缉等临时改变毒品常规

形态的情形外，一般均应将查证属实的毒品数量认定为毒品犯罪的数量，并据此确定适用的法定刑幅度。涉案毒品纯度明显低于同类毒品的正常纯度的，量刑时可酌情考虑。

毒品成品、半成品的数量应当全部认定为制造毒品的数量，废液、废料不计入制造毒品的数量。制毒废液、废料的认定，可以根据其残存毒品成分的含量、外观形态、存放的容器和位置，结合被告人对制毒过程、查获毒品疑似物性质的供述和辩解等证据进行分析判断，必要时可以听取专业机构意见。

对于查获的相关毒品，未根据《最高人民法院、最高人民检察院、公安部办理毒品犯罪案件毒品提取、扣押、称量、取样和送检程序若干问题的规定》第三十三条进行鉴定的，应当要求公安机关委托鉴定机构进行含量鉴定。

对于含有两种以上毒品成分的混合型毒品，应当根据相关成分和含量鉴定，确定其所含不同毒品的成分及比例，并根据主要毒品成分和具体形态认定毒品种类、确定名称。混合型毒品中含有海洛因或者甲基苯丙胺（冰毒，下同）成分的，一般以海洛因或者甲基苯丙胺分别认定毒品种类；不含海洛因、甲基苯丙胺成分，或者海洛因、甲基苯丙胺含量极低的，可以根据混合型毒品中其他定罪量刑数量标准较低且含量较高的毒品成分认定毒品种类，并在量刑时综合考虑其他毒品的成分、含量和全案毒品数量。

四、共同犯罪问题

（一）一般规定

对于毒品共同犯罪，根据现有证据能够区分主从犯的，应当依法认定，不能因为涉案毒品数量巨大，就不加区分一律将在案被告人认定为主犯，或者实际上都按主犯处罚。部分涉案人员未到案，根据现有证据能够认定系共同犯罪，或者能够认定在案被告人系共同犯罪中的主犯的，应当依法认定。确有证据证明在案被告人起次要或者辅助作用的，不能因为部分共同犯罪人未到案而不认定为从犯，甚至认定为主犯或者实际上按主犯处罚。

区分毒品共同犯罪中的主犯和从犯，应当从犯意提起、具体分工、出资或者占有毒品的比例、约定或者实际分得毒赃的多少及共犯之间的相互关系等方面，准确认定共同犯罪人的地位和作用。为主出资者、毒品所有者或者起意、策划、纠集、组织、指使、雇用他人参与犯罪等起主要作用的，是主犯；起次要或者辅助作用的，是从犯。受指使、雇用实施毒品犯罪的，应当根据其在共同犯罪中具体发挥的作用准确认定为主犯或者从犯。对于在共同犯罪中起次要或者辅助作用的被告人，不能因其具有累犯、毒品再犯等从重处罚情节，而认定为主犯或者实际上按主犯处罚。

应当准确认定共同犯罪人的涉案毒品数量，并非对所有共同犯罪人均按照涉案毒品的总数量认定处罚。对毒品犯罪集团的首要分子，应当按照集团毒品犯罪的总数量认定处罚。对一般共同犯罪的主犯，应当按照其所参与的或者组织、指挥的毒品犯罪的数量认定处罚。对从犯，应当按照其所参与的毒品犯罪的数量认定处罚。

毒品共同犯罪中有多个主犯的，应当在全面考察各主犯实际发挥作用的差别、具体犯罪情节、危害后果的差异及主观恶性、人身危险性不同的基础上，对其中罪行更为严重者依法判处更重的刑罚。

对于从犯的处罚，不同的毒品案件不能简单类比。本案从犯的涉案毒品数量可能大于他案主犯，但对本案从犯的处罚并非必然重于他案主犯。依法认定为从犯的，无论主犯是否到案，也无论其涉案毒品数量是否大于他案主犯，均应依法从轻、减轻或者免除处罚。

（二）关于居间介绍买卖毒品

对于居间介绍买卖毒品行为，应当准确认定，并与居中倒卖毒品行为相区别。居间介绍者在毒品交易中处于中间人地位，发挥介绍联络作用，通常与交易一方构成共同犯罪，但不以牟利为要件。受购毒者或者贩毒者委托，为其提供交易信息、介绍交易对象、居中协调交易数量、价格，或者提供其他帮助，促成毒品交易的，属于居间介绍买卖毒品。居中倒卖者则属于毒品交易主体，与前后环节的交易对象是上下家关系，直接与上家、下家联系，自主决定交易毒品的数量、价格并赚取差价。

受贩毒者委托，为其居间介绍贩卖毒品的，与贩毒者构成贩卖毒品共同犯罪。明知购毒者以贩卖为目的购买毒品，受委托为其介绍联络贩毒者的，与购毒者构成贩卖毒品共同犯罪。受以吸食为目的的购毒者委托，为其提供购毒信息或者介绍认识贩毒者，毒品数量达到刑法第三百四十八条规定的最低数量标准的，一般与购毒者构成非法持有毒品共同犯罪；同时与贩毒者、购毒者共谋，联络促成双方交易的，与贩毒者构成贩卖毒品共同犯罪。

居间介绍者实施帮助行为，对促成毒品交易起次要或者辅助作用，一般应当认定为从犯。以居间介绍者的身份介入毒品交易，但在交易中实际已超出居间介绍者的地位，对交易的发起和达成起重要作用的，可以认定为主犯。

（三）关于运输毒品共同犯罪

二人以上同行运输毒品的，应当从是否明知他人带有毒品、有无共同运输毒品的犯意联络、有无实施配合、掩护他人运输毒品的行为等方面，综合审查认定是否构成共同犯罪。

受雇于同一雇主同行运输毒品，但受雇者之间没有共同犯罪故意，或者虽然明知他人受雇运输毒品，但各自的运输行为相对独立，既未实施配合、掩护他人运输毒品的行为，又分别按照各自运输的毒品数量获取报酬的，不认定为共同犯罪，受雇者对各自运输的毒品承担刑事责任。受雇于同一雇主分段运输同一宗毒品，但受雇者之间没有共谋的，也不认定为共同犯罪。雇用他人运输毒品的雇主，以及其他对受雇者起到一定组织、指挥作用的人员，与各受雇者分别构成运输毒品共同犯罪，对运输的全部毒品承担刑事责任。

五、死刑适用问题

要毫不动摇地坚持依法从严惩处毒品犯罪的方针，突出打击重点，依法严惩走私、制造和大宗贩卖毒品等源头性犯罪，依法严惩毒品犯罪集团首要分子、职业毒犯、累犯、毒品再犯等犯罪分子，依法严惩具有武装掩护毒品犯罪、以暴力抗拒查缉情节严重、参与有组织的国际贩毒活动等严重情节的犯罪分子，对其中罪行极其严重、依法应当判处死刑的，坚决依法判处，充分发挥死刑对于预防和惩治毒品犯罪的重要作用。同时，应当全面、准确地贯彻宽严相济刑事政策，体现区别对待，做到罚当其罪，综合考虑毒品数量、犯罪性质、情节、危害后果及被告人的主观恶性、人身危险性等因素，严格审慎地决定死刑适用，确保死刑只适用于极少数罪行极其严重的犯罪分子。

（一）一般规定

毒品数量是量刑的重要情节，但不是唯一情节。在对被告人决定死刑适用时，应当坚持“毒品数量＋其他情节”的标准，不能仅因涉案毒品数量远超过实际掌握的死刑适用数量标准，就不加区分地判处一案多名被告人死刑，还应充分考虑不同被告人的不同犯罪情节。

毒品数量接近实际掌握的死刑适用数量标准，具有累犯，毒品再犯，利用、教唆未成年人走私、贩卖、运输、制造毒品，或者向未成年人出售毒品等法定从重处罚情节的，可以判处被告人死刑。

毒品数量刚超过实际掌握的死刑适用数量标准，具有多次走私、贩卖、运输、制造毒品，向多人贩卖毒品，在戒毒、监管场所贩卖毒品，向在校学生贩卖毒品，组织、利用残疾人等特定人员实施毒品犯罪，或者国家工作人员利用职务便利实施毒品犯罪等情节的，可以判处被告人死刑。

毒品数量达到实际掌握的死刑适用数量标准，具有下列情形之一的，可以不判处被告人死刑：（1）被告人自首或者立功的；（2）已查明的毒品数量未达到实际掌握的死刑适用数量标准，被告人到案后坦白司法机关尚未掌握的其他毒品犯罪，累计数量达到实际掌握的死刑适用数量标准的；（3）经鉴定，毒品纯度明显低于同类毒品正常纯度，掺杂掺假后数量达到实际掌握的死刑适用数量标准，或者有证据表明毒品纯度明显偏低但因客观原因无法鉴定的；（4）原本意图实施的毒品犯罪数量未达到实际掌握的死刑适用数量标准，确系或者不排除因受隐匿身份人员引诱，毒品数量达到实际掌握的死刑适用数量标准的；（5）其他不是必须判处死刑的。

毒品数量达到实际掌握的死刑适用数量标准，同时具有法定、酌定从严和从宽处罚情节的，应当在全面考察犯罪的事实、性质、情节和对社会危害程度的基础上，结合被告人的主观恶性、人身危险性等因素，审慎决定是否适用死刑。

审理毒品死刑案件，应当严格贯彻证据裁判原则，始终坚持证据审查判断认定的最高标准和最严要求，确保办案质量。全案未查获毒品的，一般不判处被告人死刑。主要犯罪事实中未查获毒品的，判处被告人死刑应当特别慎重。

（二）关于毒品共同犯罪的死刑适用

毒品共同犯罪案件的死刑适用，应当与涉案毒品数量、犯罪情节、社会危害性及被告人的主观恶性、人身危险性相适应。

涉案毒品数量超过实际掌握的死刑适用数量标准，但未达到数量巨大，依法应当判处死刑的，要进一步区分主犯间的罪责大小，一般只对其中罪责最大的一名主犯判处死刑。涉案毒品数量达到巨大以上，两名以上主犯的罪责均很突出，或者罪责稍小的主犯具有法定从重处罚情节，判处二人以上死刑符合罪刑相适应原则，并利于实现全案量刑平衡的，可以依法判处。涉案毒品数量刚超过实际掌握的死刑适用数量标准，共同犯罪人地位和作用相当或者责任大小难以区分，且均不具有法定从重处罚情节的，可以不判处被告人死刑。

对于部分共同犯罪人未到案的毒品案件，在案被告人罪行最为严重，或者在案被告人与未到案共同犯罪人均属罪行极其严重，即使共同犯罪人到案也不影响对在案被告人适用死刑的，可以依法判处在案被告人死刑。在案被告人的罪行不足以判处死刑，或者根据已查明的事实全案只宜判处未到案共同犯罪人死刑的，不能因为共同犯罪人未到案而对在案被告人适用死刑。在案被告人与未到案共同犯罪人的罪责大小难以准确认定，进而影响准确适用死刑的，不应对在案被告人判处死刑。

（三）关于毒品上下家犯罪的死刑适用

对于贩卖毒品的上下家，应当结合其贩毒数量、次数及对象范围，犯罪的主动性，对促成交易所发挥的作用，犯罪后果等因素，综合考虑其主观恶性和人身危险性，决定是否适用死刑。

对于买卖同宗毒品的上下家，涉案毒品数量超过实际掌握的死刑适用数量标准，但未达到数量巨大的，一般不同时判处死刑；上家持毒待售或者已掌握毒品来源，主动联络销售毒品，积极促成毒品交易的，可以考虑判处上家死刑；下家积极筹资，主动向上家约购毒品，对促成毒品交易起更大作用的，可以考虑判处下家死刑。涉案毒品数量达到巨大以上的，也应综合考量上述因素决定死刑适用，同时判处上下家死刑符合罪刑相适应原则，并利于实现全案量刑平衡的，可以依法判处。

多名共同犯罪人、上下家针对同宗或者部分同宗毒品实施犯罪的，综合运用前述毒品共同犯罪、上下家犯罪的死刑适用原则予以处理。

（四）关于运输毒品犯罪的死刑适用

对于运输毒品犯罪，应当准确把握打击重点。依法严惩运输毒品犯罪集团首要分子，组织、指使、雇用他人运输毒品的主犯或者职业毒犯、毒品再犯，以及具有武装掩护运输毒品、以暴力抗拒查缉情节严重、以运输毒品为业、多次运输毒品等严重情节的被告人，对其中依法应当判处死刑的，坚决依法判处。

对于涉嫌为实施走私、贩卖、制造毒品犯罪而运输毒品，由于认定走私、贩卖、制造毒品犯罪的证据不充分而认定为运输毒品犯罪的被告人，在决定死刑适用时，应当与单纯受指使、雇用为他人运输毒品的情形有所区别。

对于受人指使、雇用运输毒品的被告人，应当充分考虑其在毒品犯罪链条中所处的地位和实际发挥的作用，体现区别对待，不能单纯根据涉案毒品数量大小或者所获报酬多少决定死刑适用。要综合考虑其运输毒品的次数和距离、犯罪的主动性和独立性、在共同犯罪中的地位和作用、社会危害大小、获利方式、主观恶性、人身危险性，结合毒品数量等因素，慎重适用死刑。对于确属受人指使、雇用运输毒品的被告人，具有不排除系初次运输毒品；被雇用者严密指挥或同行人员监视，从属性、辅助性明显；与雇用者同行运输毒品，处于被支配地位；或者确因急迫生活困难而运输毒品等情形之一的，即使毒品数量超过实际掌握的死刑适用数量标准，也可以不判处死刑。对于不能排除受人指使、雇用运输毒品的被告人，符合上述条件的，也可以考虑不判处死刑。

多人受雇同行或者分段运输毒品的，在决定死刑适用时，除各被告人运输毒品的数量外，还应当综合考虑其具体犯罪情节、参与犯罪程度、与雇用者的关系及其主观恶性、人身危险性等因素，同时判处二人死刑应当特别慎重。

（五）关于制造毒品犯罪的死刑适用

制造毒品是源头性犯罪，应当充分体现从严惩处的政策要求。已经制出粗制毒品或者半成品的，以制造毒品罪的既遂论处。应当综合考虑被告人制造毒品的种类、次数、规模，有无制出毒品成品，被查获时所处的制毒阶段，制出的毒品成品、半成品或者粗制毒品的数量、性状、含量及造成的危害后果等因素，决定死刑适用。

已制出的毒品成品数量达到实际掌握的死刑适用数量标准，又无法定、酌定从宽处罚情节的，可以判处被告人死刑。没有证据证明被告人曾制出毒品成品，仅查获毒品半成品，或者现有证据表明由于制毒原料、方法等问题实际无法制出毒品成品的，不得判处被告人死刑。已制出的毒品成品数量未达到实际掌握的死刑适用数量标准，或者仅制出粗制毒品的，判处被告人死刑应当慎重。

（六）关于非传统毒品犯罪的死刑适用

甲基苯丙胺片剂中的甲基苯丙胺含量相对较低，危害性亦有所不同，其死刑适用数量标准可以按照甲基苯丙胺的2倍左右掌握。

综合考虑致瘾癖性、毒害性、滥用范围和犯罪形势等因素，氯胺酮（俗称“K粉”，下同）的死刑适用数量标准可以按照海洛因的10倍以上掌握。走私、贩卖、制造氯胺酮，数量超过上述标准，且犯罪情节严重、社会危害大，或者具有法定从重处罚情节的，可以判处死刑。

涉案毒品为刑法、司法解释未规定定罪量刑数量标准的新类型毒品的，一般不判处被告人死刑。对于刑法、司法解释规定了定罪量刑数量标准的新类型毒品，实施走私、制造或者大宗贩卖等源头性犯罪，毒品数量远超过实际掌握的死刑适用数量标准，被告人系犯罪集团首要分子、其他罪责更为突出的主犯，或者具有法定从重处罚情节，不判处死刑难以体现罚当其罪的，可以判处死刑。

（七）关于死缓限制减刑的适用

对于实施毒品犯罪论罪应当判处死刑，因案件的具体情况而被判处死缓的累犯，具有武装掩护毒品犯罪，以暴力抗拒查缉情节严重，或者曾因暴力犯罪被判处十年有期徒刑以上刑罚等情形之一的，为实现罚当其罪、确保量刑平衡，可以决定限制减刑。

六、主观明知认定问题

被告人到案后否认明知是毒品的，应当综合运用在案证据加以证明，必要时可要求检察机关补充提供相关证据。综合被告人供述，相关证人证言，从涉毒场所、物品上提取的痕迹、生物检材，从被告人体内或者贴身隐秘处查获的毒品，从被告人体表、随身物品上提取的毒品残留物，以及调取的物流寄递单据、资金交易记录、通信记录、行程轨迹信息等证据，足以证明被告人明知是毒品的，可以依法认定。

被告人到案后否认明知是毒品，又缺乏其他证据证明其明知的，可以根据其实施毒品犯罪的方式、过程及毒品被查获时的情形，结合其年龄、文化程度、生活状况、职业背景、是否有毒品违法犯罪经历及与共同犯罪人之间的关系等情况，综合分析判断。运用此方法认定明知的，应当认真审查被告人的辩解是否有事实依据、对异常行为的解释是否合理、是否存在被蒙骗的可能等，防止认定错误，在决定对被告人是否适用死刑时更要特别慎重。

具有下列情形之一，被告人不能作出合理解释的，可以认定其明知走私、贩卖、运输、非法持有的是毒品，但有证据证明其确实不知情或者确系被蒙骗的除外：（1）执法人员在口岸、机场、车站、港口、邮局、快递站点等场所检查时，要求申报为他人运输、携带、寄递的物品和其他毒品疑似物，并告知法律责任，但被告人未如实申报，在其运输、携带、寄递的物品中查获毒品的；（2）以伪报、藏匿、伪装等蒙蔽手段逃避海关、边防等检查，或者行程路线故意绕开检查站点，在其运输、携带、寄递的物品中查获毒品的；（3）在执法人员检查时有逃跑、藏匿、丢弃、试图销毁其携带的物品、弃车逃离或者其他逃避、抗拒检查行为，在其携带的物品或者遗弃的车辆中查获毒品的；（4）采用高度隐蔽方式运输、携带、交接物品，明显违背合法物品的惯常运输、携带、交接方式，从中查获毒品的；（5）以虚假的身份、地址或者物品名称办理托运、寄递手续，从托运、寄递的物品中查获毒品的；（6）采用隐匿真实身份、支付不等值报酬等不合理方式，指使、雇用他人运输、携带、寄递物品或者代为接收物流寄递的物品，从中查获毒品的；（7）为获取不同寻常的高额、不等值报酬，为他人运输、携带、寄递物品或者接收物流寄递的物品，从中查获毒品的；（8）其他可以认定被告人明知的情形。

七、隐匿身份人员实施侦查案件的处理问题

对于有证据证明被告人正在准备或者已经着手实施毒品犯罪，隐匿身份人员采取贴靠、接洽手段破获案件，不存在犯罪引诱的，应当依法处理。

隐匿身份人员在侦查活动中违反刑事诉讼法等相关规定，诱使本无犯意的人实施毒品犯罪的，属于“犯意引诱”。隐匿身份人员向被引诱人提供毒品或者毒资、购毒渠道的，其所提供的毒品、毒资、被引诱人从其提供的渠道购买的毒品及其证实被引诱人实施毒品犯罪的证据材料，不得作为认定被引诱人实施毒品犯罪的证据。排除上述证据后，在案证据达不到认定被引诱人有罪的证明标准的，应当依法作出证据不足、指控的犯罪不能成立的无罪判决。

隐匿身份人员诱使他人超出其原本意图实施的毒品犯罪数量，实施了更大数量的毒品犯罪的，属于“数量引诱”。对于因受“数量引诱”实施毒品犯罪的被告人，一般应当从轻处罚。特别是对于因受“数量引诱”而实施了对应更高量刑幅度或刑种的毒品犯罪的被告人，量刑时更应充分体现从宽。

被引诱人又诱使本无犯意的其他人实施毒品犯罪，或者诱使其他人超出原本意图实施了更大数量的毒品犯罪的，属于“间接引诱”。对于受“间接引诱”实施毒品犯罪的被告人，参照前述关于“犯意引诱”或者“数量引诱”的规定处理。

存在或者不排除存在其他不规范使用隐匿身份人员实施侦查的情形，影响定罪量刑的，应当作出有利于被告人的处理。

八、自首、立功问题

毒品犯罪中的自首情节具有较高司法价值，对于自首的被告人，一般应当依法从宽处罚。对于积极响应司法机关发布的敦促涉毒在逃人员投案自首通告，在通告期限内自行或者经亲属劝说、陪同投案，并如实供述犯罪事实的被告人，从宽处罚的幅度应当更大；有的虽不构成自首，量刑时也应充分考虑其自动投案情节，尽可能地兑现政策。

认定立功情节，应当充分考虑毒品犯罪线索发现、案件侦破及抓捕工作的特殊性。按照公安机关的安排，经现场或即时视频通讯方式指认、辨认其他犯罪嫌疑人（包括同案犯），或者通过打电话、发信息、即时通讯等方式将其他犯罪嫌疑人（包括同案犯）约至指定地点，公安机关据此抓获该人员的；以及通过打电话、发信息、即时通讯等方式稳控其他犯罪嫌疑人（包括同案犯），对抓获该人员起到实质性协助作用的，可以认定为协助公安机关抓捕其他犯罪嫌疑人（包括同案犯）。具有到案后规劝其他犯罪嫌疑人（包括同案犯）投案、提供线索协助公安机关查获大量案外毒品等情形之一的，可以认定为其他有利于国家和社会的突出表现。

被告人提供毒品共同犯罪人、上下家的姓名、住址、体貌特征等基本情况，或者提供犯罪前、犯罪中使用、掌握的上述人员的联络方式、藏匿地址，公安机关据此抓获该人员的，虽不认定有立功表现，但量刑时可酌情考虑。

对于具有立功情节的被告人，是否从宽处罚及从宽处罚的幅度，应当根据犯罪性质、具体情节、危害后果、毒品数量及其主观恶性、人身危险性，结合立功的类型、价值大小等因素综合考量，以功是否足以抵罪为标准。对于部分被告人具有立功情节的案件，要注意共同犯罪人及上下家之间的量刑平衡。犯罪集团首要分子、罪责相对较大的主犯检举揭发其他罪行相对较轻的犯罪分子，或者协助抓获从犯、罪责相对较小的主犯构成立功的，量刑时应当从严掌握，如果被告人罪行极其严重，只有一般立功表现，功不足以抵罪的，可不予从宽处罚；如果其检举揭发的是其他案件中罪行同样严重的犯罪分子，或者协助抓获的是其他首要分子、罪责相对较大的主犯，功足以抵罪的，可以从轻或者减轻处罚。对于从犯、罪责相对较小的主犯立功，特别是协助抓获首要分子、罪责相对较大的主犯的，应当充分体现政策，依法从轻、减轻或者免除处罚。

九、累犯、毒品再犯问题

根据刑法规定，因走私、贩卖、运输、制造、非法持有毒品罪被判过刑的被告人，无论是在刑罚执行完毕或者赦免后，还是在缓刑、假释、暂予监外执行期间或者缓刑考验期满后，又犯刑法分则第六章第七节规定之罪的，均应认定为毒品再犯。对于上述在前罪缓刑、假释或者暂予监外执行期间又犯罪的被告人，应当对其所犯新的毒品犯罪依法从重处罚后，再与前罪依法并罚。

累犯、毒品再犯是法定从重处罚情节，即使本次毒品犯罪情节较轻，也要体现从严惩处的精神。尤其对于曾因严重暴力犯罪被判刑的累犯、刑罚执行完毕后短期内又实施毒品犯罪的再犯，以及在缓刑、假释或者暂予监外执行期间又实施毒品犯罪的再犯，应当严格依法从重处罚。

对于同时构成累犯和毒品再犯的被告人，在裁判文书中应当同时引用刑法关于累犯和毒品再犯的条款。对于因同一毒品犯罪前科同时构成累犯和毒品再犯的，量刑时不得重复从重处罚。对于因不同犯罪前科分别构成累犯和毒品再犯的，从重处罚幅度一般应大于上述情形。对于因不同现行犯罪分别构成累犯和毒品再犯的，应当对其所犯各罪分别予以从重处罚。

十、特定人员参与毒品犯罪问题

对于毒品犯罪分子为逃避打击，组织、利用残疾人、严重疾病患者、怀孕或者正在哺乳自己婴儿的妇女等特定人员实施毒品犯罪的案件，要做到区别对待，依法准确惩处。对于利用、教唆上述特定人员实施毒品犯罪的组织者、指挥者和教唆者，应当依法从严惩处，该判处重刑直至死刑的，坚决依法判处。对于被利用、被诱骗参与毒品犯罪的特定人员，可以从宽处罚。

对于利用自身特殊状况积极实施毒品犯罪，以及曾在取保候审、监视居住或者暂予监外执行期间又实施毒品犯罪的特定人员，应当从严把握上述强制措施和暂予监外执行的适用条件。

十一、涉案财物处理、财产刑适用问题

应当更加注重从经济上制裁毒品犯罪，切实加大制裁力度，依法追缴被告人的违法所得及其收益，充分发挥财产刑的作用。不能因为被告人没有财产，或者其财产难以查清、难以分割或者

难以执行，就不判处财产刑或者判处与主刑不相匹配的财产刑。对于未依照相关规定，全面收集证明被告人财产状况的证据并随案移送财产清单和相关证据材料的，应当要求有关机关收集并移送。

应当更加注重审查证明涉案财物及其孳息的来源、性质、用途和权属情况的证据，并在裁判文书中写明对涉案财物及其孳息的具体处理情况。对查封、扣押、冻结的财物及其孳息，经查确属毒品犯罪的违法所得及其收益、供毒品犯罪所用的本人财物或者依法应当追缴的其他涉案财物的，应当判决没收上缴国库，但法律另有规定的除外。对于被告人将依法应当追缴的毒品犯罪涉案财物用于投资、置业，因此形成的财产及其收益；或者将依法应当追缴的毒品犯罪涉案财物与其他合法财产共同用于投资、置业，因此形成的财产中与涉案财物对应的份额及其收益，均应予以追缴。

审理黑社会性质组织、恶势力组织实施的毒品犯罪案件，依法应当追缴、没收的涉案财产无法找到、灭失或者与其他合法财产混合且不可分割的，可以判决追缴、没收其他等值财产或者混合财产中的等值部分。有证据证明被告人在毒品犯罪期间获得的财产高度可能属于黑社会性质组织犯罪的违法所得及其孳息、收益，被告人不能说明财产合法来源的，应当判决追缴、没收。

重大毒品犯罪案件的犯罪嫌疑人、被告人逃匿，在通缉一年后不能到案，或者犯罪嫌疑人、被告人死亡，依照刑法规定应当追缴其违法所得及其他涉案财产的，适用刑事诉讼法有关犯罪嫌疑人、被告人逃匿、死亡案件违法所得没收程序审理。经审理认为申请没收的财产高度可能属于违法所得及其他涉案财产的，应当裁定没收。

判处罚金刑，应当结合毒品犯罪的性质、情节、危害后果及被告人的获利情况、经济状况等因素，合理确定罚金数额。对于决定并处没收财产的毒品犯罪，判处被告人有期徒刑的，应当按照上述确定罚金数额的原则，确定没收个人部分财产的数额；判处无期徒刑的，可以并处没收个人全部财产；判处死缓或者死刑的，应当并处没收个人全部财产。

十二、缓刑适用及减刑、假释问题

应当从严掌握毒品犯罪被告人的缓刑适用条件。对于毒品再犯，一般不适用缓刑。对于不能排除有多次贩毒嫌疑的零包贩毒被告人，因认定构成贩卖毒品等犯罪的证据不足而认定为非法持有毒品罪的被告人，以及引诱、教唆、欺骗、强迫他人吸毒的被告人，应当严格控制缓刑适用。

对于具有犯罪集团首要分子、累犯、毒品再犯等情节的毒品罪犯，应当从严掌握减刑条件，适当延长减刑起始时间、间隔时间，严格控制减刑幅度。应当严格审查毒品罪犯履行生效裁判中财产性判项的能力，对于确有履行能力而不履行或者不全部履行相关财产性判项的，一般不认定其确有悔改表现。对于刑法未禁止假释的上述毒品罪犯，应当严格控制假释适用。

十三、管辖问题

毒品犯罪的犯罪地，包括犯罪预谋地，毒资筹集地，交易进行地，毒品制造地，毒品和毒资、毒赃的藏匿地、转移地，走私或者贩运毒品的途经地、目的地等。主要利用计算机网络实施的毒品犯罪，犯罪地还包括用于实施犯罪行为的网络服务使用的服务器所在地，网络服务提供者所在地，犯罪过程中被告人、被害人使用的信息网络系统所在地等。

对于毒品案件中一人犯数罪、上下家犯罪、共同犯罪及共同犯罪的被告人实施其他犯罪的，一般应当并案审理。对于上下家犯罪的被告人实施的其他犯罪，以及他人实施的包庇毒品犯罪分子、窝藏毒品、为毒品犯罪洗钱等关联犯罪，并案审理有利于查明案件事实的，可以并案审理。对于分案起诉的毒品共同犯罪或者关联犯罪案件，合并审理更有利于查明案件事实、保障诉讼权利、准确定罪量刑的，可以并案审理。

因客观原因造成毒品共同犯罪或者密切关联的上下家犯罪分案审理且无法并案的，应当及时了解关联案件的审理进展和处理结果，充分保障被告人的质证权等诉讼权利，并注重量刑平衡。

最高人民法院办公厅秘书一处

2023 年 6 月 29 日印发

最高人民法院、最高人民检察院《关于常见犯罪的量刑指导意见（试行）》（节录）

（法发〔2021〕21 号）

（二十）走私、贩卖、运输、制造毒品罪

1. 构成走私、贩卖、运输、制造毒品罪的，根据下列情形在相应的幅度内确定量刑起点：

（1）走私、贩卖、运输、制造鸦片一千克，海洛因、甲基苯丙胺五十克或者其它毒品数量达到数量大起点的，量刑起点为十五年有期徒刑。依法应当判处无期徒刑以上刑罚的除外。

（2）走私、贩卖、运输、制造鸦片二百克，海洛因、甲基苯丙胺十克或者其它毒品数量达到数量较大起点的，在七年至八年有期徒刑幅度内确定量刑起点。

（3）走私、贩卖、运输、制造鸦片不满二百克，海洛因、甲基苯丙胺不满十克或者其他少量毒品的，可以在三年以下有期徒刑、拘役幅度内确定量刑起点；情节严重的，在三年至四年有期徒刑幅度内确定量刑起点。

2. 在量刑起点的基础上，根据毒品犯罪次数、人次、毒品数量等其他影响犯罪构成的犯罪事实增加刑罚量，确定基准刑。

3. 有下列情节之一的，增加基准刑的 10%–30%：

（1）利用、教唆未成年人走私、贩卖、运输、制造毒品的；

（2）向未成年人出售毒品的；

（3）毒品再犯。

4. 有下列情节之一的，可以减少基准刑的30%以下：

（1）受雇运输毒品的；

（2）毒品含量明显偏低的；

（3）存在数量引诱情形的。

5. 构成走私、贩卖、运输、制造毒品罪的，根据走私、贩卖、运输、制造毒品的种类、数量、危害后果等犯罪情节，综合考虑被告人缴纳罚金的能力，决定罚金数额。

6. 构成走私、贩卖、运输、制造毒品罪的，综合考虑走私、贩卖、运输、制造毒品的种类、数量、危害后果等犯罪事实、量刑情节，以及被告人的主观恶性、人身危险性、认罪悔罪表现等因素，从严把握缓刑的适用。

（二十一）非法持有毒品罪

1. 构成非法持有毒品罪的，根据下列情形在相应的幅度内确定量刑起点：

（1）非法持有鸦片一千克以上、海洛因或者甲基苯丙胺五十克以上或者其他毒品数量大的，在七年至九年有期徒刑幅度内确定量刑起点。依法应当判处无期徒刑的除外。

（2）非法持有毒品情节严重的，在三年至四年有期徒刑幅度内确定量刑起点。

（3）非法持有鸦片二百克、海洛因或者甲基苯丙胺十克或者其他毒品数量较大的，在一年以下有期徒刑、拘役幅度内确定量刑起点。

2. 在量刑起点的基础上，根据毒品数量等其他影响犯罪构成的犯罪事实增加刑罚量，确定基准刑。

3. 构成非法持有毒品罪的，根据非法持有毒品的种类、数量等犯罪情节，综合考虑被告人缴纳罚金的能力，决定罚金数额。

4. 构成非法持有毒品罪的，综合考虑非法持有毒品的种类、数量等犯罪事实、量刑情节，以及被告人主观恶性、人身危险性、认罪悔罪表现等因素，从严把握缓刑的适用。

（二十二）容留他人吸毒罪

1. 构成容留他人吸毒罪的，在一年以下有期徒刑、拘役幅度内确定量刑起点。

2. 在量刑起点的基础上，根据容留他人吸毒的人数、次数等其他影响犯罪构成的犯罪事实增加刑罚量，确定基准刑。

3. 构成容留他人吸毒罪的，根据容留他人吸毒的人数、次数、违法所得数额、危害后果等犯罪情节，综合考虑被告人缴纳罚金的能力，决定罚金数额。

4. 构成容留他人吸毒罪的，综合考虑容留他人吸毒的人数、次数、危害后果等犯罪事实、量刑情节，以及被告人主观恶性、人身危险性、认罪悔罪表现等因素，决定缓刑的适用。

最高人民法院《关于审理毒品犯罪案件适用法律若干问题的解释》

（法释〔2016〕8 号）

为依法惩治毒品犯罪，根据《中华人民共和国刑法》的有关规定，现就审理此类刑事案件适用法律的若干问题解释如下：

第一条　走私、贩卖、运输、制造、非法持有下列毒品，应当认定为刑法第三百四十七条第二款第一项、第三百四十八条规定的“其他毒品数量大”：

（一）可卡因五十克以上；

（二）3，4-亚甲二氧基甲基苯丙胺（MDMA）等苯丙胺类毒品（甲基苯丙胺除外）、吗啡一百克以上；

（三）芬太尼一百二十五克以上；

（四）甲卡西酮二百克以上；

（五）二氢埃托啡十毫克以上；

（六）哌替啶（度冷丁）二百五十克以上；

（七）氯胺酮五百克以上；

（八）美沙酮一千克以上；

（九）曲马多、γ-羟丁酸二千克以上；

（十）大麻油五千克、大麻脂十千克、大麻叶及大麻烟一百五十千克以上；

（十一）可待因、丁丙诺啡五千克以上；

（十二）三唑仑、安眠酮五十千克以上；

（十三）阿普唑仑、恰特草一百千克以上；

（十四）咖啡因、罂粟壳二百千克以上；

（十五）巴比妥、苯巴比妥、安钠咖、尼美西泮二百五十千克以上；

（十六）氯氮卓、艾司唑仑、地西泮、溴西泮五百千克以上；

（十七）上述毒品以外的其他毒品数量大的。

国家定点生产企业按照标准规格生产的麻醉药品或者精神药品被用于毒品犯罪的，根据药品中毒品成分的含量认定涉案毒品数量。

第二条　走私、贩卖、运输、制造、非法持有下列毒品，应当认定为刑法第三百四十七条第三款、第三百四十八条规定的“其他毒品数量较大”：

（一）可卡因十克以上不满五十克；

（二）3，4-亚甲二氧基甲基苯丙胺（MDMA）等苯丙胺类毒品（甲基苯丙胺除外）、吗啡二十克以上不满一百克；

（三）芬太尼二十五克以上不满一百二十五克；

（四）甲卡西酮四十克以上不满二百克；

（五）二氢埃托啡二毫克以上不满十毫克；

（六）哌替啶（度冷丁）五十克以上不满二百五十克；

（七）氯胺酮一百克以上不满五百克；

（八）美沙酮二百克以上不满一千克；

（九）曲马多、γ-羟丁酸四百克以上不满二千克；

（十）大麻油一千克以上不满五千克、大麻脂二千克以上不满十千克、大麻叶及大麻烟三十千克以上不满一百五十千克；

（十一）可待因、丁丙诺啡一千克以上不满五千克；

（十二）三唑仑、安眠酮十千克以上不满五十千克；

（十三）阿普唑仑、恰特草二十千克以上不满一百千克；

（十四）咖啡因、罂粟壳四十千克以上不满二百千克；

（十五）巴比妥、苯巴比妥、安钠咖、尼美西泮五十千克以上不满二百五十千克；

（十六）氯氮卓、艾司唑仑、地西泮、溴西泮一百千克以上不满五百千克；

（十七）上述毒品以外的其他毒品数量较大的。

第三条　在实施走私、贩卖、运输、制造毒品犯罪的过程中，携带枪支、弹药或者爆炸物用于掩护的，应当认定为刑法第三百四十七条第二款第三项规定的“武装掩护走私、贩卖、运输、制造毒品”。枪支、弹药、爆炸物种类的认定，依照相关司法解释的规定执行。

在实施走私、贩卖、运输、制造毒品犯罪的过程中，以暴力抗拒检查、拘留、逮捕，造成执法人员死亡、重伤、多人轻伤或者具有其他严重情节的，应当认定为刑法第三百四十七条第二款第四项规定的“以暴力抗拒检查、拘留、逮捕，情节严重”。

第四条　走私、贩卖、运输、制造毒品，具有下列情形之一的，应当认定为刑法第三百四十七条第四款规定的“情节严重”：

（一）向多人贩卖毒品或者多次走私、贩卖、运输、制造毒品的；

（二）在戒毒场所、监管场所贩卖毒品的；

（三）向在校学生贩卖毒品的；

（四）组织、利用残疾人、严重疾病患者、怀孕或者正在哺乳自己婴儿的妇女走私、贩卖、运输、制造毒品的；

（五）国家工作人员走私、贩卖、运输、制造毒品的；

（六）其他情节严重的情形。

第五条　非法持有毒品达到刑法第三百四十八条或者本解释第二条规定的“数量较大”标准，且具有下列情形之一的，应当认定为刑法第三百四十八条规定的“情节严重”：

（一）在戒毒场所、监管场所非法持有毒品的；

（二）利用、教唆未成年人非法持有毒品的；

（三）国家工作人员非法持有毒品的；

（四）其他情节严重的情形。

第六条　包庇走私、贩卖、运输、制造毒品的犯罪分子，具有下列情形之一的，应当认定为刑法第三百四十九条第一款规定的“情节严重”：

（一）被包庇的犯罪分子依法应当判处十五年有期徒刑以上刑罚的；

（二）包庇多名或者多次包庇走私、贩卖、运输、制造毒品的犯罪分子的；

（三）严重妨害司法机关对被包庇的犯罪分子实施的毒品犯罪进行追究的；

（四）其他情节严重的情形。

为走私、贩卖、运输、制造毒品的犯罪分子窝藏、转移、隐瞒毒品或者毒品犯罪所得的财物，具有下列情形之一的，应当认定为刑法第三百四十九条第一款规定的“情节严重”：

（一）为犯罪分子窝藏、转移、隐瞒毒品达到刑法第三百四十七条第二款第一项或者本解释第一条第一款规定的“数量大”标准的；

（二）为犯罪分子窝藏、转移、隐瞒毒品犯罪所得的财物价值达到五万元以上的；

（三）为多人或者多次为他人窝藏、转移、隐瞒毒品或者毒品犯罪所得的财物的；

（四）严重妨害司法机关对该犯罪分子实施的毒品犯罪进行追究的；

（五）其他情节严重的情形。

包庇走私、贩卖、运输、制造毒品的近亲属，或者为其窝藏、转移、隐瞒毒品或者毒品犯罪所得的财物，不具有本条前两款规定的“情节严重”情形，归案后认罪、悔罪、积极退赃，且系初犯、偶犯，犯罪情节轻微不需要判处刑罚的，可以免予刑事处罚。

第七条　违反国家规定，非法生产、买卖、运输制毒物品、走私制毒物品，达到下列数量标准的，应当认定为刑法第三百五十条第一款规定的“情节较重”：

（一）麻黄碱（麻黄素）、伪麻黄碱（伪麻黄素）、消旋麻黄碱（消旋麻黄素）一千克以上不满五千克；

（二）1- 苯基 -2- 丙酮、1- 苯基 -2- 溴 -1- 丙酮、3，4- 亚甲基二氧苯基 -2- 丙酮、羟亚胺二千克以上不满十千克；

（三）3- 氧 -2- 苯基丁腈、邻氯苯基环戊酮、去甲麻黄碱（去甲麻黄素）、甲基麻黄碱（甲基麻黄素）四千克以上不满二十千克；

（四）醋酸酐十千克以上不满五十千克；

（五）麻黄浸膏、麻黄浸膏粉、胡椒醛、黄樟素、黄樟油、异黄樟素、麦角酸、麦角胺、麦角新碱、苯乙酸二十千克以上不满一百千克；

（六）N- 乙酰邻氨基苯酸、邻氨基苯甲酸、三氯甲烷、乙醚、哌啶五十千克以上不满二百五十千克；

（七）甲苯、丙酮、甲基乙基酮、高锰酸钾、硫酸、盐酸一百千克以上不满五百千克；

（八）其他制毒物品数量相当的。

违反国家规定，非法生产、买卖、运输制毒物品、走私制毒物品，达到前款规定的数量标准最低值的百分之五十，且具有下列情形之一的，应当认定为刑法第三百五十条第一款规定的“情节较重”：

（一）曾因非法生产、买卖、运输制毒物品、走私制毒物品受过刑事处罚的；

（二）二年内曾因非法生产、买卖、运输制毒物品、走私制毒物品受过行政处罚的；

（三）一次组织五人以上或者多次非法生产、买卖、运输制毒物品、走私制毒物品，或者在多个地点非法生产制毒物品的；

（四）利用、教唆未成年人非法生产、买卖、运输制毒物品、走私制毒物品的；

（五）国家工作人员非法生产、买卖、运输制毒物品、走私制毒物品的；

（六）严重影响群众正常生产、生活秩序的；

（七）其他情节较重的情形。

易制毒化学品生产、经营、购买、运输单位或者个人未办理许可证明或者备案证明，生产、销售、购买、运输易制毒化学品，确实用于合法生产、生活需要的，不以制毒物品犯罪论处。

第八条　违反国家规定，非法生产、买卖、运输制毒物品、走私制毒物品，具有下列情形之一的，应当认定为刑法第三百五十条第一款规定的“情节严重”：

（一）制毒物品数量在本解释第七条第一款规定的最高数量标准以上，不满最高数量标准五倍的；

（二）达到本解释第七条第一款规定的数量标准，且具有本解释第七条第二款第三项至第六项规定的情形之一的；

（三）其他情节严重的情形。

违反国家规定，非法生产、买卖、运输制毒物品、走私制毒物品，具有下列情形之一的，应当认定为刑法第三百五十条第一款规定的“情节特别严重”：

（一）制毒物品数量在本解释第七条第一款规定的最高数量标准五倍以上的；

（二）达到前款第一项规定的数量标准，且具有本解释第七条第二款第三项至第六项规定的情形之一的；

（三）其他情节特别严重的情形。

第九条　非法种植毒品原植物，具有下列情形之一的，应当认定为刑法第三百五十一条第一款第一项规定的“数量较大”：

（一）非法种植大麻五千株以上不满三万株的；

（二）非法种植罂粟二百平方米以上不满一千二百平方米、大麻二千平方米以上不满一万二千平方米，尚未出苗的；

（三）非法种植其他毒品原植物数量较大的。

非法种植毒品原植物，达到前款规定的最高数量标准的，应当认定为刑法第三百五十一条第二款规定的“数量大”。

第十条　非法买卖、运输、携带、持有未经灭活的毒品原植物种子或者幼苗，具有下列情形之一的，应当认定为刑法第三百五十二条规定的“数量较大”：

（一）罂粟种子五十克以上、罂粟幼苗五千株以上的；

（二）大麻种子五十千克以上、大麻幼苗五万株以上的；

（三）其他毒品原植物种子或者幼苗数量较大的。

第十一条　引诱、教唆、欺骗他人吸食、注射毒品，具有下列情形之一的，应当认定为刑法第三百五十三条第一款规定的“情节严重”：

（一）引诱、教唆、欺骗多人或者多次引诱、教唆、欺骗他人吸食、注射毒品的；

（二）对他人身体健康造成严重危害的；

（三）导致他人实施故意杀人、故意伤害、交通肇事等犯罪行为的；

（四）国家工作人员引诱、教唆、欺骗他人吸食、注射毒品的；

（五）其他情节严重的情形。

第十二条　容留他人吸食、注射毒品，具有下列情形之一的，应当依照刑法第三百五十四条的规定，以容留他人吸毒罪定罪处罚：

（一）一次容留多人吸食、注射毒品的；

（二）二年内多次容留他人吸食、注射毒品的；

（三）二年内曾因容留他人吸食、注射毒品受过行政处罚的；

（四）容留未成年人吸食、注射毒品的；

（五）以牟利为目的容留他人吸食、注射毒品的；

（六）容留他人吸食、注射毒品造成严重后果的；

（七）其他应当追究刑事责任的情形。

向他人贩卖毒品后又容留其吸食、注射毒品，或者容留他人吸食、注射毒品并向其贩卖毒品，符合前款规定的容留他人吸毒罪的定罪条件的，以贩卖毒品罪和容留他人吸毒罪数罪并罚。

容留近亲属吸食、注射毒品，情节显著轻微危害不大的，不作为犯罪处理；需要追究刑事责任的，可以酌情从宽处罚。

第十三条　依法从事生产、运输、管理、使用国家管制的麻醉药品、精神药品的人员，违反国家规定，向吸食、注射毒品的人提供国家规定管制的能够使人形成瘾癖的麻醉药品、精神药品，具有下列情形之一的，应当依照刑法第三百五十五条第一款的规定，以非法提供麻醉药品、精神药品罪定罪处罚：

（一）非法提供麻醉药品、精神药品达到刑法第三百四十七条第三款或者本解释第二条规定的“数量较大”标准最低值的百分之五十，不满“数量较大”标准的；

（二）二年内曾因非法提供麻醉药品、精神药品受过行政处罚的；

（三）向多人或者多次非法提供麻醉药品、精神药品的；

（四）向吸食、注射毒品的未成年人非法提供麻醉药品、精神药品的；

（五）非法提供麻醉药品、精神药品造成严重后果的；

（六）其他应当追究刑事责任的情形。

具有下列情形之一的，应当认定为刑法第三百五十五条第一款规定的“情节严重”：

（一）非法提供麻醉药品、精神药品达到刑法第三百四十七条第三款或者本解释第二条规定的“数量较大”标准的；

（二）非法提供麻醉药品、精神药品达到前款第一项规定的数量标准，且具有前款第三项至第五项规定的情形之一的；

（三）其他情节严重的情形。

第十四条 利用信息网络，设立用于实施传授制造毒品、非法生产制毒物品的方法，贩卖毒品，非法买卖制毒物品或者组织他人吸食、注射毒品等违法犯罪活动的网站、通讯群组，或者发布实施前述违法犯罪活动的信息，情节严重的，应当依照刑法第二百八十七条之一的规定，以非法利用信息网络罪定罪处罚。

实施刑法第二百八十七条之一、第二百八十七条之二规定的行为，同时构成贩卖毒品罪、非法买卖制毒物品罪、传授犯罪方法罪等犯罪的，依照处罚较重的规定定罪处罚。

第十五条 本解释自2016年4月11日起施行。《最高人民法院关于审理毒品案件定罪量刑标准有关问题的解释》（法释〔2000〕13号）同时废止；之前发布的司法解释和规范性文件与本解释不一致的，以本解释为准。

最高人民法院、最高人民检察院、公安部《办理毒品犯罪案件适用法律若干问题的意见》

（公通字〔2007〕84号）

一、关于毒品犯罪案件的管辖问题

根据刑事诉讼法的规定，毒品犯罪案件的地域管辖，应当坚持以犯罪地管辖为主、被告人居住地管辖为辅的原则。

“犯罪地”包括犯罪预谋地，毒资筹集地，交易进行地，毒品生产地，毒资、毒赃和毒品的藏匿地、转移地，走私或者贩运毒品的目的地以及犯罪嫌疑人被抓获地等。

“被告人居住地”包括被告人常住地、户籍地及其临时居住地。

对怀孕、哺乳期妇女走私、贩卖、运输毒品案件，查获地公安机关认为移交其居住地管辖更有利于采取强制措施和查清犯罪事实的，可以报请共同的上级公安机关批准，移送犯罪嫌疑人居住地公安机关办理，查获地公安机关应继续配合。

公安机关对侦办跨区域毒品犯罪案件的管辖权有争议的，应本着有利于查清犯罪事实，有利于诉讼，有利于保障案件侦查安全的原则，认真协商解决。经协商无法达成一致的，报共同的上级公安机关指定管辖。对即将侦查终结的跨省（自治区、直辖市）重大毒品案件，必要时可由公安部商最高人民法院和最高人民检察院指定管辖。

为保证及时结案，避免超期羁押，人民检察院对于公安机关移送审查起诉的案件，人民法院对于已进入审判程序的案件，被告人及其辩护人提出管辖异议或者办案单位发现没有管辖权的，受案人民检察院、人民法院经审可以依法报请上级人民检察院、人民法院指定管辖，不再自行移送有管辖权的人民检察院、人民法院。

二、关于毒品犯罪嫌疑人、被告人主观明知的认定问题

走私、贩卖、运输、非法持有毒品主观故意中的“明知”，是指行为人知道或者应当知道所实施的行为是走私、贩卖、运输、非法持有毒品行为。具有下列情形之一，并且犯罪嫌疑人、被告人不能做出合理解释的，可以认定其“应当知道”，但有证据证明确属被蒙骗的除外：

（一）执法人员在口岸、机场、车站、港口和其他检查站检查时，要求行为人申报为他人携带的物品和其他疑似毒品物，并告知其法律责任，而行为人未如实申报，在其所携带的物品内查获毒品的；

（二）以伪报、藏匿、伪装等蒙蔽手段逃避海关、边防等检查，在其携带、运输、邮寄的物品中查获毒品的；

（三）执法人员检查时，有逃跑、丢弃携带物品或逃避、抗拒检查等行为，在其携带或丢弃的物品中查获毒品的；

（四）体内藏匿毒品的；

（五）为获取不同寻常的高额或不等值的报酬而携带、运输毒品的；

（六）采用高度隐蔽的方式携带、运输毒品的；

（七）采用高度隐蔽的方式交接毒品，明显违背合法物品惯常交接方式的；

（八）其他有证据足以证明行为人应当知道的。

三、关于办理氯胺酮等毒品案件定罪量刑标准问题

（一）走私、贩卖、运输、制造、非法持有下列毒品，应当认定为刑法第三百四十七条第二款第（一）项、第三百四十八条规定的“其他毒品数量大”：

1. 二亚甲基双氧安非他明（MDMA）等苯丙胺类毒品（甲基苯丙胺除外）100 克以上；

2. 氯胺酮、美沙酮 1 千克以上；

3. 三唑仑、安眠酮 50 千克以上；

4. 氯氮卓、艾司唑仑、地西泮、溴西泮 500 千克以上；

5. 上述毒品以外的其他毒品数量大的。

（二）走私、贩卖、运输、制造、非法持有下列毒品，应当认定为刑法第三百四十七条第三款、第三百四十八条规定的“其他毒品数量较大”：

1. 二亚甲基双氧安非他明（MDMA）等苯丙胺类毒品（甲基苯丙胺除外）20 克以上不满 100 克的；

2. 氯胺酮、美沙酮 200 克以上不满 1 千克的；

3. 三唑仑、安眠酮 10 千克以上不满 50 千克的；

4. 氯氮卓、艾司唑仑、地西泮、溴西泮 100 千克以上不满 500 千克的；

5. 上述毒品以外的其他毒品数量较大的。

（三）走私、贩卖、运输、制造下列毒品，应当认定为刑法第三百四十七条第四款规定的“其他少量毒品”：

1. 二亚甲基双氧安非他明（MDMA）等苯丙胺类毒品（甲基苯丙胺除外）不满 20 克的；

2. 氯胺酮、美沙酮不满 200 克的；

3. 三唑仑、安眠酮不满 10 千克的；

4. 氯氮卓、艾司唑仑、地西泮、溴西泮不满 100 千克的；

5. 上述毒品以外的其他少量毒品的。

（四）上述毒品品种包括其盐和制剂。毒品鉴定结论中毒品品名的认定应当以国家食品药品监督管理局、公安部、卫生部最新发布的《麻醉药品品种目录》、《精神药品品种目录》为依据。

四、关于死刑案件的毒品含量鉴定问题

可能判处死刑的毒品犯罪案件，毒品鉴定结论中应有含量鉴定的结论。